D1729642

Hagen Law School

Fachanwaltslehrgänge

Herausgegeben von
Prof. Dr. Katharina Gräfin von Schlieffen
Prof. Dr. Bernd Waas
Prof. Dr. Gabriele Zwiehoff

Christian Rolfs

Abschluss und Inhalt
des Arbeitsverhältnisses

6. überarbeitete Auflage

Stand: 2018

HAGENER WISSENSCHAFTSVERLAG

Bibliografische Information der Deutschen Nationalbibliothek

Die Deutsche Nationalbibliothek verzeichnet diese Publikation in der
Deutschen Nationalbibliografie; detaillierte bibliografische Daten sind im
Internet über http://dnb.d-nb.de abrufbar.

ISBN 978-3-7321-0254-9

Der Autor:

*Nach seinem Studium der Rechtswissenschaften an der Johannes Gutenberg Univer-
sität in Mainz und erfolgreicher zweiter jur. Staatsprüfung war Prof. Dr. Christian Rolfs wissenschaftlicher Mitarbeiter am Lehrstuhl für Bürgerliches Recht von
Prof. Dr. Ulrich Preis an der FernUniversität in Hagen. Seine Promotion zum Dr.
jur. erfolgte auf dem Gebiet des Arbeitsrechts.*

*Im Jahr 1999 habilitierte er an der FernUniversität in Hagen und war von 2001
bis 2009 Inhaber des Lehrstuhls für Bürgerliches Recht, Arbeits- und Sozialrecht
und Privatversicherungsrecht an der Universität Bielefeld. Seit April 2009 ist er
Direktor des Instituts für Versicherungsrecht der Universität zu Köln.*

*Neben der Veröffentlichung zahlreicher Beiträge in Fachzeitschriften zum indivi-
duellen und kollektiven Arbeitsrecht ist er Autor von Lehrbuch- und Kommentarli-
teratur zum Arbeitsrecht.*

© 2017 HWV • HAGENER WISSENSCHAFTSVERLAG,
in der iuria GmbH
Bredelle 53, 58097 Hagen
E-Mail: kontakt@hwv-verlag.de, Internet: www.hwv-verlag.de
Printed in Germany. Alle Rechte, auch die des Nachdrucks von Auszügen,
der photomechanischen Wiedergabe und der Übersetzung, vorbehalten.

Inhalt

Teil 1

A. Lernziel

In dieser Kurseinheit werden arbeitsrechtlich relevante Grundlagen und Fragestellungen hinsichtlich der Vertragsanbahnung, des Abschlusses des Arbeitsvertrages und seiner Nichtigkeit behandelt. Dazu zählen die Stellenausschreibung und Einstellung von Arbeitnehmern, hier insbesondere Frage- und Anfechtungsrecht des Arbeitgebers, Beteiligung des Betriebsrats, Beachtung von Diskriminierungsverboten, Form des Arbeitsvertrages, Grundsatz der Vertragsfreiheit, AGB-Kontrolle vorformulierter Arbeitsverträge und Mängel des Arbeitsvertrages.

Nach Durcharbeitung des Skriptes sollten Sie zu folgenden Fragen Stellung nehmen können:

- Welche inhaltlichen Anforderungen sind an eine Stellenausschreibung zu stellen?
- Welche Konsequenzen können sich für den Arbeitgeber ergeben, der eine Stellenausschreibung nicht gesetzeskonform formuliert hat?
- Welche Kosten im Rahmen des Bewerbungsverfahrens kann ein Bewerber ersetzt verlangen?
- Inwieweit wird ein Fragerecht des Arbeitgebers im Rahmen eines Vorstellungsgesprächs anerkannt?
- Wann besteht eine Offenbarungspflicht des Arbeitnehmers?
- Ist die Frage nach einer Schwerbehinderung zulässig?
- Wann kann der Arbeitgeber den Arbeitsvertrag anfechten?

- Welche Diskriminierungsverbote hat der Arbeitgeber bei der Vertragsanbahnung zu beachten? Führt ein Verstoß gegen die Diskriminierungsverbote wegen des Geschlechts oder der Behinderung dazu, dass die diskriminierten Bewerber eingestellt werden müssen?
- Auf welche Art und Weise kann ein Arbeitsvertrag begründet werden? Welcher Begründungstatbestand ist der Regelfall?
- Welche Funktion hat das NachwG? Was beinhaltet die Nachweispflicht des Arbeitgebers? Welche Rechtsfolgen ergeben sich, wenn der Arbeitgeber seiner Nachweispflicht nicht oder nicht ausreichend nachkommt?
- Welche Einschränkungen erfährt der Grundsatz der Vertragsfreiheit, insbesondere das Recht zur freien inhaltlichen Ausgestaltung des Arbeitsvertrages?
- Unterliegt jeder Arbeitsvertrag einer Inhaltskontrolle?
- Wann sind Bestimmungen in Allgemeinen Geschäftsbedingungen unwirksam?
- Aus welchen Gründen kann ein Arbeitsvertrag nichtig sein?

B. Einführung

I. Das Arbeitsrecht im System der Rechtsordnung

Das Arbeitsrecht ist das *Sonderrecht der abhängig Beschäftigten* (Arbeitnehmer). Eine einheitliche Kodifikation des Arbeitsrechts, also ein Arbeitsgesetzbuch, gibt es nicht.

Zur Wiederholung Arbeitnehmer ist, wer auf Grund eines privatrechtlichen Vertrags im Dienste eines anderen zur Leistung weisungsgebundener, fremdbestimmter Arbeit in persönlicher Abhängigkeit verpflichtet ist (§ 611a Abs. 1 Satz 1 BGB). *Arbeitgeber* ist, wer die Dienstleistungen des Arbeitnehmers kraft des Arbeitsvertrages fordern kann.

Der Begriff des Arbeitnehmers ist seit dem 1. April 2017 in § 611a Abs. 1 BGB gesetzlich definiert. Eine inhaltliche Änderung ist damit gegenüber dem vorherigen Rechtszustand nicht verbunden.

Zum *Individualarbeitsrecht* gehören Regelungen über Anbahnung, Inhalt, Übergang und Beendigung des Arbeitsverhältnisses. Grundlage sind zuvörderst die §§ 611 ff. BGB, die durch zahlreiche arbeitsrechtliche Spezialgesetze wie das MiLoG, das BUrlG, das EFZG, das MuSchG, das TzBfG und das KSchG ergänzt werden. Das *kollektive Arbeitsrecht* umfasst das Tarifvertragsrecht (TVG), das Betriebsverfassungs- und Personalvertretungsrecht (BetrVG, BPersVG und Personalvertretungsgesetze der Länder) sowie das Recht der Mitbestimmung im Unternehmen (Montan-MitbestG, MitbestG, DrittelbG, SEBG u. a.).

Die Vorschriften der §§ 611 ff. BGB regeln zwei verschiedene Vertragstypen: zum einen den „freien" Dienstvertrag z. B. eines selbstständigen Rechtsanwalts, Wirtschaftsprüfers oder Steuerberaters mit seinem Mandanten, eines Dolmetschers oder Sportmanagers; zum anderen den Arbeitsvertrag, welcher ein schuldrechtlicher Vertrag zwischen Arbeitgeber und Arbeitnehmer und ein Unterfall des Dienstvertrages ist. Für diesen gelten grundsätzlich die Regeln des Bürgerlichen Rechts über Rechtsgeschäfte. Er unterscheidet sich vom freien Dienstvertrag dadurch, dass „abhängige" Arbeit geleistet wird. Die Systematik der §§ 611 ff. BGB ist ziemlich unübersichtlich:

–   Manche Vorschriften gelten nur für den Arbeitsvertrag (z. B. §§ 611a, 612a, 613a, 622, 623 BGB, dort ist jeweils von „Arbeitgeber", „Arbeitnehmer" oder „Arbeitsverhältnis" die Rede);

–   manche Bestimmungen gelten nur für den freien Dienstvertrag (z. B. §§ 611, 621, 627, 630 BGB: „Bei einem Dienstverhältnis, das kein Arbeitsverhältnis ist ...");

–   manche für beide (z. B. §§ 612, 613, 626, 628 BGB).

Merke Die Anwendbarkeit der zentralen arbeitsrechtlichen Schutzvorschriften wie des BUrlG, des EFZG oder des KSchG hängt davon ab, dass der Dienstleistende Arbeitnehmer ist. Damit fällt die Ausübung selbstständiger Tätigkeit weitgehend aus dem arbeitsrechtlichen

Schutzbereich heraus. Im Einzelfall hat daher eine genaue Abgrenzung des Arbeitnehmers vom Selbstständigen zu erfolgen, die mitunter schwierig sein kann.[1]

II. Der praktische Fall

Abgrenzung vom abhängig Beschäftigten zum selbstständig tätigen Dienstleister: BAG vom 15. Februar 2012, NZA 2012, 731 *("Knastlehrer-Fall")*

Zum Sachverhalt Der Kläger wurde auf der Grundlage eines schriftlichen Vertrags 1998 unbefristet als „nicht hauptamtliche Lehrkraft" für die Unterrichtstätigkeit in der Justizvollzugsanstalt (JVA) X eingestellt. Nach § 2 des Vertrags hat der Kläger als Lehrkraft in den Klassen der Untersuchungshaft durchschnittlich 13 Wochenstunden zu je 45 Minuten Aufbauunterricht zu erteilen und muss darüber hinaus nach Bedarf in den Ferien unterrichten. Weiter heißt es, dass er als Lehrkraft in den Stundenplan eingebunden ist. Der Kläger unterrichtet in der für die nicht schulpflichtigen Häftlinge eingerichteten „Unterrichtsgruppe". Er soll die ihm zugewiesenen Schüler auf die Ausbildung in der Strafhaft vorbereiten und ihnen das dafür notwendige Vorwissen im Sinne einer Alphabetisierung und Vermittlung der Grundrechenarten nahebringen. Die von ihm betreute Gruppe umfasst zwischen einem und zehn Schülern im Alter von 14 bis 21 Jahren unterschiedlicher Nationalität. Auf Grund der besonderen Situation der Untersuchungshaft berücksichtigt der Unterrichtsinhalt die individuellen Gegebenheiten. Dies erfordert ein eher situatives Arbeiten, das der Kläger nach den Sprachfähigkeiten, der Vorbildung, dem Alter und auch nach den jeweiligen Charakteren der Schüler ausrichtet. Das beklagte Land behandelt den Kläger als Selbstständigen und vergütet ihm gegen Rechnung jede tatsächlich geleistete Unterrichtsstunde. Der Kläger begehrt die Feststellung, dass er Arbeitnehmer ist.

Die Entscheidung Das BAG hat der Klage stattgegeben. Das Arbeitsverhältnis unterscheide sich von dem Rechtsverhältnis eines freien Mitarbeiters durch den Grad der persönlichen Abhängigkeit, in der sich der zur

---

[1] Vgl. BAG vom 11. August 2015, NZA-RR 2016, 288 zu einer Artistengruppe mit Hochseil- und Todesradnummer, die – im Ergebnis selbständig – für ein Zirkusunternehmen tätig war.

Dienstleistung Verpflichtete befindet. Arbeitnehmer sei, wer auf Grund eines privatrechtlichen Vertrags im Dienste eines anderen zur Leistung weisungsgebundener, fremdbestimmter Arbeit in persönlicher Abhängigkeit verpflichtet ist. Das Weisungsrecht könne Inhalt, Durchführung, Zeit, Dauer und Ort der Tätigkeit betreffen. Arbeitnehmer ist derjenige Mitarbeiter, der nicht im Wesentlichen frei seine Tätigkeit gestalten und seine Arbeitszeit bestimmen kann.

Nach dem Vertrag der Parteien richtete sich der Unterrichtseinsatz des Klägers nach dem Stundenplan. Die jeweilige Lage der Arbeitszeit war nicht vertraglich vereinbart, sondern wurde vom Arbeitgeber durch Weisung einseitig festgelegt. Der Kläger war damit im Kern seiner Arbeitstätigkeit durch die zeitliche und organisatorische Planung seines Arbeitgebers an dessen Weisungen gebunden. Auch darüber hinaus war er in die Arbeitsorganisation des beklagten Landes eingebunden. Die Schüler wurden ihm vom Land zugewiesen. Hinsichtlich seiner Aufgaben, Rechte und Pflichten als Lehrkraft war der Kläger an die maßgeblichen Verwaltungsvorschriften und die ergänzend ergangenen Bestimmungen sowie die allgemeinen Lehrplanrichtlinien des Kultusbereichs gebunden. Auch darin kam seine persönliche Abhängigkeit auf Grund der fremdorganisierten Arbeit zum Ausdruck.

Zudem war der Kläger an die vom Land vorgegebene Zielsetzung des Unterrichts gebunden. Seiner Arbeitnehmereigenschaft stand nicht entgegen, dass er bei der inhaltlichen Ausgestaltung und Durchführung seiner Unterrichtserteilung im Wesentlichen frei von Weisungen war. Da es sich bei den vom ihm zu unterrichtenden Jugendlichen vielfach um nicht oder nur schwer sozialisierbare Menschen handelte, war das Maß der inhaltlichen Gestaltungsfreiheit gemäß der Natur der Unterrichtsverpflichtung vorgegeben.

C. Anbahnung des Arbeitsverhältnisses

I. Allgemeines

Für die Vertragsanbahnung ebenso wie für den Abschluss des Arbeitsvertrages gelten die *allgemeinen schuldrechtlichen Grundsätze des BGB.* Durch die Vertragsanbahnung entsteht zwischen den potentiellen Vertragsparteien ein gesetzliches Schuldverhältnis (§ 311 Abs. 2 BGB). Dieses begründet bereits konkrete Verhaltenspflichten der verhandelnden Parteien. Insbesondere entstehen Mitteilungs- bzw. Aufklärungspflichten, Obhuts- und Verschwiegenheitspflichten (§ 241 Abs. 2 BGB). Bei deren Verletzung kann der Geschädigte Schadensersatz nach § 280 Abs. 1 BGB beanspruchen. Außerdem kann sich der Arbeitnehmer schadensersatzpflichtig machen, wenn er die Arbeit schuldhaft gar nicht erst antritt, sondern sich bspw. entschließt, eine andere Stelle anzutreten oder die Kündigungsfrist nicht einhält.

II. Personalsuche und Stellenausschreibung

1. Allgemeines

Der Arbeitgeber kann auf unterschiedliche Art und Weise Personal suchen. So kann er sich zum einen an die Bundesagentur für Arbeit mit ihren örtlichen Dienststellen, den Arbeitsagenturen, wenden. Diese haben gemäß § 35 SGB III Ausbildungssuchenden, Arbeitsuchenden und Arbeitgebern Ausbildungs- und Arbeitsvermittlung anzubieten. Zum anderen kann er sich auch eines privaten Arbeitsvermittlers bedienen. Die private Arbeitsvermittlung ist in Deutschland seit 1994 zugelassen.

Wohl am häufigsten erfolgt jedoch eine Stellenausschreibung durch den Arbeitgeber selbst, wobei die externe Ausschreibung regelmäßig durch Zeitungsannoncen und/oder Stellenbörsen im Internet geschieht.

Beachte Es ist nicht ungefährlich, eine Stelle auszuschreiben, ohne dies der örtlichen Arbeitsagentur mitzuteilen. Hierdurch verstößt der Arbeitgeber nämlich gegen seine Verpflichtung zur Förderung schwerbehinderter Menschen (§ 164 Abs. 1 Satz 2 SGB IX). Dies begründet die Vermutung einer Benachteiligung schwerbehinderter Bewerberinnen und Bewerber (§ 22 AGG) und kann Schadensersatz- bzw. Entschädigungsansprüche (§ 15 AGG) nach sich ziehen.[2]

2. Inhaltliche Anforderungen

Gemäß § 11 AGG muss die Stellenausschreibung *diskriminierungsfrei,* insbesondere geschlechtsneutral erfolgen. Sie muss sich also gleichermaßen an Frauen und Männer richten. Dieses Erfordernis soll sicherstellen, dass Diskriminierungen bereits bei der Anbahnung des Arbeitsverhältnisses vermieden werden.

Beispiel Verstoßen wird gegen die Verpflichtung zur geschlechtsneutralen Stellenausschreibung, wenn das Unternehmen nur „einen Geschäftsführer" sucht und weder durch den Zusatz „(w/m)" noch auf andere Weise deutlich macht, dass auch Frauen angesprochen werden.[3]

In welcher Weise die Geschlechtsneutralität zum Ausdruck gebracht wird, ist demgegenüber unerheblich. Der Arbeitgeber kann die Berufsbezeichnung in weiblicher und männlicher Form („Rechtsanwältin/Rechtsanwalt") und in beliebiger Reihenfolge verwenden. Auch Zusätze wie „w/m", die Verwendung eines Schrägstrichs („Wirtschaftsprüfer/in") oder eines großen „Binnen-I" sind zulässig.

Bedient der Arbeitgeber sich bei der Stellensuche Dritter, etwa der örtlichen Arbeitsagentur, muss er die von diesen veranlassten Stellenausschreibungen sorgfältig prüfen und ggf. ihre Korrektur veranlassen. Unterläuft nämlich dem Dritten ein Fehler, bspw. indem die Stellenausschreibung irrtümlich nicht geschlechtsneutral formuliert wird, haftet der Arbeitgeber für diesen Fehler seines Erfüllungsgehilfen über § 278 BGB.[4]

---

2   Vgl. BAG vom 17. August 2010, NZA 2011, 153 (156); vom 13. Oktober 2011, AP Nr. 9 zu § 15 AGG.
3   OLG Karlsruhe vom 13. September 2011, NZA-RR 2011, 632 (632 f.).
4   BAG vom 5. Februar 2004, NZA 2004, 540 (544).

Eine Ausnahme von der Verpflichtung zur geschlechtsneutralen Ausschreibung gilt dann, wenn der Arbeitsplatz nur mit einem Arbeitnehmer
eines bestimmten Geschlechts besetzt werden kann, dieses also „unver-
zichtbare" Voraussetzung für die Tätigkeit ist (§ 8 AGG).

Beispiel Akzeptiert hat das BAG, dass ein Internat die Stelle einer
Erzieherin/Sozialpädagogin ausschließlich mit einer Frau besetzen
wollte. Zu den Aufgaben gehörten u. a. Nachtdienste im Mädchentrakt
des Internats. Hier gilt es, die Intimsphäre der Mädchen zu schützen.
Anerkennenswert ist darüber hinaus das Interesse des Internats, seinen Betrieb so einzurichten, dass Eltern, Aufsichtsbehörden und Öffentlichkeit keinerlei Zweifel am optimalen Schutz der Jugendlichen gegen Übergriffe hegen können.[5]

Auch im Übrigen dürfen weder die Ausschreibung noch die Gestaltung
des Bewerbungsverfahrens gegen die *Diskriminierungsverbote des AGG*
verstoßen. Deshalb darf der Arbeitgeber beispielsweise nicht Mitarbeite-
rinnen und Mitarbeiter für sein „junges Team" suchen, weil dies ältere Bewerberinnen und Bewerber abschrecken kann.[6] „Perfekte Deutschkenntnisse" dürfen nur verlangt werden, wenn sie für die Stelle tatsächlich notwendig sind (§ 8 AGG), anderenfalls werden Bewerberinnen und Bewerber mit Migrationshintergrund mittelbar (§ 3 Abs. 2 AGG) wegen ihrer ethnischen Herkunft diskriminiert.[7]

§ 11 AGG enthält selbst keine Regelung der Rechtsfolgen eines Verstoßes gegen das Gebot der diskriminierungsfreien Stellenausschreibung.
Insbesondere hat der Verstoß *keinen Einstellungsanspruch* zur Folge
(§ 15 Abs. 6 AGG). Ein Verstoß gegen § 11 AGG begründet aber die Vermutung, dass der Arbeitgeber bei der Einstellung gegen das Verbot der
Diskriminierung (§ 7 AGG i.V. mit § 1 AGG) verstoßen hat. Daraus können
Schadensersatz- und Entschädigungsansprüche des benachteiligten Bewerbers resultieren (§ 15 Abs. 1 und 2 AGG). Diesbezüglich Tatsachen
glaubhaft zu machen, obliegt nach § 22 AGG dem Arbeitnehmer.

---

[5] BAG vom 25. August 2009, NZA 2009, 1016 (1018 ff.).
[6] LAG Hamburg vom 23. Juni 2010, NZA-RR 2010, 629.
[7] Vgl. BAG vom 15. Februar 2005, NZA 2005, 870 (872 f.).

Beachte Weder aus §§ 1, 7 AGG noch aus § 11 AGG resultiert eine Pflicht des Arbeitgebers, Arbeitsplätze „geschlechtsneutral" zu gestalten und bspw. in typischen Männerberufen Teilzeitstellen oder in typischen Frauenberufen Vollzeitarbeitsplätze einzurichten und auszuschreiben.[8]

3. Beteiligung des Betriebsrats

Gemäß § 92 BetrVG hat der Arbeitgeber den Betriebsrat über die Personalplanung, insbesondere über den gegenwärtigen und künftigen Personalbedarf sowie über die sich daraus ergebenden personellen Maßnahmen und Maßnahmen der Berufsbildung anhand von Unterlagen rechtzeitig und umfassend zu unterrichten. Er hat mit dem Betriebsrat über Art und Umfang der erforderlichen Maßnahmen und über die Vermeidung von Härten zu beraten. Der Betriebsrat kann dem Arbeitgeber Vorschläge für die Einführung einer Personalplanung und ihre Durchführung machen. Er kann verlangen, dass Arbeitsplätze, die besetzt werden sollen, allgemein oder für bestimmte Arten von Tätigkeiten vor ihrer Besetzung innerhalb des Betriebs ausgeschrieben werden (§ 93 BetrVG).

Beabsichtigt der Arbeitgeber, einen Arbeitnehmer auf eine Stelle einzustellen, die unter Verletzung eines entsprechenden Verlangens des Betriebsrats nach § 93 BetrVG nicht (auch) innerbetrieblich ausgeschrieben worden ist, kann der Betriebsrat nach § 99 Abs. 2 Nr. 5 BetrVG seine Zustimmung zu der Einstellung verweigern. Verweigert der Betriebsrat seine Zustimmung, darf der Arbeitgeber die personelle Maßnahme nicht durchführen, bis das Arbeitsgericht die fehlende Zustimmung des Betriebsrats rechtskräftig ersetzt hat. Nur wenn dies aus sachlichen Gründen dringend erforderlich ist, kann der Arbeitgeber die Einstellung vorläufig durchführen, bevor der Betriebsrat sich geäußert oder wenn er die Zustimmung verweigert hat (§ 100 Abs. 1 BetrVG). Tritt der Betriebsrat dieser vorläufigen Maßnahme entgegen, darf der Arbeitgeber sie nur aufrechterhalten, wenn er innerhalb von drei Tagen beim Arbeitsgericht die Ersetzung der Zustimmung des Betriebsrats und die Feststellung beantragt, dass die Maßnahme aus sachlichen Gründen dringend erforderlich war (§ 100 Abs. 2 BetrVG).

---

[8] BAG vom 18. Februar 2003, AP Nr. 22 zu § 611a BGB.

4. Ausschreibung von Teilzeitarbeitsplätzen (§ 7 TzBfG)

Gemäß § 7 TzBfG hat der Arbeitgeber einen Arbeitsplatz, den er öffentlich oder innerhalb des Betriebes ausschreibt, auch zur Besetzung mit Teilzeitkräften auszuschreiben, wenn sich der Arbeitsplatz hierfür eignet. Es besteht eine entsprechende *Ausschreibungsverpflichtung* unabhängig von einem Verlangen des Betriebsrats (§ 93 Satz 2 BetrVG) für alle geeigneten Arbeitsplätze. Dem Arbeitgeber obliegt ferner eine Informationspflicht gegenüber den Arbeitnehmern und deren Vertretung (Betriebsrat).

5. Besonderheiten bei der Bewerbung schwerbehinderter Menschen

Zum Schutz schwerbehinderter Menschen, die auf dem Arbeitsmarkt erfahrungsgemäß besondere Schwierigkeiten haben, legt § 164 Abs. 2 SGB IX dem Arbeitgeber zahlreiche Verpflichtungen im Zusammenhang mit der Stellenausschreibung und -besetzung auf. Diese bestehen für jeden Arbeitgeber unabhängig davon, ob er seine Pflichtquote (§ 154 SGB IX) erfüllt oder nicht.

Der Arbeitgeber muss (1.) prüfen, ob freie Arbeitsplätze mit schwerbehinderten Menschen besetzt werden können. Im Rahmen dieser Prüfung sind zwingend die Schwerbehindertenvertretung und der *Betriebsrat anzuhören* (§ 164 Abs. 1 Sätze 1 und 6 SGB IX). Beteiligungsrechte nach dem BetrVG bleiben unberührt. (2.) Kann die Besetzung des Arbeitsplatzes mit einem schwerbehinderten Menschen erfolgen, ist der Arbeitgeber weiter zur Prüfung verpflichtet, ob der Arbeitsplatz mit bei der Arbeitsagentur arbeitslos oder arbeitsuchend gemeldeten Schwerbehinderten besetzt werden kann. Das setzt denklogisch voraus, dass der Arbeitgeber den *freien Arbeitsplatz der Arbeitsagentur* überhaupt erst einmal *meldet.* (3.) Nach § 164 Abs. 1 Satz 4 SGB IX hat der Arbeitgeber die Schwerbehindertenvertretung und den Betriebsrat über eingehende Bewerbungen von Schwerbehinderten *„unmittelbar nach deren Eingang zu unterrichten",* ebenso über Vermittlungsvorschläge der Arbeitsagentur. Gegen diese Pflicht wird verstoßen, wenn zunächst alle eingehenden Bewerbungen gesichtet werden, eine Vorauswahl getroffen und erst dann der Betriebsrat eingeschaltet wird. (4.) Der Arbeitgeber muss, wenn er die

Pflichtquote (§ 154 SGB IX) nicht erfüllt oder die Schwerbehindertenvertretung und/oder der Betriebsrat mit der beabsichtigten Entscheidung nicht einverstanden sind, diese unter Darlegung der Gründe mit den genannten Vertretungen erörtern und dabei den betroffenen schwerbehinderten Menschen anhören. (5.) Unter denselben Voraussetzung hat der Arbeitgeber alle Beteiligten über die getroffene Entscheidung unter Darlegung der Gründe unverzüglich zu unterrichten. (6.) Öffentliche Arbeitgeber schließlich müssen Schwerbehinderte, die sich beworben haben oder von der Arbeitsagentur vorgeschlagen wurden, stets zu einem Vorstellungsgespräch einladen, es sei denn, dass die fachliche Eignung offensichtlich fehlt.

Details Die Einladung darf im öffentlichen Dienst nur dann unterbleiben, wenn die fachliche Eignung *offensichtlich* fehlt. Verfehlt der schwerbehinderte Bewerber das Anforderungsprofil nur knapp oder erfüllt er es sogar, muss er auch dann eingeladen werden, wenn andere Bewerberinnen und Bewerber nach der Papierform deutlich besser geeignet sind.[9]

Der Schwerbehindertenvertretung steht das Recht zu, an den Vorstellungsgesprächen teilzunehmen, wenn sich ein schwerbehinderter Mensch beworben hat, und Einsicht in die entscheidungsrelevanten Teile aller Bewerbungsunterlagen zu nehmen (§ 164 Abs. 1 Satz 6 i.V. mit § 178 Abs. 2 SGB IX). Eine Ausnahme gilt nur für den Fall, dass der schwerbehinderte Bewerber (im Falle mehrerer Bewerbungen: alle schwerbehinderten Bewerber) die Beteiligung der Schwerbehindertenvertretung ausdrücklich ablehnt (ablehnen).

Wie bereits erwähnt, begründet eine Verletzung dieser Obliegenheiten – oder auch nur einzelner von ihnen – bei Schwerbehinderten und ihnen nach § 2 Abs. 3 SGB IX gleichgestellten Arbeitnehmern ein ausreichendes *Indiz für die Benachteiligung* wegen der Behinderung i. S. von § 22 AGG.[10] Ein schuldhaftes Handeln oder gar eine Benachteiligungsabsicht sind nicht erforderlich.

---

[9] BAG vom 11. August 2016, NZA 2017, 43 (46 f.).

[10] BAG vom 16. September 2008, NZA 2009, 79; vom 18. November 2008, NZA 2009, 728; vom 17. August 2010, NZA 2011, 153; vom 13. Oktober 2011, AP Nr. 9 zu § 15 AGG.

Außerdem steht, wenn der Arbeitgeber seine Pflichten nicht erfüllt, dem Betriebsrat bei Neueinstellungen ein Zustimmungsverweigerungsrecht analog § 99 Abs. 2 BetrVG zu.

6. Der praktische Fall

Mittelbare Diskriminierung wegen der ethnischen Herkunft durch Gestaltung des Auswahlverfahrens: ArbG Hamburg vom 26. Januar 2010, BeckRS 2010, 66839 *(„Paketzusteller-Fall")*

Zum Sachverhalt (vereinfacht) Die Beklagte ist ein Unternehmen der Postbranche. Sie hatte Stellen für Postzusteller ausgeschrieben. Zu den Anforderungen gehörte die Beherrschung der deutschen Sprache in Wort und Schrift. Der in der Elfenbeinküste geborene, muttersprachlich französisch sprechende Kläger bewarb sich schriftlich. Eine Mitarbeiterin der Beklagten rief den Kläger – wie alle übrigen Bewerber – für einen Erstkontakt telefonisch an, führte mit ihm ein Gespräch und fragte u. a., ob er Fahrrad fahren könne. Der Kläger erhielt eine Absage, weil er bei dem Telefonat eine undeutliche Aussprache gehabt habe. Der Kläger fühlt sich wegen seiner ethnischen Herkunft (§ 1 AGG) mittelbar diskriminiert (§ 3 Abs. 2 AGG) und beansprucht eine Entschädigung (§ 15 Abs. 2 AGG).

Die Entscheidung Das *ArbG Hamburg* hat der Klage stattgegeben und die Beklagte zu einer Entschädigung in Höhe von drei Monatsgehältern (5.400 Euro) verurteilt. Der Vorwurf der mittelbaren Benachteiligung wegen der ethnischen Herkunft sei berechtigt. Von der Vorgehensweise der Beklagten (telefonischer Erstkontakt im Bewerbungsverfahren) seien Bewerber, deren Muttersprache nicht deutsch ist, erheblich häufiger nachteilig betroffen als muttersprachlich deutsche Bewerber. Das konnte das Gericht insbesondere bei dem von der Beklagten gebildeten Kriterium einer deutlichen und ansprechenden Aussprache der deutschen Sprache des Bewerbers feststellen. Angehörige anderer Ethnien weisen typischerweise nicht so gute Deutschkenntnisse auf wie Muttersprachler. In der Regel sprechen sie die deutsche Sprache mit Akzent.

Das mittelbar benachteiligende Bewerbungsverfahren war auch weder nach § 3 Abs. 2 AGG noch wegen der an die Stelleninhaber zu richtenden beruflichen Anforderungen (§ 8 AGG) sachlich gerechtfertigt. Zwar ist es zur Gewährleistung reibungsloser betrieblicher Abläufe sachlich gerechtfertigt, von den Bewerbern Sprachkenntnisse zu verlangen, die für eine angemessene Kommunikation zwischen Arbeitnehmern und dem Arbeitgeber erforderlich sind. Soweit eine Stelle es voraussetzt, kann der Arbeitgeber auch Sprachkenntnisse in Wort und Schrift von den Bewerbern verlangen. Bei Arbeitsplätzen, die von dem Arbeitnehmer eine Kommunikation mit Kunden erfordern, können entsprechende hinreichende Sprachkenntnisse gefordert werden. Das gewählte Verfahren des telefonischen Erstkontakts stellte an die Bewerber aber mehr als die erforderlichen Anforderungen. Die Arbeitgeberin hatte ihre Ablehnung der Bewerbung damit begründet, dass sich der Kläger nicht ansprechend klar und deutlich in deutscher Sprache auszudrücken vermochte. Damit ging sie über das Erfordernis der bloßen Sprachbeherrschung hinaus. Dieses Kriterium war zur Erreichung der berechtigten Ziele der Beklagten (Möglichkeit der Fortbildung des Klägers, Kommunikation mit Kunden) für die zu besetzende Stelle eines Postzustellers nicht mehr angemessen. Es war nicht erforderlich, dass der Kläger als Postzusteller weitgehend akzentfrei die deutsche Sprache spricht. Erforderlich ist lediglich eine für die Kundenkommunikation und die Kommunikation mit dem Arbeitgeber und den Kollegen hinreichende Sprachkenntnis in Wort und Schrift.

III. Bewerbungskosten

Die Kosten der Bewerbung (Bewerbungsmappe, Porto) hat grundsätzlich *der Bewerber zu tragen.* Soweit der Arbeitgeber den Arbeitnehmer zum persönlichen Vorstellungsgespräch aufgefordert hat, kann der Bewerber vom Arbeitgeber die Aufwendungen ersetzt verlangen, die er den Umständen nach für erforderlich halten durfte. Dazu gehören Fahrtkosten und Mehrkosten für Verpflegung und Übernachtung. Die Verpflichtung des Arbeitgebers zum Ersatz dieser Kosten ergibt sich aus § 670 BGB.[11]

Ein Anspruch des Bewerbers auf Kostenerstattung besteht aber dann nicht, wenn der Arbeitgeber zulässigerweise im Rahmen der Einladung zum Vorstellungsgespräch die Zahlung ausdrücklich abgelehnt hat.

Verdienstausfall kann der Bewerber nicht geltend machen.

---

[11] BAG vom 29. Juni 1988, NZA 1989, 468 (468).

IV. Fragerechte des Arbeitgebers und Offenbarungspflicht des Arbeitnehmers

1. Fragerechte des Arbeitgebers

Naturgemäß ist der Arbeitgeber daran interessiert, möglichst viel über den Bewerber durch Fragen über dessen beruflichen und persönlichen Hintergrund zu erfahren. Zum Schutz des *allgemeinen Persönlichkeitsrechts* der Stellenbewerber sind dem Fragerecht des Arbeitgebers bei den Einstellungsverhandlungen jedoch *Grenzen* gesetzt, sodass der Arbeitgeber dem Bewerber nicht jede Frage stellen darf. Gleichzeitig muss dieser nicht jede Frage des Arbeitgebers wahrheitsgemäß beantworten.

Das Fragerecht des Arbeitgebers wird nur insoweit anerkannt, als dieser ein *berechtigtes, billigenswertes und schutzwürdiges Interesse* an der Beantwortung seiner Frage im Hinblick auf das Arbeitsverhältnis hat.[12] Ein solches berechtigtes Interesse ist nur dann gegeben, wenn es so gewichtig ist, dass dahinter das Interesse des Arbeitnehmers, seine persönlichen Lebensumstände zum Schutz seines Persönlichkeitsrechts und zur Sicherung der Unverletzlichkeit seiner Individualsphäre geheim zu halten, zurückzutreten hat.[13] Es gilt also grundsätzlich, dass der Arbeitgeber kein unbeschränktes Fragerecht hat, sondern dass nur Fragen, die mit der zu besetzenden Stelle in unmittelbarem sachlichem Zusammenhang stehen, zulässig sind.

Zur Befragung des Bewerbers kann sich der Arbeitgeber auch eines *Personalfragebogens,* also formularmäßig zusammengefasster Fragen, bedienen. Dieser bedarf gemäß § 94 BetrVG der Zustimmung des Betriebsrats. Dieses Mitbestimmungsrecht des Betriebsrats dient der Vermeidung von Eingriffen in das allgemeine Persönlichkeitsrecht des Bewerbers, wobei der Betriebsrat allerdings nur unzulässige Fragen ablehnen darf. Werden sich Arbeitgeber und Betriebsrat über den Inhalt eines Personalfragebogens nicht einig, so entscheidet die Einigungsstelle (näher unten VI.).

---

[12] BAG vom 18. Oktober 2000, NZA 2001, 315 (315).
[13] BAG vom 7. Juni 1984, NZA 1985, 57 (57); vom 5. Oktober 1995, NZA 1996, 371 (372).

Die Zulässigkeit der in einem Personalfragebogen enthaltenen Fragen richtet sich nach den allgemeinen arbeitsrechtlichen Grundsätzen. Insbesondere gilt, dass eine individualrechtlich zulässige Frage nicht dadurch unzulässig wird, dass der Arbeitgeber das Mitbestimmungsrecht des Betriebsrats bei der Zusammenstellung des Fragebogens (§ 94 Abs. 1 BetrVG) verletzt hat. Der Bewerber hat daher eine im Fragebogen individualrechtlich zulässige Frage wahrheitsgemäß zu beantworten.[14]

2. Offenbarungspflicht des Arbeitnehmers

Nicht jede Tatsache, die der Stellenbewerber auf eine konkrete Frage des Arbeitgebers hin offenlegen muss, muss er auch ungefragt offenbaren. Es besteht zwar *keine allgemeine Offenbarungspflicht* des Arbeitnehmers. Dies schließt jedoch nicht aus, dass der Bewerber unter bestimmten Voraussetzungen dazu verpflichtet sein kann, ungefragt auf besondere Umstände hinzuweisen. Der Arbeitnehmer muss ohne eine entsprechende Frage des Arbeitgebers von sich aus aber nur auf solche Tatsachen hinweisen, deren Mitteilung der Arbeitgeber nach Treu und Glauben (§ 242 BGB) erwarten darf. Eine Offenbarungspflicht des Arbeitnehmers ist an die Voraussetzung gebunden, dass die verschwiegenen Umstände dem Arbeitnehmer die Erfüllung der arbeitsvertraglichen Leistungspflicht unmöglich machen oder sonst für den in Betracht kommenden Arbeitsplatz von ausschlaggebender Bedeutung sind.[15] Dies verdeutlicht, dass die Offenbarungspflicht des Arbeitnehmers enger ist als das Fragerecht des Arbeitgebers; sie bleibt hinter dem Fragerecht zurück.

Beachte Die Offenbarungspflicht besteht nicht nur beim Einstellungsgespräch selbst, sondern darüber hinaus. Erfährt beispielsweise der Arbeitnehmer zwischen Abschluss des Arbeitsvertrages und Beginn des Arbeitsverhältnisses von Umständen, die er im Bewerbungsgespräch hätte offenbaren müssen, ist er verpflichtet, hierüber seinen künftigen Arbeitgeber unverzüglich zu unterrichten.

---

[14] BAG vom 2. Dezember 1999, NZA 2001, 107 (108).
[15] BAG vom 21. Februar 1991, NZA 1991, 719 (719); vgl. auch BAG vom 15. Mai 1997, NZA 1998, 33 (35).

3. Einzelfälle

Zulässig ist die Frage nach dem *beruflichen Werdegang* sowie nach bisherigen Beschäftigungsverhältnissen, was ohnehin regelmäßig von den vom Arbeitnehmer vorgelegten Zeugnissen dokumentiert sein wird.[16]

Die Frage nach dem *früheren Gehalt* des Arbeitnehmers ist zumindest dann unzulässig, wenn dessen Höhe für die in Frage stehende Stelle keine Aussagekraft hat. Fordert hingegen der Bewerber sein früheres Gehalt als Mindestvergütung für die neue Stelle oder macht er es zur Verhandlungsbasis, so ist die Frage des Arbeitgebers nach der Höhe zulässig.[17]

Über *Vorstrafen* muss der Bewerber den Arbeitgeber von sich aus nicht unterrichten, wenn sie nach dem BZRG nicht (mehr) in ein polizeiliches Führungszeugnis aufzunehmen sind. Um die Resozialisierung des Bewerbers nicht unnötig zu erschweren, darf dieser nicht allgemein nach Vorstrafen befragt werden. Der Arbeitgeber darf den Arbeitnehmer aber dann bei der Einstellung nach Vorstrafen fragen, wenn und soweit die Art des zu besetzenden Arbeitsplatzes dies erfordert. Dabei kommt es nicht auf die subjektive Einstellung des Arbeitgebers an, welche Vorstrafen er als einschlägig ansieht; entscheidend ist vielmehr ein objektiver Maßstab.[18]

Bei der Prüfung der Eignung des Arbeitnehmers für die geschuldete Tätigkeit kann es je nach den Umständen auch zulässig sein, nach anhängigen *Ermittlungsverfahren* zu fragen. Ein berechtigtes Interesse des Arbeitgebers an einer solchen Frage ist dann zu bejahen, wenn auch ein Ermittlungsverfahren Zweifel an der persönlichen Eignung des Arbeitnehmers begründen kann.[19] Bezugspunkt bei den laufenden Ermittlungsverfahren muss aber stets das konkrete, angestrebte Arbeitsverhältnis sein und bleiben.

---

[16] BAG vom 12. Februar 1970, NJW 1970, 1565 (1567).
[17] BAG vom 19. Mai 1983, AP Nr. 25 zu § 123 BGB.
[18] St. Rechtsprechung seit BAG vom 5. Dezember 1957, AP Nr. 2 zu § 123 BGB; aus jüngerer Zeit z. B. BAG vom 20. Mai 1999, NZA 1999, 975 (976); vom 6. September 2013, NZA 2013, 1087 (1089 f.); vom 20. März 2014, NZA 2014, 1131 (1133 ff.).
[19] BAG vom 20. Mai 1999, NZA 1999, 975 (976).

Bei der Zulässigkeitsprüfung der Frage nach *Krankheiten* sind strenge Maßstäbe anzulegen, da sie einen nicht unerheblichen Eingriff in die Intimsphäre des Bewerbers darstellen. Der Umfang des Fragerechts des Arbeitgebers hinsichtlich bestehender Krankheiten richtet sich danach, ob diese im Zusammenhang mit dem einzugehenden Arbeitsverhältnis stehen.[20]

Die Frage nach der *Schwangerschaft* ist grundsätzlich unzulässig, da sie eine Benachteiligung wegen des Geschlechts darstellt (§§ 1, 7 AGG), gleichgültig, ob sich nur Frauen oder auch Männer um den Arbeitsplatz beworben haben.[21] Dies gilt auch dann, wenn die Frau die vereinbarte Tätigkeit wegen eines mutterschutzrechtlichen Beschäftigungsverbotes zunächst nicht aufnehmen kann.[22]

Geschwankt hat die Rechtsprechung hinsichtlich der Frage nach einer *Schwerbehinderung*. Hier ist zunächst streng zu differenzieren: Die Frage nach einer tatsächlich existierenden *Behinderung* ist nur insoweit zulässig, als die Behinderung erfahrungsgemäß die Eignung des Stellenbewerbers für die vorgesehene Tätigkeit beeinträchtigt.[23] Das BAG hatte zwischenzeitlich dazu tendiert, auch die Frage nach einer anerkannten (also durch Verwaltungsakt förmlich festgestellten) *Schwerbehinderung* nur zuzulassen, wenn diese für die auszuübende Tätigkeit von Bedeutung ist.[24] Trotz des 1994 in das GG aufgenommene Diskriminierungsverbots des Art. 3 Abs. 3 Satz 2 GG hat das BAG die Frage aber wieder für zulässig gehalten.[25] Dies stößt in der Literatur freilich auf erhebliche Kritik, weil § 1 AGG die Benachteiligung behinderter Menschen in gleicher Weise wie die Benachteiligung wegen des Geschlechts verbietet. Nach der h.M. ist daher die Frage nach einer anerkannten Schwerbehinderung unzulässig. Inzwischen hat sich der Achte Senat des BAG dieser Auffassung angeschlossen,[26] seine Ausführungen waren für die Entscheidung selbst frei-

---

20 BAG vom 7. Juni 1984, NZA 1985, 57 (58).
21 Vgl. BAG vom 5. Oktober 1992, NZA 1993, 257 (258).
22 BAG vom 6. Februar 2003, NZA 2003, 848 (849).
23 BAG vom 5. Oktober 1995, NZA 1996, 371 (372).
24 BAG vom 11. November 1993, NZA 1994, 407 (408).
25 BAG vom 5. Oktober 1995, NZA 1996, 371 (372).
26 BAG vom 13. Oktober 2011, AP Nr. 9 zu § 15 AGG.

lich unerheblich (obiter dictum). Der zuständige Zweite Senat hat demgegenüber offen gelassen, ob er an seiner bisherigen Linie festhält.[27] Jedenfalls berechtigt die Falschbeantwortung der Frage nach einer Schwerbehinderung des Arbeitnehmers dann nicht zur Anfechtung des Arbeitsvertrages nach § 123 BGB, wenn die Schwerbehinderung für den Arbeitgeber offensichtlich war und deshalb bei ihm kein Irrtum entstanden ist.[28]

Die Frage nach der *Gewerkschaftszugehörigkeit* ist wegen der in Art. 9 Abs. 3 GG verfassungsrechtlich garantierten Koalitionsfreiheit vor Abschluss des Arbeitsvertrages unzulässig und dem Arbeitnehmer obliegt auch keine Offenbarungspflicht.

Ebenso unzulässig ist die Frage nach der *Konfession* des Bewerbers oder der Mitgliedschaft in *politischen Parteien*. Etwas anderes kann jeweils für bestimmte Tendenzbetriebe (z. B. für die Kirchen, politischen Parteien und Gewerkschaften als Arbeitgeber) gelten.

Auch die Frage nach *Familienverhältnissen,* Heiratsabsichten, Kinderwünschen etc. ist unzulässig.

4. Rechtliche Konsequenzen einer Falschbeantwortung des Bewerbers

Die Falschbeantwortung des Bewerbers auf Fragen des Arbeitgebers kann – je nachdem, ob die vom Arbeitgeber gestellte Frage zulässig oder unzulässig war – rechtliche Konsequenzen für den Bewerber haben. Denn wird der Bewerber nach dem Vorliegen einer bestimmten Tatsache befragt, so ist er zur wahrheitsgemäßen Beantwortung nur dann verpflichtet, wenn die gestellte Frage zulässig ist.[29]

Beantwortet der Bewerber im Rahmen des Vorstellungsgesprächs eine zulässige Frage wahrheitswidrig und wird er daraufhin eingestellt, so riskiert er, dass der Arbeitgeber von seinem *Anfechtungsrecht* gemäß § 123 BGB (s. u.) Gebrauch macht und Folge die Nichtigkeit des Vertrages ist.

Stellt der Arbeitgeber aber eine unzulässige Frage, darf der Bewerber die Unwahrheit sagen. Schweigt er, so hätte dies unter Umständen zur Folge, dass es nicht zur Einstellung des Bewerbers kommt. Ihm steht in einem

---

[27]   BAG vom 7. Juli 2011, NZA 2012, 34 (35).
[28]   BAG vom 18. Oktober 2000, NZA 2001, 315.
[29]   BAG vom 21. Februar 1991, NZA 1991, 719 (721).

solchen Fall also ein „Recht zur Lüge" zu, was für den Bewerber ohne rechtliche Folgen bleibt, denn der Arbeitgeber ist nicht – da es an der Rechtswidrigkeit fehlt – zur Anfechtung des Arbeitsvertrages wegen arglistiger Täuschung gemäß § 123 BGB berechtigt.

5. Der praktische Fall

Verbot der Verwertung personenbezogener Daten, die vom Arbeitgeber unter Verstoß gegen das Datenschutzrecht gewonnen worden sind: BAG vom 15. November 2012, NZA 2013, 429 *(„Quereinsteiger-Fall")*

Zum Sachverhalt Der Kläger ist gelernter Diplomingenieur. Er bewarb sich als sog. „Seiteneinsteiger" bei dem beklagten Land auf eine Stelle als Lehrer. Das Land ließ ihn ein Formular ausfüllen, in dem er versicherte, dass gegen ihn kein gerichtliches Strafverfahren und kein Ermittlungsverfahren der Staatsanwaltschaft wegen eines Vergehens oder Verbrechens anhängig ist oder innerhalb der letzten drei Jahre anhängig gewesen ist. Tatsächlich war gegen ihn mehrfach wegen Hausfriedensbruchs, Körperverletzung und Nötigung ermittelt worden. Anklage war jedoch nie erhoben worden. Nachdem der Kläger seine Beschäftigung aufgenommen hatte, erhielt das Land einen anonymen Hinweis, der Kläger stehe unter dem Verdacht des Kindesmissbrauchs. Daraufhin fragte es bei der Staatsanwaltschaft die gegen den Kläger geführten Ermittlungsverfahren ab und erhielt auf diese Weise von der Unrichtigkeit seiner Angaben Kenntnis. Das Land erklärte die Anfechtung, die außerordentliche und hilfsweise (noch innerhalb der Wartezeit des § 1 Abs. 1 KSchG) die ordentliche Kündigung. Dagegen wehrt sich der Kläger.

Die Entscheidung In der Revisionsinstanz war nur noch die Wirksamkeit der ordentlichen Kündigung im Streit. Soweit die Vorinstanzen die Anfechtung und die außerordentliche Kündigung für unwirksam erklärt hatten, waren die Urteile rechtskräftig geworden. Die ordentliche Kündigung bedurfte keiner sozialen Rechtfertigung (§ 1 Abs. 2 KSchG), da die Sechs-Monats-Frist des § 1 Abs. 1 KSchG noch nicht abgelaufen war. Nach Auffassung des BAG widersprach die Kündigung aber den guten Sitten (§ 138 BGB) und war daher unwirksam. Der Begriff der „guten Sitten" ist am Maßstab der Wertvorstellungen des GG zu konkretisieren. Dazu gehört auch das informationelle Selbstbestimmungsrecht als Aus-

prägung des allgemeinen Persönlichkeitsrechts. Fragen nach personenbezogenen Daten vor der Eingehung eines Arbeitsverhältnisses sind nur
dann erforderlich, wenn der künftige Arbeitgeber ein berechtigtes, billigenswertes und schutzwürdiges Interesse an der Beantwortung seiner
Frage bzw. der Informationsbeschaffung im Hinblick auf die Begründung
des Arbeitsverhältnisses hat und das Interesse des Arbeitnehmers an der
Geheimhaltung seiner Daten das Interesse des Arbeitgebers an der Erhebung dieser Daten nicht überwiegt. Die unspezifische Frage nach eingestellten Ermittlungsverfahren ist im Regelfall nicht erforderlich, weil an
einer solchen Informationsbeschaffung grundsätzlich kein berechtigtes Interesse des potenziellen Arbeitgebers besteht.

V. Einzelheiten zum Anfechtungsrecht des Arbeitgebers wegen arglistiger Täuschung

1. Allgemeines

Die Folgen der wahrheitswidrigen Beantwortung von in zulässiger Weise
gestellten Fragen des Arbeitgebers sind im Kontext der Anfechtungsre-
geln zu sehen. Der Arbeitsvertrag kann grundsätzlich auch durch Anfechtung gemäß § 123 BGB beendet werden,[30] wobei das Anfechtungsrecht
nicht durch das Recht zur außerordentlichen Kündigung verdrängt wird.
Die Anfechtung wegen *arglistiger Täuschung* bzw. widerrechtlicher Drohung spielt sowohl beim Abschluss des Arbeits- als auch des Aufhebungsvertrages eine bedeutsame Rolle. Praxisrelevant ist dabei besonders die
Anfechtung wegen arglistiger Täuschung.

Die Anfechtung unterliegt nicht den für eine Kündigung geltenden gesetzlichen Beschränkungen. Sie bedarf also keiner vorherigen Anhörung des
Betriebsrats nach § 102 BetrVG und kann unabhängig vom Eingreifen
des allgemeinen oder eines besonderen Kündigungsschutzes erklärt werden.

Beachte Besonders wichtig für die Praxis ist, dass der Anfechtung,
wenn sie nicht vom Anfechtungsberechtigten selbst, sondern einem
Bevollmächtigten (etwa dem Rechtsanwalt des Arbeitgebers) erklärt

---

[30] St. Rspr. seit BAG vom 5. Dezember 1957, AP Nr. 2 zu § 123 BGB.

wird, eine Vollmacht beizufügen ist. Fehlt diese, kann der andere Teil die Anfechtung unverzüglich zurückweisen, § 174 BGB. Die Anfechtungserklärung muss wiederholt werden, ist dann aber u. U. nicht mehr innerhalb der Frist des § 124 BGB erfolgt.

2. Prüfungsschema „Anfechtung wegen arglistiger Täuschung"

1) Anfechtungserklärung (§ 143 BGB)
   Diese kann auch in einer Kündigungserklärung liegen, wenn sie auf Gründe gestützt ist, die ihren Ursprung bereits in der Anbahnung des Vertragsverhältnisses haben.
   Wichtig: Falls die Anfechtung von einem Bevollmächtigten erklärt wird, muss dieser die Vollmacht beifügen, sonst kann die Anfechtung vom anderen Teil zurückgewiesen werden (§ 174 BGB).
2) Anfechtungsgrund: Arglistige Täuschung
   a) Täuschung
      i. Durch positives Tun = Vorspiegelung oder Entstellung von Tatsachen
      ii. Durch Unterlassen = Verschweigen nur, wenn eine entsprechende Aufklärungspflicht (Offenbarungspflicht) bestand
   b) Kausale Erregung, Verstärkung oder Unterhaltung eines Irrtums
   c) Rechtswidrigkeit
      Rechtswidrigkeit fehlt, wenn der Erklärende zur Täuschung berechtigt war, insbesondere die ihm gestellte Frage unzulässig war und er daher wahrheitswidrig antworten durfte.
   d) Arglist
      Vorsatz, dolus eventualis genügt.
3) Anfechtungsfrist: ein Jahr (§ 124 BGB)
4) Kein Ausschluss der Anfechtung
   a) Ausschluss wegen Bestätigung des Rechtsgeschäfts (§ 144 BGB)
   b) Ausschluss wegen Zeitablaufs
      i. Generell nach zehn Jahren (§ 121 Abs. 2 BGB)
      ii. Schon vor Ablauf der Zehn-Jahres-Frist nach Treu und Glauben (§ 242 BGB)

5) Rechtsfolge: Nichtigkeit des Rechtsgeschäfts
   a) Bei noch nicht in Vollzug gesetztem Arbeitsverhältnis: ex tunc
      (§ 142 Abs. 1 BGB).
   b) Bei bereits in Vollzug gesetztem Arbeitsverhältnis: Grundsätzlich
      ex nunc, ausnahmsweise aber „Teil-ex-tunc-Wirkung".

3. Anfechtungserklärung

Die Anfechtungserklärung ist eine einseitige empfangsbedürftige und
rechtgestaltende Willenserklärung, die keiner Form bedarf. § 623 BGB
findet keine analoge Anwendung.

4. Arglistige Täuschung als Anfechtungsgrund

Eine arglistige Täuschung liegt insbesondere darin, dass der Arbeitnehmer beim Einstellungsgespräch eine offenbarungspflichtige Tatsache bewusst verschweigt oder – wichtiger – eine zulässige Frage des Arbeitgebers bewusst wahrheitswidrig beantwortet.

a) Täuschung durch positives Tun

Die Täuschung kann durch das Behaupten, Unterdrücken oder Entstellen
von Tatsachen, also von objektiv nachprüfbaren Umständen, erfolgen.

Beispiel Fordert der Arbeitgeber vom Stellenbewerber einen handschriftlichen Lebenslauf, um ihn einer graphologischen Untersuchung
zu unterziehen, begeht derjenige Bewerber eine Täuschungshandlung, der den Lebenslauf von einem Dritten verfassen lässt.[31]

Bloße Werturteile sind als solche keine Tatsachen, können aber einen Tat-
sachenkern beinhalten.

b) Täuschung durch Unterlassen

Eine Täuschung durch Unterlassen kommt nur in Betracht, wenn der Han-
delnde *zur Aufklärung über die verschwiegenen Umstände verpflichtet*
war. Die Verpflichtung, bestimmte Tatsachen vor Vertragsabschluss un-

---

[31] BAG vom 16. September 1982, NJW 1984, 446 (446).

gefragt zu offenbaren, ergibt sich aus der vorvertraglichen Rücksichtnahmepflicht (§ 311 Abs. 2 i.V. mit § 241 Abs. 2 BGB). Da dem Arbeitgeber das Recht eingeräumt ist, den Arbeitnehmer über die für den Vertrag wesentlichen Umstände zu befragen, muss der Arbeitnehmer ohne die entsprechende Frage des Arbeitgebers von sich aus nur auf solche Tatsachen hinweisen, deren Mitteilung der Arbeitgeber nach Treu und Glauben erwarten darf.

c) Kausale Erregung, Verstärkung oder Unterhaltung eines Irrtums

Der Tatbestand der arglistigen Täuschung gemäß § 123 Abs. 1 BGB setzt voraus, dass durch die Täuschungshandlung beim Erklärungsgegner ein Irrtum über den wahren Sachverhalt hervorgerufen wird. Zwischen Täuschungshandlung und Irrtum muss ein Kausalzusammenhang bestehen. Irrtum ist die Abweichung der Vorstellung von der Wirklichkeit. Auch wenn der Anfechtende die Täuschung nicht erkannt hat, diese aber hätte erkennen können, liegt ein zur Anfechtung berechtigender Irrtum vor. An einem Irrtum fehlt es allerdings, wenn derjenige, der getäuscht werden soll, die Wahrheit kennt.

Beispiel Hat der Arbeitgeber einen Stellenbewerber, der bei einem Grad der Behinderung von 100 % nur 1,55 m groß ist und unter „Funktionseinschränkungen der Gliedmaßen und des Rumpfes bei angeborenem Minderwuchs" leidet, im Vorstellungsgespräch persönlich kennen gelernt, kann er den Arbeitsvertrag nicht deswegen anfechten, weil der Bewerber die Frage nach einer Behinderung verneint hat.[32]

Hat der Getäuschte den Irrtum zwar nicht erkannt, hätte er aber auch in Kenntnis der wahren Sachlage seine Willenserklärung abgegeben, fehlt es an der Kausalität von Täuschung und Irrtum.

d) Rechtswidrigkeit der Täuschung

Während im Allgemeinen die Rechtswidrigkeit durch die Täuschung indiziert wird, gebietet die *Ausstrahlungswirkung des allgemeinen Persönlichkeitsrechts* (Art. 1 Abs. 1, Art. 2 Abs. 1 GG) eine Beschränkung dieses Rechtssatzes bei falschen Antworten im Einstellungsgespräch. Wird der Arbeitnehmer nach dem Vorliegen einer bestimmten Tatsache befragt, so

---

[32] BAG vom 18. Oktober 2000, NZA 2001, 315 (315).

ist er zu deren wahrheitsgemäßer Beantwortung nur dann verpflichtet, wenn die gestellte Frage zulässig ist. Die unrichtige Beantwortung einer unzulässigen Frage ist demgegenüber rechtmäßig und berechtigt nicht zur Anfechtung des Arbeitsvertrages wegen arglistiger Täuschung.

e) Arglist

Arglistig handelt der Täuschende, wenn er die Unrichtigkeit seiner Angaben erstens positiv kennt und zweitens zumindest billigend in Kauf nimmt, der Erklärungsempfänger könnte durch die Täuschung beeinflusst werden.

5. Widerrechtliche Drohung als Anfechtungsgrund

Die widerrechtliche Drohung ist v. a. beim *Abschluss von Aufhebungsverträgen* anzutreffen. Insbesondere die Androhung des Arbeitgebers, das Arbeitsverhältnis durch eine außerordentliche Kündigung beenden zu wollen, falls der Arbeitnehmer nicht selbst kündige oder einen Aufhebungsvertrag abschließe, stellt die Ankündigung eines zukünftigen empfindlichen Übels dar, dessen Verwirklichung in der Macht des ankündigenden Arbeitgebers liegt. Die Drohung mit einer außerordentlichen Kündigung ist allerdings nur dann widerrechtlich, wenn ein verständiger Arbeitgeber eine solche Kündigung nicht ernsthaft in Erwägung ziehen durfte. Nicht erforderlich ist es demgegenüber, dass sich die angekündigte Kündigung, wenn sie ausgesprochen worden wäre, in einem Kündigungsschutzprozess als rechtsbeständig erwiesen hätte, also wirksam gewesen wäre.

a) Drohung

Eine Drohung i. S. des § 123 Abs. 1 BGB setzt die Ankündigung eines zukünftigen Übels voraus, dessen Zufügung in irgendeiner Weise als von der Macht des Ankündigenden abhängig hingestellt wird.

Beispiele Drohung mit einer Kündigung oder einer Strafanzeige.

Die Drohung muss nicht ausdrücklich ausgesprochen werden, sie kann vielmehr auch durch schlüssiges Verhalten erfolgen. An ihr kann es fehlen, wenn der Arbeitgeber die fristlose Kündigung bereits erklärt hat und erst im Anschluss daran dem Arbeitnehmer den Abschluss eines Aufhebungsvertrages anbietet.

b) Kausalität

Die Drohung ist für die Abgabe der Willenserklärung kausal, wenn der Bedrohte die Erklärung ohne die Drohung überhaupt nicht, mit einem anderen Inhalt oder zu einem anderen Zeitpunkt abgegeben hätte.

c) Vorsatz

Der Drohende muss vorsätzlich gehandelt haben. Dies setzt den Willen zu einem nötigenden Verhalten voraus, d. h. die Absicht, zwecks Erzielung eines von dem Drohenden im eigenen Interesse erstrebten, rechtlich zu missbilligenden Erfolges den Bedrohten in eine Zwangslage zu versetzen und ihn auf diese Weise zur Abgabe der angestrebten Willenserklärung zu bestimmen. Die Drohung muss bewusst darauf gerichtet sein, den Bedrohten zu der Einschätzung zu verleiten, nur zwischen zwei Übeln wählen zu können, von denen die Abgabe der empfohlenen Erklärung nach der Ansicht des Drohenden als das geringere Übel gegenüber der sonst zu erwartenden Maßnahme erscheint.

d) Widerrechtlichkeit

Widerrechtlich ist eine Drohung, wenn entweder ein rechtswidriges Verhalten in Aussicht gestellt wird (Rechtswidrigkeit des Mittels), der mit der Drohung verfolgte Zweck verboten oder sittenwidrig ist (Rechtswidrigkeit des Zwecks) oder gerade die *Verbindung eines an sich erlaubten Mittels mit dem an sich erlaubten Zweck* gegen das Anstandsgefühl aller billig und gerecht Denkenden verstößt.

In der Praxis geht es dabei nahezu ausschließlich um Fälle, in denen der Arbeitgeber die Eigenkündigung oder den Abschluss eines Aufhebungsvertrages seitens des Arbeitnehmers dadurch veranlasst, dass er selbst mit einer (regelmäßig fristlosen) Kündigung oder der Erstattung einer Strafanzeige gedroht hat. In derartigen Fällen kann sich die Widerrechtlichkeit einer Kündigungsandrohung regelmäßig nur aus der Inadäquanz von Zweck und Mittel ergeben. Weder das angedrohte Mittel – der Ausspruch einer Kündigung – noch der verfolgte Zweck – der Abschluss eines Aufhebungsvertrages oder die Eigenkündigung des Arbeitnehmers – sind

als solche nämlich rechtlich missbilligt. Die Drohung ist gleichwohl widerrechtlich, wenn der Drohende an der Erreichung des verfolgten Zwecks
kein berechtigtes Interesse hat oder wenn die Drohung nach Treu und
Glauben nicht mehr als angemessenes Mittel zur Erreichung dieses
Zwecks anzusehen ist.

Dabei ist es nicht erforderlich, dass die angedrohte Kündigung, wenn sie
ausgesprochen worden wäre, sich in einem Kündigungsschutzprozess
als rechtsbeständig erwiesen hätte. Die Drohung mit einer außerordentlichen Kündigung ist vielmehr nur dann widerrechtlich, wenn ein *verständiger Arbeitgeber eine solche Kündigung nicht ernsthaft in Erwägung hätte
ziehen dürfen.*[33] Dabei kann von einem verständigen Arbeitgeber nicht generell verlangt werden, dass er bei seiner Abwägung die Beurteilung des
Tatsachengerichts „trifft". Nur wenn der Arbeitgeber unter Abwägung aller
Umstände des Einzelfalls davon ausgehen muss, die angedrohte Kündigung werde im Falle ihres Ausspruchs einer arbeitsgerichtlichen Überprü-
fung mit hoher Wahrscheinlichkeit nicht standhalten, darf er die außerordentliche Kündigungserklärung nicht in Aussicht stellen, um damit den Arbeitnehmer zum Ausspruch einer Eigenkündigung oder zum Abschluss
eines Aufhebungsvertrages zu veranlassen.

Beispiele Eine außerordentliche Kündigung kann von einem verständigen Arbeitgeber in Betracht gezogen werden, wenn es Anhaltspunkte
für eine Gleitzeitmanipulation durch den Arbeitnehmer gibt, wenn der
langjährig beschäftigte Arbeitnehmer umfangreiche private Telefonge-
spräche geführt und sie nicht abgerechnet hat[34] oder wenn der Mitarbeiter im Verdacht steht, Diebstähle begangen zu haben.[35]

Die Drohung mit einer Strafanzeige hat das BAG jedenfalls dann für zulässig gehalten, wenn der Arbeitnehmer durch sie veranlasst werden
sollte, ein abstraktes Schuldanerkenntnis (§ 781 BGB) abzugeben. Bestehe in einem solchen Falle zwischen der anzuzeigenden Straftat und
dem wieder gutzumachenden Schaden ein innerer Zusammenhang, weil
sich der Schaden gerade aus der Straftat ergab, werde der Einsatz des

---

[33]   BAG vom 30. September 1993, NZA 1994, 209 (210); vom 5. Dezember 2002,
       NZA 2003, 1055 (1055).
[34]   BAG vom 5. Dezember 2002, NZA 2003, 1055 (1055).
[35]   BAG vom 27. November 2003, NZA 2004, 597 (599).

Drohmittels Strafanzeige zum Zwecke des zivilrechtlichen Schadensausgleichs überwiegend für angemessen erachtet.[36]

6. Anfechtungsfrist

Gemäß § 124 Abs. 1 BGB beträgt die Frist für die Anfechtung wegen Drohung oder Täuschung *ein Jahr.* Nach § 124 Abs. 2 BGB beginnt die Frist im Falle der arglistigen Täuschung mit dem Zeitpunkt, in welchem der Arbeitgeber diese entdeckt, im Falle der Drohung mit dem Zeitpunkt, in welchem die Zwangslage aufhört.

Die Ausschlussfrist des § 626 Abs. 2 Satz 1 BGB ist bei der Drohungs- und Täuschungsanfechtung *nicht* entsprechend anzuwenden. Im Gegensatz zu § 121 Abs. 1 BGB bindet nämlich § 124 Abs. 1 BGB die Ausübung des Anfechtungsrechts an eine zeitlich fest fixierte starre Ausschlussfrist. Für eine kürzere zeitliche Konkretisierung dieser Anfechtungsfrist ist deshalb kein Raum.

Nur ausnahmsweise kommt eine *Verwirkung* des Anfechtungsrechts vor Ablauf der Jahresfrist in Betracht.

Erfährt der Arbeitgeber auch erst Jahre nach der Einstellung des Arbeitnehmers und nach inzwischen erfolgreicher Zusammenarbeit mit diesem von dessen wahrheitswidriger Beantwortung einer in zulässiger Weise gestellten Frage, so ist er grundsätzlich immer noch zur Anfechtung berechtigt. Allerdings ist die Anfechtung gemäß § 124 Abs. 3 BGB dann ausgeschlossen, wenn seit der Abgabe der Willenserklärung zehn Jahre verstrichen sind. Außerdem unterliegt die Ausübung des Anfechtungsrechts den allgemeinen Beschränkungen des § 242 BGB, sodass die Anfechtung eines Arbeitsvertrages wegen arglistiger Täuschung i. S. des § 123 BGB gegen Treu und Glauben verstoßen und daher unwirksam sein kann, wenn der Anfechtungsgrund im Zeitpunkt der Anfechtungserklärung seine Bedeutung für das Arbeitsverhältnis bereits verloren hatte. Dies kann insbesondere dann der Fall sein, wenn das Arbeitsverhältnis bereits mehrere Jahre beanstandungsfrei besteht.[37]

---

[36]   BAG vom 22. Oktober 1998, NZA 1999, 417 (418).
[37]   BAG vom 28. Mai 1998, NZA 1998, 1052 (1055 f.).

7. Wirkungen der Anfechtung

Als Rechtsfolge der Anfechtung ordnet § 142 Abs. 1 BGB die *Nichtigkeit des Rechtsgeschäfts ex tunc* an. Dies gilt grundsätzlich auch für das Arbeitsrecht. Die Vorschrift ist aber bei der Anfechtung von auf den Abschluss eines Arbeitsvertrages gerichteten Willenserklärungen partiell teleologisch zu reduzieren.

Es hat eine Unterscheidung zwischen bereits vollzogenen und noch nicht vollzogenen Arbeitsverhältnissen zu erfolgen.

Erfolgt die Anfechtung, *bevor das Arbeitsverhältnis „in Funktion gesetzt"* wurde (z. B.: Vertragsabschluss am 2. April, vereinbarte Arbeitsaufnahme am 1. Juni, Anfechtung schon am 15. April), findet § 142 Abs. 1 BGB uneingeschränkt Anwendung: die auf den Vertragsabschluss gerichtete Willenserklärung und damit der Arbeitsvertrag entfallen ex tunc.

Erfolgt die Anfechtung demgegenüber *nach Invollzugsetzung des Arbeitsverhältnisses,* wirkt sie grundsätzlich nur für die Zukunft, also ex nunc.[38] Dies vermeidet eine Rückabwicklung über das Recht der ungerechtfertigten Bereicherung und beugt Schwierigkeiten vor, die aus dem zeitweiligen jedenfalls faktischen Bestand des Arbeitsverhältnisses resultieren (z. B. bei Beteiligung des Arbeitnehmers an einer Betriebsratswahl oder seiner rechnerischen Berücksichtigung bei der Bestimmung eines Schwellenwertes, z. B. nach § 23 Abs. 1 KSchG).

Von dieser ex-nunc-Wirkung macht das BAG eine partielle Ausnahme, wenn das Arbeitsverhältnis noch vor der Anfechtung wieder „außer Funktion" gesetzt worden, der Arbeitnehmer z. B. arbeitsunfähig erkrankt war. Damit der Arbeitgeber hier nicht mit den Kosten der Entgeltfortzahlung belastet wird, wirkt die Anfechtung auf den Ablauf des letzten Tages der tatsächlichen Arbeitsleistung des Arbeitnehmers zurück.[39]

Beispiel Das Arbeitsverhältnis beginnt am 1. September. Am 15. Oktober erkrankt der Arbeitnehmer. Als der Arbeitgeber sich nach dem Grund der Erkrankung erkundigt, erfährt er, dass der Arbeitnehmer ihm im Bewerbungsgespräch eine schwere Wirbelsäulenerkrankung verschwiegen hatte, obwohl er in zulässiger Weise danach gefragt hatte.

---

[38] St. Rspr. seit BAG vom 5. Dezember 1957, AP Nr. 2 zu § 123 BGB.
[39] BAG vom 3. Dezember 1998, NZA 1999, 584 (586 f.); „Teil-ex-tunc-Wirkung" der Anfechtung.

Der Arbeitgeber ficht seine Willenserklärung wegen arglistiger Täuschung (§ 123 Abs. 1 BGB) an. Die Anfechtung wirkt auf das Ende des letzten Arbeitstages, also den 14. Oktober, zurück. Zwischen dem 1. September und dem 14. Oktober hat damit ein wirksames Arbeitsverhältnis bestanden. Die Kosten der Entgeltfortzahlung für die Zeit ab dem 15. Oktober braucht der Arbeitgeber aber nicht zu tragen.

8. Der praktische Fall

Frage nach der Schwerbehinderung: BAG vom 7. Juli 2011, NZA 2012, 34 *("Eigentor-Fall")*

Zum Sachverhalt Die Klägerin ist mit einem Grad der Behinderung von 50 schwerbehindert. Die Beklagte ist ein großes Softwareunternehmen. Die vor der Einstellung in einem Personalfragebogen an sie gerichtete Frage, ob eine anerkannte Schwerbehinderung bestehe, hatte die Klägerin verneint. Etwa 20 Monate nach Beginn des Arbeitsverhältnisses teilte die Klägerin dann (im Vorfeld einer geplanten Entlassungswelle) ihre Schwerbehinderung mit. Noch am gleichen Tag stellte die Beklagte die Klägerin von der Erbringung der Arbeitsleistung frei. Sie forderte sie auf, ihre persönlichen Sachen aus ihrem Büro zu entfernen und die Firmenkreditkarte sowie den Computer abzugeben. Zudem sperrte sie ihre Zugangsberechtigungen zu den betrieblichen Kommunikationsmitteln, der EDV, den Kundendatenbanken und dem Firmenkonto. Sodann erklärte die Arbeitgeberin die Anfechtung, die außerordentliche und die ordentliche Kündigung. Im Prozess trug sie vor, sich von der Klägerin wegen deren Unehrlichkeit trennen zu wollen. Die Einstellung wäre demgegenüber auch dann erfolgt, wenn die Klägerin ihre Schwerbehinderung wahrheitsgemäß offen gelegt hätte.

Die Entscheidung Das BAG hat – wie schon die Vorinstanzen – festgestellt, dass das Arbeitsverhältnis weder durch die Anfechtung noch durch die Kündigung beendet worden ist. Eine arglistige Täuschung i. S. von § 123 Abs. 1 BGB liege nicht vor. Die Beklagte war nicht durch die falsche Antwort der Klägerin zum Abschluss des Arbeitsvertrags bestimmt worden. Zwar kann die falsche Beantwortung einer dem Arbeitnehmer bei der Einstellung zulässigerweise gestellten Frage den Arbeitgeber grundsätzlich nach § 123 Abs. 1 BGB dazu berechtigen, den Arbeitsvertrag wegen arglistiger Täuschung anzufechten. Voraussetzung dafür ist aber, dass die Täuschung für den Abschluss des Arbeitsvertrags ursächlich war. Das BAG lässt dahinstehen, ob die Frage nach der Schwerbehinderung abstrakt, also auch dann zulässig ist, wenn sie – wie hier – für die Ausübung der vorgesehenen Tätigkeit ohne Bedeutung ist. Unter ausführlicher Darlegung der im Schrifttum vertretenen Auffassungen legt das BAG dar, dass dies seit spätestens dem Inkrafttreten des § 164 Abs. 2 SGB IX (damals: § 81 Abs. 2 SGB IX) im Jahre 2001 und des AGG im Jahre 2006 umstritten ist. Auf diesen Streit komme es jedoch nicht entscheidungserheblich an: Selbst wenn die Frage der Beklagten zulässig gewesen wäre und die Klägerin sie wahrheitsgemäß hätte beantworten müssen, wäre der durch die Täuschung erregte Irrtum für den Abschluss des Arbeitsvertrags nicht ursächlich gewesen. Denn die Beklagte hatte ausdrücklich erklärt, dass sie die Klägerin auch dann eingestellt hätte, wenn diese die Frage wahrheitsgemäß beantwortet hätte. Schließlich vermochte die Beklagte die Anfechtung nach § 123 Abs. 1 BGB auch nicht darauf zu stützen, die Klägerin habe sie über ihre Ehrlichkeit getäuscht. Ihre Annahme, die Klägerin sei ehrlich, beruhte nicht auf deren falscher Antwort. Hätte die Klägerin die Frage richtig beantwortet, wäre die Beklagte ebenso von ihrer Ehrlichkeit ausgegangen. In Ermangelung eines wichtigen Grundes (§ 626 Abs. 1 BGB) und einer sozialen Rechtfertigung (§ 1 Abs. 2 KSchG) waren auch die fristlose und die hilfsweise erklärte fristgerechte Kündigung unwirksam.

VI. Beteiligung des Betriebsrats

Die Mitbestimmung des Betriebsrats in personellen Angelegenheiten ist in den §§ 92 ff. BetrVG geregelt.

1. Auswahlrichtlinien

Die Vorbereitung der Auswahl der Bewerber erfolgt regelmäßig durch Auswahlrichtlinien. § 95 Abs. 1 BetrVG bestimmt u. a., dass die Aufstellung von Richtlinien über die personelle Auswahl bei Einstellungen der Zustimmung des Betriebsrats bedarf.

Auswahlrichtlinien sind Grundsätze, die zu berücksichtigen sind, wenn bei beabsichtigten personellen Einzelmaßnahmen, für die mehrere Arbeitnehmer oder Bewerber in Frage kommen, zu entscheiden ist, welchem gegenüber sie vorgenommen werden sollen.

Hier gewährt § 95 Abs. 1, 2 BetrVG dem Betriebsrat ein Mitbestimmungsrecht von unterschiedlicher Intensität in Abhängigkeit von der Größe des Betriebes:

In *Großbetrieben mit mehr als 500 Arbeitnehmern* kann der Betriebsrat die Aufstellung von Richtlinien über die bei Einstellungen, Versetzungen, Umgruppierungen und Kündigungen zu beachtenden fachlichen und persönlichen Voraussetzungen und sozialen Gesichtspunkte verlangen. Hier steht ihm ein echtes Mitbestimmungs- nebst Initiativrecht zu, § 95 Abs. 2 BetrVG.

In *kleineren und mittleren Betrieben mit bis zu 500 Arbeitnehmern* steht es dem Arbeitgeber dagegen frei, ob er solche Auswahlrichtlinien einführt oder nicht. Nur wenn er sie einführt, bedarf er hinsichtlich ihrer inhaltlichen Ausgestaltung der Zustimmung des Betriebsrats. Deshalb gestattet § 95 Abs. 1 Satz 2 BetrVG auch nur dem Arbeitgeber die Anrufung der Einigungsstelle. Will er das Risiko nicht eingehen, dort mit seinen Vorstellungen nicht durchzudringen, kann er auf die Einführung der Auswahlrichtlinien schlicht verzichten.

2. Mitbestimmung bei personellen Einzelmaßnahmen

Dem Betriebsrat steht bei den in § 99 Abs. 1 BetrVG genannten personellen Einzelmaßnahmen (Einstellung, Eingruppierung, Umgruppierung, Versetzung) ein an Rechtsgründe gebundenes Zustimmungsverweigerungsrecht zu (§ 99 Abs. 2, 3 BetrVG). Das Mitbestimmungsrecht des § 99 BetrVG besteht nur in Unternehmen (oder Betrieben[40]) mit *mehr als 20 wahlberechtigten Arbeitnehmern.* Der Arbeitgeber hat den Betriebsrat vollständig zu unterrichten, insbesondere bei einer beabsichtigten Einstellung die Personalien *aller* Bewerber mitzuteilen, soweit er selbst über sie verfügt.

---

[40] BAG vom 29. September 2004, NZA 2005, 420 (422 ff.).

Das Einverständnis des Arbeitnehmers zu seiner Einstellung (ebenso zur Ein-, Umgruppierung oder Versetzung) schließt das Mitbestimmungsrecht nicht aus.

a) Einstellung

Unter Einstellung i. S. dieser Vorschrift verstehen das BAG und die ihm folgende h. M. nicht den Abschluss des Arbeitsvertrages. Vielmehr liegt danach eine Einstellung i. S. von § 99 Abs. 1 BetrVG dann vor, wenn Personen *in den Betrieb eingegliedert werden,* um zusammen mit den dort schon beschäftigten Arbeitnehmern dessen arbeitstechnischen Zweck durch weisungsgebundene Tätigkeit zu verwirklichen. Auf das Rechtsverhältnis, in dem diese Personen zum Betriebsinhaber stehen, kommt es nicht an.[41]

Dem liegt die Erwägung zugrunde, dass anderenfalls eine Beteiligung des Betriebsrates nach § 99 BetrVG in all den Fällen entfiele, in denen der tatsächlichen Beschäftigung einer Person im Betrieb kein Arbeitsvertrag zugrunde liegt oder dieser – wie bei der betriebsübergreifenden Versetzung – in zulässiger Weise schon lange zuvor und ohne Beteiligung des Betriebsrats im aufnehmenden Betrieb abgeschlossen wurde. Auf der anderen Seite besteht kein Bedürfnis, in den Fällen, in denen der Beschäftigung im Betrieb ein Arbeitsvertrag zugrunde liegt, schon den Abschluss dieses Arbeitsvertrages der Zustimmung des Betriebsrates zu unterwerfen. Nur durch die tatsächliche Beschäftigung bislang betriebsfremder Personen werden die Interessen der schon im Betrieb beschäftigten Arbeitnehmer, zu deren Wahrung das Beteiligungsrecht des Betriebsrates bei der Einstellung dient, berührt, nicht aber durch den Abschluss von Arbeitsverträgen oder sonstigen Verträgen, die dieser Beschäftigung zugrunde liegen.

Beispiele für eine Einstellung Die erstmalige Aufnahme der Beschäftigung, die Versetzung aus einem anderen Betrieb (hier müssen beide Betriebsräte zustimmen, derjenige des abgebenden Betriebes wegen der Versetzung, derjenige des aufnehmenden Betriebes wegen der Einstellung), die Verlängerung eines befristeten Arbeitsverhältnisses und die Beschäftigung über eine vereinbarte Altersgrenze hinaus. Da

---

[41]   BAG vom 13. Mai 2014, NZA 2014, 1149 (1150).

es unerheblich ist, ob der Arbeitnehmer aufgrund eines Arbeitsvertrages mit dem Arbeitgeber beschäftigt wird, ist auch die Einstellung von Ein-Euro-Jobbern und von Leiharbeitnehmern mitbestimmungspflichtig.

Keine Einstellung ist dagegen mangels Eingliederung in den Betrieb der Einsatz von Testkäufern durch ein Drittunternehmen im Auftrag des Arbeitgebers sowie die Ausführung von Arbeiten durch ein Fremdunternehmen im Betrieb, solange die Arbeitnehmer dieses Fremdunternehmens im Wesentlichen nur dem Direktionsrecht ihres Arbeitgebers unterliegen (str.).

b) Zustimmungsverweigerung

Der Betriebsrat kann gemäß § 99 Abs. 2 seine Zustimmung zu der geplanten Maßnahme verweigern, wenn

I. die personelle Maßnahme gegen ein Gesetz, eine Verordnung, eine Unfallverhütungsvorschrift oder gegen eine Bestimmung in einem Tarifvertrag oder in einer Betriebsvereinbarung oder gegen eine gerichtliche Entscheidung oder eine behördliche Anordnung verstoßen würde,

II. die personelle Maßnahme gegen eine Richtlinie nach § 95 BetrVG verstoßen würde,

III. die durch Tatsachen begründete Besorgnis besteht, dass infolge der personellen Maßnahme im Betrieb beschäftigte Arbeitnehmer gekündigt werden oder sonstige Nachteile erleiden, ohne dass dies aus betrieblichen oder persönlichen Gründen gerechtfertigt ist; als Nachteil gilt bei unbefristeter Einstellung auch die Nichtberücksichtigung eines gleich geeigneten befristet Beschäftigten,

IV. der betroffene Arbeitnehmer durch die personelle Maßnahme benachteiligt wird, ohne dass dies aus betrieblichen oder in der Person des Arbeitnehmers liegenden Gründen gerechtfertigt ist,

V. eine nach § 93 BetrVG erforderliche Ausschreibung im Betrieb unterblieben ist oder

VI. die durch Tatsachen begründete Besorgnis besteht, dass der für die personelle Maßnahme in Aussicht genommene Bewerber oder Arbeitnehmer den Betriebsfrieden durch gesetzwidriges Verhalten oder durch grobe Verletzung der in § 75 Abs. 1 BetrVG enthaltenen

Grundsätze, insbesondere durch rassistische oder fremdenfeindliche Betätigung, stören werde.

Dabei muss er seine Zustimmungsverweigerung *innerhalb von einer Woche schriftlich* (Telefax genügt) *mitteilen*. Ferner muss er seine *Gründe* nennen. Dazu reicht es nicht aus, dass der Betriebsrat bloß den Wortlaut des Gesetzes wiederholt. Vielmehr müssen *Tatsachen* vorgebracht werden, die es zumindest als möglich erscheinen lassen, dass einer der im Gesetz genannten Zustimmungsverweigerungsgründe gegeben ist. Nur eine Begründung, die offensichtlich auf keinen dieser Verweigerungsgründe Bezug nimmt, ist unbeachtlich mit der Folge, dass die Zustimmung des Betriebsrats als erteilt gilt. In allen übrigen Fällen muss der Arbeitgeber die Berechtigung der Zustimmungsverweigerung gerichtlich überprüfen lassen (§ 99 Abs. 4 BetrVG), wenn er an seiner Maßnahme festhalten will.

VII. Diskriminierungsverbote des AGG

Bereits vor dem Abschluss des Arbeitsvertrages, sprich bei der Anbahnung des Arbeitsverhältnisses, hat der Arbeitgeber zahlreiche Benachteiligungsverbote zu beachten, die seiner Entscheidungsfreiheit Grenzen setzen. Die wichtigsten Verbote finden sich im Allgemeinen Gleichbehandlungsgesetz (AGG).

1. Verbotene Differenzierungsmerkmale

§ 1 AGG verbietet ungerechtfertigte Differenzierungen aus Gründen der Rasse oder wegen der ethnischen Herkunft, des Geschlechts, der Religion oder Weltanschauung, einer Behinderung, des Alters oder der sexuellen Identität.

Rasse oder ethnische Herkunft bezeichnen die Zugehörigkeit zu einer Menschengruppe, die kulturell, sozial, historisch und genetisch durch Hautfarbe, Sprache, Abstammung, Nationalität, Physiognomie und Volkstum eine Einheit bildet.

Beispiel Geburt und Jugend in der ehemaligen DDR begründen keine „ethnische Herkunft", sodass die Ablehnung eines Stellenbewerbers als „Ossi" keine Ansprüche aus § 15 AGG begründet.[42]

Das Geschlecht meint das biologische Geschlecht, d. h. männlich, weiblich, Transsexualität, Zweigeschlechtlichkeit. Unter Religion oder Weltanschauung werden (religiöse) Fundamentalkonzepte über die Welt, die Natur und das Wesen des Menschen verstanden, z. B. religiöse, ideologische, politische und ähnliche Leitauffassungen vom Leben, Menschen und von der Welt als einem Sinnganzen. Parteipolitische oder links-/rechtsextremistische Überzeugungen allein sind nicht ausreichend.[43] Eine Behinderung ist eine Einschränkung von wahrscheinlich langer Dauer, die insbesondere auf physische, geistige oder psychische Beeinträchtigungen zurückzuführen ist und die ein Hindernis für die Teilhabe des Betreffenden am Berufsleben bildet.[44] Ursache können eine Krankheit oder regelwidrige Verschleiß- oder Abnutzungserscheinungen sein,[45] auch Fettleibigkeit,[46] eine HIV-Infektion[47] oder Drogenabhängigkeit.[48] Mit dem Alter ist das biologische Lebensalter gemeint, d. h. sowohl junge wie auch alte Menschen werden vom Benachteiligungsverbot erfasst. Sexuelle Identität meint die sexuelle Veranlagung und Ausrichtung, z. B. heterosexuell, homosexuell, bisexuell.

2. Verbotene Formen der Benachteiligung

Verboten sind nach § 3 AGG sowohl die unmittelbare als auch die mittelbare Benachteiligung, die Belästigung als auch die sexuelle Belästigung sowie die Anweisung zur Benachteiligung.

Eine *unmittelbare Benachteiligung* liegt vor, wenn eine Person weniger günstig behandelt wird als eine andere Person in einer vergleichbaren Situation. Ausreichend ist es, wenn eine hinreichend konkrete Erstbegehungs- oder Wiederholungsgefahr hinsichtlich einer Ungleichbehandlung

---

[42] ArbG Stuttgart vom 15. April 2010, NZA-RR 2010, 344.
[43] BGH vom 9. März 2012, NJW 2012, 1725 (1725 f.).
[44] EuGH vom 11. Juli 2006 „Sonia Chacòn Navas", NZA 2006, 839 (840).
[45] EuGH vom 11. April 2013, NZA 2013, 553 (555).
[46] EuGH vom 18. Dezember 2014, NZA 2015, 33 (35).
[47] BAG vom 19. Dezember 2013, NZA 2014, 372 (377).
[48] BAG vom 14. Januar 2004, NZA 2005, 839.

besteht. Bei der unmittelbaren Benachteiligung erfolgt die Unterscheidung gerade wegen eines verbotenen Differenzierungsmerkmals.

Beispiele Eine Bewerberin wird nicht eingestellt, weil sie behindert ist und der Arbeitgeber deshalb höhere krankheitsbedingte Fehlzeiten befürchtet. Einer Frau wird wegen Schwangerschaft der Abschluss eines (unbefristeten) Arbeitsvertrages verweigert. Mit jüngeren Arbeitnehmern werden auf einen längeren Zeitraum befristete Arbeitsverhältnisse abgeschlossen als mit älteren. Der Abschluss eines Arbeitsvertrages wird einem Stellenbewerber wegen seines Alters verweigert.

Mangels „vergleichbarer Situation" keine Diskriminierung stellt es dagegen dar, einen Bewerber abzulehnen, der objektiv ungeeignet ist[49] oder der sich erst nach Ablauf der Bewerbungsfrist beworben hat, als die Stelle bereits besetzt war.

Eine *mittelbare Benachteiligung* ist zu besorgen, wenn dem Anschein nach neutrale Vorschriften, Kriterien oder Verfahren dazu führen, dass Personen gegenüber anderen Personen in besonderer Weise benachteiligt werden, es sei denn, dass die unterschiedliche Behandlung durch ein rechtmäßiges Ziel sachlich gerechtfertigt ist und die Mittel zur Erreichung dieses Ziels angemessen und erforderlich sind.

Beispiele Eine mittelbare Benachteiligung wegen des *Alters* liegt vor, wenn der Arbeitgeber gezielt „Berufsanfänger" sucht, da wesentlich mehr junge Menschen dieses Kriterium erfüllen als ältere Menschen.[50] Eine mittelbare Benachteiligung wegen der ethnischen Herkunft ist zu besorgen, wenn „perfekte Deutschkenntnisse" verlangt werden; allerdings kann diese Differenzierung nach § 8 AGG gerechtfertigt sein, wenn der Beruf entsprechende Kenntnisse objektiv erfordert.

Verboten sein kann auch schon die bloße *Belästigung* (§ 3 Abs. 3 AGG). Sie stellt eine Benachteiligung dar, wenn unerwünschte Verhaltensweisen, die mit einem in § 1 AGG genannten Grund in Zusammenhang stehen, bezwecken oder bewirken, dass die Würde der betreffenden Person verletzt und ein von Einschüchterungen, Anfeindungen, Erniedrigungen, Entwürdigungen oder Beleidigungen gekennzeichnetes Umfeld geschaffen wird. Besonders hervorgehoben wird durch das Gesetz in § 3 Abs. 4

---

[49] BAG vom 14. November 2013, NZA 2014, 489 (491 f.).
[50] BAG vom 18. August 2009, NZA 2010, 222 (224 f.).

AGG das Verbot der *sexuellen Belästigung*. Sie ist zu besorgen, wenn ein unerwünschtes, sexuell bestimmtes Verhalten, wozu auch unerwünschte sexuelle Handlungen und Aufforderungen zu diesen, sexuell bestimmte körperliche Berührungen, Bemerkungen sexuellen Inhalts sowie unerwünschtes Zeigen und sichtbares Anbringen von pornographischen Darstellungen gehören, bezweckt oder bewirkt, dass die Würde der betreffenden Person verletzt wird, insbesondere wenn ein von Einschüchterungen, Anfeindungen, Erniedrigungen, Entwürdigungen oder Beleidigungen gekennzeichnetes Umfeld geschaffen wird.

Schließlich stellt § 3 Abs. 5 AGG klar, dass bereits die Anweisung zur Benachteiligung einer Person aus einem in § 1 AGG genannten Grund als Benachteiligung gilt. Dies betrifft insbesondere die Anweisung eines weisungsbefugten Vorgesetzten, einen nachgeordneten Arbeitnehmer zu benachteiligen. Unerheblich ist, ob die angewiesene Handlung tatsächlich ausgeführt worden ist oder ob der Anweisende sich der Verbotswidrigkeit seiner Handlung bewusst war.

3. Indizien für eine Benachteiligung

Nach § 22 AGG genügt es, dass die (vermeintlich) benachteiligte Person im Streitfall *Indizien* beweist, die eine Benachteiligung wegen eines in § 1 AGG genannten Grundes vermuten lassen. Sodann trägt der Arbeitgeber die volle Beweislast dafür, dass kein Verstoß gegen die Bestimmungen zum Schutz vor Benachteiligung vorgelegen hat.

Diese *Indizien* ergeben sich häufig aus dem Text der Stellenausschreibung oder dem Ablauf des Bewerbungsverfahrens und sind daher unstreitig.

Beispiele Der Arbeitgeber hat eine Traineestelle für „Hochschulabsolventen/Young Professionals" ausgeschrieben[51] oder sich an Personen mit „0 bis 2 Jahren Berufserfahrung"[52] oder „mit erster Berufserfahrung oder auch Berufsanfänger"[53] gewandt. Alle diese Formulierungen indizieren eine Benachteiligung wegen des Alters, weil sie gezielt (mittelbar) jüngere Bewerberinnen und Bewerber ansprechen.

---

[51] BAG vom 24. Januar 2013, NZA 2013, 498.
[52] BAG vom 19. Mai 2016, NZA 2016, 1395.
[53] BAG vom 11. August 2016, NZA 2017, 310.

4. Rechtfertigung einer Benachteiligung

Die Benachteiligung kann ausnahmsweise gerechtfertigt sein und stellt dann keine Diskriminierung dar. Als Rechtfertigungsgründe sind zu erwägen:

1) positive Maßnahmen (§ 5 AGG), also beispielsweise die gezielte Einstellung schwerbehinderter Arbeitnehmer;

2) berufliche Anforderungen (§ 8 AGG), wenn diese Anforderung wegen der Art der auszuübenden Tätigkeit oder der Bedingungen ihrer Ausübung eine wesentliche und entscheidende berufliche Anforderung darstellt, sofern der Zweck rechtmäßig und die Anforderung angemessen ist;

3) bei Religionsgemeinschaften und ihren Einrichtungen als Arbeitgeber die Religion oder Weltanschauung (§ 9 AGG);

4) hinsichtlich des Merkmals „Alter" gemäß § 10 AGG u. a.

   a) die Festlegung besonderer Bedingungen für den Zugang zur Beschäftigung und zur beruflichen Bildung sowie besonderer Beschäftigungs- und Arbeitsbedingungen, einschließlich der Bedingungen für Entlohnung und Beendigung des Beschäftigungsverhältnisses, um die berufliche Eingliederung von Jugendlichen, älteren Beschäftigten und Personen mit Fürsorgepflichten zu fördern oder ihren Schutz sicherzustellen,

   b) die Festlegung von Mindestanforderungen an das Alter, die Berufserfahrung oder das Dienstalter für den Zugang zur Beschäftigung oder für bestimmte mit der Beschäftigung verbundene Vorteile,

   c) die Festsetzung eines Höchstalters für die Einstellung auf Grund der spezifischen Ausbildungsanforderungen eines bestimmten Arbeitsplatzes oder auf Grund der Notwendigkeit einer angemessenen Beschäftigungszeit vor dem Eintritt in den Ruhestand;

5) bei einer (nur) mittelbaren Benachteiligung der Umstand, dass die betreffenden Vorschriften, Kriterien oder Verfahren durch ein rechtmäßiges Ziel sachlich gerechtfertigt und die Mittel zur Erreichung dieses Ziels angemessen und erforderlich sind (§ 3 Abs. 2 AGG).

Beispiele für gerechtfertigte geschlechtsspezifische Differenzierungen: Schauspieler, Models, aber auch Berufe, in denen zur Wahrung der Persönlichkeitsrechte der Patienten oder Betreuten, zur Wahrung eines bestimmten sozialpädagogischen Konzepts oder der verfassungsrechtlich geschützten Tendenz des Unternehmens (insb. Kirchen) die Tätigkeit von dem Angehörigen eines bestimmten Geschlechts ausgeübt werden muss. So darf ein reiner Frauenverband nur eine Geschäftsführerin suchen und die Einstellung von Männern verweigern.[54]

Nicht gerechtfertigt ist es, eine behinderte Bewerberin mit einem Hautausschlag für die Tätigkeit als „Politesse" mit der Begründung abzulehnen, es bestehe die abstrakte Gefahr, dass aufgrund der besonderen Konfliktsituationen mit Verkehrssündern mit erhöhten krankheitsbedingten Fehlzeiten zu rechnen sei.[55]

Problematisch sind dagegen bloße „Erwartungshaltungen" der Kunden (ArbG Bonn 8. März 2001 NZA-RR 2002, 100 ff.: Ein Finanzdienstleistungsunternehmen, das sich mit einem speziellen Programm gezielt an weibliche Kunden richtet, darf die Beratungstätigkeit ausschließlich von Frauen wahrnehmen lassen und daher männliche Stellenbewerber wegen ihres Geschlechts abweisen; ähnlich LAG Köln vom 19. Juli 1996, NZA-RR 1997, 84: Ein Kaufhaus darf die Ausschreibung einer Stelle als Verkäuferin für Damenbadebekleidung auf Frauen beschränken. Es erscheint allerdings zweifelhaft, ob das Gericht im umgekehrten Fall genauso entschieden hätte). Der EuGH hat erkennen lassen, dass er solche Erwartungen nicht als Rechtfertigungsgrund akzeptiert.[56]

Eine Benachteiligung ist nicht dadurch ausgeschlossen, dass ein anderer Bewerber besser geeignet ist. Wie gerade die Regelung des § 15 Abs. 2 Satz 2 AGG zeigt, kann nicht allein der bestqualifizierte Bewerber benachteiligt sein. Nach dieser Vorschrift erhält der Bewerber, der auch bei benachteiligungsfreier Auswahl nicht eingestellt worden wäre, eine Entschädigung in Höhe von bis zu drei Monatsgehältern. Handelt es sich hingegen um den bestqualifizierten Bewerber – hätte er also bei diskriminierungsfreier Entscheidung den Arbeitsplatz erhalten – so ist die Höhe der Ent-

---

[54] ArbG München vom 14. Februar 2001, NZA-RR 2001, 365 (365 f.).
[55] ArbG Berlin vom 13. Juli 2005, NZA-RR 2005, 608 (611).
[56] EuGH vom 10. Juli 2008 *„Feryn"*, NZA 2008, 929 (931).

schädigung gesetzlich nicht begrenzt (§ 15 Abs. 2 Satz 1 AGG) und bestimmt sich nach Art und Schwere der Beeinträchtigung, ihrer Nachhaltigkeit und Fortwirkung sowie der Beweggründe für die benachteiligende Handlung.[57] Eine Benachteiligung liegt bereits darin, dass ein Bewerber wegen eines der in § 1 AGG genannten Merkmale nicht zum Vorstellungsgespräch eingeladen worden ist. Denn damit verwehrt der Arbeitgeber ihm die Chance, im persönlichen Gespräch von seinen Qualitäten zu überzeugen. Das gilt selbst (und erst recht) dann, wenn der Arbeitgeber nach Sichtung der übrigen Bewerber entschieden hat, die Stelle vorerst offen zu lassen.

Für die Geltendmachung des Anspruchs ist die in § 15 Abs. 4 AGG beschriebene Ausschlussfrist einzuhalten.

5. Ansprüche von diskriminierten Stellenbewerbern

Die *Einstellung* kann ein Bewerber nicht verlangen, wenn er im Bewerbungsverfahren entgegen den Regeln des AGG diskriminiert worden ist (§ 15 Abs. 6 AGG). Eine Ausnahme gilt nur dann, wenn der Einstellungsanspruch auf eine außerhalb des AGG liegende Rechtsgrundlage, insbesondere Art. 33 Abs. 2 GG,[58] gestützt werden kann.

Schadensersatz kann nach Maßgabe von § 15 Abs. 1 AGG beansprucht werden. Hierfür ist insbesondere erforderlich, dass dem Bewerber durch seine Nichtberücksichtigung tatsächlich ein Schaden (§ 249 BGB) entstanden ist. Dies trifft praktisch nur auf den bestqualifizierten Bewerber zu, wenn er unter Verstoß gegen das AGG nicht berücksichtigt wurde. Da der Arbeitnehmer im Schadensersatzprozess diesbezüglich darlegungs- und beweispflichtig ist, müsste er wissen, über welche Qualifikationen der tatsächlich eingestellte Arbeitnehmer verfügt. Dies zu erfahren, ist ihm jedoch in der Regel tatsächlich unmöglich. Der Arbeitgeber ist nämlich nicht verpflichtet, dem abgelehnten Bewerber mitzuteilen, ob er die Stelle überhaupt und ggf. mit wem er sie besetzt hat.[59]

Damit verbleibt in der Regel nur der Anspruch auf *Entschädigung* (§ 15 Abs. 2 AGG). Diese beträgt maximal drei Monatsgehälter. Nur wenn dem

---

[57] BAG vom 14. März 1989, NZA 1990, 21 (23).
[58] Dazu BVerfG vom 8. November 2016, NZA 2017, 111 (111 f.).
[59] EuGH vom 19. April 2012 *„Meister"*, NZA 2012, 493 (494).

abgelehnten Bewerber der Nachweis der „Bestqualifikation" gelingt, ist die Höhe der Entschädigung gesetzlich nicht begrenzt. Bei der konkreten Festsetzung der Höhe wird das Gericht berücksichtigen, ob der Arbeitgeber erstmals oder wiederholt gegen seine Verpflichtungen aus dem AGG verstoßen hat, welches objektive Gewicht der Verstoß hat, wie schwer das Maß des Verschuldens wiegt und ob der Arbeitgeber anschließend versucht hat, die Benachteiligung zu beseitigen.

6. Der praktische Fall

a) Keine Diskriminierung bei objektiv fehlender Eignung

Keine Diskriminierung bei objektiv fehlender Eignung der Bewerberin: BAG vom 19. August 2010, NZA 2011, 203 *(„Sozialpädagoginnen-Fall")*

Zum Sachverhalt Die beklagte Diakonie hatte eine Stelle für das Projekt „Integrationslotse Hamburg" ausgeschrieben. Im Ausschreibungstext hieß es u. a.: „Dieses Projekt ist ein Schulungs- und Informationsangebot für Multiplikatorinnen und Multiplikatoren im Bereich der beruflichen Integration von erwachsenen Migrantinnen und Migranten. Zu den Aufgaben dieser Position gehören der inhaltliche Ausbau der Rubrik ‚Fachinformationen' auf www.i.de, die Erstellung von Informationsmaterial, die Vorbereitung und Durchführung von Veranstaltungen sowie die Arbeit in den Strukturen und Gremien des Fachbereichs Migration und Existenzsicherung. Sie verfügen über ein abgeschlossenes Studium der Sozialwissenschaft/Sozialpädagogik (o.Ä.), Erfahrungen in der Projektarbeit sowie Erfahrungen und Kompetenzen in den Themenbereichen Migration, Arbeitsmarkt und Interkulturalität. … Als diakonische Einrichtung setzen wir die Zugehörigkeit zu einer christlichen Kirche voraus." Die Klägerin ist Deutsche türkischer Herkunft, geborene Muslimin und gehört keiner christlichen Kirche an. Sie ist ausgebildete Reiseverkehrskauffrau, hat aber nicht studiert. In den Themenbereichen Migration und Integration hat sie Erfahrungen in Praktika, Projekten sowie als „Wissenschaftliche Mitarbeiterin" einer Abgeordneten der Hamburger Bürgerschaft gesammelt. Ihre Bewerbung wurde von der Diakonie nicht berücksichtigt. Sie fühlt sich wegen ihrer Religion diskriminiert und verlangt Entschädigung (§ 15 Abs. 2 AGG).

Die Entscheidung Das BAG hat die Klage abgewiesen. Die Diakonie habe nicht gegen das Benachteiligungsverbot des § 7 Abs. 1 i. V. mit § 1 AGG verstoßen. Denn die Klägerin habe nicht wegen der Religion eine unmittelbare Benachteiligung i. S. des § 3 Abs. 1 AGG erlitten. Zwar wurde die Klägerin ungünstiger behandelt als tatsächliche oder potenzielle andere Bewerber. Ihre Bewerbung wurde abgelehnt, ohne dass sie zu einem Vorstellungsgespräch eingeladen wurde. Diese Versagung der Chance auf Einstellung stellt eine ungünstige Behandlung dar, wobei es nicht darauf ankommt, ob ohne diese Behandlung eine Einstellung erfolgt wäre. Die Klägerin befand sich jedoch gegenüber den zum Vorstellungsgespräch eingeladenen Bewerberinnen und Bewerbern nicht in einer „vergleichbaren Situation" i. S. des § 3 Abs. 1 AGG. Vergleichbar wäre ihre Situation nur gewesen, wenn die Klägerin objektiv für die Stelle einer Sozialpädagogin in dem Teilprojekt „Integrationslotse Hamburg" geeignet gewesen wäre. Vergleichbar ist die Auswahlsituation nur für Arbeitnehmer, die gleichermaßen die objektive Eignung für die zu besetzende Stelle aufweisen. Für das Integrationsprojekt war nicht nur nach der Stellenausschreibung der Diakonie, sondern auch objektiv ein Hochschulstudium erforderlich. Nur dieses gewährleistet, dass der Bewerber mit den theoretischen Grundlagen vertraut ist, welche die Stelle tatsächlich erfordert. Die breit angelegten und umfassend im Studium vermittelten Kenntnisse sichern die Qualität der Aufgabenwahrnehmung im Rahmen der Stelle. Schulungs- und Informationsangebote, die für Multiplikatoren bestimmt sind, müssen in besonderer Weise pädagogischen, didaktischen und inhaltlichen Ansprüchen genügen, um die Multiplikatoren zu befähigen, fundierte Kenntnisse erfolgreich weitergeben zu können. Da die Klägerin ein Studium in den Fächern Sozialwissenschaft, Sozialpädagogik oder in einem vergleichbaren Fach weder absolviert noch abgeschlossen hatte, erfüllte sie objektiv nicht die für die Stelle erforderliche Qualifikation. Damit war sie gegenüber der bevorzugten Bewerberin nicht i. S. des § 3 Abs. 1 AGG „in einer vergleichbaren Situation" ungünstiger behandelt worden.

b) Rechtsmissbräuchliche Geltendmachung von Entschädigungsansprüchen

Rechtsmissbräuchliche Geltendmachung von Entschädigungsansprüchen: BAG vom 26. Januar 2017, BeckRS 2017, 112923 *(„Nils Kratzer")*

Zum Sachverhalt (verkürzt) Das beklagte Versicherungsunternehmen hatte 2009 mehrere Traineestellen für Ökonomen, Mathematiker, Informatiker und Juristen (m/w) ausgeschrieben, deren „Hochschulabschluss nicht länger als 1 Jahr zurück liegt oder innerhalb der nächsten Monate erfolgt". Der Kläger, der bereits 2001 seine Zweite juristische Staatsprüfung bestanden hatte, aber arbeitslos war, bewarb sich. Er erhielt eine Absage und macht jetzt – wie in zahlreichen anderen Verfahren – u. a. einen Anspruch auf Entschädigung nach § 15 Abs. 2 AGG geltend.

Die Entscheidung Das BAG sieht aufgrund des Ausschreibungstextes eine Benachteiligung des Klägers wegen seines Alters indiziert (§ 22 AGG). Suche der Arbeitgeber gezielt Bewerber, deren Hochschulabschluss nicht mehr als ein Jahr zurückliegt, so benachteilige dies mittelbar (§ 3 Abs. 2 AGG) Personen mit „höherem" Alter (der Kläger war im Zeitpunkt der Bewerbung 36 Jahre alt). Allerdings hielt das Gericht es ursprünglich für möglich, dass die Klage rechtsmissbräuchlich (§ 242 BGB) erhoben wurde. Die Beklagte hatte nämlich eingewandt, der Kläger sei gar nicht an der Stelle, sondern nur an der Entschädigung interessiert. Er vertrete sich anwaltlich selbst und gehe mit einem hohen Professionalisierungsgrad vor, um Kapital aus fehlerhaften Stellenausschreibungen zu schlagen. Das BAG hat das Verfahren ausgesetzt und beim EuGH angefragt, ob dem Anspruch aus § 15 Abs. 2 AGG der Einwand des Rechtsmissbrauchs entgegen gehalten werden könne.[60] Der EuGH hat dies im Grundsatz bejaht und zugleich die Anforderungen an den Rechtsmissbrauchseinwand konkretisiert: Erforderlich sei, dass die betreffende Person mit ihrer Stellenbewerbung nicht die betreffende Stelle erhalten, sondern nur den formalen Status als Bewerber erlangen möchte, und zwar mit dem *alleinigen* Ziel, eine Entschädigung geltend zu machen.[61] Daraufhin hält das BAG die von der Arbeitgeberin vorgetragenen Umstände nun nicht mehr für ausreichend, um einen Rechtsmissbrauch anzunehmen. Dafür müsse sich ein systematisches und zielgerichtetes Vorgehen der Person feststellen lassen, das auf der Erwägung beruhe, bei wirtschaftlicher Betrachtungsweise werde letztlich ein auskömmlicher „Gewinn" verbleiben, weil der Arbeitgeber – sei es bereits unter dem Druck einer angekündigten Entschädigungs- bzw. Schadensersatzklage oder im Ver-

---

[60] BAG vom 18. Juni 2015, NZA 2015, 1063.
[61] EuGH vom 28. Juli 2016 *„Nils Kratzer"*, NZA 2016, 1014.

laufe eines Prozesses – freiwillig die Forderung erfülle oder sich vergleichsweise auf eine Zahlung einlasse. Dass der Kläger in mehreren Verfahren Ansprüche aus § 15 AGG verfolge und die Geltendmachung von Entschädigungs- und/oder Schadensersatzansprüchen aufgrund dieser *anderen* erfolglosen Bewerbungen möglicherweise rechtsmissbräuchlich war, besage für das vorliegende Verfahren nichts. Das BAG hat den Rechtsstreit daher an das Landesarbeitsgericht zurückverwiesen, um den Parteien Gelegenheit zum weiteren Sachvortrag zu geben.

VIII. Weitere Diskriminierungsverbote

Weitere Diskriminierungsverbote ergeben sich bspw. aus Art. 3 Abs. 3 GG (keine Diskriminierung wegen der religiösen oder politischen Anschauung), Art. 9 Abs. 3 GG (keine Diskriminierung wegen Gewerkschaftszugehörigkeit) und Art. 45 AEUV (Freizügigkeit; keine Diskriminierung wegen der Staatsangehörigkeit eines EU-Mitgliedstaates).

Beispiel (EuGH vom 15. Dezember 1995 *„Bosman"*, NJW 1996, 505) Bestimmungen der nationalen und internationalen Fußballverbände, nach denen die Zahl der Ausländer (auch der EU-Ausländer) in einer Mannschaft auf drei begrenzt ist, verstoßen gegen die Freizügigkeit der Berufsfußballspieler innerhalb der Europäischen Union.

D. Abschluss des Arbeitsvertrages

I. Allgemeines

1. Wirksamkeit der Willenserklärungen

Regelmäßig wird das Arbeitsverhältnis durch den Abschluss eines Arbeitsvertrages begründet. Der Arbeitsvertrag, der durch übereinstimmende Willenserklärungen i. S. der §§ 145 ff. BGB zustande kommt (zum Zustandekommen eines Arbeitsverhältnisses kraft Gesetzes s. u. 2.), ist ein gegenseitiger Vertrag. Im Gegenseitigkeitsverhältnis (Synallagma) stehen die Arbeitspflicht des Arbeitnehmers und die Vergütungspflicht des Arbeitgebers.

Die Wirksamkeit der Willenserklärungen richtet sich grundsätzlich nach den allgemeinen Regeln der §§ 104 ff. BGB zur Geschäftsfähigkeit. So kann die Willenserklärung einer Vertragspartei ungültig sein, wenn diese geschäftsunfähig oder beschränkt geschäftsfähig ist.

Jedoch sind im Arbeitsrecht im Hinblick auf die Geschäftsfähigkeit Besonderheiten zu beachten. So verschafft *§ 113 BGB* dem grundsätzlich nur beschränkt geschäftsfähigen (§ 106 BGB) Minderjährigen die Möglichkeit, für einen sachlich begrenzten Teil von Rechtsgeschäften, nämlich solchen, die die Eingehung oder Aufhebung eines Dienst- oder Arbeitsverhältnisses der gestatteten Art oder die Erfüllung der sich aus einem solchen Verhältnis ergebenden Verpflichtungen betreffen, unbegrenzt geschäftsfähig zu werden. Voraussetzung der Erweiterung der Geschäftsfähigkeit ist dabei eine entsprechende Ermächtigung des gesetzlichen Vertreters.

Details zu § 113 BGB   Voraussetzung der Erweiterung der Geschäftsfähigkeit ist eine entsprechende Ermächtigung des gesetzlichen Vertreters. Die Ermächtigung ist eine einseitige, formfreie, an den Minderjährigen zu richtende Erklärung. Sie kann auch konkludent erfolgen, bloß „resignierendes Dulden" genügt aber nicht.

Rechtsfolge der Ermächtigung ist, dass der Minderjährige partiell unbeschränkt geschäftsfähig wird und damit alle Geschäfte der in § 113 Abs. 1 Satz 1, Abs. 4 BGB bezeichneten Art abzuschließen in der Lage ist. Dies gilt unabhängig davon, wer hier Vertragspartner ist. § 113 BGB betrifft nicht nur Verträge mit dem Arbeitgeber, sondern z. B. auch die Anschaffung von Berufskleidung oder den Beitritt zu einer Gewerkschaft.

Die Ermächtigung kann jederzeit, ohne dass es dafür eines Grundes bedürfte, vom gesetzlichen Vertreter wieder eingeschränkt oder zurückgenommen werden, § 113 Abs. 2 BGB. Rücknahme und Einschränkung wirken allerdings nur ex nunc und lassen bereits eingegangene Verpflichtungen des Minderjährigen unberührt.

2. Begründung des Arbeitsverhältnisses kraft Gesetzes

Zwar ist der Vertrag als Begründungstatbestand des Arbeitsverhältnisses der Regelfall. Ein Arbeitsverhältnis kann unter Umständen aber auch durch einseitige Erklärung kraft Gesetzes bzw. gesetzlicher Fiktion begründet werden.

a) Übernahme von Auszubildenden (§ 78a Abs. 2 BetrVG)

Verlangt ein Auszubildender, der Mitglied der Jugend- und Auszubildendenvertretung, des Betriebsrats, der Bordvertretung oder des Seebetriebsrats ist, innerhalb der letzten drei Monate vor Beendigung des Berufsausbildungsverhältnisses schriftlich vom Arbeitgeber die Weiterbeschäftigung, so gilt gemäß § 78a Abs. 2 BetrVG zwischen Auszubildendem und Arbeitgeber im Anschluss an das Berufsausbildungsverhältnis ein Arbeitsverhältnis auf unbestimmte Zeit als begründet.

Hintergrund dieser Bestimmung ist, dass ein Ausbildungsverhältnis befristet ist und mit Bestehen der Prüfung (oder endgültigem Nichtbestehen) automatisch endet (§ 21 BBiG). Daher sind der allgemeine Schutz des § 78 BetrVG und der besondere Kündigungsschutz des § 15 KSchG für Auszubildende, die Aufgaben nach dem BetrVG übernehmen, nicht ausreichend, um ihre persönliche Unabhängigkeit und unbeeinflusste Amtsführung zu sichern. Es besteht die Gefahr, dass der Arbeitgeber anschließend gerade jene Auszubildenden, die sich nach dem BetrVG engagiert haben, nicht in ein Arbeitsverhältnis übernimmt. § 78a BetrVG verschafft ihnen daher einen Anspruch auf Übernahme in ein Arbeitsverhältnis.

Voraussetzung des Übernahmeanspruchs ist, dass der Auszubildende bei Beendigung seines Ausbildungsverhältnisses eines der in § 78a Abs. 1 BetrVG bezeichneten Ämter bekleidet oder innerhalb des letzten Jahres zuvor bekleidet hat (§ 78a Abs. 3 BetrVG). Er muss außerdem innerhalb der letzten drei Monate vor Beendigung des Berufsausbildungsverhältnisses vom Arbeitgeber schriftlich die Weiterbeschäftigung verlangt haben.

Rechtsfolge des Verlangens ist sodann die Fiktion der Abgabe einer Willenserklärung durch den Arbeitgeber, nämlich die Annahme des Angebots auf Abschluss eines unbefristeten Vollzeit-Arbeitsverhältnisses zu den betriebsüblichen Arbeitsbedingungen (§ 78a Abs. 2 Satz 2 i. V. mit § 37 Abs. 4 BetrVG).

Der Arbeitgeber kann sich von der Weiterbeschäftigungspflicht durch das Arbeitsgericht entbinden lassen, wenn Tatsachen vorliegen, aufgrund derer ihm unter Berücksichtigung aller Umstände die Weiterbeschäftigung nicht zugemutet werden kann.

> **Beispiele** Alle Gründe, die den Arbeitgeber nach § 626 BGB zur außerordentlichen Kündigung berechtigen; das Fehlen eines geeigneten freien Arbeitsplatzes; die Beendigung des Ausbildungsverhältnisses durch endgültiges Nichtbestehen der Abschlussprüfung (§ 21 Abs. 3 BBiG).

b) Verbotene Leiharbeit (§ 10 Abs. 1 Satz 1 AÜG)

Nach § 10 Abs. 1 Satz 1 AÜG gilt ein Arbeitsverhältnis kraft Gesetzes zwischen dem Leiharbeitnehmer und dem Entleiher als zustande gekommen, wenn der Vertrag zwischen dem Verleiher und dem Leiharbeitnehmer nach § 9 AÜG unwirksam ist. Das ist gemäß § 9 Abs. 1 Nr. 1 AÜG u.a. dann der Fall, wenn der Verleiher nicht die nach § 1 AÜG zur Arbeitnehmerüberlassung erforderliche Erlaubnis hat. Das Arbeitsverhältnis mit dem Entleiher gilt zu dem zwischen dem Entleiher und dem Verleiher für den Beginn der Tätigkeit vorgesehenen Zeitpunkt als zustande gekommen; tritt die Unwirksamkeit erst nach Aufnahme der Tätigkeit beim Entleiher ein, so gilt das Arbeitsverhältnis zwischen Entleiher und Leiharbeitnehmer mit dem Eintritt der Unwirksamkeit als zustande gekommen (§ 10 Abs. 1 Satz 1 AÜG).

> **Weitere Einzelheiten** Dieselbe Rechtsfolge tritt ein, wenn der Leiharbeitnehmer länger im Entleiherbetrieb eingesetzt wird, als § 1 Abs. 1b AÜG es gestattet (§ 10 Abs. 1 Satz 1 i.V. mit § 9 Abs. 1 Nr. 1b AÜG), es sei denn, der Leiharbeitnehmer erklärt schriftlich bis zum Ablauf eines Monats nach Überschreiten der zulässigen Überlassungshöchstdauer gegenüber dem Verleiher oder dem Entleiher, dass er an dem Arbeitsvertrag mit dem Verleiher festhalten will. Die maximale Überlassungsdauer beträgt in der Regel 18 Monate, allerdings kann in einem Tarifvertrag von Tarifvertragsparteien der Einsatzbranche eine

abweichende Überlassungshöchstdauer festgelegt werden. Der Zeitraum vorheriger Überlassungen durch denselben oder einen anderen Verleiher an denselben Entleiher ist vollständig anzurechnen, wenn zwischen den Einsätzen jeweils nicht mehr als drei Monate liegen (§ 1 Abs. 1b AÜG).

Arbeitnehmer sind häufig nicht im Wege der Arbeitnehmerüberlassung, sondern eines (Schein-)Werkvertrages (§ 631 BGB) in einem Fremdbetrieb eingesetzt. Viele der Unternehmen, die Arbeitnehmer im Rahmen eines Werkvertrages vermitteln, verfügen aber über eine Erlaubnis zur Arbeitnehmerüberlassung. Das hatte in der Vergangenheit zur Folge, dass bei Aufdeckung des Scheinwerkvertrages die Überlassung immer noch als Leiharbeitsverhältnis wirksam war (sog. Fallschirmlösung). Mit der Einfügung einer neuen Nr. 1a in § 9 Abs. 1 AÜG hat der Gesetzgeber diese Umgehungsmöglichkeit nun beseitigt: Unwirksam sind auch Arbeitsverträge zwischen Verleihern und Leiharbeitnehmern, wenn entgegen § 1 Abs. 1 Satz 5 und 6 AÜG die Arbeitnehmerüberlassung nicht ausdrücklich als solche bezeichnet und die Person des Leiharbeitnehmers nicht konkretisiert worden ist, es sei denn, der Leiharbeitnehmer erklärt schriftlich bis zum Ablauf eines Monats nach dem zwischen Verleiher und Entleiher für den Beginn der Überlassung vorgesehenen Zeitpunkt gegenüber dem Verleiher oder dem Entleiher, dass er an dem Arbeitsvertrag mit dem Verleiher festhalten will. Dem Arbeitnehmer muss also zu Vertragsbeginn mitgeteilt werden, ob er im Rahmen eines Werkvertrages oder als Leiharbeitnehmer eingesetzt wird. Zeigt die tatsächliche Durchführung des Vertragsverhältnisses, dass es sich in Wahrheit nicht um einen Werkvertrag, sondern um ein Arbeitsverhältnis handelt, kommt es auf die Bezeichnung im Vertrag nicht an (§ 611a Abs. 1 Satz 6 BGB). Der Werkvertrag ist dann unwirksam, nach § 10 Abs. 1 Satz 1 i. V. mit § 9 Abs. 1 Nr. 1a AÜG besteht ein Arbeitsverhältnis zwischen dem „Werkbesteller" (Entleiher) und dem Arbeitnehmer.

c) Betriebsübergang (§ 613a BGB)

Bei einem Betriebsübergang tritt der Betriebserwerber im Zeitpunkt des Übergangs ipso iure in die Arbeitgeberstellung mit allen ihren Rechten und Pflichten ein (§ 613a Abs. 1 Satz 1 BGB). Arbeitsverhältnisse gehen so, wie sie sind, auf den Erwerber über. Eine Ausnahme gilt nur für den

Fall, dass der Arbeitnehmer von seinem Widerspruchsrecht (§ 613a Abs. 6 BGB) Gebrauch macht. Dies hat zur Folge, dass das Arbeitsverhältnis nicht auf den Erwerber übergeht, sondern mit dem Betriebsveräußerer bestehen bleibt. Einzelheiten dazu in Teil 3 C.

d) Universalsukzession

Nach § 1922 Abs. 1 BGB geht bei Tod des Arbeitgebers das Arbeitsverhältnis auf dessen Erben über.

II. Form des Arbeitsvertrages und Nachweis des Arbeitsvertrages

Der Arbeitsvertrag bedarf grundsätzlich *keiner Form*, kann also sowohl schriftlich als auch mündlich abgeschlossen werden und sogar allein durch die einvernehmliche Aufnahme der Tätigkeit zustande kommen. Aus Beweisgründen ist es aber ratsam, einen schriftlichen Arbeitsvertrag abzuschließen.

Beim Abschluss eines befristeten Arbeitsvertrages besteht allerdings ein zwingendes gesetzliches Schriftformerfordernis, § 14 Abs. 4 TzBfG.

1. Das Nachweisgesetz

Auch das NachwG ändert nichts daran, dass der Arbeitsvertrag keiner Form bedarf. Indem das NachwG den Arbeitgeber lediglich verpflichtet, innerhalb eines Monats *nach* Vertragsschluss dem Arbeitnehmer die wesentlichen Vertragsbedingungen schriftlich mitzuteilen, regelt es vielmehr nur die Dokumentation dessen, was die Vertragsparteien tatsächlich vereinbart haben und soll damit mehr Rechtssicherheit und -klarheit im Arbeitsverhältnis schaffen. Dem NachwG kommt daher eine Beweisfunktion zu.

Was zu den wesentlichen Vertragsbedingungen gehört, zählt § 2 Abs. 1 Satz 2 NachwG in Form eines Mindestkatalogs auf.

Nicht ausdrücklich geregelt hat das Gesetz, welche *Rechtsfolgen* sich ergeben, wenn der Arbeitgeber seiner Nachweispflicht aus § 2 NachwG nicht nachkommt. In erster Linie ist daher auf die §§ 280 ff. BGB zurück-zugreifen, da die Verletzung der Nachweispflicht grundsätzlich Schadens-ersatzansprüche begründen kann.[62]

Beispiel[63] Im einschlägigen Tarifvertrag war vereinbart, dass alle An-sprüche innerhalb von sechs Monaten nach Fälligkeit schriftlich gel-tend gemacht werden müssen. Der Arbeitgeber hatte dem Arbeitneh-mer keinen Vertragsnachweis erteilt und folglich nicht einmal in der von § 2 Abs. 1 Nr. 10 NachwG vorgesehenen allgemeinen Form auf den Tarifvertrag hingewiesen. Das BAG hielt den Arbeitgeber für schadens-ersatzpflichtig, wobei die Naturalrestitution (§ 249 Abs. 1 BGB) darin bestand, dass er sich nicht auf die Ausschlussfrist berufen durfte.

Allerdings können damit nicht alle Fälle sachgerecht gelöst werden, weil ein fehlerhafter Nachweis keine Änderung der vereinbarten Vertragsbe-dingungen zur Folge hat: Ist unstreitig oder kann der Gläubiger nachwei-sen, dass die Vertragsparteien etwas anderes als das, was im Vertrags-nachweis niedergelegt ist, vereinbart haben, gilt das Vereinbarte. Die Ver-letzung der Nachweispflicht führt nicht nach § 242 BGB zur Unanwend-barkeit der vereinbarten Vertragsbedingungen.[64] Allerdings können sich aus dem Vertragsnachweis *Beweiserleichterungen* bis hin zur Umkehr der Beweislast zugunsten des Arbeitnehmers ergeben, mit der Folge, dass der Arbeitgeber im Streitfall die getroffenen mündlichen Abreden zu be-weisen hat.

Der Vertragsnachweis ist aber nicht nur bei Abschluss des Arbeitsvertra-ges zu erteilen, sondern gemäß § 3 NachwG bei jeder späteren Änderung der wesentlichen Vertragsbedingungen anzupassen. Dazu gehört auch der erstmalige Abschluss eines Haustarifvertrages durch den Arbeitge-ber.[65] Kommt der Arbeitgeber dieser Pflicht in zu vertretender Weise nicht innerhalb eines Monats nach, gerät er ohne Mahnung in Verzug (§ 280 Abs. 1 und 2, § 286 Abs. 2 Nr. 2 BGB) und muss dem Arbeitnehmer einen sich ggf. ergebenden Schaden ersetzen.

---

[62] Siehe BAG vom 17. April 2002, NZA 2002, 1096 (1097).

[63] Nach BAG vom 17. April 2002, NZA 2002, 1096 (1097); ähnlich BAG vom 5. November 2003, NZA 2005, 64 (65 f.).

[64] BAG vom 5. November 2003, NZA 2005, 64 (65).

[65] BAG vom 5. November 2003, NZA 2004, 102 (104).

2. Der praktische Fall

Verletzung der Nachweispflicht bei erstmaligem Abschluss eines Tarifvertrages; fehlende Kausalität: BAG vom 5. November 2003, NZA 2004, 102 (*„Handflämmer-Fall"*)

Zum Sachverhalt (vereinfacht) Der Kläger ist bei der Beklagten seit 1995 als Handflämmer beschäftigt. Er ist Mitglied der IG Metall und des Betriebsrats. Anfang 1999 wurde erstmals ein Tarifvertrag für das Unternehmen abgeschlossen. Dieser sieht u. a. kurze Verfallfristen von einem bzw. drei Monaten vor, innerhalb derer Ansprüche beim Arbeitgeber geltend gemacht werden müssen. Der Arbeitnehmer beansprucht Annahmeverzugslohn (§ 615 Satz 1 BGB), weil ihm keine Arbeit zugewiesen, sondern er nach Hause geschickt worden sei. Die Beklagte wendet ein, der Kläger sei arbeitsunfähig gewesen, außerdem hätte er die tarifliche Ausschlussfrist versäumt.

Die Entscheidung Das BAG hat die Klage abgewiesen. Selbst wenn der Anspruch aus § 615 Satz 1 BGB entstanden sein sollte, ist er jedenfalls verfallen. Da der Kläger Mitglied der IG Metall war, fand der Tarifvertrag auf sein Arbeitsverhältnis normativ (§ 3 Abs. 1, § 4 Abs. 1 TVG) Anwendung. Zwar hatte die Beklagte es entgegen ihrer Verpflichtung aus § 3 NachwG versäumt, den Kläger auf den neu abgeschlossenen Tarifvertrag hinzuweisen. Allein dieser Verstoß begründet aber noch nicht den Einwand rechtsmissbräuchlichen Verhaltens (§ 242 BGB). Vielmehr kann eine Verletzung der Nachweispflicht zu Schadensersatzansprüchen des Arbeitnehmers führen. Hier war die Beklagte zwar mit der Mitteilung, dass der neue Tarifvertrag abgeschlossen und in Kraft getreten ist, in Verzug geraten (§§ 280, 286 BGB). Damit war sie dem Kläger an sich zum Ersatz des durch den eingetretenen Verzug adäquat verursachten Schadens verpflichtet (§ 249 BGB). Die unterbliebene Mitteilung war jedoch im konkreten Fall nicht für die nicht rechtzeitige Geltendmachung der Annahmeverzugsansprüche ursächlich. Denn dem Kläger war der Abschluss des Tarifvertrages bereits durch seine Betriebsratsarbeit bekannt geworden. Dass er vom konkreten Inhalt des Tarifvertrages und damit der Ausschlussfrist möglicherweise keine Kenntnis hatte, war unerheblich. Diese Kenntnis hätte ihm auch der Vertragsnachweis nicht verschafft. Die Mitteilungspflicht nach § 3 NachwG reicht nicht weiter als die Nachweispflicht nach § 2 Abs. 1 NachwG. Danach ist der Arbeitgeber nur verpflichtet, den

Arbeitnehmer auf den Tarifvertrag hinzuweisen, in dem die Ausschlussfrist enthalten ist. Eines gesonderten Hinweises auf die Ausschlussfrist bedarf es nicht.

III. Grundsatz der Vertragsfreiheit

Auch im Arbeitsrecht gilt der Grundsatz der Vertragsfreiheit, welcher neben der Freiheit der Wahl des Vertragspartners auch das Recht zur freien inhaltlichen Gestaltung umfasst. Der Grundsatz wird aber durch zahlreiche Vorschriften und Regelungen eingeschränkt.

1. Abschlussfreiheit und ihre Grenzen

Der Arbeitgeber kann frei entscheiden, ob und mit wem er ein Vertragsverhältnis eingeht. Wenn der Schutz bestimmter Arbeitnehmergruppen dies erfordert, kann er aber ausnahmsweise zum Abschluss eines Arbeitsvertrages verpflichtet sein.

a) Übernahme von Auszubildenden (§ 78a Abs. 2 BetrVG)

Ein gesetzliches Abschlussgebot enthält der bereits oben (D. I. 2. a) erörterte § 78a Abs. 2 BetrVG, welcher mit der Verpflichtung zur Übernahme eines Mitglieds der Jugend- und Auszubildendenvertretung, des Betriebsrats oder anderer Organe des BetrVG eine einem Kontrahierungszwang gleich kommende Ausnahme vom Grundsatz der Vertragsfreiheit darstellt.

b) Öffentlicher Dienst (Art. 33 Abs. 2 GG)

Weiter enthält Art. 33 Abs. 2 GG ein verfassungsrechtliches Abschlussgebot, das den öffentlichen Dienst nicht nur als beamtenrechtlichen Dienstherrn, sondern auch als privatrechtlich handelnden Arbeitgeber verpflichtet, den nach seiner Eignung, Befähigung und Leistung bestgeeigneten Stellenbewerber einzustellen. Dabei steht dem öffentlichen Arbeitgeber jedoch ein Beurteilungsspielraum zu. Grundsätzlich kann ein Bewerber nur verlangen, dass die Behörde seine Einstellungsbewerbung nach Eignung, Befähigung und fachlicher Leistung prüft und insbesondere nicht nach den in Art. 3 Abs. 2 und 3 GG missbilligten Merkmalen differenziert. Ausnahmsweise kann jedoch auch ein Rechtsanspruch auf Einstellung bestehen, wenn nämlich jede Entscheidung zugunsten eines anderen Bewerbers ermessensfehlerhaft wäre.[66]

c) Verstoß gegen Diskriminierungsverbote

Ein Verstoß gegen die Diskriminierungsverbote des § 1 AGG führt nicht dazu, dass die diskriminierten Bewerber eingestellt werden müssen (§ 15 Abs. 6 AGG).

d) Sonstiges

Manche *Tarifverträge* und *Betriebsvereinbarungen* sehen vor, dass der Arbeitgeber Auszubildende nach erfolgreichem Abschluss ihrer Ausbildung zumindest befristet übernehmen muss, damit sie erste Berufspraxis erwerben und sich aus einem bestehenden Arbeitsverhältnis heraus bewerben können, falls sie nicht dauerhaft übernommen werden können. Ein Abschlussgebot kann sich schließlich auch aus *einzelvertraglichen Zusagen* oder aus einem einen entsprechenden *Vertrauenstatbestand* begründenden konkludenten Verhalten ergeben. Danach kann ein Arbeitgeber z. B. zur Fortsetzung eines befristeten Arbeitsverhältnisses verpflichtet sein, wenn er den Eindruck erweckt hat, bei einer Bewährung des Arbeitnehmers werde das Arbeitsverhältnis in ein unbefristetes umgewandelt.[67]

Beispiel[68] Im Zusammenhang mit der Einstellung wurde dem Arbeitnehmer schriftlich mitgeteilt: „Ihrem Wunsch entsprechend weisen wir darauf hin, dass bei Eignung und Einhaltung der o. g. Arbeitsbedingungen eine unbefristete Übernahme beabsichtigt ist. Der Betriebsrat erhält zu der beabsichtigten Einstellung eine Kopie dieses Schreibens. Wir bitten Sie, den Sachverhalt dem Betriebsrat zusätzlich zu erläutern." Bei Ablauf des befristeten Vertrages verweigerte der Arbeitgeber die Weiterbeschäftigung. Der Arbeitnehmer will festgestellt wissen, dass er in einem unbefristeten Arbeitsverhältnis steht.

Das BAG hat den Rechtsstreit zur erneuten Verhandlung und Entscheidung an das Berufungsgericht zurückverwiesen und dabei auf

---

[66] Ermessensreduzierung auf Null; BAG vom 19. Februar 2003, NZA 2003, 1271 (1272 f.).

[67] BAG vom 16. März 1989, NZA 1989, 719 (721).

[68] Nach BAG vom 16. März 1989, NZA 1989, 719.

Folgendes hingewiesen: Erkläre der Arbeitgeber bei Abschluss eines befristeten Arbeitsverhältnisses, er werde die Frage der späteren Übernahme in ein unbefristetes Arbeitsverhältnis unter ganz bestimmten Voraussetzungen prüfen, erwecke er hierdurch eine bestimmte Erwartung des Arbeitnehmers (Vertrauen auf das in Aussicht gestellte unbefristete Arbeitsverhältnis). Wenn er diese Vorstellung auch noch während der Abwicklung des Arbeitsverhältnisses bestätigt, könne es unter Berücksichtigung des Rechtsgedankens von § 315 BGB widersprüchlich sein, eine Übernahme trotz Vorliegens der selbst bestimmten Voraussetzungen wegen Hinzutretens solcher Umstände, die auch eine Kündigung nicht gerechtfertigt hätten, abzulehnen. Der Abschlusszwang ergebe sich dann nicht aus allgemeinen rechtlichen Erwägungen, sondern aus der insoweit erfolgten Selbstbindung des Arbeitgebers, auf die der Arbeitnehmer sich berufen könne. Der Arbeitgeber wäre dann aus dem Gesichtspunkt des Verschuldens bei Vertragsschluss im Wege des Schadensersatzes verpflichtet, Erfüllung zu gewähren, da der Schaden nach § 249 BGB gerade in dem Nichtabschluss eines Arbeitsvertrages liege.

2. Inhaltsfreiheit

a) Allgemeines

Der *Grundsatz der Vertragsfreiheit* umfasst auch das Recht zur *freien inhaltlichen Gestaltung* des Arbeitsvertrages, sodass die Vertragsparteien die Vertragskonditionen frei vereinbaren können. Diesbezüglich legt § 105 GewO fest, dass Arbeitnehmer und Arbeitgeber Abschluss, Inhalt und Form des Arbeitsvertrages frei vereinbaren können, soweit nicht zwingende gesetzliche Vorschriften, Bestimmungen eines anwendbaren Tarifvertrages oder einer Betriebsvereinbarung entgegenstehen. § 105 GewO ist aber nur klarstellende Funktion zuzusprechen, da sich bereits aus den zwingenden Vorschriften selbst sowie aus § 4 TVG und § 77 BetrVG ergibt, dass die freie Vereinbarung von Abschluss, Inhalt und Form des Arbeitsvertrages unter dem Vorbehalt entgegenstehender zwingender gesetzlicher Vorschriften (z. B. der §§ 305 ff. BGB) oder der Kollektivvereinbarungen steht.

Die *meisten gesetzlichen Regeln* des Arbeitsrechts sind zugunsten des Arbeitnehmers *einseitig zwingend* und können durch Vertrag nicht abbedungen werden. Der Vertragsgestaltung nicht zugänglich sind auch solche gesetzlichen Vorschriften, die nur den Tarifvertragsparteien zur Disposition stehen.

Beispiele für tarifdispositives Recht Entgeltfortzahlung (§ 4 Abs. 4 EFZG); Kündigungsfristen (§ 622 Abs. 4 BGB); Teilzeitarbeitsrecht (§ 12 Abs. 3 Satz 1 TzBfG); Urlaubsrecht (§ 13 BUrlG); betriebliche Altersversorgung (§ 19 Abs. 1 BetrAVG).

Allerdings gestatten manche Normen nicht tarifgebundenen Arbeitsvertragsparteien die Abweichung vom an sich nur tarifdispositiven Gesetzesrecht insoweit, als auf abweichende tarifliche Regelungen Bezug genommen wird (§ 622 Abs. 4 BGB, § 12 Abs. 3 Satz 2 TzBfG; § 13 Abs. 1 Satz 2 BUrlG, § 19 Abs. 2 BetrAVG).

Obwohl wesentliche Inhalte des Arbeitsverhältnisses bereits durch zwingende Rechtsnormen festgelegt sind, ist der *Arbeitsvertrag die wichtigste Rechtsquelle* des Arbeitsverhältnisses. In ihm bestimmen die Parteien v. a. den Gegenstand von Leistung und Gegenleistung, also die Arbeitspflicht und die Höhe des Arbeitsentgelts. Außerdem können sie von fast allen Rechtsnormen zugunsten des Arbeitnehmers abweichen.

Allerdings dürfen zwingende gesetzliche Regelungen nicht umgangen werden. Das AGB-rechtliche Umgehungsverbot (§ 306a BGB) normiert lediglich einen allgemeinen Grundgedanken des Privatrechts, der auch bei echten Individualverträgen oder der Umgehung von Vorschriften außerhalb des AGB-Rechts Anwendung findet: Die durch die Vertragsgestaltung objektiv umgangene Norm wird gleichwohl angewendet.

Beispiele Der Kündigungsschutz des KSchG, der nicht nur einen Bestands-, sondern über § 2 KSchG auch einen Inhaltsschutz vermittelt, kann durch die Vereinbarung von Widerrufsvorbehalten, des Rechts zur einseitigen Reduktion der Arbeitszeit oder die Befristung von Arbeitszeitvereinbarungen objektiv umgangen werden, sodass die Ausübung der dem Arbeitgeber dort vorbehaltenen Rechte der Kontrolle am Maßstab des § 2 KSchG unterliegt. § 622 Abs. 6 BGB ist tangiert, wenn der Arbeitnehmer nur gegen Zahlung einer Vertragsstrafe zur Kündigung berechtigt sein soll.[69]

b) Änderungen von Arbeitsbedingungen

Bei der Vertragsgestaltung ist zu berücksichtigen, dass sich Arbeitsbedingungen durchaus ändern können. Nach dem Grundsatz der Vertragsfreiheit sind Änderungen des bestehenden Arbeitsvertrages jederzeit möglich. Diese können nicht nur *ausdrücklich,* sondern auch *konkludent* erfolgen. Bei Letzterem fragt sich sodann, ob die widerspruchslose Weiterarbeit bei geänderten Arbeitsbedingungen bereits die stillschweigende Annahme (§ 151 BGB) der vom Arbeitgeber angetragenen Vertragsänderung darstellt. Das BAG unterscheidet in diesen Fällen zwischen solchen Änderungen, die die eigentliche Arbeitsleistung betreffen und sich unmittelbar auf das Arbeitsverhältnis auswirken, und solchen, die für den Arbeitnehmer nicht unmittelbar konkret werden. Im ersten Fall soll das Schweigen des Arbeitnehmers in der Regel eine Zustimmung, im zweiten Fall regelmäßig eine Ablehnung sein.[70]

Arbeitsvertragliche Regelungen mit kollektivem Bezug (Allgemeine Geschäftsbedingungen, Gesamtzusagen) können durch eine Betriebsvereinbarung abgelöst werden, wenn diese betriebsvereinbarungsoffen oder bei kollektiver Betrachtung nicht ungünstiger ist.

Einzelheiten Dieser sog. „kollektive Günstigkeitsvergleich" war 1986 vom BAG entwickelt worden, hat durch jüngere Entwicklungen aber fast vollständig an Bedeutung verloren. Nach Auffassung des Großen Senats des BAG können vertraglich begründete Ansprüche der Arbeitnehmer auf sog. freiwillige Sozialleistungen, die auf eine vom Arbeitgeber gesetzte Einheitsregelung oder eine Gesamtzusage zurückgehen, durch eine nachfolgende Betriebsvereinbarung in den Grenzen von Recht und Billigkeit beschränkt werden, wenn die Neuregelungen insgesamt bei kollektiver Betrachtung nicht ungünstiger sind.[71] Durch eine umstrukturierende Betriebsvereinbarung würden daher einzelvertragliche Ansprüche der Ar-

---

[69]   BAG vom 9. März 1972, AP Nr. 12 zu § 622 BGB.
[70]   Vgl. BAG vom 12. Februar 1985, NZA 1986, 64 (64); vom 19. Juni 1986, NZA 1987, 94 (95).
[71]   BAG vom 16. September 1986, NZA 1987, 168 (172 ff.).

beitnehmer abgelöst, die in einem entsprechenden Bezugssystem zueinander stehen und damit einen kollektiven Bezug zueinander aufweisen.[72]

Allerdings hatte schon der Große Senat eine Ausnahme vom „kollektiven Günstigkeitsprinzip" zugelassen, wenn die individualrechtliche Anspruchsgrundlage „betriebsvereinbarungsoffen" gestaltet worden war: Habe der Arbeitgeber beispielsweise arbeitsvertraglich zwar ein Weihnachtsgeld in bestimmter Höhe zugesagt, zugleich aber im Arbeitsvertrag (z.B. mit Blick auf laufende Verhandlungen mit dem Betriebsrat) diese Zusage unter den Vorbehalt ihrer Ablösung durch eine spätere Betriebsvereinbarung gestellt, könne diese, auch wenn sie kollektiv *ungünstiger* sei als die Summe der bestehenden Einzelzusagen (der Arbeitgeber also künftig insgesamt weniger aufwenden muss), die Einzelzusage ablösen.[73]

Diese Judikatur hat das BAG zuletzt deutlich ausgeweitet: Zunächst hat das Gericht in Bezug auf *Allgemeine Geschäftsbedingungen* entschieden, dass die mit ihnen getroffene Abrede zumindest *konkludent betriebsvereinbarungsoffen* sei, wenn sie einen kollektiven Bezug hat. Mit der Verwendung von AGB mache der Arbeitgeber für den Arbeitnehmer erkennbar deutlich, dass im Betrieb einheitliche Vertragsbedingungen gelten sollen. Eine betriebsvereinbarungsfeste Gestaltung der Arbeitsbedingungen stünde dem entgegen. Die Änderung und Umgestaltung von betriebseinheitlich gewährten Leistungen wäre nur durch den Ausspruch von Änderungskündigungen möglich. Der Abschluss von betriebsvereinbarungsfesten Abreden würde zudem den Gestaltungsraum der Betriebsparteien für zukünftige Anpassungen von Arbeitsbedingungen mit kollektivem Bezug einschränken. Da AGB ebenso wie Bestimmungen in einer Betriebsvereinbarung auf eine Vereinheitlichung der Regelungsgegenstände gerichtet seien, könne aus Sicht eines verständigen und redlichen Arbeitnehmers nicht zweifelhaft sein, dass es sich bei den vom Arbeitgeber gestellten Arbeitsbedingungen um solche handelt, die einer Änderung durch Betriebsvereinbarung zugänglich seien.[74]

---

72 BAG vom 28. März 2000, NZA 2001, 49 (51).
73 Daran anschließend beispielsweise BAG vom 23. Oktober 2001, NZA 2003, 986; vom 10. Dezember 2002, NZA 2004, 271.
74 BAG vom 5. März 2013, NZA 2013, 916; vom 13. Oktober 2015, NZA 2016, 54.

Inzwischen hat das Gericht dieselben Aussagen auch auf *Gesamtzusagen*[75] (zu ihnen noch Teil 2 C I 3 a) und schließlich sogar auf Ansprüche, die aus einer *betrieblichen Übung* (unten Teil 2 C I 3 f) resultierten,[76] erstreckt. Der Arbeitgeber, der Leistungen im Wege einer Gesamtzusage verspreche oder eine diesbezügliche betriebliche Übung begründe, wolle diese nach einheitlichen Regeln, d.h. als System, erbringen. Da die Geltung der Regelungen auf einen längeren, unbestimmten Zeitraum angelegt sei, seien diese von vornherein auch für die Arbeitnehmer erkennbar einem möglichen künftigen Änderungsbedarf ausgesetzt, also *konkludent betriebsvereinbarungsoffen*.

Dies hat zur *Konsequenz*, dass die Ablösung einer individualrechtlich erteilten Versorgungszusage mit kollektivem Bezug – gleichgültig, ob auf der Basis Allgemeiner Geschäftsbedingungen, einer Gesamtzusage oder einer betrieblichen Übung – stets durch eine nachfolgende Betriebsvereinbarung möglich ist.

c) Inhaltskontrolle

In der Praxis ist der arbeitgeberseitig vorformulierte Vertragstext der Regelfall. Dessen Klauseln unterliegen der AGB-Inhaltskontrolle nach Maßgabe der §§ 305 ff. BGB.

Zu Einzelheiten siehe den folgenden Abschnitt.

3. Einzelheiten zur AGB-Kontrolle vorformulierter Arbeitsverträge

a) Allgemeines

Seit 2002 findet das AGB-Recht (§§ 305 ff. BGB) auch auf Arbeitsverträge Anwendung. Allerdings sind die „Besonderheiten des Arbeitsrechts" angemessen zu berücksichtigen (§ 310 Abs. 4 Satz 2 BGB). Tarifverträge, Betriebs- und Dienstvereinbarungen unterliegen keiner AGB-Kontrolle (§ 310 Abs. 4 Satz 1 BGB).

---

[75] BAG vom 10. März 2015, NZA-RR 2015, 371; vom 23. Februar 2016, NZA 2016, 642.

[76] BAG vom 23. Februar 2016, NZA 2016, 961.

b) Altverträge

Die Kontrolle beschränkt sich nicht auf solche Arbeitsverträge, die seit dem Jahre 2002 abgeschlossen worden sind. Vielmehr ordnet Art. 229 § 5 Satz 2 EGBGB an, dass auch Altverträge der AGB-Kontrolle unterliegen.

c) Begriff der Allgemeinen Geschäftsbedingungen

Allgemeine Geschäftsbedingungen (im Arbeitsrecht häufig als allgemeine Arbeitsbedingungen oder vertragliche Einheitsregelungen bezeichnet) liegen gemäß § 305 Abs. 1 Satz 1 BGB vor, wenn es sich um Vertragsbedingungen handelt, die

– vom Verwender vorformuliert sind und
– der anderen Vertragspartei gestellt werden.

Merke Das aus § 305 Abs. 1 Satz 1 BGB resultierende Erfordernis, die Vertragsbedingungen müssten für eine „Vielzahl von Verträgen" gestellt sein, ist für das Arbeitsrecht ohne Belang. Im Anschluss an die Rechtsprechung des BAG qualifiziert die heute h. M. den Arbeitnehmer nämlich als „Verbraucher" (§ 13 BGB)[77], sodass auch § 310 Abs. 3 BGB zur Anwendung gelangt. Nach dessen Nr. 2 kommen die Bestimmungen des AGB-Rechts schon bei sog. „Einmalklauseln" zur Anwendung.

Vorformuliert sind Vertragsbedingungen, wenn sie für eine mehrfache Verwendung vorgesehen sind. Eine Fixierung in Schriftform oder auf Datenträger ist nicht erforderlich. Auch eine „im Kopf vorformulierte" Vertragsklausel ist AGB. Gleichgültig ist, ob die Bestimmungen einen äußerlich gesonderten Bestandteil des Vertrags bilden oder in die Vertragsurkunde selbst aufgenommen werden, welchen Umfang sie haben, in welcher Schriftart sie verfasst sind und welche Form der Vertrag hat, wie § 305 Abs. 1 Satz 2 BGB klarstellt.

Gestellt wird eine Vertragsbedingung, wenn ihr Verwender unter Ausschluss des anderen Teils einseitig rechtsgeschäftliche Gestaltungsmacht in Anspruch nimmt.[78] Auf eine wirtschaftliche oder intellektuelle Überlegenheit kommt es nicht an.

---

[77] BAG vom 25. Mai 2005, NZA 2005, 1111 (1115).
[78] BGH vom 24. Mai 1995, BGHZ 130, 50 (57).

Gemäß § 305 Abs. 1 Satz 3 BGB liegen Allgemeine Geschäftsbedingungen nicht vor, soweit die Vertragsbedingungen zwischen den Vertragsparteien im Einzelnen ausgehandelt sind. *„Aushandeln"* bedeutet mehr als „verhandeln". Nach einer in der Rechtsprechung regelmäßig verwendeten Formel ist eine Vertragsbedingung nur dann ausgehandelt, wenn der eine Teil (der Arbeitgeber) den gesetzesfremden Kerngehalt der Klausel ernsthaft zur Disposition gestellt und dem anderen Teil (dem Arbeitnehmer) die Möglichkeit eingeräumt hat, den Inhalt der Klausel zu beeinflussen.[79]

Frei ausgehandelte Arbeitsverträge unterliegen demnach keiner Inhaltskontrolle, sondern werden nur daraufhin überprüft, ob sie gegen zwingendes Recht (insb. §§ 134, 138 BGB) verstoßen.[80]

d) Einbeziehung Allgemeiner Geschäftsbedingungen in den Vertrag

§ 305 Abs. 2 und 3 BGB findet im Arbeitsrecht gemäß § 310 Abs. 4 Satz 2 BGB keine Anwendung. Wie im unternehmerischen Geschäftsverkehr (§ 310 Abs. 1 Satz 1 BGB) brauchen daher die gegenüber dem allgemeinen Vertragsrecht formalisierten Einbeziehungsvoraussetzungen des § 305 Abs. 2 und 3 BGB gegenüber einem Arbeitnehmer nicht erfüllt zu werden. Das ändert aber nichts daran, dass auch im Arbeitsrecht AGB nur kraft rechtsgeschäftlicher Vereinbarung Vertragsbestandteil werden können. Notwendig ist dementsprechend eine ausdrückliche oder stillschweigende Willensübereinstimmung der Vertragspartner zur Geltung der AGB. Dazu ist erforderlich, dass der eine Teil zum Ausdruck bringt, neben dem individualvertraglich Vereinbarten sollten auch bestimmte Allgemeine Geschäftsbedingungen Vertragsinhalt werden, und der andere Teil damit einverstanden ist.

e) Überraschende Vertragsklauseln

Gemäß § 305c Abs. 1 BGB *werden* überraschende Vertragsklauseln in Formulararbeitsverträgen *nicht Vertragsbestandteil.* Überraschend ist eine Vertragsklausel, die objektiv so ungewöhnlich ist, dass der Arbeit-

---

[79] BGH vom 11. März 1999, NJW 2000, 1110 (1111); BAG vom 1. März 2006, NZA 2006, 746 (748).
[80] BAG vom 25. Mai 2005, NZA 2005, 1111 (1115).

nehmer mit ihr nicht zu rechnen braucht. Zwischen den durch die Umstände bei Vertragsschluss begründeten Erwartungen und dem tatsächlichen Vertragsinhalt muss ein deutlicher Widerspruch bestehen. Dabei sind alle Umstände zu berücksichtigen, insbesondere das äußere Erscheinungsbild des Vertrags.[81] Da der Arbeitsvertrag für den Arbeitnehmer kein Massengeschäft ist, wird das subjektive Überraschungsmoment nur selten erfüllt sein.

Beispiele Enthält ein Formulararbeitsvertrag neben einer drucktechnisch hervorgehobenen Befristung für die Dauer eines Jahres im nachfolgenden Vertragstext ohne besondere Hervorhebung eine weitere Befristung zum Ablauf der sechsmonatigen Probezeit, wird die Probezeitbefristung als überraschende Klausel nach § 305c Abs. 1 BGB nicht Vertragsbestandteil.[82]

Überraschend können weit reichende Verzichtserklärungen in sog. Ausgleichsquittungen sein, in denen der Arbeitnehmer bei Beendigung des Arbeitsverhältnisses den Erhalt der Arbeitspapiere bestätigt und zugleich erklärt, keine weiteren Ansprüche gegen den Arbeitgeber mehr zu haben. Ausschlussfristen (Verfallklauseln) sind regelmäßig nicht überraschend, weil sie im Arbeitsleben üblich sind.[83]

f) Unklarheitenregel

Unklar ist eine Regelung, wenn nach Ausschöpfung der in Betracht kommenden Auslegungsmethoden ein nicht behebbarer Zweifel bleibt und mindestens zwei Auslegungen rechtlich vertretbar sind. Die in § 305c Abs. 2 BGB normierte Auslegungsregel, dass *Unklarheiten zu Lasten des Verwenders* gehen, ist vom BAG seit jeher anerkannt.

g) Vorrang der Individualabrede

§ 305b BGB bestimmt, dass individuelle Vertragsabreden Vorrang vor Allgemeinen Geschäftsbedingungen haben.

---

[81]   BAG vom 23. September 2003, AP Nr. 93 zu § 77 BetrVG 1972.
[82]   BAG vom 16. April 2008, NZA 2008, 876 (876 f.).
[83]   BAG vom 25. Mai 2005, NZA 2005, 1111 (1113).

h) Inhaltskontrolle (§§ 307 ff. BGB)

aa) Angemessenheitskontrolle (§ 307 Abs. 1 Satz 1, Abs. 2 BGB)

Gemäß § 307 BGB sind Bestimmungen in Allgemeinen Geschäftsbedingungen unwirksam, wenn sie den Vertragspartner des Verwenders entgegen den Geboten von Treu und Glauben unangemessen benachteiligen.

Eine Vertragsklausel *benachteiligt* den Vertragspartner des Verwenders, wenn sie zu seinen Lasten vom dispositiven Recht abweicht, wenn sie ihm also ein Recht nimmt oder beschränkt oder ihm eine Pflicht auferlegt oder erweitert, die ohne die vertragliche Regelung nicht bestünde.

Unangemessen ist die Benachteiligung, wenn der Verwender durch die einseitige Vertragsgestaltung missbräuchlich eigene Interessen auf Kosten seines Vertragspartners durchzusetzen versucht, ohne von vornherein auch dessen Belange hinreichend zu berücksichtigen und ihm einen angemessenen Ausgleich zuzugestehen. Die Feststellung einer unangemessenen Benachteiligung setzt eine wechselseitige Berücksichtigung und Bewertung rechtlich anzuerkennender Interessen der Vertragspartner voraus. Bei diesem Vorgang sind auch grundrechtlich geschützte Rechtspositionen zu beachten. Es bedarf einer *umfassenden Würdigung der beiden Positionen unter Berücksichtigung des Grundsatzes von Treu und Glauben.* Dabei ist auch die Stellung der Klausel im Gesamtvertrag zu berücksichtigen, ebenso wie kompensierende oder summierende Effekte. Zur Beurteilung der Unangemessenheit ist ein genereller, typisierender, vom Einzelfall losgelöster Maßstab anzulegen. Im Rahmen der Inhaltskontrolle sind dabei Art und Gegenstand, Zweck und besondere Eigenart des jeweiligen Geschäfts zu berücksichtigen. Zu prüfen ist, ob der Klauselinhalt bei der in Rede stehenden Art des Rechtsgeschäfts generell unter Berücksichtigung der typischen Interessen der beteiligten Verkehrskreise eine unangemessene Benachteiligung des Vertragspartners ergibt. Werden allgemeine Geschäftsbedingungen für verschiedene Arten von Geschäften oder gegenüber verschiedenen Verkehrskreisen verwendet, deren Interessen, Verhältnisse und Schutzbedürfnisse generell unterschiedlich gelagert sind, so kann die Abwägung zu gruppentypisch unterschiedlichen Ergebnissen führen. Sie ist in den Vertrags- oder Fallgruppen vorzunehmen, wie sie durch die an dem Sachgegenstand orientierte typische Interessenlage gebildet werden.

Beispiele *Ausschlussfristen* (Verfallklauseln) sind in Arbeitsverträgen weithin üblich. Allerdings können einseitige, nur den Arbeitnehmer belastende vertragliche Ausschlussfristen unwirksam sein.[84] Unangemessen benachteiligt wird der Arbeitnehmer auch durch eine Ausschlussfrist, die von ihm die gerichtliche Geltendmachung des Anspruchs innerhalb von weniger als drei Monaten verlangt.[85] Für die schriftliche Geltendmachung von Ansprüchen aus dem Arbeitsvertrag hat das BAG vor Geltung der §§ 305 ff. BGB sogar einmonatige Ausschlussfristen als angemessen gebilligt.[86] Mittlerweile verlangt es jedoch auch für die schriftliche Geltendmachung eine Mindestfrist von drei Monaten.[87]

Vertragsstrafenabreden Im Bürgerlichen Recht untersagt § 309 Nr. 6 BGB die formularmäßige Vereinbarung von Vertragsstrafen. Allerdings steht dem Arbeitgeber wegen des Vollstreckungsverbots des § 888 Abs. 3 ZPO keine Möglichkeit offen, seinen Anspruch auf die Arbeitsleistung des Arbeitnehmers tatsächlich durchzusetzen. Das BAG hat daher zu Recht erkannt, dass Vertragsstrafenvereinbarungen wegen der Besonderheiten des Arbeitsrechts grundsätzlich weiterhin zulässig sind.[88] Allerdings sind Vertragsstrafenregelungen, die den Arbeitnehmer entgegen den Geboten von Treu und Glauben unangemessen benachteiligen, nach § 307 BGB unwirksam.[89] Eine Vertragsstrafe in Höhe eines vollen Bruttomonatsgehalts für den Fall des Nichtantritts der Arbeit und einer zweiwöchigen Kündigungsfrist ist regelmäßig zu hoch. Dies führt zur Unwirksamkeit der Vertragsstrafenregelung; eine Herabsetzung ist nicht möglich.

Widerrufsvorbehalte sind zulässig, wenn die Voraussetzungen ihrer Anwendung (z. B. wirtschaftliche Gründe) im Vertrag zumindest pau-

---

[84]   BAG vom 2. März 2004, NZA 2004, 852 (857 f.).
[85]   BAG vom 25. Mai 2005, NZA 2005, 1111 (1114); vom 27. Januar 2016, NZA 2016, 679 (680).
[86]   BAG vom 13. Dezember 2000, NZA 2001, 723 (725).
[87]   BAG vom 28. September 2005, NZA 2006, 149 (153).
[88]   BAG vom 4. März 2004, NZA 2004, 727 (729 ff.).
[89]   BAG vom 17. März 2016, NZA 2016, 945 (948).

schal bezeichnet sind und der widerruflich gestellte Teil des Arbeitsentgelts (z. B. von Provisionszusagen oder Gewinnbeteiligungen) höchstens 25 % bis 30 % der Gesamtvergütung erfasst.[90]

Gewährt der Arbeitgeber dem Arbeitnehmer ein *Darlehen*, stellt es eine unangemessene Benachteiligung dar, wenn er sich die Kündigung des Darlehensvertrages für jeden Fall der Beendigung des Arbeitsverhältnisses ohne Differenzierung danach, von wem und aus welchen Gründen gekündigt wurde, vorbehält.[91]

bb) Transparenzgebot (§ 307 Abs. 1 Satz 2 BGB)

Das Transparenzgebot verpflichtet den Verwender (Arbeitgeber), die Rechte und Pflichten seines Vertragspartners möglichst klar und durchschaubar darzustellen. Durch eine Klausel, die die Rechtslage unzutreffend darstellt und auf diese Weise dem Verwender die Möglichkeit eröffnet, begründete Ansprüche unter Hinweis auf die Klauselgestaltung abzuwehren, wird der Vertragspartner entgegen den Geboten von Treu und Glauben unangemessen benachteiligt. Bereits die Klauselfassung muss der Gefahr vorbeugen, dass der Vertragspartner von der Durchsetzung bestehender Rechte abgehalten wird.

Beispiel Intransparent ist eine Vereinbarung, nach der mit dem Gehalt eines Fernfahrers alle „Reisezeiten, die außerhalb der normalen Arbeitszeit anfallen", abgegolten sind, wenn völlig offen bleibt, in welchem Umfang der Arbeitnehmer solche Reisezeiten zu absolvieren hat.[92]

cc) Schranken der Inhaltskontrolle (§ 307 Abs. 3 BGB)

Etwas kryptisch formuliert § 307 Abs. 3 Satz 1 BGB: „Die Absätze 1 und 2 sowie die §§ 308 und 309 gelten nur für Bestimmungen in Allgemeinen Geschäftsbedingungen, durch die von Rechtsvorschriften abweichende oder diese ergänzende Regelungen vereinbart werden." Damit werden zwei Gruppen von Vertragsklauseln der Inhaltskontrolle entzogen:

---

[90] BAG vom 12. Januar 2005, NZA 2005, 465 (467), a. A. LAG Hamm vom 11. Mai 2004, NZA-RR 2004, 515 (516 ff.).
[91] BAG vom 12. Dezember 2013, NZA 2014, 905 (908).
[92] BAG vom 20. April 2011, NZA 2011, 917 (918).

Zum einen bleiben Vereinbarungen kontrollfrei, die das Gesetz bloß wiederholen (deklaratorische Klauseln). Zu den deklaratorischen Klauseln gehören wegen § 310 Abs. 4 Satz 3 BGB nicht nur diejenigen, die das Gesetz wörtlich oder sinngemäß wiederholen, sondern auch solche, die einen Tarifvertrag, eine Betriebs- oder eine Dienstvereinbarung in Bezug nehmen.

Praktische Bedeutung hat insbesondere die einzelvertragliche Bezugnahme auf den Tarifvertrag, da mit ihr die Anwendbarkeit der jeweils geltenden tariflichen Regelungen auch für den Fall sichergestellt wird, dass der Arbeitnehmer nicht Mitglied der tarifschließenden Gewerkschaft ist.

Die *Reichweite* dieser Kontrollschranke ist allerdings beschränkt: Kontrollfrei bleibt wegen § 310 Abs. 4 Satz 3 BGB nur die Bezugnahme des „richtigen" (also des persönlich, betrieblich-fachlich und räumlich einschlägigen) Tarifvertrages im Ganzen. Demgegenüber genießt die bloße *Inbezugnahme einzelner Tarifklauseln* dieses Privileg nicht, da der Tarifvertrag nur als Ganzes die Vermutung inhaltlicher Ausgewogenheit in sich trägt, einzelne Klauseln aber bei isolierter Inbezugnahme den Arbeitnehmer unangemessen benachteiligen können.

> **Beispiel** Gewähren die Tarifvertragsparteien einen Anspruch auf arbeitgeberfinanzierte Fortbildung und verpflichten sie den Arbeitnehmer zugleich, die Kosten der Fortbildung zurückzuzahlen, wenn er innerhalb eines bestimmten Zeitraums nach ihr selbst kündigt, kann eine Vertragsklausel unangemessen sein, die nur die Rückzahlungsverpflichtung in Bezug nimmt, den Fortbildungsanspruch aber nicht.

Die AGB-Kontrolle ist auch im Falle von Teilverweisungen auf den Tarifvertrag (Inbezugnahme eines ganzen Regelungskomplexes, z. B. über die Kündigung des Arbeitsverhältnisses) und bei Verweisungen auf den „falschen" (räumlich oder fachlich nicht einschlägigen) Tarifvertrag vorzunehmen. Da einem fremden Tarifvertrag ganz andere ökonomische Rahmenbedingungen zugrunde liegen können (z. B.: Inbezugnahme des Tarifvertrages für Gerüstbauer durch ein Unternehmen der Chemieindustrie), findet § 310 Abs. 4 Satz 1 BGB hier keine Anwendung. Dasselbe dürfte für die Teilverweisung gelten.

Zum anderen bleiben solche Vereinbarungen kontrollfrei, die die *wechselseitigen Hauptpflichten* der Parteien normieren, also die leistungsbestimmenden und die Preisklauseln. Die Transparenzkontrolle bleibt aber unberührt. Leistungsbeschreibungen und Preisabreden werden nicht am Maßstab des § 307 BGB, sondern nur an demjenigen des § 138 BGB kontrolliert. Daher sind sowohl der Inhalt der Arbeitsverpflichtung (Art der geschuldeten Arbeit, Arbeitsort, Arbeitszeit etc.) als auch das Arbeitsentgelt einschließlich aller Nebenleistungen wie Gratifikationen, Provisionen, Tantiemen und Sachbezüge (Dienstwagen etc.) kontrollfrei.

Aber In dem formularmäßig erklärten Verzicht auf eine Kündigungsschutzklage hat das BAG keine kontrollfreie Hauptabrede eines selbstständigen Vertrages, sondern eine Nebenabrede zum ursprünglichen Arbeitsvertrag gesehen, die einer Inhaltskontrolle gemäß § 307 Abs. 1 S. 1 BGB unterliege.[93]

Im Bürgerlichen Recht ist anerkannt, dass eine *Preisklausel* ausnahmsweise dann der Inhaltskontrolle unterliegt, wenn eine gesetzliche Vergütungsregelung besteht, z. B. bei dem RVG, der HOAI oder der GOÄ.[94] Aus dem Umstand, dass § 310 Abs. 4 Satz 3 BGB Tarifverträge Rechtsvorschriften i. S. von § 307 Abs. 3 BGB gleichstellt, ist vereinzelt der Schluss gezogen worden, dass alle formularmäßigen arbeitsvertraglichen Regelungen über die Höhe des Arbeitsentgelts, insbesondere auch etwaiger Zuschläge und Sondervergütungen, am tariflichen Lohnniveau zu messen seien. Dem folgt die ganz h. M. jedoch zu Recht nicht. Der Zweck des § 310 Abs. 4 Satz 3 BGB ist nämlich darauf beschränkt, zu verhindern, dass die nach § 310 Abs. 4 Satz 2 BGB kontrollfreien Tarifverträge, Betriebs- und Dienstvereinbarungen nicht dadurch mittelbar der Inhaltskontrolle unterworfen werden, dass sie wiederholende oder auf sie Bezug nehmende einzelvertragliche Klauseln der AGB-Kontrolle unterzogen werden. Die Höhe des Arbeitsentgelts einschließlich aller Sonderleistungen ist daher nach wie vor (in den Grenzen der guten Sitten, § 138 BGB) kontrollfrei.

dd) Rechtsfolgen bei Nichteinbeziehung und Unwirksamkeit

§ 306 BGB regelt die Rechtsfolgen bei Nichteinbeziehung und Unwirksamkeit der Allgemeinen Geschäftsbedingungen. Absatz 1 der Vorschrift stellt eine Abweichung von der Auslegungsregel des § 139 BGB dar. Bei

---

[93] BAG vom 6. September 2007, NZA 2008, 219 (221).
[94] BGH vom 17. September 1998, NJW 1998, 3567 (3569).

Unwirksamkeit einzelner AGB soll der Vertrag grundsätzlich im Übrigen aufrechterhalten bleiben. Im Arbeitsrecht ist diese Rechtsfolge anerkannt; in Folge einer teleologischen Reduktion des § 139 BGB hält die Rechtsprechung seit jeher Verträge im Übrigen praktisch immer aufrecht, wenn einzelne Vertragsteile nicht wirksam vereinbart sind. Belastet eine Vertragsklausel den Vertragspartner des Verwenders unangemessen i. S. der §§ 307 bis 309 BGB, kommt deren *geltungserhaltende Reduktion nicht in Betracht*. Diese, vom BGH seit langem anerkannte Regel hat das BAG für das Arbeitsrecht übernommen[95]. Ist eine Klausel allerdings in der Weise teilbar, dass ihr nach Streichung des unangemessenen Inhalts noch ein selbstständiger Regelungsgehalt zukommt, kann sich die Unwirksamkeitsfolge darauf beschränken, dass der gegen § 307 BGB verstoßende Teilregelung gestrichen wird (sog. „blue-pencil-test").[96]

Eine gewisse Ausnahme mag man in der vom BAG gelegentlich praktizierten *ergänzenden Vertragsauslegung* erblicken.[97] Zu den „gesetzlichen Bestimmungen", die an die Stelle der unwirksamen Vertragsklausel treten, gehören nämlich auch die §§ 133, 157 BGB. Das Problem resultiert vor allem daraus, dass es im Arbeitsrecht weitgehend an einschlägigem dispositivem Recht fehlt, das im Falle der Unwirksamkeit einer vertraglichen Bestimmung an deren Stelle treten könnte.

Beispiel Besonders deutlich wird dies in Bezug auf Vereinbarungen über Aus- und Fortbildungskosten und deren Rückzahlung für den Fall, dass der Arbeitnehmer kurze Zeit später aus dem Unternehmen ausscheidet, um beispielsweise mit seiner neu erworbenen Qualifikation bei der Konkurrenz anzuheuern.[98] Vereinbaren die Parteien z. B., dass der Arbeitnehmer die vom Arbeitgeber getragenen Ausbildungskosten bei Beendigung des Arbeitsverhältnisses ohne jede Rücksicht auf den Beendigungsgrund zurückzahlen muss, benachteiligt ihn dies unangemessen. Es gibt aber keine gesetzliche Regelung, mit der die Vertragslücke gefüllt werden kann.

---

[95] BAG vom 4. März 2004, NZA 2004, 727 (734); vom 15. März 2005, NZA 2005, 682 (686).

[96] BAG vom 15. März 2005, NZA 2005, 682 (686); vom 12. März 2008, NZA 2008, 699 (701); BGH vom 12. Februar 2009, BGHZ 179, 374 (379 f.); vom 10. Oktober 2013, NJW 2014, 141 (142).

[97] Beispielsweise BAG vom 14. Januar 2009, NZA 2009, 666 (669).

[98] Vgl. BAG vom 18. März 2014, NZA 2014, 957 (958).

Nach der Rechtsprechung des BGH ist eine ergänzende Vertragsauslegung vorzunehmen, wenn sich die mit dem Wegfall einer nach § 307 Abs. 1 BGB unwirksamen Klausel entstehende Lücke nicht durch dispositives Gesetzesrecht füllen lässt und dies zu einem Ergebnis führt, das den beiderseitigen Interessen nicht in vertretbarer Weise Rechnung trägt. Denn es wäre unbillig und widerspräche der Zielsetzung des AGB-Rechts, dem Kunden einen Vorteil zu belassen, der das Vertragsgefüge völlig einseitig zu seinen Gunsten verschiebt.[99] Ließe man die unwirksame Rückzahlungsklausel vollständig wegfallen, durchbräche man das vertragliche Synallagma der Fortbildungsvereinbarung einseitig zu Lasten des Arbeitgebers, der die Verpflichtung übernommen (und erfüllt!) hatte, die Ausbildungskosten zu übernehmen.

Es entspricht daher einer neueren Linie des BAG, dass eine unzulässige Bindung im Wege der ergänzenden Vertragsauslegung auf eine zulässige jedenfalls dann zurückgeführt wird, wenn es wegen der einzelfallbezogenen Betrachtung für den Arbeitgeber objektiv schwierig war, die zulässige Bindungsdauer zu bestimmen. Verwirklicht sich dieses Prognoserisiko, ist die Bindungsdauer durch ergänzende Vertragsauslegung zu bestimmen.[100]

i) Besonderheiten des Arbeitsrechts (§ 310 Abs. 4 BGB)

Nach § 310 Abs. 4 BGB sind bei der Anwendung der §§ 305 ff. BGB auf Arbeitsverträge die im Arbeitsrecht geltenden Besonderheiten angemessen zu berücksichtigen. Umstritten ist, was die „Besonderheiten des Arbeitsrechts" sind. Nicht vertreten lässt sich wohl, dass es gar keine Besonderheiten gebe. Die engste danach verbleibende Interpretation ist diejenige, dass hiermit nicht schon dasjenige gemeint ist, was dieses Rechtsgebiet von anderen unterscheidet; vielmehr seien nur spezielle Gegebenheiten innerhalb des Arbeitsrechts oder Sonderarbeitsverträge gemeint, also Besonderheiten des jeweiligen Vertrags wie Befristungen, Arbeitsverhältnisse mit Tendenzunternehmen etc.[101] Danach unterläge ein Arbeits-

---

[99] BGH vom 1. Februar 1984, BGHZ 90, 69 (77 f.); vom 13. November 1997, BGHZ 137, 153 (157); vom 29. April 2008, BGHZ 176, 244 (255).

[100] BAG vom 14. Januar 2009, NZA 2009, 666 (669).

[101] In diesem Sinne *Birnbaum* NZA 2003, 944 (944); *Hümmerich* NZA 2003, 753 (762).

vertrag zunächst der uneingeschränkten Inhaltskontrolle; lediglich für einzelne Ausschnitte des Arbeitsrechts bzw. Sonderarbeitsrechtsbeziehungen gölte eine „modifizierte" Inhaltskontrolle, nämlich soweit Besonderheiten dieser speziellen Arbeitsverhältnisse diese Modifikationen erforderlich machten.

Demgegenüber will die herrschende Auffassung *Besonderheiten des gesamten Rechtsgebiets „Arbeitsrecht"* berücksichtigen. Aber auch innerhalb dieser Gruppe herrschen unterschiedliche Meinungen: Am engsten wird vertreten, als „Besonderheiten" kämen ausschließlich Rechtsnormen in Betracht, und unter ihnen auch nur jene, die nur für Arbeitsverträge, nicht jedoch zugleich für andere Vertragstypen gelten. Andere gehen weiter und verlangen nicht, dass es sich um Besonderheiten handelt, die nur im Arbeitsrecht gelten. Es reiche aus, wenn sich die Abweichungen von typischen Regelungslagen insbesondere im Arbeitsverhältnis auswirken. Noch weiter wird geltend gemacht, es seien nicht nur rechtliche, sondern auch tatsächliche Besonderheiten des Arbeitslebens zu berücksichtigen, etwa die Üblichkeit einer bestimmten Vertragsgestaltung.[102]

Das *BAG* hat sich in seinem grundlegenden Urteil vom 4. März 2004 für eine relativ weit reichende Auslegung des Begriffs ausgesprochen. Besonderheiten i. S. des § 310 Abs. 4 Satz 2 BGB seien Besonderheiten des Rechtsgebietes Arbeitsrecht im Ganzen und nicht nur Besonderheiten bestimmter Arbeitsverhältnisse wie z. B. kirchlicher Arbeitsverhältnisse. Dabei müsse es sich nicht um Besonderheiten handeln, die nur im Arbeitsrecht gelten. Es reiche vielmehr aus, wenn sich die Abweichungen von typischen Regelungslagen insbesondere im Arbeitsverhältnis auswirken. Offen gelassen hatte das Gericht aber zunächst, ob es sich in jedem Falle um rechtliche Besonderheiten handeln muss oder ob auch tatsächliche Besonderheiten Berücksichtigung finden können.

Beispiele für rechtliche Besonderheiten, die *nur* im Arbeitsrecht gelten Allgemeiner Kündigungsschutz für den Arbeitnehmer (KSchG), die Entgeltfortzahlung im Krankheitsfall (EFZG), ferner die Interessenvertretung durch Betriebsräte (BetrVG). *Auch,* aber nicht nur im Arbeitsrecht ist das Vollstreckungsverbot des § 888 Abs. 3 ZPO (es gilt auch für freie Dienstverträge) zu beachten; auch der Geltungsbereich

---

[102] ArbG Duisburg vom 14. August 2002, NZA 2002, 1038 (1039); *Joost* FS Ulmer (2003), S. 1199 (1203); *Lingemann* NZA 2002, 181 (192).

des BUrlG und des TVG beschränkt sich nicht allein auf Arbeitnehmer (beide Gesetze gelten auch für arbeitnehmerähnliche Personen, § 2 Satz 2 BUrlG, § 12a TVG).

Eine Entscheidung des *BAG* aus dem Jahre 2005 zur Wirksamkeit einzelvertraglich vereinbarter Ausschlussfristen lässt erkennen, dass das Gericht *auch bloß tatsächliche Besonderheiten des Arbeitslebens* zu berücksichtigen bereit ist: Ausschlussfristen seien im Arbeitsleben weithin üblich; Tarifvertrags- und Betriebsparteien statuierten häufig weit kürzere Fristen als die vom BGH anerkannte[103] sechsmonatige Frist. Auch die Parteien des Arbeitsvertrages dürften daher formularmäßig kurze Verfallfristen vereinbaren; die Mindestgrenze liege allerdings bei drei Monaten.[104]

Angemessen berücksichtigt werden die Besonderheiten des Arbeitsrechts, wenn die im Rahmen der Inhaltskontrolle vorgefundene Interessenlage der Vertragspartner im allgemeinen Zivilrecht mit derjenigen im Arbeitsrecht verglichen wird. Sind die Interessenlagen im Wesentlichen identisch, verbleibt es bei dem „bürgerlich-rechtlichen" Zwischenergebnis, weil es gerade das Ziel des Gesetzgebers war, zu erreichen, dass das Schutzniveau der Vertragsinhaltskontrolle im Arbeitsrecht nicht hinter demjenigen des Zivilrechts zurückbleibt. Ergeben sich aber deutliche Unterschiede, weil beispielsweise die v. a. auf den Kauf- und Werkvertrag zugeschnittenen speziellen Klauselverbote der §§ 308 und 309 BGB eine andere Ausgangssituation vor Augen haben, als sie im Arbeitsrecht herrscht, kann eine bürgerlich-rechtlich unzulässige Klausel im Arbeitsrecht weiterhin Gültigkeit haben.

Tarifverträge, Betriebs- und Dienstvereinbarungen unterliegen nach § 310 Abs. 4 Satz 1 BGB keiner Inhaltskontrolle. Bei fehlender Tarifbindung der Vertragsparteien gelten die Tarifnormen jedoch nicht unmittelbar und zwingend (§ 4 Abs. 1 TVG), sie werden aber häufig im Arbeitsvertrag in Bezug genommen. Um zu vermeiden, dass die in Bezug genommene Tarifregelung mittelbar doch wieder Gegenstand der Inhaltskontrolle wird, stellt § 310 Abs. 4 Satz 3 BGB sie gesetzlichen Regelungen i. S. von § 307 Abs. 3 BGB gleich.

---

[103] BGH vom 20. März 1978, BGHZ 71, 167 (170).
[104] BAG vom 25. Mai 2005, NZA 2005, 1111 (1113).

j) Erweiterter Anwendungsbereich der Inhaltskontrolle vorformulierter Arbeitsverträge

Bereits eingangs (oben c) hingewiesen wurde auf § 310 Abs. 3 BGB. Danach sind bei Verträgen zwischen einem Unternehmer und Verbraucher bei der Anwendung des AGB-Rechts die in dieser Vorschrift genannten Maßgaben zu beachten. Ob § 310 Abs. 3 BGB Bedeutung für das Arbeitsrecht hat, hängt davon ab, ob der Arbeitnehmer als solcher *Verbraucher* i. S. von § 13 BGB ist oder nicht.

Das BAG hatte die Frage der Verbrauchereigenschaft des Arbeitnehmers zunächst ausdrücklich offen gelassen.[105] In der Literatur werden im Wesentlichen zwei Auffassungen vertreten: Die Befürworter eines „relativen Verbraucherbegriffs" wollen den Arbeitnehmer nur insoweit als Verbraucher anerkennen, als er mit seinem Arbeitgeber *außerhalb* des Arbeitsverhältnisses Rechtsgeschäfte eingeht, also z. B. von ihm ein Darlehen erhält oder ihm ein Fahrzeug aus seinem Fuhrpark abkauft. Demgegenüber wollen die Vertreter des „absoluten Verbraucherbegriffs" die verbraucherschützenden Normen auf den Arbeitnehmer auch gerade in dieser Eigenschaft anwenden.

In seinem Urteil vom 25. Mai 2005 hat das BAG die Frage im Sinne des *„absoluten Verbraucherbegriffs"* entschieden. Der Arbeitnehmer erfüllte die Tatbestandsmerkmale des § 13 BGB; für eine teleologische Reduktion der Norm sei kein Raum.[106] Dem kann indessen *nach diesseitiger Überzeugung* nicht beigetreten werden. Das Schuldrecht des BGB geht traditionell vom Idealtypus zweier gleichstarker Verhandlungspartner aus, denen ein weiter Spielraum bei der Gestaltung ihrer Vertragsbeziehungen eingeräumt wird. Dort aber, wo der eine Vertragspartner dem anderen strukturell unterlegen ist, also in der Rechtsbeziehung eines Verbrauchers zu einem Unternehmer, sollen zu seinen Gunsten zusätzliche Schutzmechanismen eingreifen. Hält man den Arbeitnehmer als solchen für einen Verbraucher („absoluter Verbraucherbegriff"), schießt man in doppelter Hinsicht über den Zweck des Verbraucherschutzes hinaus: Zum einen geht das Arbeitsrecht – anders als Kauf, Miete oder Werkvertrag – ganz

---

[105] BAG vom 27. November 2003, NZA 2004, 597 (600 f.).
[106] BAG vom 25. Mai 2005, NZA 2005, 1111 (1115); vom 31. August 2005, NZA 2006, 324 (328); ebenso BVerfG vom 23. November 2006, NZA 2007, 85 (86).

generell davon aus, dass ein Vertragspartner dem anderen strukturell unterlegen ist. Sämtliche arbeitnehmerschützenden Bestimmungen des BGB und der arbeitsrechtlichen Spezialgesetze belegen dies. Der modifizierenden Überlagerung der für den Idealtypus geschaffenen Regelungen durch verbraucherschützende Sonderbestimmungen bedarf es also nicht. Zum anderen hätte die Anwendung des Verbraucherrechts auf den Arbeitsvertrag zur Folge, dass dieser Vertragstyp im Gegensatz zu den übrigen Schuldverhältnissen des BGB nahezu ausschließlich als Verbrauchervertrag existierte. Während Käufer, Mieter und Werkbesteller Verbraucher sein können, aber keineswegs müssen – und eben davon abhängt, ob die §§ 433 ff., 535 ff., 631 ff. BGB in ihrer Grundform oder mit den verbraucherrechtlichen Modifikationen (die sich teils nur aus dem allgemeinen Schuldrecht, teils auch aus dem besonderen Schuldrecht ergeben) Anwendung finden – ist ein Arbeitsvertrag ohne Verbraucherschutzrecht kaum noch denkbar. Daraus folgt, dass der Normzweck des § 13 BGB dafür spricht, den Arbeitnehmer nur insoweit als Verbraucher anzusehen, als er außerhalb seines Arbeitsvertrages Rechtsgeschäfte mit seinem Arbeitgeber tätigt („relativer Verbraucherbegriff").

Auch der Arbeitgeber sollte nicht uneingeschränkt mit dem Unternehmer i. S. von § 14 BGB gleichgesetzt werden. Unternehmer ist nur, wer zu seiner gewerblichen oder selbstständigen beruflichen Tätigkeit ein Rechtsgeschäft eingeht. Daran fehlt es z. B., wenn der Arbeitgeber als Mitglied eines privaten Haushalts auftritt (Beschäftigung einer Haushaltshilfe, eines Gärtners etc.). Die Begriffspaare Arbeitgeber/Arbeitnehmer und Unternehmer/Verbraucher dürfen nicht miteinander vermengt werden.

4. Der praktische Fall

Inhalts- und Ausübungskontrolle eines vorbehaltenen Widerrufs: BAG vom 21. März 2012, NZA 2012, 616 *(„Dienstwagen-Fall")*

Zum Sachverhalt Die Klägerin war bei der Beklagten als Personal- und Vertriebsdisponentin beschäftigt. Ihr stand ein Dienstwagen zur Verfügung, den sie auch privat nutzen durfte. Formularmäßig hatte sich die Arbeitgeberin vorbehalten, die Überlassung des Dienstwagens zu widerrufen, wenn und solange der Pkw für dienstliche Zwecke seitens der Arbeitnehmerin nicht benötigt wird. Dies sollte insbesondere dann der Fall sein, wenn die Arbeitnehmerin nach Kündigung des Arbeitsverhältnisses von der Arbeitsleistung freigestellt wird. Im Falle der Ausübung des Widerrufs durch die Arbeitgeberin sollte die Arbeitnehmerin nicht berechtigt sein, Nutzungsentschädigung oder Schadensersatz zu verlangen. Nachdem die Klägerin das Arbeitsverhältnis am 9. Juni 2009 von sich aus gekündigt hatte, stellte die Beklagte sie bis zum Ablauf der Kündigungsfrist am 30. Juni 2009 von der Verpflichtung zur Arbeitsleistung frei und forderte die Rückgabe des Dienstwagens. Die Klägerin kam dieser Aufforderung nach, verlangt aber eine Entschädigung in Höhe des Nutzungsausfalls von rund 200 Euro.

Die Entscheidung Das BAG stellt zunächst fest, dass der Widerrufsvorbehalt wirksam vereinbart war. Er unterliegt der AGB-rechtlichen Kontrolle. Diese ist nicht etwa deshalb ausgeschlossen, weil es sich bei der Dienstwagenvereinbarung um eine kontrollfreie Hauptpflicht (§ 307 Abs. 3 BGB) gehandelt hätte. Denn die Überlassung eines Firmenwagens auch zur privaten Nutzung ist steuer- und abgabenpflichtiger Teil des geschuldeten Arbeitsentgelts und damit Teil der Arbeitsvergütung. Einseitige Leistungsbestimmungsrechte, die dem Verwender das Recht einräumen, die Hauptleistungspflichten einzuschränken, zu verändern, auszugestalten oder zu modifizieren, unterliegen einer Inhaltskontrolle. Der Widerrufsvorbehalt war auch nicht aus formellen Gründen unwirksam. Er entsprach den formellen Anforderungen des § 308 Nr. 4 BGB, denn er ließ erkennen, aus welcher „Richtung" der Widerruf möglich war. Im Vertragstext hieß es ausdrücklich, dass die Arbeitnehmerin im Falle einer Freistellung mit dem Entzug der Privatnutzung rechnen muss. Die Widerrufsklausel war auch materiell wirksam. Nach § 308 Nr. 4 BGB ist die Vereinbarung eines Widerrufsrechts zumutbar, wenn der Widerruf nicht grundlos erfolgen soll, sondern wegen der unsicheren Entwicklung der Verhältnisse als Instrument der Anpassung notwendig ist. Der Widerruf der privaten Nutzung eines Dienstwagens im Zusammenhang mit einer (wirksamen) Freistellung des Arbeitnehmers ist zumutbar. Der Arbeitnehmer muss bis zum Kündigungstermin keine Arbeitsleistung erbringen, insbesondere entfallen Dienstfahrten mit dem Pkw. Die Widerrufsklausel verknüpft dienstliche und private Nutzung sachgerecht.

Allerdings unterliegen AGB nicht nur einer Einbeziehungs- und einer Inhaltskontrolle, sondern – soweit sie dem Arbeitgeber ein bestimmtes Recht einräumen – auch der Ausübungskontrolle. Der Arbeitgeber darf ein ihm zustehendes Recht nur nach billigem Ermessen ausüben (§ 315

Abs. 1 BGB). Im konkreten Fall aber hatte die Arbeitgeberin ihr Widerrufsrecht unbillig ausgeübt. Über den Umstand hinaus, dass die Beklagte einen Dienstwagen generell nur ihren Außendienstmitarbeitern vorrangig zum Besuch bei Kundenunternehmen zur Verfügung stellt, hatte diese keine Gründe vorgetragen, warum sie unmittelbar nach der Eigenkündigung der Klägerin das Fahrzeug zurückgefordert hat. Dieses war jedoch deren einziger Pkw, den sie noch dazu für den gesamten Monat Juni 2009 zu versteuern hatte (§ 6 Abs. 1 Nr. 4 EStG). Damit führte der Entzug des Pkws nicht nur zum Nutzungsausfall, sondern darüber hinaus zu einer spürbaren Minderung ihres Nettoeinkommens. Im Ergebnis hatte ihre Eigenkündigung die Kürzung der laufenden Bezüge zur Folge. Das Interesse der Klägerin, den von ihr versteuerten Vorteil auch real nutzen zu können, überwog zur Überzeugung des BAG das abstrakte Interesse der Beklagten am sofortigen Entzug des Dienstwagens.

E. Mängel des Arbeitsvertrages

Der Arbeitsvertrag kann aus verschiedenen Gründen nichtig sein.

I. Mangelnde Geschäftsfähigkeit

Mangelnde Geschäftsfähigkeit (§§ 104 ff. BGB) kann einen wirksamen Vertragsschluss ausschließen.

II. Verstoß gegen gesetzliche Verbote

Im Arbeitsrecht bestehen zahlreiche, zumeist einseitig den Arbeitnehmer schützende *gesetzliche Verbote*. Ein Verstoß gegen sie führt jedoch entgegen § 134 BGB nur dann zur Nichtigkeit des Rechtsgeschäfts, wenn durch diese Rechtsfolge dem Arbeitnehmer nicht gerade derjenige Schutz entzogen würde, den ihm die verletzte Rechtsnorm vermitteln will. Anderenfalls ist in Anwendung des Rechtsgedankens von § 139 BGB nur der jeweilige Teil des Rechtsgeschäfts unwirksam. An seine Stelle tritt dann die gesetzliche Regelung.

Anwendungsfall des § 134 BGB im Arbeitsrecht ist zunächst die *gesetzeswidrige Vertragsgestaltung.* Zahlreiche Pflichten, die dem Arbeitgeber kraft Gesetzes auferlegt sind, können nicht durch Vertrag abbedungen werden. Dies gilt z. B. für den Mindestlohn, die dem Arbeitgeber nach den §§ 617, 618 BGB obliegenden Fürsorgepflichten, die Entgeltfortzahlung im Krankheitsfall (§ 12 EFZG) sowie den gesetzlichen Mindesturlaub von 24 Werktagen (§ 13 Abs. 1 Satz 1 BUrlG). Ferner enthalten zahlreiche arbeitsrechtliche Schutzvorschriften (JArbSchG, MuSchG, ArbZG) Verbotsnormen. Beschäftigungsverbote bestehen insbesondere für Kinder und Jugendliche (§§ 2, 5 und 7 JArbSchG).

Die Nichtigkeit des Arbeitsvertrages folgt aus der Verletzung der Verbotsnormen freilich allenfalls dann, wenn sie gerade die tatsächliche Beschäftigung des Arbeitnehmers verhindern wollen. Anderenfalls bleibt der Vertrag im Übrigen wirksam und nur an die Stelle der unzulässigen Vereinbarung tritt die gesetzliche Regelung. Diese *Beschränkung der Nichtigkeitsfolge* hat das BAG – anders als der BGH[107] – sogar bei vereinbarter Schwarzarbeit ausgesprochen: Ein Arbeitsvertrag, der vereinbarungsgemäß unter Verletzung der steuer- und sozialversicherungsrechtlichen Pflichten durchgeführt wird, sei nicht insgesamt rechtsunwirksam. Die angedrohten Sanktionen sollen allein die Erfüllung der sich aus dem Arbeitsverhältnis ergebenden öffentlich-rechtlichen Verpflichtungen sicherstellen. Auf Grund der einvernehmlichen Missachtung des gesetzlichen Gebots sei nicht der gesamte Arbeitsvertrag mit dem Makel des Verbots behaftet.[108]

Beispiel Nichtig ist das Vertragsverhältnis zwischen einem Krankenhaus und einem „Arzt", wenn diesem die Berufsausübungsbefähigung (Approbation) fehlt und er sich nur unter Vorlage gefälschter Zeugnisse eine Beschäftigung an dem Klinikum erschlichen hatte.[109]

---

[107] BGH vom 10. April 2014, NJW 2014, 1805.

[108] BAG vom 26. Februar 2003, NZA 2004, 313 (315); anders beim freien Dienstvertrag: BAG vom 24. März 2004, NZA 2004, 808 (808) und beim Werkvertrag: BGH vom 10. April 2014, NZA 2014, 784 (784 ff.).

[109] BAG vom 3. November 2004, NZA 2005, 1409.

III. Sittenwidrige Lohnabreden

1. Voraussetzungen und Rechtsfolgen der Sittenwidrigkeit

Ein Rechtsgeschäft ist sittenwidrig (§ 138 Abs. 1 BGB), wenn es *gegen das Anstandsgefühl aller billig und gerecht Denkenden verstößt*. Während die Rechtsprechung früher sowohl in objektiver als auch in subjektiver Hinsicht von der Rechtsordnung in erheblicher Weise missbilligte Umstände verlangte, ist heute weitgehend anerkannt, dass die Sittenwidrigkeit sich auch nur entweder aus objektiven *oder* aus subjektiven Momenten ergeben kann. Bei *objektiver Sittenwidrigkeit* ist nicht erforderlich, dass eine Schädigungsabsicht hinzutritt; Rechtsgeschäfte, die schon nach ihrem objektiven Inhalt sittlich-rechtlichen Grundsätzen widersprechen, sind ohne Rücksicht auf die Vorstellungen der das Rechtsgeschäft vornehmenden Personen nichtig.

§ 138 BGB ist das einzige Instrument, um die Relation von Leistung und Entgelt zu prüfen (Lohnwucher). Wegen der auch im Arbeitsrecht grundsätzlich zu achtenden Vertragsfreiheit sind die Vertragsparteien in der Vereinbarung der Vergütungshöhe grundsätzlich frei. Auch in Allgemeinen Geschäftsbedingungen findet eine Kontrolle des Verhältnisses von Leistung und Gegenleistung nicht statt (§ 307 Abs. 3 Satz 1 BGB). Vergütungsabreden sind aber sittenwidrig, wenn Leistung und Gegenleistung in einem objektiven Missverhältnis zueinander stehen.[110]

> **Beispiel** Sittenwidrig sind Vereinbarungen, die dem Arbeitnehmer für die geschuldete Tätigkeit ein Entgelt vollständig vorzuenthalten versuchen, so etwa bei der Abrede, dass der Arbeitnehmer während der Probezeit keinen Lohnanspruch hat oder nur das Trinkgeld behalten darf. Sittenwidrig ist es auch, den Arbeitnehmer mit dem Betriebs- oder Wirtschaftsrisiko des Arbeitgebers zu belasten. Verboten ist es daher z. B., in der Vergütungsabrede eine Verlustbeteiligung des Arbeitnehmers vorzusehen.

Schwieriger zu beurteilen sind Vergütungsabreden, die einen *verhältnismäßig geringen Lohn* vorsehen. Hier sind zwei Fragen voneinander zu trennen: Erstens ist umstritten, wie der objektive Wert der Arbeitsleistung

---

[110] BAG vom 26. April 2006, NZA 2006, 1354 (1355 f.); vom 22. April 2009, NZA 2009, 837 (837).

zu bemessen ist; zweitens, in welchem Maße die Gegenleistung diesen objektiven Wert unterschreiten darf, ohne dass sie gleich sittenwidrig ist.

Ausgangspunkt zur Feststellung des Wertes der Arbeitsleistung sind nach der Rechtsprechung des BAG in der Regel die Tariflöhne des jeweiligen Wirtschaftszweigs. Dies gilt jedenfalls dann, wenn in dem Wirtschaftsgebiet üblicherweise der *Tariflohn* gezahlt wird. Denn dann kann grundsätzlich davon ausgegangen werden, dass Arbeitskräfte auf dem Arbeitsmarkt nur zu den Tariflohnsätzen gewonnen werden können. Entspricht der Tariflohn indessen nicht der verkehrsüblichen Vergütung, sondern liegt diese (wie teilweise in den neuen Bundesländern) unterhalb des Tariflohns, ist zur Ermittlung des Wertes der Arbeitsleistung von dem allgemeinen Lohnniveau im Wirtschaftsgebiet auszugehen.[111] Demgegenüber kann zur Feststellung des auffälligen Missverhältnisses zwischen Leistung und Gegenleistung nicht auf einen bestimmten Abstand zwischen dem Arbeitsentgelt und dem Sozialhilfesatz abgestellt werden.

Weitgehend geklärt ist mittlerweile auch, um welches Maß die vereinbarte Vergütung die übliche unterschreiten muss, damit von einem auffälligen Missverhältnis ausgegangen werden kann: In Anlehnung an die Rechtsprechung des BGH in Strafsachen geht das BAG heute davon aus, dass der objektive Tatbestand des Lohnwuchers (§ 302a Abs. 1 Nr. 1 StGB a. F.) und damit objektive Sittenwidrigkeit regelmäßig dann erfüllt ist, wenn die Grenze von *zwei Dritteln des üblichen Lohns unterschritten* wird.[112] Demgegenüber begründet eine Lohnhöhe von 70 % der üblichen Vergütung noch kein auffälliges Missverhältnis von Leistung und Gegenleistung. Hinsichtlich der subjektiven Voraussetzungen des § 138 Abs. 1 BGB differenziert das BAG wie folgt: Übersteigt der Wert der Arbeitsleistung denjenigen der Gegenleistung um mehr als 50 %, aber weniger als 100 %, bedarf es zur Annahme der Nichtigkeit der Vergütungsabrede zusätzlicher Umstände, aus denen geschlossen werden kann, der Arbeitgeber habe die Not oder einen anderen den Arbeitnehmer hemmenden Umstand in verwerflicher Weise zu seinem Vorteil ausgenutzt. Ist der Wert einer Ar-

---

[111] BAG vom 24. März 2004, NZA 2004, 971 (973); vom 22. April 2009, NZA 2009, 837 (838).

[112] BAG vom 22. April 2009, NZA 2009, 837 (838); vom 18. April 2012, NZA 2012, 978 (978 f.); vom 17. Dezember 2014, NZA 2015, 608 (610).

beitsleistung dagegen (mindestens) doppelt so hoch wie der Wert der Gegenleistung, gestattet dieses besonders grobe Missverhältnis den tatsächlichen Schluss auf eine verwerfliche Gesinnung des Begünstigten i. S. von § 138 Abs. 1 BGB.[113]

> **Beachte** Unbestritten ist, dass die Sittenwidrigkeit des Entgelts (in teleologischer Reduktion des § 138 BGB oder in analoger Anwendung des § 139 BGB) nicht die Nichtigkeit des gesamten Arbeitsvertrages zur Folge hat. Vielmehr bleibt der Vertrag mit seinem übrigen Inhalt wirksam; an die Stelle der vereinbarten Vergütung tritt gemäß § 612 Abs. 2 BGB die übliche Vergütung, im Zweifel also der Tariflohn.

2. Der praktische Fall

Voraussetzungen der Sittenwidrigkeit bei „Dumping-Löhnen": ArbG Hamburg vom 28. März 2013 – 7 Ca 514/12 (*„Toilettenreinigungs-Fall"*)

Zum Sachverhalt Die Klägerin war von April bis September 2012 (also noch vor Inkrafttreten des MiLoG zum 1. Januar 2015) als „Sanitärbetreuerin" für die Beklagte tätig. Diese hatte von einem großen Hamburger Warenhaus den Auftrag, die Kundentoiletten zu reinigen und sauber zu halten. Für ihre Vollzeitbeschäftigung erhielt die Klägerin einen Monatslohn von 600 Euro. Zusätzlich hat die Arbeitgeberin jedenfalls in den letzten Monaten des Arbeitsverhältnisses freiwillige Prämien gezahlt. Die Klägerin hat die Zahlung des tariflichen Mindestlohns nach dem „Tarifvertrag zur Regelung der Mindestlöhne für gewerbliche Arbeitnehmer in der Gebäudereinigung im Gebiet der Bundesrepublik Deutschland" von 8,82 Euro je Stunde verlangt.

Die Entscheidung Das Arbeitsgericht hat die Klage abgewiesen. Nach seiner Überzeugung hatte die Klägerin nicht ausreichend darzulegen vermocht, dass ihre Betriebsabteilung überwiegend mit Reinigungsarbeiten beschäftigt worden war. Dies aber wäre Voraussetzung für die Anwendbarkeit des Mindestlohntarifvertrages (vgl. § 4 Nr. 2 AEntG) gewesen.

Das Arbeitsgericht hat auch Ansprüche aus § 612 Abs. 2 BGB verneint. Dafür wäre Voraussetzung gewesen, dass die von den Parteien getroffene Entgeltvereinbarung (§ 611a Abs. 2 BGB) sittenwidrig gewesen

---

[113] BAG vom 18. April 2012, NZA 2012, 978 (977).

wäre (§ 138 Abs. 1 BGB). Dies ist jedoch nur dann der Fall, wenn die Arbeitsvergütung nicht einmal zwei Drittel eines in dem betreffenden Wirtschaftszweig üblicherweise gezahlten Entgelts erreicht. Da die Parteien im Arbeitsvertrag wirksam eine Ausschlussfrist von drei Monaten vereinbart hatten, konnte das Arbeitsgericht nur den Zeitraum von Juli bis September 2012 prüfen. In diesen Monaten hatte die Klägerin unter Berücksichtigung der von der Beklagten „freiwillig" gezahlten Prämien einen Stundenlohn von ca. 6,00 Euro erzielt. Dieser liegt nicht geringer als zwei Drittel der branchenüblichen Vergütung.

Heute stünde der Klägerin jedenfalls der Mindestlohn nach dem MiLoG zu.

IV. Anfechtung

Insbesondere die Anfechtung spielt im Zusammenhang mit Mängeln des Arbeitsvertrages eine große Rolle.

1. Anfechtung wegen arglistiger Täuschung

Hinsichtlich der Einzelheiten zur Anfechtung gemäß § 123 BGB wird auf die oben (C. V.) gemachten Ausführungen verwiesen.

2. Anfechtung wegen Eigenschaftsirrtums

Freilich kann der Arbeitsvertrag nicht nur wegen der oben erläuterten arglistigen Täuschung oder widerrechtlichen Drohung gemäß § 123 BGB, sondern auch wegen *Irrtums* gemäß § 119 BGB und falscher Übermittlung einer Willenserklärung gemäß § 120 BGB angefochten werden. Den Vorschriften der § 119 Abs. 1 und § 120 BGB kommt aber keine spezifisch arbeitsrechtliche Bedeutung zu.

§ 119 Abs. 2 BGB ermöglicht die Anfechtung wegen eines Irrtums über verkehrswesentliche Eigenschaften des Geschäftspartners. *Eigenschaften* sind neben den auf der natürlichen Beschaffenheit beruhenden Merkmalen auch tatsächliche oder rechtliche Verhältnisse und Beziehungen zur Umwelt, soweit sie nach der Verkehrsanschauung für die Wertschätzung oder Verwendbarkeit von Bedeutung sind, wenn sie in der Person oder Sache selbst ihren Grund haben, von ihr ausgehen oder sie unmittelbar kennzeichnen.

In Anwendung dieser Grundsätze stellen der Grad der *Leistungsfähigkeit eines Arbeitnehmers* oder eine vorübergehende Leistungsminderung regelmäßig noch keine verkehrswesentlichen Eigenschaften i. S. des § 119 Abs. 2 BGB dar. Anders verhält es sich jedoch, wenn die objektive Tauglichkeit des Arbeitnehmers durch seinen Gesundheitszustand erheblich herabgesetzt wird. Wenn der Arbeitnehmer wegen eines nicht nur kurzfristig auftretenden Leidens für die übernommene Arbeit nicht oder nicht ausreichend geeignet ist, kann ihm eine verkehrswesentliche Eigenschaft fehlen. Das gilt insbesondere auch dann, wenn der Arbeitnehmer durch ein Anfallsleiden (z. B. Epilepsie) in seiner für eine bestimmte Arbeitsaufgabe notwendigen durchschnittlichen Leistungsfähigkeit ständig erheblich beeinträchtigt ist.[114]

Demgegenüber stellen *nur vorübergehende Merkmale keine „Eigenschaft"* der Person dar. Schon aus diesem Grund scheidet eine Anfechtung wegen des Irrtums über das Bestehen einer Schwangerschaft aus. Dies gilt nicht nur für die Anfechtung des Arbeitsvertrages durch den Arbeitgeber, sondern auch für die Anfechtung des Aufhebungsvertrages oder einer Eigenkündigung durch die schwangere Arbeitnehmerin.

Die Anfechtung wirkt bei einem bereits in Vollzug gesetzten Arbeitsverhältnis entgegen § 142 BGB nicht ex tunc, sondern nur begrenzt zurück (näher C. V. 7.).

---

[114] BAG vom 28. März 1974, AP Nr. 3 zu § 119 BGB.

Teil 2

A. Lernziel

Diese Kurseinheit behandelt den Inhalt des „Normalarbeitsverhältnisses", also die Rechte und Pflichten, die Arbeitgeber und Arbeitnehmer typischerweise treffen, sowie die Rechtsfolgen von Pflichtverletzungen.

Nach Durcharbeitung dieser Kurseinheit sollten Sie zu folgenden Fragen Stellung nehmen können:

- Inwieweit unterliegt der Arbeitnehmer hinsichtlich seiner Arbeitspflicht dem Direktionsrecht des Arbeitgebers? Besteht dieses unbeschränkt?
- Woraus ergibt sich, welche Dienstleistungen der Arbeitnehmer zu erbringen hat? Wonach bestimmt sich, an welchem Ort der Arbeitnehmer seine Dienstleistungen zu erbringen hat?
- Was ist Arbeitszeit und wann beginnt sie? Wie verhält es sich mit Ruhepausen?
- Zählen Arbeits- und Rufbereitschaft zur Arbeitszeit? Wann liegt diese jeweils vor?
- Dem Arbeitnehmer obliegen zahlreiche Nebenpflichten. Was beinhalten seine Pflichten im Einzelnen im Zusammenhang mit Betriebs- und Geschäftsgeheimnissen, Nebentätigkeiten, Wettbewerbsverboten, außerdienstlichem Verhalten?
- Was sind die Folgen, wenn der Arbeitnehmer seine Haupt- bzw. Nebenpflichten verletzt?
- Die Hauptpflicht des Arbeitgebers besteht darin, eine Arbeitsvergütung zu zahlen. Wonach richtet sich deren Höhe, wenn die Vertragsparteien nichts vereinbart haben, bei beiderseitiger Tarifbindung und bei fehlender Tarifbindung des Arbeitgebers?

- Welche Verpflichtungen ergeben sich für den Arbeitgeber aus dem Mindestlohngesetz?
- Inwieweit findet der allgemeine Gleichbehandlungsgrundsatz im Bereich der Vergütung Anwendung?
- Was ist eine Gratifikation? Ist eine Kürzung der Gratifikation wegen Fehlzeiten zulässig? Unter welchen Voraussetzungen können Gratifikationen mit einem Rückzahlungsvorbehalt zugesagt werden?
- Was versteht man unter einer betrieblichen Übung? Wie entsteht eine betriebliche Übung und wie kann sie wieder beseitigt werden?
- Welche Verpflichtungen hat der Arbeitnehmer im Rahmen seiner Fürsorgepflicht?
- Was sind die Folgen, wenn der Arbeitgeber seine Haupt- bzw. Nebenpflichten verletzt?
- Wie ist die Haftung des Arbeitnehmers für Sachschäden geregelt?
- Welche Besonderheiten gelten bei der Verursachung von Personenschäden durch Arbeitnehmer?
- Wie haftet der Arbeitgeber seinen Arbeitnehmern?
- Welche Ausnahmen vom Grundsatz „Ohne Arbeit kein Lohn" kennen Sie?
- In welchen Fällen kann ein Arbeitnehmer Freistellung von der Arbeitsleistung verlangen, ohne einen Entgeltanspruch zu haben?

B. Pflichten des Arbeitnehmers

I. Arbeitspflicht

Hauptpflicht des Arbeitnehmers ist es, die versprochenen Dienste zu leisten (§ 611a Abs. 1 Satz 1 BGB), wobei er – anders als ein Werkunternehmer nach § 631 BGB – nur eine Tätigkeit und keinen bestimmten Erfolg schuldet.[115] Diese Pflicht steht im Gegenseitigkeitsverhältnis zur Pflicht des Arbeitgebers, das Arbeitsentgelt zu zahlen.

---

[115] BAG vom 17. September 1998, NZA 1999, 141 (142).

Nach § 613 BGB hat der Arbeitnehmer die Dienste *im Zweifel persönlich* zu leisten und der Arbeitgeber sie persönlich zu beanspruchen. Subjektives Unvermögen führt daher regelmäßig zu objektiver Unmöglichkeit. Damit ist die Arbeitsleistung eine höchstpersönliche Pflicht. Die Vorschrift ist aber abdingbar. So kann z. B. abweichend von § 613 Satz 1 BGB bei einem Hausmeisterehepaar der Arbeitnehmer berechtigt sein, sich durch seinen Ehegatten vertreten zu lassen. Von § 613 Satz 2 BGB wird v. a. bei der Arbeitnehmerüberlassung (Leiharbeit) abgewichen. Mit der Regelung des § 13 TzBfG über die Arbeitsplatzteilung (Job-Sharing) gibt es eine gesetzliche Abweichung vom Grundsatz der Höchstpersönlichkeit der Leistungserbringung.

Während mit dem Tod des Arbeitnehmers die Verpflichtung zur Arbeitsleistung erlischt und Erben nicht in die Verpflichtung eintreten können, ist der Anspruch auf die Arbeitsleistung vererblich. Beim Tod des Arbeitgebers geht daher das Arbeitsverhältnis regelmäßig auf die Erben über (§ 1922 Abs. 1 BGB).

1. Art der Arbeit

a) Arbeitsvertrag und Direktionsrecht

Welche Dienstleistungen der Arbeitnehmer zu erbringen hat, ergibt sich aus der vertraglichen *Tätigkeitsbeschreibung* ggf. in Verbindung mit der tariflichen *Eingruppierung*. Die Aufgaben, sprich der Inhalt der Arbeitspflicht des Arbeitnehmers, können beliebig eng oder weit festgeschrieben werden. Je konkreter der Aufgabenbereich des Arbeitnehmers im Vertrag gefasst wird, desto weniger Spielraum steht dem Arbeitgeber hinsichtlich der Konkretisierung der Arbeitspflicht des Arbeitnehmers und der Zuweisung einzelner Tätigkeiten im Rahmen seines Direktionsrechts (§ 106 GewO) zu.

Die Leistungspflicht des Arbeitnehmers wird im Arbeitsvertrag nur rahmenmäßig, etwa durch Benennung eines bestimmten Berufs oder Berufsbildes umschrieben (vgl. § 2 Abs. 1 Nr. 5 NachwG). Selbst wenn dies weiter – z. B. durch Angabe einer bestimmten Tarifgruppe – konkretisiert wird, ergibt sich aus dem Arbeitsvertrag selbst nicht, welche konkreten Aufgaben der Arbeitnehmer an jedem einzelnen Arbeitstag zu übernehmen und abzuarbeiten hat. Ihm können grundsätzlich alle Tätigkeiten zugewiesen werden, die den Merkmalen der Vergütungsgruppe entsprechen.[116]

Das *Direktionsrecht* berechtigt den Arbeitgeber, die Arbeitspflicht des Arbeitnehmers im Rahmen der geschuldeten Leistungspflicht einseitig zu konkretisieren. Aufgrund seines Weisungs- oder Direktionsrechts kann er die im Arbeitsvertrag nur rahmenmäßig umschriebene Leistungspflicht des Arbeitnehmers nach Zeit, Ort, und Art der Leistung näher bestimmen und die Ordnung und das Verhalten der Arbeitnehmer im Betrieb unter Beachtung des Mitbestimmungsrechts des Betriebsrats konkretisieren, einen Wechsel in der Art der Beschäftigung vorschreiben oder den Arbeitsbereich verkleinern, den Arbeitsort verlagern oder die Lage der Arbeitszeit verändern.

Begrenzt wird das Direktionsrecht durch den Arbeitsvertrag, Bestimmungen einer Betriebsvereinbarung, eines anwendbaren Tarifvertrages und gesetzliche Vorschriften. Verstößt der Arbeitgeber bei der Ausübung seines Direktionsrechts im bestehenden Arbeitsverhältnis gegen ein gesetzliches Verbot, braucht die Weisung vom Arbeitnehmer nicht beachtet zu werden.

Beispiel Die Weisung eines Speditionsunternehmers an seine LKW-Fahrer, die vorgeschriebenen Lenk- und Ruhezeiten zu missachten, ist unwirksam.[117]

Zudem unterliegt jede Weisung, selbst wenn sie sich innerhalb dieser Grenzen bewegt, der *Ausübungskontrolle:* Das Direktionsrecht darf gemäß § 106 Satz 1 GewO nur nach *„billigem Ermessen"* ausgeübt werden. Erforderlich ist, dass die wesentlichen Umstände des Einzelfalles unter Beachtung des Gleichbehandlungsgrundsatzes abgewogen und die beiderseitigen Interessen angemessen berücksichtigt worden sind. Dies unterliegt der gerichtlichen Kontrolle, wobei der Arbeitgeber darzulegen und zu beweisen hat, dass seine Bestimmung der Billigkeit entspricht.[118] Nach § 106 Satz 3 GewO hat der Arbeitgeber bei der Ausübung des Ermessens auch auf Behinderungen des Arbeitnehmers Rücksicht zu nehmen. Nach Möglichkeit muss er dem behinderten Arbeitnehmer eine leidensgerechte

---

[116] Vgl. BAG vom 21. November 2002, AP Nr. 63 zu § 611 BGB Direktionsrecht.
[117] BAG vom 25. Januar 2001, NZA 2001, 653 (654).
[118] BAG vom 16. September 1998, NZA 1999, 384 (386).

Beschäftigung zuweisen[119] und von der Ausübung des Direktionsrechts im Vorfeld von Kündigungen entsprechend Gebrauch machen.[120]

Da das Direktionsrecht *nur im Rahmen der vertraglich geschuldeten Leistungspflicht* besteht, ist der Arbeitnehmer außer in Notfällen (z. B. Brand, Hochwasser) nicht verpflichtet, geringwertigere Tätigkeiten auszuüben, soweit es sich nicht um Nebenarbeiten handelt, die in seinem Tätigkeitsbereich typischerweise anfallen und nur untergeordnete Bedeutung haben. Auch zur Übertragung höherwertiger Tätigkeiten ist der Arbeitgeber nicht einseitig berechtigt, insbesondere darf er dem Arbeitnehmer nicht auf Dauer qualifiziertere Tätigkeiten als die arbeitsvertraglich vereinbarten zuweisen, ohne ihm die entsprechende Vergütung zu zahlen. Soll der Tätigkeitsbereich des Arbeitnehmers generell verändert werden, so bedarf es entweder einer einvernehmlichen Vertragsänderung oder es bleibt nur der Weg über die Änderungskündigung (§ 2 KSchG). Der Arbeitgeber kann aber sein Direktionsrecht insoweit erweitern, als im Vertrag eine sog. Umsetzungs- oder Versetzungsklausel niedergelegt wird und dem Arbeitgeber damit das Recht zuerkannt wird, dem Arbeitnehmer auch solche Tätigkeiten zuzuweisen, die der vertraglichen Berufs- oder Aufgabenbeschreibung *nicht* entsprechen.

b) Der praktische Fall

Zur Wechselwirkung zwischen der Reichweite des Direktionsrechts und der sozialen Auswahl bei betriebsbedingten Kündigungen: BAG vom 17. Februar 2000, NZA 2000, 822 *("Sandra-Fall")*

Zum Sachverhalt Die Klägerin war seit 1988 beim Verlagshaus Gruner & Jahr als Layouterin teilzeitbeschäftigt. Nach ihrem Arbeitsvertrag war sie „im Ressort Layout der Redaktion ‚Sandra' ... eingesetzt". Bei „Sandra" handelte es sich um eine Strickzeitschrift. Wegen deutlich rückläufiger Umsätze entschloss der Verlag sich, „Sandra" zur Jahresmitte 1996 einzustellen und kündigte der Klägerin fristgerecht. Die Klägerin rügt die fehlerhafte soziale Auswahl (§ 1 Abs. 3 KSchG): Unter den im Verlag beschäftigten Layouterinnen befänden sich Kolleginnen mit kürzerer Betriebszugehörigkeit und geringerem Lebensalter. Die Arbeitgeberin hätte

---

[119] BAG vom 28. April 1998, NZA 1999, 152 (153).
[120] Vgl. etwa BAG vom 29. Januar 1997, NZA 1997, 709 (709).

daher nicht ihr, sondern einer Arbeitnehmerin in einem anderen Ressort kündigen und sie sodann dorthin versetzen müssen.

Die Entscheidung Das BAG hat die Klage abgewiesen. Die Arbeitgeberin hatte mit der Einstellung der Zeitschrift „Sandra" einen betriebsbedingten Kündigungsgrund (§ 1 Abs. 2 KSchG). Auch die soziale Auswahl (§ 1 Abs. 3 KSchG) war entgegen der Auffassung der Klägerin nicht zu beanstanden: Zwar ist die soziale Auswahl grundsätzlich betriebsbezogen, d. h. ggf. auch abteilungsübergreifend durchzuführen. Dies gilt allerdings nur insoweit, als die Arbeitnehmer miteinander vergleichbar sind. An dieser Vergleichbarkeit fehlt es, wenn der Arbeitgeber den Arbeitnehmer nicht einseitig kraft seines Direktionsrechts (§ 106 GewO) auf einen anderen Arbeitsplatz um- oder versetzen kann. Dazu war die Arbeitgeberin nach dem Arbeitsvertrag nicht berechtigt. Dieser legte fest, dass die Klägerin im Ressort Layout der Redaktion „Sandra" für alle im Rahmen der Redaktion anfallenden Layout-Aufgaben eingesetzt werden kann. Dies bedeutete umgekehrt, dass sie außerhalb der Redaktion „Sandra" eben nicht eingesetzt werden durfte. Diese vertragliche Vereinbarung bedeutete eine bewusste Einengung des Tätigkeitsbereichs der Klägerin und damit eine Einschränkung des Direktionsrechts der Beklagten. Sie hatte für die Klägerin den Vorteil, dass sie nicht gegen ihren Willen in eine andere Redaktion versetzt werden konnte. Dies hätte die Beklagte lediglich durch eine Änderungskündigung durchzusetzen vermocht. Umgekehrt bedeutete die vertragliche Fixierung des Tätigkeitsbereichs der Klägerin auf die Redaktion „Sandra", dass keine vertragliche Vergleichbarkeit mit anderen Layouterinnen bestand. Zur Änderungskündigung (§ 2 KSchG) als gegenüber der Beendigungskündigung milderem Mittel musste die Beklagte nicht greifen, weil keiner der anderen Arbeitsplätze frei war.

2. Qualität der Arbeit

Da der Arbeitnehmer *keinen bestimmten Arbeitserfolg* schuldet und seine Leistung regelmäßig persönlich zu erbringen hat, stellt sich die Frage nach der geschuldeten Qualität der Arbeit. Ob eine bestimmte Leistung als ordnungsgemäße Erfüllung oder als Schlechtleistung anzusehen ist, beurteilt sich nach den vertraglichen Vereinbarungen der Parteien. Ist die Arbeitsleistung im Vertrag, wie meistens, der Menge und der Qualität nach nicht oder nicht näher beschrieben, so richtet sich der Inhalt des Leistungsversprechens zum einen nach dem vom Arbeitgeber durch Ausübung des Direktionsrechts festzulegenden Arbeitsinhalt und zum anderen nach dem persönlichen, *subjektiven Leistungsvermögen des Arbeitnehmers*. Der Arbeitnehmer muss tun, was er soll, und zwar so gut, wie er kann. Die Leistungspflicht ist nicht starr, sondern dynamisch, und orientiert sich an der Leistungsfähigkeit des Arbeitnehmers. Ein objektiver Maßstab (etwa § 243 Abs. 2 BGB) ist nicht anzusetzen.[121] Da der Arbeitgeber aber bei einer Schlechtleistung nicht zur Minderung des Arbeitsentgelts berechtigt ist, handelt es sich vorwiegend um ein kündigungsrechtliches Problem.

Einzelheiten Die Kündigung gegenüber einem Arbeitnehmer wegen Minderleistung kann nach § 1 Abs. 2 KSchG sowohl als verhaltensbedingte als auch als personenbedingte Kündigung gerechtfertigt sein. Eine verhaltensbedingte Kündigung setzt voraus, dass dem Arbeitnehmer eine Pflichtverletzung vorzuwerfen ist. Eine längerfristige deutliche Unterschreitung der durchschnittlichen Arbeitsleistung kann ein Anhaltspunkt dafür sein, dass der Arbeitnehmer weniger arbeitet, als er könnte. Da für den Arbeitgeber nicht immer erkennbar ist, ob der Arbeitnehmer seine persönliche Leistungsfähigkeit angemessen ausschöpft oder ob er dies nicht tut und damit seine vertraglichen Pflichten verletzt, gelten insoweit die Regeln der abgestuften Darlegungs- und Beweislast. Eine personenbedingte Kündigung kommt in Betracht, wenn bei einem über längere Zeit erheblich leistungsschwachen Arbeitnehmer auch für die Zukunft mit einer schweren Störung des Vertragsgleichgewichts zu rechnen ist. Dementsprechend kann zweifelhaft sein, ob die Minderleistungen auf Eignungsmängel oder (steuerbare) Verhaltensmängel zurückzuführen sind. Im Zweifel sollte der Arbeitgeber daher vor Ausspruch der Kündigung einschlägig abgemahnt haben.

3. Arbeitsort

a) Arbeitsvertrag und Direktionsrecht

Der Ort der Arbeitsleistung wird sich regelmäßig unmittelbar aus dem Arbeitsvertrag ergeben. Fehlt eine ausdrückliche Bestimmung, so ist im

---

[121] BAG vom 11. Dezember 2003, NZA 2004, 784 (786).

Wege der *Auslegung* unter Berücksichtigung der näheren Umstände zu ermitteln, wo der Arbeitnehmer die geschuldete Arbeitsleistung zu erbringen hat (§ 269 Abs. 1 BGB).

Wie bei der Art der geschuldeten Arbeitsleistung steht dem Arbeitgeber zur näheren Konkretisierung der Leistungspflicht des Arbeitnehmers auch hinsichtlich des Arbeitsorts das *Direktionsrecht* aus § 106 GewO zu. Dies berechtigt ihn regelmäßig dazu, den Arbeitsort des Arbeitnehmers innerhalb derselben Stadt zu verändern, wenn beispielsweise der Betriebssitz verlegt oder der Arbeitnehmer in einer anderen Filiale beschäftigt werden soll. Ob eine weitergehende Veränderung des Arbeitsorts, etwa bei Verlegung des Unternehmens in eine andere Stadt, noch im Wege des Direktionsrechts erfolgen kann, hängt davon ab, ob die geänderte Ortsbestimmung mit zwingendem Recht (z. B. dem Maßregelungsverbot des § 612a BGB und dem Schikaneverbot des § 226 BGB) vereinbar ist, kollektivrechtliche Regeln wie das Mitbestimmungsrecht des Betriebsrats aus § 99 Abs. 1 BetrVG beachtet sind und sie billigem Ermessen entspricht (§ 106 Satz 1 GewO).[122] Das BAG ist diesbezüglich relativ großzügig und gestattet dem Arbeitgeber bei entsprechendem betrieblichem Erfordernis häufig eine Versetzung innerhalb des gesamten Bundesgebiets.

Beispiele Einer bislang im Osten Sachsens tätigen und dort wohnenden Pharmareferentin kann aus betrieblichen Gründen ein Vertriebsgebiet bei Göttingen zugewiesen werden.[123] Eine bislang in Hannover stationierte Flugbegleiterin kann, wenn die Fluggesellschaft den Standort schließt und keine Flugzeuge mehr in Hannover stationiert, nach Frankfurt am Main versetzt werden.[124]

Unbillig ist es dagegen, von einer Arbeitnehmerin, die bisher in Frankfurt am Main beschäftigt war, sich jetzt in Elternzeit befindet und ihre Arbeitszeit auf 20 Wochenstunden reduziert hat, zu verlangen, dass sie zwei Arbeitstage in der Woche in einem Londoner Büro verbringen soll.[125]

---

[122] Siehe BAG vom 21. Januar 2004, NZA 2005, 61 (63).
[123] BAG vom 19. Januar 2011, NZA 2011, 631.
[124] BAG vom 13. Juni 2012, NZA 2012, 1154.
[125] Hessisches LAG vom 15. Februar 2011, BB 2011, 832.

b) Der praktische Fall

Reichweite des Direktionsrechts: BAG vom 13. April 2010, NZA 2001, 64 (*„Steuerberaterin-Fall"*)

Zum Sachverhalt Die Klägerin ist seit 2000 als „Steuerberaterin/Managerin" in der Bielefelder Niederlassung der beklagten Wirtschaftsprüfungsgesellschaft PwC tätig. Im Arbeitsvertrag heißt es: „Sie werden ... für den Bereich TLS in unserer Niederlassung Bielefeld eingestellt. PwC behält sich das Recht vor, Sie im Bedarfsfall auch an einem anderen Arbeitsort und/oder bei einer anderen Gesellschaft des Konzerns PwC entsprechend Ihrer Vorbildung und Ihren Fähigkeiten für gleichwertige Tätigkeiten einzusetzen. Hierbei werden Ihre persönlichen Belange angemessen berücksichtigt." Im Oktober 2007 entschloss die Beklagte sich, die Klägerin künftig in München einzusetzen. Der Betriebsrat erhob keine Einwände. Mit Schreiben vom 1. November 2007 versetzte die Beklagte die Klägerin mit Wirkung zum 1. Dezember 2007 zur Niederlassung München als „Manager in dem Bereich Tax Human Resources Services". Die Klägerin weigerte sich, die Stelle in München anzutreten. Daraufhin kündigte die Beklagte ihr am 4. Dezember 2007 fristlos, hilfsweise fristgerecht. Die Klägerin wehrt sich gegen die Versetzung und die Kündigungen.

Die Entscheidung Das BAG hat das der Klage stattgebende Urteil des LAG aufgehoben und den Fall zur erneuten Verhandlung und Entscheidung an das Berufungsgericht zurückverwiesen. Die arbeitsvertragliche Versetzungsklausel unterliegt nicht der Inhaltskontrolle nach § 307 Abs. 1 BGB. Sie weicht nämlich nicht von Rechtsvorschriften ab (§ 307 Abs. 3 BGB), sondern bestätigt nur, was sich aus § 106 GewO ohnehin ergibt. Nach dieser gesetzlichen Bestimmung kann der Arbeitgeber Inhalt, Ort und Zeit der Arbeitsleistung nach billigem Ermessen bestimmen, soweit diese Arbeitsbedingungen nicht durch Arbeitsvertrag, Bestimmungen einer Betriebsvereinbarung, eines anwendbaren Tarifvertrags oder gesetzliche Vorschriften festgelegt sind. Eine Leistungsbestimmung entspricht billigem Ermessen, wenn die wesentlichen Umstände des Falls abgewogen und die beiderseitigen Interessen angemessen berücksichtigt worden sind. Nichts anderes ergibt sich aus dem Arbeitsvertrag. Soweit dieser darüber hinaus eine „Konzernversetzungsklausel" enthält, kann dahinstehen, ob auch diese wirksam ist. Denn sie kann von der hier im Streit stehenden „einfachen" Versetzungsklausel getrennt werden, sodass diese selbst dann wirksam bleibt, wenn jene unwirksam wäre (§ 306 Abs. 1 BGB; „blue-pencil-test").

§ 106 GewO verlangt nicht, Ankündigungsfristen oder den zulässigen Entfernungsradius in die Vertragsklausel aufzunehmen. Die Vorschrift trägt damit dem im Arbeitsrecht bestehenden spezifischen Anpassungs- und Flexibilisierungsbedürfnis Rechnung. Eine Konkretisierungsverpflichtung würde nicht dem Bedürfnis des Arbeitgebers gerecht, auf im Zeitpunkt des Vertragsschlusses nicht vorhersehbare Veränderungen reagieren zu können. Der Arbeitnehmer ist vor unbilligen Versetzungen hinreichend dadurch geschützt, dass das Gericht nach § 315 Abs. 1 BGB die konkrete Ausübung des billigen Ermessens durch den Arbeitgeber zu überprüfen vermag.

Das Berufungsgericht hatte keine ausreichenden Feststellungen getroffen, die dem BAG die abschließende Entscheidung ermöglicht hätten. Die Versetzung entsprach nur dann billigem Ermessen, wenn sie die wesentlichen Umstände des Falls abgewogen und die beiderseitigen Interessen angemessen berücksichtigt hat. Im konkreten Fall waren wesentliche für die Kontrolle der Ermessensausübung entscheidungserhebliche Tatsachen streitig. Die Beklagte hatte sich insbesondere darauf berufen, der Arbeitsplatz der Klägerin in Bielefeld sei ersatzlos weggefallen. Sie werde in der Niederlassung München wegen eines Großkunden dringend benötigt. Die Klägerin hatte sich demgegenüber darauf gestützt, sie sei die dienstälteste Mitarbeiterin in der Niederlassung Bielefeld, es gebe Beschäftigungsmöglichkeiten in Niederlassungen, die näher an ihrem Wohnort lägen, und sie erfülle nicht das Stellenprofil der übertragenen Tätigkeit in der Niederlassung München. Das LAG musste diese Umstände noch aufklären.

Wenn die Versetzung billigem Ermessen entsprach, war jedenfalls die ordentliche Kündigung seitens der Arbeitgeberin sozial gerechtfertigt (§ 1 Abs. 2 KSchG). Die Klägerin hätte dann ihre vertragliche Verpflichtung zur Arbeitsleistung verletzt und zugleich deutlich gemacht, dass sie auch in Zukunft die in München geschuldete Arbeit verweigern werde.

4. Arbeitszeit

a) Allgemeines

Der gesetzliche Arbeitszeitschutz ist im *ArbZG* sowie in weiteren Gesetzen (z. B. JArbSchG, MuSchG etc.) geregelt. Das ArbZG legt öffentlich-rechtlich die höchstzulässige Dauer der Arbeitszeit sowie die vom Arbeitgeber zu beachtenden Ruhezeiten etc. fest. Es enthält weder Regelungen über Umfang und Lage der vom Arbeitnehmer geschuldeten Arbeitsleistung noch über die vom Arbeitgeber geschuldete Vergütung, auch nicht in Bezug auf Überstunden, Sonn- und Feiertagsarbeit etc. All dies ergibt sich (allein) aus dem Arbeits- oder dem anwendbaren Tarifvertrag, wobei sich Grenzen aus dem ArbZG ergeben. Lediglich für Nachtarbeit ist kraft Gesetzes ein „angemessener Zuschlag" zu zahlen (§ 6 Abs. 5 ArbZG), wenn tarifvertraglich keine anderen Ausgleichsregelungen vorgesehen sind.

Details Liegen keine besonderen Umstände vor, ist regelmäßig ein Zuschlag in Höhe von 25 % auf den jeweiligen Bruttostundenlohn bzw. die Gewährung einer entsprechenden Anzahl von bezahlten freien Tagen ein angemessener Ausgleich für geleistete Nachtarbeit i.S. von § 6 Abs. 5 ArbZG. Der Ausgleichsanspruch kann sich erhöhen oder vermindern, wenn die Belastung durch die Nachtarbeit unter qualitativen (Art der Tätigkeit) oder quantitativen (Umfang der Nachtarbeit) Aspekten die normalerweise mit der Nachtarbeit verbundene Belastung übersteigt oder demgegenüber gemindert ist. Leistet ein Arbeitnehmer dauerhaft Nachtarbeit, besteht wegen der damit verbundenen Mehrbelastung regelmäßig ein Ausgleichsanspruch in Höhe von 30 % auf den jeweiligen Bruttostundenlohn bzw. auf Gewährung einer entsprechenden Anzahl bezahlter freier Tage.[126]

Da die arbeitsvertraglichen Vereinbarungen jedoch ebenso wenig gegen höherrangiges Recht verstoßen dürfen wie eine Weisung des Arbeitgebers im Rahmen seines Direktionsrechts, kann der Arbeitnehmer die Einhaltung der arbeitszeitrechtlichen Schutzbestimmungen mittels Leistungsklage durchsetzen und insbesondere die Arbeit verweigern, die er nach dem ArbZG nicht zu leisten braucht.

---

[126] BAG vom 9. Dezember 2015, NZA 2016, 426.

b) Dauer der Arbeitszeit

Regelmäßig ist Arbeitszeit die Zeit vom Beginn bis zum Ende der Arbeit ohne die Ruhepausen (§ 2 ArbZG). Die Dauer der Arbeitszeit (typischerweise, aber nicht zwingend der wöchentlichen Arbeitszeit) wird von den Arbeitsvertragsparteien entweder durch Bezugnahme auf die tarifliche oder im Betrieb übliche Arbeitszeit oder – insbesondere bei Teilzeitbeschäftigungen – individuell *vereinbart*. Treffen die Parteien keine ausdrückliche Vereinbarung über die Arbeitszeit, so gilt im Zweifel die betriebliche Arbeitszeit als vereinbart.

Die gesetzliche *Höchstgrenze* beträgt acht Stunden je Werktag (Montag bis Samstag). Sie kann auf bis zu zehn Stunden verlängert werden, wenn innerhalb eines halben Jahres der Durchschnitt von acht Stunden werktäglich nicht überschritten wird, § 3 ArbZG.

Die *Arbeitszeit beginnt,* wenn nichts Abweichendes vereinbart ist, mit Erreichen des konkreten Arbeitsorts, nicht schon des Werkgeländes. Ohne ausdrückliche Regelung wird eine Vergütung für Vorbereitungstätigkeiten nicht geschuldet; in der Regel gehören diese Tätigkeiten nicht zur Arbeitszeit. Ausnahmen können sich aus kollektivrechtlichen Regelungen in Tarifverträgen oder Betriebsvereinbarungen oder nach Treu und Glauben aus der Verkehrssitte ergeben, wenn – wie etwa bei Models auf Modenschauen – das Umkleiden gerade Teil der geschuldeten Tätigkeit ist.[127] Entsprechendes gilt für das Ende der Arbeitszeit.

Details An- und Umkleidezeiten bedürfen einer differenzierten Betrachtung: Legt der Arbeitnehmer seine Berufskleidung schon zu Hause an, gehört das Ankleiden weder arbeitszeit- noch vergütungsrechtlich zur Arbeitszeit. Zieht er sich dagegen im Betrieb um, hängt die Beurteilung davon ab, in wessen Interesse dies erfolgt: Muss der Arbeitnehmer im Betrieb eine auffällige Berufskleidung tragen, die er in seiner Freizeit (auf dem Weg zur Arbeit und zurück) nicht tragen kann, darf oder will, liegt das Umkleiden im betrieblichen Interesse. Der Arbeitgeber kann nicht verlangen, dass der Arbeitnehmer im öffentlichen Raum (etwa in Bus und Bahn) aufgrund seiner Kleidung als Arbeitnehmer seines Unternehmens zu identifizieren ist. Das Umkleiden

---

[127] BAG vom 22. März 1995, NZA 1996, 107 (108).

ist dann – vorbehaltlich abweichender tarifvertraglicher Bestimmungen[128] – Arbeitszeit und als solche zu vergüten. Zur Arbeitszeit zählt bei besonderer Auffälligkeit der Dienstkleidung auch das Zurücklegen des Wegs von der Umkleide- zur Arbeitsstelle.[129] Entspricht das Umkleiden demgegenüber dem persönlichen Bedürfnis des Arbeitnehmers, ist es seine Freizeit.

Kurzarbeit, also das vorübergehende teilweise Ruhen von Arbeits- und Entgeltzahlungspflicht, kann der Arbeitgeber nicht einseitig anordnen, wenn dies – wie regelmäßig – nicht ausdrücklich vertraglich vorgesehen ist (in Formulararbeitsverträgen müsste sich eine entsprechende Vereinbarung im Übrigen an § 308 Nr. 4 BGB messen lassen). Er bedarf dazu einer entsprechenden kollektivrechtlichen Grundlage, die entweder in einem Tarifvertrag oder einer Betriebsvereinbarung (§ 77 BetrVG, Mitbestimmungsrecht des Betriebsrats gemäß § 87 Abs. 1 Nr. 3 BetrVG) liegen kann. Fehlt es an einer entsprechenden Rechtsgrundlage, ist die Anordnung von Kurzarbeit unwirksam und der Arbeitgeber gerät in *Annahmeverzug* (§ 615 Satz 1 BGB). Für Überstunden gilt Entsprechendes. Auch hier bedarf der Arbeitgeber zu deren Anordnung einer einzel- oder kollektivvertraglichen Grundlage, es sei denn, dass der Arbeitnehmer wegen eines Notfalles nach Treu und Glauben (§ 242 BGB) zur Arbeitsleistung von Überstunden verpflichtet ist.[130]

Arbeitsbereitschaft ist gewöhnliche Arbeitszeit. Sie unterscheidet sich von ihr aber dadurch, dass der Arbeitnehmer lediglich eine „wache Achtsamkeit im Zustand der Entspannung" schuldet. Bei dem z. B. in Krankenhäusern und im Rettungsdienst gängigen Bereitschaftsdienst verpflichtet sich der Arbeitnehmer, sich auf Anordnung des Arbeitgebers an einer von diesem bestimmten Stelle aufzuhalten und auf gesonderte Aufforderung die Arbeit aufzunehmen. Ähnliches gilt für die Rufbereitschaft, bei der der Arbeitnehmer allerdings über seinen Aufenthaltsort frei bestimmen kann und

---

[128] BAG vom 13. Dezember 2016, NZA 2017, 459 (461).
[129] BAG vom 17. November 2015, NZA 2016, 247 (249); vom 26. Oktober 2016, NZA 2017, 323 (324).
[130] Vgl. etwa ArbG Leipzig vom 4. Februar 2003, NZA-RR 2003, 365 (365) zu Aufräumarbeiten nach der „Jahrhundertflut" im Sommer 2002.

lediglich verpflichtet ist, auf entsprechende (zumeist telefonische) Aufforderung innerhalb einer festgelegten Zeitspanne am Arbeitsort einzutreffen und die Arbeit aufzunehmen.[131]

c) Lage der Arbeitszeit

Hinsichtlich der Lage der Arbeitszeit steht dem Arbeitgeber im Rahmen der ausdrücklich oder konkludent getroffenen Vereinbarungen, der kollektivrechtlichen Regelungen (Mitbestimmungsrecht des Betriebsrats gemäß § 87 Abs. 1 Nr. 2 BetrVG) sowie der gesetzlichen Bestimmungen das Direktionsrecht aus § 106 Satz 1 GewO zu. Dabei muss er insbesondere beachten, dass Arbeitnehmer nach spätestens sechs Arbeitsstunden Anspruch auf eine Ruhepause haben (§ 4 ArbZG) und zwischen der Beendigung der Arbeit und ihrem Wiederbeginn mindestens elf Stunden liegen müssen (§ 5 Abs. 1 ArbZG).

d) Mitbestimmung des Betriebsrats

Nach § 87 Abs. 1 Nr. 2 BetrVG hat der Betriebsrat bei *Beginn und Ende der täglichen Arbeitszeit einschließlich der Pausen* sowie der Verteilung der Arbeitszeit auf die einzelnen Wochentage mitzubestimmen. Dabei kommt es nicht darauf an, in welcher Intensität während der „Arbeitszeit" tatsächlich gearbeitet wird, sodass auch Regelungen über Arbeitsbereitschaft, Bereitschaftsdienste und Rufbereitschaft mitbestimmungspflichtig sind. Die Dauer der (wöchentlichen) Arbeitszeit ist eine Domäne der Tarifvertragsparteien, sie unterliegt nicht der betrieblichen Mitbestimmung.

Ein ausgeprägteres Mitbestimmungsrecht als in den Fällen des § 87 Abs. 1 Nr. 2 BetrVG steht dem Betriebsrat in den Fällen des § 87 Abs. 1 Nr. 3 BetrVG zu, da er hier sowohl über das „Ob" als auch über das „Wie", also den Umfang der *Überstunden* bzw. der *Kurzarbeit* und die sich daraus ergebenden Folgefragen i. S. von § 87 Abs. 1 Nr. 2 BetrVG (Lage der verlängerten oder verkürzten Arbeitszeit etc.) mitzubestimmen hat.

---

[131] EuGH vom 9. September 2003 *„Jäger"*, NZA 2003, 1019 (1020).

e) Der praktische Fall

Reichweite des Direktionsrechts bei Einführung von Sonn- und Feiertags-arbeit: BAG vom 15. September 2009, NZA 2009, 1333 *(„Sonntagsar-beits-Fall")*

Zum Sachverhalt Der Kläger ist seit 1977 bei der Beklagten, einem Unternehmen der Automobil-Zulieferindustrie beschäftigt. In seinem aktuellen Arbeitsvertrag heißt es zur Arbeitszeit: „3-schichtig gemäß Schichtmodell B M; Arbeitszeit: 40 Std./Woche". Ursprünglich durfte im Betrieb der Beklagten sonn- und feiertags nicht gearbeitet werden. Erst die Änderung des ArbZG 1994 verschaffte der Arbeitgeberin die Möglichkeit, eine Ausnahmegenehmigung zu erlangen (§ 13 ArbZG), die auch erteilt wurde. Die Beklagte will den Kläger in den entsprechenden Schichten einsetzen. Er begehrt die Feststellung, nicht zu Sonn- und Feiertagsarbeit verpflichtet zu sein.

Die Entscheidung Das BAG hat die Klage abgewiesen. Der Kläger muss auch an Sonn- und Feiertagen arbeiten. Erteilt die Aufsichtsbehörde eine Ausnahmebewilligung nach § 13 Abs. 4 oder 5 ArbZG, darf der Arbeitgeber im Rahmen seines Direktionsrechts (§ 106 GewO) Arbeitnehmer auch an Sonn- und Feiertagen zur Arbeit heranziehen. Die gesetzliche Sperre des § 9 ArbZG ist dann beseitigt.

Der Arbeitsvertrag stand einer entsprechenden Weisung ebenfalls nicht entgegen. Zwar können die Parteien ausdrücklich oder konkludent eine Vereinbarung treffen, an welchen Wochentagen die Arbeitsleistung zu erbringen ist. Wird keine bestimmte Festlegung getroffen, gehen die Vertragsparteien zwar zunächst von der Arbeitszeitverteilung aus, die zur Zeit des Abschlusses des Arbeitsvertrags im Betrieb besteht. Inhalt einer solchen Abrede ist zur Überzeugung des BAG aber lediglich, dass die vereinbarte Arbeitsleistung zu den *jeweils* wirksam bestimmten betrieblichen Arbeitszeiten zu erbringen ist. Der Arbeitgeber sei in den Grenzen des Gesetzes, des Kollektiv- und des Individualarbeitsrechts durch sein Weisungsrecht berechtigt, die im Arbeitsvertrag vereinbarte Arbeitspflicht unter anderem hinsichtlich der Verteilung der Arbeitszeit näher festzulegen. Dies sei für den Arbeitnehmer auch im Fall der nicht branchenüblichen Sonn- und Feiertagsarbeit erkennbar. Die Arbeitsleistung müsse im Betrieb zumindest in Teilbereichen zu gleichen Zeiten erbracht werden. Das spreche gegen einen Willen des Arbeitgebers, mit jedem Arbeitnehmer individuell eine unveränderliche Lage der Arbeitszeit zu vereinbaren. Ein Arbeitnehmer, der aus persönlichen Gründen an einer bestimmten Verteilung der Arbeitszeit interessiert ist, müsse mit seinem Arbeitgeber ausdrücklich vereinbaren, dass seine Arbeitszeit nicht von der betriebsüblichen Arbeitszeit abhängen soll und nur einvernehmlich geändert werden kann.

Hier hatten die Vertragsparteien die Sonn- und Feiertagsarbeit nicht ausdrücklich ausgeschlossen. Auch auf einen konkludenten Ausschluss deuteten keine besonderen Umstände hin. Vielmehr hatten sie sich mit einer beschreibenden Regelung der Arbeitszeitverteilung in Form von Schichtarbeit begnügt. Damit hatten sie die nähere Festlegung der Arbeitszeitverteilung dem Direktionsrecht der Arbeitgeberin überlassen. Sie durfte in Ausübung ihres Weisungsrechts bestimmen, welche Art von Leistungen der Arbeitnehmer zu welchen Zeiten zu erbringen hat. Daran ändere auch der Umstand, dass die Beklagte von 1977 bis 2007 und damit während der Dauer von 30 Jahren keine Sonn- und Feiertagsarbeit angeordnet hatte, nichts.

II. Nebenpflichten

Die dem Arbeitnehmer obliegenden Nebenpflichten werden allgemein unter dem Oberbegriff „Treuepflichten" zusammengefasst und lassen sich grob einteilen in Handlungs-, Unterlassungs- und Verhaltenspflichten. Es handelt sich hier um die in § 241 Abs. 2 BGB angesprochene Pflicht, Rechte, Rechtsgüter und Interessen des Vertragspartners nicht zu beeinträchtigen. Einzelne Nebenpflichten des Arbeitnehmers haben eine spezialgesetzliche Ausprägung erfahren, so etwa die Pflicht, eine zur Arbeitsunfähigkeit führende Erkrankung dem Arbeitgeber unverzüglich anzuzeigen und vom vierten Tag an ein ärztliches Attest vorzulegen (§ 5 Abs. 1 Satz 1 und 2 EFZG).

1. Außerdienstliches Verhalten

Es besteht keine Verpflichtung des Arbeitnehmers zu einem bestimmten außerdienstlichen Verhalten, etwa dergestalt, dass er ein ordentliches Leben führen und seine Arbeitsfähigkeit und Leistungskraft erhalten müsste.

Die Gestaltung des privaten Lebensbereiches steht grundsätzlich außerhalb der Einflusssphäre des Arbeitgebers. Etwas anderes gilt dann, wenn sich das private Verhalten auf den betrieblichen Bereich auswirkt und dort zu Störungen führt.[132]

Beispiel Kindergärtner, Lehrer und Erzieher dürfen auch außerdienstlich keine Handlungen begehen, die ernsthafte Zweifel an ihrer Eignung zur Erziehung junger Menschen begründen. Wer in sicherheitsrelevanten Bereichen tätig ist, darf sich nicht in extremistischen Gruppen engagieren.

Früher hat das BAG für Arbeitnehmer des öffentlichen Dienstes strengere Maßstäbe angelegt. Es ist hiervon aber abgerückt, seitdem der neue Tarifvertrag für den öffentlichen Dienst (TVöD) keine Pflicht des Arbeitnehmers mehr kennt, das Ansehen des öffentlichen Arbeitgebers nicht zu schädigen.[133]

Kirchen und Religionsgemeinschaften sind wegen ihres besonderen verfassungsrechtlichen Schutzes (Art. 140 GG i. V. mit Art. 137 WRV) berechtigt, strengere Loyalitätsanforderungen an ihre Mitarbeiter zu stellen.

Einzelheiten Die Reichweite der Loyalitätspflichten von Mitarbeitern der Kirche und ihrer Einrichtungen (Caritas, Diakonie etc.) ist seit langem umstritten und Gegenstand sich ändernder Rechtsprechung. Gebilligt hat das BVerfG z. B. die Kündigung einer Lehrerin an einer katholischen Schule, die ein nichteheliches Verhältnis zu dem schulleitenden Mönch unterhielt und dazu in einer Pressekonferenz öffentlich Stellung bezogen hatte.[134] Ebenso bestätigt wurde die Kündigung gegenüber einem Arbeitnehmer eines evangelischen Kindergartens, der in der Öffentlichkeit werbend für eine andere Glaubensgemeinschaft aufgetreten war und deren von der evangelischen Kirche erheblich abweichende Lehre verbreitet hatte[135] und diejenige eines bei der Caritas angestellten Sozialpädagogen, der aus der Kirche ausgetreten war.[136]

---

[132] BAG vom 23. Juni 1994, NZA 1994, 1080 (1081).
[133] BAG vom 10. September 2009, NZA 2010, 220 (221); vom 28. Oktober 2010, NZA 2011, 112 (113 f.).
[134] BVerfG vom 31. Januar 2001, NZA 2001, 717 (718).
[135] BAG vom 21. Februar 2001, NZA 2001, 1136 (1138); bestätigt durch BVerfG vom 7. März 2002, NZA 2002, 609 (609) und EGMR vom 3. Februar 2011, NZA 2012, 199 (200 ff.).
[136] BAG vom 25. April 2013, NZA 2013, 1131 (1132 ff.).

Besonders umstritten ist die Praxis der katholischen Kirche und ihrer Einrichtungen, Mitarbeitern zu kündigen, die nach (weltlicher) Scheidung ihrer ersten Ehe eine zweite (bürgerliche) Ehe eingehen, obwohl die erste Eheschließung auch kirchlich vollzogen worden war und kirchenrechtlich nicht aufgehoben worden ist. Aus Sicht der Kirche kommt dies der Bigamie gleich, weil der Arbeitnehmer bürgerlich mit einem anderen (dem neuen) Ehepartner verheiratet ist als kirchenrechtlich (dem alten). Das BAG hat eine solche Kündigung während der Probezeit für wirksam gehalten, ihr nach deren Ablauf jedoch die soziale Rechtfertigung nach § 1 Abs. 2 KSchG versagt.[137] Dem ist das BVerfG nicht gefolgt, weil das Urteil das kirchliche Selbstbestimmungsrecht aus Art. 137 WRV i. V. mit Art. 140 GG verletzte.[138]

2. Nebentätigkeiten

Der Arbeitnehmer stellt dem Arbeitgeber seine Arbeitskraft lediglich zeitlich begrenzt zur Verfügung. Er ist daher grundsätzlich berechtigt, in seiner Freizeit einer Nebenbeschäftigung nachzugehen. Dies kann ihm auch nicht ohne Weiteres durch eine entsprechende Vertragsklausel untersagt werden, weil eine solche mit der verfassungsrechtlich gewährleisteten *Berufsfreiheit* des Arbeitnehmers (Art. 12 Abs. 1 GG) in Konflikt geriete und ihn unangemessen benachteiligte.[139]

Gleichwohl kann der Arbeitnehmer durch die Ausübung einer Nebentätigkeit in Konflikt mit seinen aus § 241 Abs. 2 BGB resultierenden Nebenpflichten geraten. Dies gilt insbesondere für solche Beschäftigungen, mit denen er in *Wettbewerb* zu seinem Arbeitgeber träte, gleichgültig, ob durch selbstständige Tätigkeit oder abhängige Beschäftigung. Außerdem darf er durch die Nebenbeschäftigung die gesetzliche Höchstarbeitszeit (§ 3 Abs. 1 ArbZG) nicht überschreiten und muss die *Ruhezeiten* (§ 5 ArbZG) wahren.[140] Weiterhin verbietet § 8 BUrlG, während des gesetzlichen Mindesturlaubs eine dem Urlaubszweck widersprechende Erwerbstätigkeit auszuüben. Dasselbe gilt für Beschäftigungen, die während einer

---

[137] BAG vom 8. September 2011, NZA 2012, 443 (444 ff.); siehe auch EGMR vom 23. September 2010, NZA 2011, 279 ff.

[138] BVerfG vom 22. Oktober 2014, NZA 2014, 1387 (1388 ff.).

[139] BAG vom 18. Januar 1996, NZA 1997, 41 (42).

[140] Vgl. BAG vom 26. Juni 2001, NZA 2002, 98 (99).

zur Arbeitsunfähigkeit führenden Erkrankung den Genesungsprozess nachhaltig verzögern. Schließlich darf durch die Nebentätigkeit die Arbeitskraft nicht erheblich beeinträchtigt werden und insbesondere die Nebentätigkeit nicht während der Arbeitszeit im Hauptberuf ausgeübt werden (Letzteres stellt sogar die Verletzung einer Hauptpflicht dar).

3. Wettbewerbsverbot

a) Gesetzliches Wettbewerbsverbot

Dem Arbeitnehmer ist während des rechtlichen Bestehens eines Arbeitsverhältnisses grundsätzlich jede *Konkurrenztätigkeit* zum Nachteil seines Arbeitgebers untersagt, auch wenn der Arbeitsvertrag keine ausdrückliche Regelung enthält.[141] Für Handlungsgehilfen ist dies in § 60 Abs. 1 HGB ausdrücklich geregelt. Der Arbeitgeber soll vor Wettbewerbshandlungen seines Arbeitnehmers geschützt sein. Deshalb schließt der Arbeitsvertrag für die Dauer seines Bestehens über den persönlichen und sachlichen Anwendungsbereich des § 60 HGB hinaus ein Wettbewerbsverbot ein.[142] Somit ist das in § 60 HGB normierte Wettbewerbsverbot auf alle Arbeitnehmer entsprechend anzuwenden, da es sich in der Sache nur um die spezialgesetzliche Ausprägung der ohnehin jedem Arbeitsvertrag immanenten Nebenpflicht, Rechte, Rechtsgüter und Interessen der anderen Vertragspartei nicht zu beeinträchtigen, handelt.

Das BAG hat unter Berücksichtigung auch der Berufsfreiheit des Arbeitnehmers (Art. 12 Abs. 1 GG) den Verbotsbereich analog § 112 Abs. 1 HGB auf das Gebiet beschränkt, in dem die Nebentätigkeit dem Prinzipal wettbewerbsmäßig schaden oder zumindest diesen gefährden kann.[143]

In *zeitlicher Hinsicht* besteht das dem Arbeitsvertrag als Nebenpflicht immanente Wettbewerbsverbot so lange, wie das Arbeitsverhältnis rechtlich besteht, es entfällt nicht schon mit der Freistellung von der Arbeitsleistung (Suspendierung).

---

[141] BAG vom 23. Oktober 2014, NZA 2015, 429 (431).
[142] BAG vom 16. August 1990, NZA 1991, 141 (143).
[143] BAG vom 25. Mai 1970, AP Nr. 4 zu § 60 HGB.

b) Nachvertragliches Wettbewerbsverbot

Zum Wettbewerbsverbot nach Beendigung des Arbeitsverhältnisses siehe unten F. III.

c) Der praktische Fall

Reichweite des vertraglichen Wettbewerbsverbots: BAG vom 24. März 2010, NZA 2010, 693 *(„Zeitungszustellerinnen-Fall")*

Zum Sachverhalt Die Klägerin ist als Sortiererin in einem Briefzentrum der beklagten Deutschen Post teilzeitbeschäftigt. Ihre Wochenarbeitszeit beträgt 15 Stunden, ihre monatliche Vergütung ca. 1200 Euro brutto. Sie geht einer Nebentätigkeit als Zeitungszustellerin mit einer Wochenarbeitszeit von ca. sechs Stunden und einem Bruttomonatslohn von ca. 350 Euro nach. Dabei stellt sie Abonnenten frühmorgens ausschließlich Zeitungen und Presseerzeugnisse zu. Die Tätigkeit erfolgt für die Z-GmbH, die in der Zeitungszustellung und der Briefzustellung tätig ist. Die Beklagte stellt im Verlauf des Tages neben Briefsendungen ebenfalls Zeitungen und sonstige Presseerzeugnisse zu. Im Tarifvertrag heißt es, dass die Deutsche Post eine Nebentätigkeit u. a. dann untersagen kann, wenn „Gründe des unmittelbaren Wettbewerbs dagegen sprechen". Von diesem Recht machte die Post Gebrauch und untersagte der Klägerin die Ausübung ihrer Nebentätigkeit. Hiergegen wendet sich diese mit ihrer Klage.

Die Entscheidung Das BAG hat antragsgemäß festgestellt, dass die Klägerin zur Ausübung der Nebentätigkeit berechtigt ist. In einem langen obiter dictum äußert sich das Gericht zunächst zur Reichweite des gesetzlichen Wettbewerbsverbots aus § 60 HGB. Danach ist dem Arbeitnehmer während des rechtlichen Bestehens eines Arbeitsverhältnisses jede Konkurrenztätigkeit zum Nachteil seines Arbeitgebers untersagt, auch wenn keine entsprechenden individual- oder kollektivvertraglichen Regelungen bestehen. Nach der bisherigen Rechtsprechung soll es bei der Beurteilung, unter welchen Voraussetzungen sich eine Tätigkeit bei einem anderen Arbeitgeber als Konkurrenz auswirkt, unerheblich sein, auf welche Art und Weise der Arbeitnehmer den auch im Tätigkeitsbereich seines Hauptarbeitgebers aktiven Konkurrenten unterstützt, sofern die Nebentätigkeit nicht ausnahmsweise von vornherein jegliche unterstützende Wirkung abgesprochen werden kann. Der Senat äußert Bedenken, ob er an dieser strengen Linie vor dem Hintergrund der Berufsfreiheit des Arbeitnehmers aus Art. 12 Abs. 1 GG festzuhalten beabsichtigt. Seiner Auffassung nach spricht viel dafür, dass die Reichweite des Wettbewerbsverbots auf unmittelbare Konkurrenztätigkeiten beschränkt werden muss und bloße Hilfstätigkeiten ohne Wettbewerbsbezug nicht erfasst werden.

Darauf kam es im Ergebnis jedoch gar nicht an. Der kraft beiderseitiger Tarifbindung (§ 4 Abs. 1, § 3 Abs. 1 TVG) anwendbare Tarifvertrag weicht mit seiner Formulierung, dass die Deutsche Post Nebentätigkeiten nur aus Gründen des „unmittelbaren Wettbewerbs" untersagen darf, zugunsten der Arbeitnehmer – und damit unproblematisch zulässig – von der gesetzlichen Regelung ab. Die Klägerin war mit ihrer Tätigkeit für die Z-GmbH jedoch nicht in direkte Konkurrenz zur Deutschen Post getreten. Diese stellt Zeitungen und Presseerzeugnisse zwar im Verlaufe des Tages, nicht jedoch in den frühen Morgenstunden zu. Die Klägerin setze auch keine bei der Deutschen Post erworbenen firmenspezifischen Fähigkeiten, Kenntnisse oder Erfahrungen zur Förderung der Z-GmbH ein.

4. Verschwiegenheitspflichten

Die Pflicht des Arbeitnehmers, Betriebs- und Geschäftsgeheimnisse seines Arbeitgebers zu wahren, ist teilweise ausdrücklich im Gesetz normiert (§§ 17, 18 UWG, § 5 Satz 2 BDSG u. a.). Auch ohne ausdrückliche vertragliche Vereinbarung ergibt sich dies als *Nebenpflicht* aus § 241 Abs. 2 BGB. Dabei beziehen sich Betriebsgeheimnisse auf den technischen Betriebsablauf, insbesondere die Herstellung und das Herstellungsverfahren, während Geschäftsgeheimnisse den allgemeinen Geschäftsverkehr des Unternehmens betreffen. In beiden Fällen unterliegt der Arbeitnehmer einer Verschwiegenheitspflicht jedoch nur, wenn es sich erstens wirklich um ein Geheimnis handelt, also um eine Tatsache, die nur einem eng begrenzten Personenkreis bekannt, damit nicht offenkundig ist und die nach dem ausdrücklich oder konkludent bekundeten Willen des Arbeitgebers geheim gehalten werden soll, und zweitens der Arbeitgeber ein berechtigtes wirtschaftliches Interesse an der Geheimhaltung hat.[144]

Besonders umstritten ist das *Spannungsverhältnis* der Verschwiegenheitspflichten zu den staatsbürgerlichen Pflichten, an der *Verhinderung*

---

[144] BAG vom 15. Dezember 1987, NZA 1988, 502 (504).

und Aufklärung von Straftaten (auch und insbesondere solchen, die der Arbeitgeber begangen hat) mitzuwirken. Das BVerfG hatte auf die Verfassungsbeschwerde eines fristlos gekündigten Arbeitnehmers, der im Rahmen eines Ermittlungsverfahrens gegen seinen Arbeitgeber als Zeuge vernommen worden war und bei dieser Gelegenheit auf eigene Initiative der Staatsanwaltschaft von einer Vielzahl weiterer Straftaten seines Arbeitgebers berichtet hatte, die arbeitsgerichtliche Entscheidung, mit der die Kündigung bestätigt worden war, aufgehoben.[145] Auf der Basis eines obiter dictums in dem Beschluss des BVerfG hatten in der Folgezeit mehrere Instanzgerichte Kündigungen für unwirksam erklärt, mit denen Arbeitgeber auf Strafanzeigen ihrer Arbeitnehmer (häufig geht es um Bestechungen bei der Vergabe öffentlicher Aufträge, Umweltdelikte oder Steuerstraftaten) reagiert hatten.[146]

Dem hat sich das BAG jedoch nicht angeschlossen, sondern danach differenziert, ob die Erstattung der Anzeige ausschließlich erfolge, um den Arbeitgeber zu schädigen. Durch ein derartiges pflichtwidriges Verhalten verhalte sich der Arbeitnehmer – jedenfalls gegenüber dem Arbeitgeber – rechtsmissbräuchlich. Häufig sei dem Arbeitnehmer zudem eine vorherige innerbetriebliche Klärung zumutbar. Nur wenn der Arbeitnehmer sich durch die Nichtanzeige selbst einer Strafverfolgung aussetzen würde, der Arbeitgeber persönlich eine schwere Straftat begangen habe oder innerbetriebliche Abhilfeversuche erfolglos geblieben seien oder aus anderen Gründen von vornherein keinen Erfolg versprechen, dürfe der Arbeitnehmer sich an die staatlichen Strafverfolgungsbehörden wenden, ohne sich des Vorwurfs einer Pflichtverletzung auszusetzen.[147]

---

[145] BVerfG vom 2. Juli 2001, NZA 2001, 888 (889).
[146] LAG Düsseldorf vom 17. Januar 2002, NZA-RR 2002, 585 (585); *LAG Hessen* vom 27. November 2002, NZA-RR 2002, 637 (638).
[147] BAG vom 3. Juli 2003, NZA 2004, 427 (429); vom 7. Dezember 2006, NZA 2007, 502 (503 f.).

III. Schlechtleistung

1. Verletzung von Hauptpflichten

Ein *Verzug* des Arbeitnehmers mit der Arbeitsleistung ist wegen des Fixschuldcharakters der Leistungspflicht regelmäßig ausgeschlossen. Erbringt der Arbeitnehmer die geschuldete Dienstleistung nicht zur rechten Zeit am rechten Ort, tritt grundsätzlich sofort *Unmöglichkeit* ein, wodurch der Arbeitnehmer von seiner Leistungspflicht befreit wird, also zur Nachleistung weder berechtigt noch verpflichtet ist (§ 275 BGB). Dies gilt unabhängig davon, ob er die Nichtleistung zu vertreten hat oder nicht. Allerdings verliert er nach der Grundregel des § 326 Abs. 1 BGB damit zugleich seinen Anspruch auf das Arbeitsentgelt. Etwas anderes gilt nur dann, wenn er auf Grund einer besonderen Bestimmung sein Entgelt auch ohne Arbeitsleistung verlangen kann, so etwa in den Fällen der unverschuldeten persönlichen Verhinderung gemäß § 616 BGB, der zur Arbeitsunfähigkeit führenden Erkrankung gemäß § 3 EFZG oder des Urlaubs gemäß § 11 BUrlG.

Hat der Arbeitnehmer die *Unmöglichkeit zu vertreten,* schuldet er nach Maßgabe der § 280 Abs. 1, 3, § 283 BGB Schadensersatz statt der Leistung. Das Rücktrittsrecht aus § 323 BGB steht dem Arbeitgeber demgegenüber nicht zu, vielmehr ist er auf das Recht zur ordentlichen oder außerordentlichen Kündigung nach Maßgabe von § 1 KSchG, § 626 BGB beschränkt.

Bei *bloßer Schlechtleistung* der Arbeit steht dem Arbeitgeber kein Recht zur Minderung des Arbeitsentgelts zu, sodass der Arbeitgeber den geschuldeten Zeitlohn auch dann in voller Höhe entrichten muss, wenn der Arbeitnehmer mangelhaft gearbeitet hat.[148] Den Lohnanspruch verliert der Arbeitnehmer nur bei echter Nichtleistung (z. B. Überdehnen der Pausen), wobei die Abgrenzung der „passiven Resistenz" zur bewussten Langsamarbeit und damit zur bloßen Schlechtleistung im Einzelfall schwierig sein kann und sich in der Praxis häufig nur über die (dem Arbeitgeber obliegende) Darlegungs- und Beweislast lösen lässt.

---

[148] BAG vom 17. Juli 1970, NJW 1971, 111 (111); ebenso für das Dienstvertragsrecht BGH vom 15. Juli 2004, NJW 2004, 2817 (2817).

Erleidet der Arbeitgeber allerdings durch die Schlechtleistung einen echten *Schaden i. S. der §§ 249 ff. BGB,* kann er diesen aus § 280 Abs. 1 BGB und – wenn sein Eigentum oder ein anderes absolut geschütztes Recht oder Rechtsgut beeinträchtigt worden ist – aus § 823 Abs. 1 und 2 BGB ersetzt verlangen. Allerdings trägt er dabei gemäß § 619a BGB abweichend von § 280 Abs. 1 Satz 2 BGB die Beweislast dafür, dass der Arbeitnehmer die Pflichtverletzung zu vertreten hat.[149] Außerdem muss er sich entsprechend § 254 BGB sein Betriebs- und Wirtschaftsrisiko schadensmindernd entgegenhalten lassen.

Schaden in diesem Sinne ist jedoch nicht schon das vom Arbeitgeber zu entrichtende Arbeitsentgelt. Der hier allein in Betracht kommende Vermögensschaden setzt nämlich voraus, dass der jetzige tatsächliche Wert des Vermögens des geschädigten Arbeitgebers geringer ist als der Wert, den sein Vermögen ohne das die Ersatzpflicht begründende Ereignis (die Pflichtverletzung durch den Arbeitnehmer) haben würde.[150] Ohne die Pflichtverletzung müsste der Arbeitgeber die vereinbarte Vergütung aber zweifelsohne entrichten.

2. Verletzung von Nebenpflichten

Der Arbeitgeber kann vom Arbeitnehmer *Erfüllung der Nebenpflichten* bzw. in entsprechender Anwendung des § 1004 BGB *Unterlassung* aller Handlungen verlangen, die der Arbeitnehmer nicht vornehmen darf. Er kann ferner *Schadensersatz* wegen Pflichtverletzung aus § 280 BGB und ggf. auch aus § 823 Abs. 1 BGB beanspruchen, wenn der Arbeitnehmer ihm durch sein Fehlverhalten einen Schaden zufügt, wobei ihm bei der Schadensberechnung nach den Regeln über den innerbetrieblichen Schadensausgleich *sein Betriebs- und Wirtschaftsrisiko entsprechend § 254 BGB anspruchsmindernd* entgegengehalten werden kann. Ansprüche auf Ersatz eines Personenschadens können nach §§ 104, 105 SGB VII jedoch vollständig ausgeschlossen sein. Schließlich kommen je nach Art und Schwere der Pflichtverletzung auch eine *Abmahnung,* eine ordentliche oder eine außerordentliche *Kündigung* in Betracht.

---

[149] BAG vom 21. Mai 2015, NZA 2015, 1517 (1519).
[150] Sog. Differenzhypothese, vgl. BGH vom 10. Dezember 1986, BGHZ 99, 182 (196).

IV. Die Haftung des Arbeitnehmers gegenüber dem Arbeitgeber

1. Überblick

Die Haftung des Arbeitnehmers ist nur unzureichend geregelt. Schon bei der Verabschiedung des BGB im Jahre 1896 hatte der Reichstag beschlossen, „baldthunlichst" eine Kodifikation des Arbeitsrechts unter Einschluss der Haftung des Arbeitnehmers zu erlassen.[151] Dazu ist es bis heute nicht gekommen. Die Rechtsprechung musste daher korrigierend eingreifen, um das in § 249 BGB angelegte Prinzip der Totalreparation zu korrigieren.

Im Zuge der Modernisierung des Schuldrechts 2002 hat der Gesetzgeber § 619a in das BGB eingefügt. Die Vorschrift beinhaltet aber nur eine Beweislastregel, die – abweichend von § 280 Abs. 1 Satz 2 BGB – nicht dem Schuldner (Arbeitnehmer), sondern dem Arbeitgeber die Darlegungs- und Beweislast dafür aufbürdet, dass der Arbeitnehmer Pflichtverletzungen im Arbeitsverhältnis zu vertreten hat.

Materiell-rechtlich ist bei der Haftung des Arbeitnehmers danach zu unterscheiden, wer der Geschädigte ist und welches Rechtsgut verletzt worden ist. Für *Sachschäden,* die der Arbeitnehmer dem *Arbeitgeber* bei einer betrieblichen Tätigkeit zufügt, haftet er aus § 280 Abs. 1 BGB und regelmäßig auch aus § 823 Abs. 1 BGB (Eigentum), jedoch muss sich der Arbeitgeber gemäß § 254 BGB sein Betriebsrisiko schadensmindernd anrechnen lassen. Das führt dazu, dass der Arbeitnehmer nur bei vorsätzlich und grob fahrlässig verursachten Schäden den Schaden in voller Höhe zu ersetzen braucht, während er bei „mittlerer" Fahrlässigkeit unter Berücksichtigung aller Umstände nur eine bestimmte Schadensquote zu tragen hat. Für infolge leichtester Fahrlässigkeit verursachte Schäden haftet der Arbeitnehmer gar nicht. Eine Haftung für *Personenschäden* des Arbeitgebers ist nach § 105 Abs. 2 SGB VII ausgeschlossen, es sei denn, dass der Schaden vorsätzlich herbeigeführt worden ist.

Gegenüber anderen *Arbeitnehmern* des Unternehmens haftet der Arbeitnehmer mangels vertraglicher Beziehungen nicht aus § 280 Abs. 1 BGB,

---

[151] Reichstag, Stenographischer Bericht, 9. Legislaturperiode, IV. Session 1895/97, 5. Band, S. 3846.

wohl aber aus § 823 Abs. 1 BGB. Dabei muss er für *Sachschäden* dem Geschädigten zwar in vollem Umfang Ersatz leisten, kann aber nach den Regeln über den innerbetrieblichen Schadensausgleich von seinem Arbeitgeber verlangen, dass dieser ihn von den Ansprüchen insoweit analog § 257 BGB freistellt, als er (der Arbeitgeber) den Schaden nach § 254 BGB zu tragen hätte, wenn er selbst der Geschädigte wäre. Für *Personenschäden* der Arbeitskollegen haftet der Arbeitnehmer wegen § 105 Abs. 1 SGB VII regelmäßig nicht.

Ist schließlich ein außerhalb des Arbeitsverhältnisses stehender *Dritter* (z. B. ein Kunde) vom Arbeitnehmer geschädigt worden, haftet der Arbeitnehmer nach § 823 Abs. 1 BGB im Außenverhältnis sowohl für Sach- als auch für Personenschäden. Es gelten aber wieder die Grundsätze über den innerbetrieblichen Schadensausgleich. Der Arbeitnehmer kann von seinem Arbeitgeber analog § 257 BGB Freistellung insoweit verlangen, als der Schaden im Innenverhältnis vom Arbeitgeber zu tragen ist. Damit verbleibt beim Arbeitnehmer freilich das Risiko der Insolvenz seines Arbeitgebers.

2. Haftung für Sachschäden

a) Entwicklung

Schon bei der Verabschiedung des BGB im Jahre 1896 war erkannt worden, dass die bürgerlich-rechtlichen Bestimmungen des Dienstvertragsrechts einschließlich des in § 249 BGB verankerten *Prinzips der Totalreparation* (der zum Schadensersatz verpflichtete Schuldner haftet, wenn den Gläubiger kein Mitverschulden trifft, unabhängig vom Maß des eigenen Verschuldens immer auf den Ersatz des vollen Schadens) für das Arbeitsverhältnis vielfach ungeeignet sind. Als erstes Gericht erkannte 1936 das ArbG Plauen im Fall der Beschädigung eines Kraftfahrzeugs durch den angestellten Fahrer, dass es Treu und Glauben widerspreche, ihn bei leichter Fahrlässigkeit auf Ersatz des Schadens in Anspruch zu nehmen. Das BAG hat diese Rechtsprechung aufgegriffen und zunächst danach differenziert, ob eine Arbeit „gefahr- (oder schadens-)geneigt" war.[152] Nur wenn die Tätigkeit, bei deren Ausübung der Schaden entstanden war, typischerweise mit der Gefahr eines solchen Schadens behaftet

---

[152] BAG vom 25. September 1957, NJW 1958, 235 (236).

war, sollte eine Haftungserleichterung zugunsten des Arbeitnehmers eingreifen. Dagegen haftete der Arbeitnehmer für Schäden, die bei Ausübung einer nicht gefahrgeneigten Arbeit eingetreten waren, auch für leichte Fahrlässigkeit in vollem Umfang. Trauriges Beispiel hierfür war eine in einem Krankenhaus angestellte Kinderkrankenschwester, der ein 12 Tage altes Baby aus dem Arm gefallen war.[153]

Nach einer erneuten Anrufung des Großen Senats hat das BAG die „Gefahrgeneigtheit" der Arbeit als Voraussetzung für die Privilegierung der Haftung des Arbeitnehmers 1994 aufgegeben.[154] Das Haftungsprivileg greift heute auch bei nicht schadensgeneigten Tätigkeiten ein; Voraussetzung ist lediglich, dass der Schaden durch eine „betriebliche Tätigkeit" des Arbeitnehmers verursacht worden ist.

b) Prüfungsschema zur Arbeitnehmerhaftung

1) Anspruchsgrundlagen
   a) Pflichtverletzung, § 280 Abs. 1 Satz 1 BGB
      i. Bestehendes Schuldverhältnis, hier Arbeitsverhältnis
      ii. Objektive Pflichtverletzung durch den Arbeitnehmer
      iii. Vertretenmüssen (wird entgegen § 280 Abs. 1 Satz 2 BGB nicht vermutet, sondern ist vom Arbeitgeber darzulegen und zu beweisen, § 619a BGB)
   b) Unerlaubte Handlung, § 823 Abs. 1 BGB
      i. Verletzung eines geschützten Rechts, insb. des Eigentums
      ii. Durch eine Handlung zurechenbar verursacht
      iii. Rechtswidrigkeit
      iv. Verschulden
   c) Weitere Anspruchsgrundlagen nach allg. Regeln, z. B. § 823 Abs. 2, § 826 BGB
2) Rechtsfolge: Schadensersatz, §§ 249 ff. BGB
   a) Grundsätzlich Totalreparation
   b) Schadensminderung nach § 254 BGB
      i. Echtes Mitverschulden des Arbeitgebers

---

[153] BAG vom 12. Februar 1985, NZA 1986, 91.
[154] BAG vom 27. September 1994, NZA 1994, 1083 (1084).

ii. Schadensminderung wegen Berücksichtigung des Betriebsrisikos

(1) Voraussetzungen

(a) Schaden durch betriebliche Tätigkeit verursacht

(b) Kein Versicherungsschutz des Arbeitnehmers
aufgrund einer gesetzlichen Versicherungspflicht

(2) Folge: Abwägung von Verschuldensmaß auf Seiten
des Arbeitnehmers und Höhe des Betriebsrisikos auf
Seiten des Arbeitgebers

(a) Alleinige Haftung des Arbeitnehmers bei Vorsatz
und „gröbster Fahrlässigkeit"

(b) Alleinige Haftung des Arbeitnehmers bei grober
Fahrlässigkeit, wenn nicht der Schaden außer
Verhältnis zum Einkommen steht

(c) Umfassende Abwägung bei mittlerer (normaler)
Fahrlässigkeit

(d) Keine Haftung bei leichtester Fahrlässigkeit
(culpa levissima)

c) Abweichende Vereinbarungen sind nur zugunsten des Arbeitnehmers zulässig

c) Betriebliche Tätigkeit

Eine gegenüber dem Bürgerlichen Recht privilegierte Haftung des Arbeitnehmers ist nur gerechtfertigt, wenn der Schaden durch eine betriebliche
Tätigkeit verursacht worden ist. Betrieblich veranlasst sind nur solche Tätigkeiten des Arbeitnehmers, die ihm arbeitsvertraglich übertragen worden
sind oder die er *im Interesse des Arbeitgebers für den Betrieb* ausführt.
Die Tätigkeit muss in nahem Zusammenhang mit dem Betrieb und seinem
betrieblichen Wirkungskreis stehen. Entscheidend ist nicht, ob die zu dem
schädigenden Ereignis führende Arbeitstätigkeit zum eigentlichen Aufgabengebiet des Beschäftigten gehört, wenn sie nur überhaupt mit dem Betriebszweck in Zusammenhang steht. Erst dann, wenn sich das schädigende Ereignis mit dem Betrieb in keinem oder nur noch in losem Zusammenhang befindet, fällt die Tätigkeit in das allgemeine Lebensrisiko des

Arbeitnehmers.[155] Das BAG ist diesbezüglich relativ großzügig und lässt es genügen, dass der Arbeitnehmer bei objektiver Betrachtungsweise aus seiner Sicht im Betriebsinteresse handeln durfte, sein Verhalten unter Berücksichtigung der Verkehrsüblichkeit nicht untypisch ist und keinen Exzess darstellt.[156] Darüber hinaus sind sogar solche Tätigkeiten als betrieblich anzuerkennen, die zwar objektiv dem Betrieb nicht dienlich waren, von denen der Arbeitnehmer aber ohne grobe Fahrlässigkeit annehmen durfte, dass sie es seien. Der notwendige innere Zusammenhang zwischen der betrieblichen Tätigkeit und dem Schadensereignis ist erst dann zu verneinen, wenn nicht mehr die Verfolgung betrieblicher Zwecke, sondern die durch die Eigeninteressen des Arbeitnehmers bedingte Art und Weise der Tätigkeit als entscheidende Schadensursache anzusehen ist.

Beispiel Handgreifliche Auseinandersetzungen unter Arbeitskollegen stellen regelmäßig keine betriebliche Tätigkeit dar. Handelt es sich aber nur um eine leichte körperliche Zurechtweisung im Zusammenhang mit der Arbeitsleistung, die nach den Umständen noch verkehrsüblich ist, kann eine betriebliche Tätigkeit ausnahmsweise bejaht werden.

d) Kein gesetzlicher Haftpflichtversicherungsschutz

Haftungserleichterungen kommen nach Auffassung der Rechtsprechung nicht in Betracht, wenn zugunsten des Arbeitnehmers eine Pflichtversicherung (z. B. Kfz.-Haftpflichtversicherung) besteht, die für den vom Arbeitnehmer verursachten Schaden Deckungsschutz gewährt. Dogmatisch ist diese Ausnahme allerdings kaum zu begründen. Anders ist dagegen (insoweit sicher zu Recht) zu entscheiden, wenn der Arbeitnehmer sich nur freiwillig gegen ein berufliches Haftpflichtrisiko versichert hatte, was freilich Arbeitnehmern in der Privatwirtschaft mangels entsprechender Angebote der privaten Versicherungswirtschaft praktisch ohnehin unmöglich ist.

---

[155] BAG vom 19. März 2015, NZA 2015, 1057 (1058): Auszubildender wirft ohne betriebliche Veranlassung ein 10 Gramm schweres Metallstück über seine Schulter nach hinten und trifft einen Kollegen im Auge.
[156] BAG vom 22. April 2004, NZA 2005, 163 (166).

e) Schadensmindernde Berücksichtigung des Betriebsrisikos

Die dogmatische Begründung des arbeitnehmerseitigen Haftungsprivilegs war lange Zeit umstritten. Heute ist geklärt, dass sie über § 254 BGB erfolgt. Auch im Bürgerlichen Recht ist anerkannt, dass nach dieser Vorschrift nicht nur echtes Mitverschulden, sondern auch ein dem Geschädigten zuzurechnendes *Betriebsrisiko* den Schadensersatzanspruch mindert. Der Begriff „Betriebsrisiko" ist hier allerdings in einem anderen Sinne zu verstehen als im Rahmen des § 615 Satz 3 BGB. Während er dort die Verteilung des Entgeltrisikos bei beiderseits nicht zu vertretender Unmöglichkeit betrifft, wird er hier als Abwägungskriterium bei der Verteilung des Haftungsrisikos verwendet.

Die Berücksichtigung des in diesem Sinne verstandenen Betriebsrisikos im Rahmen des § 254 BGB vermag auch im Arbeitsrecht zu sachgerechten Ergebnissen zu führen: Hier kann vor allem die Gefährlichkeit z. B. der Produktionsanlagen, der Produktion selbst oder die der hergestellten Produkte dem Arbeitgeber zuzurechnen sein und deshalb bei der Abwägung nach § 254 BGB zu einer Haftungsminderung des Arbeitnehmers führen. Das lässt aber nur die Berücksichtigung risikobehafteter Faktoren bei der Abwägung zu und erfasst damit nur einen Teilbereich betrieblicher Tätigkeiten. Darüber hinaus besteht jedoch für den Arbeitgeber ein weiterer Zurechnungsgrund, der im Rahmen des § 254 BGB bei allen betrieblich veranlassten Tätigkeiten zu berücksichtigen ist. Der Arbeitgeber muss sich im Rahmen der Abwägung auch seine *Verantwortung für die Organisation des Betriebs und die Gestaltung der Arbeitsbedingungen* in rechtlicher und tatsächlicher Hinsicht zurechnen lassen.

Denn der Arbeitgeber kann den arbeitstechnischen Zweck des Betriebs eigenverantwortlich bestimmen, die Betriebsorganisation nach seinen Plänen und Bedürfnissen gestalten und auf die Tätigkeit des Arbeitnehmers einwirken. Seine Berufsausübung wird mit der Eingliederung in die Betriebsorganisation und den faktischen Gegebenheiten des Arbeitsprozesses (z. B. der Art der vorhandenen, oft besonders wertvollen technischen Anlagen, der Ausgestaltung der Arbeitsorganisation und des Produktionsverfahrens mit qualitativen und quantitativen Anforderungen an die Arbeitsprodukte) gesteuert. Kraft seiner Organisationsbefugnis kann der Arbeitgeber Bedingungen für Schadensrisiken schaffen, beibehalten oder verändern, z. B. Gefahrenmomenten entgegenwirken durch Veränderung der Arbeitsabläufe, durch bessere Überwachung oder durch Sicherheitsvorkehrungen. Durch den Abschluss einer Versicherung kann er sein Risiko häufig absichern. Dies führt im Rahmen des § 254 BGB dazu, dass der Arbeitnehmer einen von ihm bei einer betrieblich veranlassten Tätigkeit verursachten Schaden nicht stets in vollem Umfang ersetzen muss, wenn ihn ein Verschulden an der Schadensverursachung trifft.

Die Abwägung zwischen dem Maß des Verschuldens des Arbeitnehmers und den genannten betrieblichen Risiken des Arbeitgebers führt zu folgendem *Ergebnis:*

Verschulden des Arbeitnehmers	Haftungsquote
Vorsatz	Der Arbeitnehmer haftet allein auf den vollen Schaden. Voraussetzung ist aber, dass nicht nur die Pflichtverletzung vorsätzlich begangen, sondern auch der konkrete Schaden vorsätzlich herbeigeführt wurde.
„gröbste Fahrlässigkeit"	Der Arbeitnehmer haftet allein auf den vollen Schaden.
grobe Fahrlässigkeit	Der Arbeitnehmer haftet in der Regel allein, doch sind Haftungserleichterungen möglich, wenn der Verdienst des Arbeitnehmers in einem deutlichen Missverhältnis zum verwirklichten Schadensrisiko der Tätigkeit steht.
mittlere (normale) Fahrlässigkeit	Der Schaden ist zwischen Arbeitnehmer und Arbeitgeber quotal zu verteilen, dabei können maßgebend sein: – die Gefahrgeneigtheit der Arbeit; – die Größe der in der Arbeit liegenden Gefahr; – das vom Arbeitgeber einkalkulierte oder durch Versicherung abdeckbare Risiko; – die Stellung des Arbeitnehmers im Betrieb; – die Höhe des Arbeitsentgelts, in dem möglicherweise eine Risikoprämie für den Arbeitnehmer enthalten sein kann; – die Höhe des Schadens; – insbesondere der Grad des dem Arbeitnehmer zur Last fallenden Verschuldens; – ferner die persönlichen Umstände des Arbeitnehmers, wie die Dauer der Betriebszugehörigkeit in der vergangenen Zeit, sein Lebensalter, die Familienverhältnisse, sein bisheriges Verhalten; – nicht aber die wirtschaftliche Leistungsfähigkeit des Arbeitnehmers schlechthin.
leichteste Fahrlässigkeit	Der Arbeitnehmer haftet nicht; der Arbeitgeber trägt den Schaden allein.

f) Unabdingbarkeit

Die dargestellten Regeln sind einseitig zugunsten der Arbeitnehmer zwingendes Arbeitnehmerschutzrecht. Von ihnen kann weder einzel- noch kollektivvertraglich zu ihren Lasten abgewichen werden.

g) Der praktische Fall

Verursachung eines hohen Schadens durch eine Geringverdienerin; „gröbste Fahrlässigkeit": BAG vom 28. Oktober 2010, NZA 2011, 345 (*„MRT-Fall"*)

Zum Sachverhalt Die klagenden Ärzte betreiben eine Gemeinschaftspraxis für radiologische Diagnostik und Nuklearmedizin. Etwa zwei Drittel des durchschnittlichen Umsatzes der Praxis werden mit einem Magnetresonanztomographen (MRT) erwirtschaftet. Die Beklagte ist in der Praxis langjährig als Reinigungskraft beschäftigt, zuletzt gegen ein monatliches Bruttoentgelt in Höhe von 320 Euro. An einem Sonntag besuchte sie ihre über den Praxisräumen wohnende Freundin. Bei der Verabschiedung nahm sie einen Alarmton wahr. Sie ging in die Praxisräume und schaltete über einen Notschalter das MRT ab. Statt des hierfür vorgesehenen blauen Knopfes „alarm silence" betätigte sie jedoch den hinter einem Plexiglasdeckel gesicherten roten Schaltknopf „magnet stop" und löste hierdurch einen so genannten MRT-Quench aus. Dabei wird das im Gerät als Kühlmittel eingesetzte Helium in wenigen Sekunden ins Freie abgeleitet, was das elektromagnetische Feld des Gerätes zusammenbrechen lässt. Die nach dieser Notabschaltung fällige Reparatur dauerte mehrere Tage und kostete 31.000 Euro netto. Die Kläger verlangen Schadensersatz. Sie behaupten, an den Schaltknöpfen extra einen Zettel angebracht zu haben: „bei Alarm ‚alarm silence' drücken; nicht ‚mag stop'. Es wird teuer!" Das LAG hat den Klägern Schadensersatz in Höhe von 3.840 Euro zugesprochen. Die Beklagte hat kein Rechtsmittel eingelegt. Die Kläger begehren die Verurteilung der Beklagten zu einer höheren Summe.

Die Entscheidung Das BAG hat die Revision zurückgewiesen. Das LAG habe zutreffend den Schadensersatzanspruch der Kläger in der Höhe auf ein Bruttojahresgehalt der Beklagten begrenzt. Die Beklagte hat, als sie statt des Schaltknopfes „alarm silence" fehlerhaft den Schaltknopf „magnet stop" drückte, ihre arbeitsvertragliche Nebenpflicht, den

Arbeitgeber nicht zu schädigen, verletzt (§ 280 Abs. 1 BGB). Da die Beklagte schuldhaft, nämlich zumindest fahrlässig handelte und die fehlerhafte Bedienung kausal für den entstandenen Schaden war, sind die Kläger grundsätzlich als Mitgläubiger (§ 432 Abs. 1 BGB) berechtigt, von der Beklagten Schadensersatz zu verlangen. Allerdings ist der Schadensersatzanspruch nach den Regeln über die begrenzte Arbeitnehmerhaftung zu beschränken. Denn das Handeln der Beklagten geschah auf Grund des Arbeitsverhältnisses zwischen den Parteien. Betrieblich veranlasst sind solche Tätigkeiten, die arbeitsvertraglich übertragen worden sind oder die der Arbeitnehmer im Interesse des Arbeitgebers für den Betrieb ausführt. Das Handeln braucht dabei nicht zum eigentlichen Aufgabengebiet des Beschäftigten gehören, ausreichend ist, wenn er im wohl verstandenen Interesse des Arbeitgebers tätig wird. Zwar handelte die Beklagte außerhalb ihrer Arbeitszeit und nicht in direkter Verfolgung ihrer Hauptleistungspflicht, wohl aber, um ihren allgemeinen Sorgfalts- und Obhutspflichten als Nebenpflichten aus dem Arbeitsverhältnis (§ 241 Abs. 2 BGB) nachzukommen, Schaden von den Klägern abzuwenden und die Leistungsmöglichkeit der Praxis und damit auch ihren eigenen Arbeitsplatz zu erhalten. Dass sie im Folgenden falsch handelte und ihr dabei ein Verschulden anzulasten ist, ändert nichts an der betrieblichen Veranlassung ihrer Tätigkeit.

Der Beklagten fiel grobe Fahrlässigkeit zur Last. Sie hat die im Verkehr erforderliche Sorgfalt in ungewöhnlich hohem Maß verletzt und dasjenige unbeachtet gelassen, was in der konkreten Situation für jedermann erkennbar gewesen ist. Der Beklagten hätte klar sein müssen, dass sie in die Bedienung des MRT nicht eingewiesen war, über keine sonst erworbene Sachkunde verfügte und die Bedeutung der einzelnen Schaltknöpfe nicht kannte. Die wahllose Bedienung eines zumindest durch einen Plexiglasdeckel besonders gesicherten Schalters musste die Gefahr bergen, dass dadurch mehr passiert als das einfache Abschalten des Alarmtons. Die Beklagte hätte keine vernünftigen Zweifel daran hegen können, dass die richtige Vorgehensweise in einer Verständigung der Kläger oder anderer für die Bedienung des Geräts kompetenter Personen gelegen hätte.

Allerdings ist auch bei grober Fahrlässigkeit eine Entlastung des Arbeitnehmers von der Verpflichtung zum vollen Schadensersatz nicht ausgeschlossen. Auf Seiten des Arbeitnehmers müssen insbesondere die Höhe des Arbeitsentgelts, die weiteren mit seiner Leistungsfähigkeit zusammenhängenden Umstände und der Grad des Verschuldens in die Abwägung einbezogen werden. Auf Seiten des Arbeitgebers wird ein durch das schädigende Ereignis eingetretener hoher Vermögensverlust desto mehr dem Betriebsrisiko zuzurechnen sein, als dieser einzukalkulieren oder durch Versicherungen ohne Rückgriffsmöglichkeit gegen den Arbeitnehmer abzudecken war. Eine feste, summenmäßig beschränkte Obergrenze der Haftung gibt es nicht.

Zu Lasten der Beklagten war hier neben dem groben Verschulden zu berücksichtigen, dass ihre Tätigkeit als Reinigungskraft für die Verursachung eines hohen Schadens, wenigstens der eingetretenen Art, wenig gefahrgeneigt ist. Zu ihren Gunsten fiel demgegenüber ins Gewicht, dass die Kläger bei einem Gerät, das offenbar auch außerhalb der Praxisöffnungszeiten und über das Wochenende im „Stand-By-Modus" blieb, damit rechnen mussten, dass nicht in die Bedienung des MRT eingewiesene Kräfte mit einem Alarm oder Fehlalarm konfrontiert werden. Ferner waren die Handlungsmotive der Beklagten zu berücksichtigen, die in guter Absicht – wenn auch völlig falsch – gehandelt hatte. Schließlich war haftungsbegrenzend die geringe Vergütung der Beklagten gegenüber zu stellen. Der eingetretene Schaden beläuft sich auf mehr als das Hundertfache ihres Monatslohns, stellt sich mithin als ganz ungewöhnlich groß dar. Bereits eine Haftungsbeschränkung auf zwölf Monatsgehälter stellt für die Beklagte eine sehr große finanzielle Belastung dar, weil bei „Mini-Jobs" regelmäßig der gesamte Verdienst zur Existenzerhaltung gebraucht wird und Reserven, Rücklagen oder Sparquoten, auf die verzichtet werden könnte, nicht bestehen. Die Entscheidung des *LAG*, die Haftung der Beklagten auf 3.840 Euro zu beschränken, war daher nicht zu beanstanden.

3. Mankohaftung

Die Mankohaftung ist v. a. für Kassierer und vergleichbare Arbeitnehmer, die über einen Geld- oder Warenbestand selbstständig verfügen können, von erheblicher Bedeutung. Das BAG hat klargestellt, dass für die Mankohaftung keine anderen Regeln als für die Arbeitnehmerhaftung im Übrigen gelten.[157] Nur wenn der Arbeitnehmer ausnahmsweise nicht nur Besitzdiener (§ 855 BGB), sondern Besitzer des ihm überlassenen Kassen- oder Warenbestandes ist (was den *alleinigen* Zugang zu ihm und seine *selbstständige* Verwaltung voraussetzt), haftet er bei Unmöglichkeit der Herausgabe in vollem Umfang auf Schadensersatz.

An dieser in aller Regel nur beschränkten Haftung des Arbeitnehmers für Kassen- oder Warenfehlbestände (in der Praxis wird es dem Arbeitgeber oft nicht einmal gelingen, zu beweisen, dass den Arbeitnehmer überhaupt ein Verschulden trifft), ändern auch *vertragliche Mankoabreden* nichts. Die Begründung einer verschuldensunabhängigen Erfolgs- oder Garantiehaftung durch eine Mankoabrede ist nämlich nur insoweit zulässig, als der Arbeitnehmer hiernach bis zur Höhe der vereinbarten Mankovergütung haften soll und daher im Ergebnis allein die Chance einer zusätzlichen Vergütung für die erfolgreiche Verwaltung des Waren- oder Kassenbestandes erhält.

Beispiel Die Kassiererin K erhält zusätzlich zu ihrem Arbeitsentgelt ein Mankogeld in Höhe von 25 € monatlich. Weist ihre Kasse einen Fehlbestand auf, kann der Arbeitgeber das Mankogeld bis zur Höhe des Fehlbestandes einbehalten oder zurückfordern, wobei eine Berechnung im Jahresrhythmus zulässig ist. Fehlen der K also im Dezember 200 € in der Kasse, kann der Arbeitgeber den vollen Betrag verlangen, auch wenn in den Vormonaten ein Fehlbestand nicht zu beklagen war. Dagegen darf die Arbeitnehmerin nicht ohne nachgewiesenes Verschulden (§ 619a BGB) zum Ausgleich eines über 25 € monatlich oder 300 € jährlich betragenden Mankos herangezogen werden.

4. Haftung für Personenschäden

Erleidet der Arbeitgeber durch eine Pflichtverletzung des Arbeitnehmers einen Personenschaden, kann er dafür in aller Regel keinen Ersatz verlangen. Dies folgt für Unternehmer, die gesetzlich unfallversichert sind, aus § 105 Abs. 1 SGB VII, für nicht versicherte Unternehmer aus Abs. 2 der genannten Vorschrift. Ausnahmen gelten nur bei Vorsatz und für

---

[157] BAG vom 2. Dezember 1999, NZA 2000, 715 (716).

Wegeunfälle. Einzelheiten dazu werden im Zusammenhang mit der Haftung der Arbeitnehmer untereinander (V. 2. d) erörtert.

V. Die Haftung der Arbeitnehmer untereinander

1. Haftung für Sachschäden

Für Sachschäden, die Arbeitnehmer sich gegenseitig zufügen, gelten im Verhältnis der Kollegen untereinander die allgemeinen Regeln. Das bedeutet: § 280 BGB scheidet als Anspruchsgrundlage in Ermangelung eines Schuldverhältnisses zwischen den Arbeitnehmern aus, wenn nicht ausnahmsweise der Arbeitsvertrag Schutzwirkung zugunsten Dritter entfaltet. Die Arbeitnehmer haften untereinander nur deliktisch (§§ 823 ff. BGB) und ggf. aus Gefährdungshaftung (§ 7 StVG).

Die Besonderheit besteht allein darin, dass der Schädiger von seinem Arbeitgeber *analog § 257 BGB* (str., teilweise wird hierfür die „Fürsorgepflicht" des Arbeitgebers bemüht) *Freistellung* von seiner Schadensersatzverpflichtung gegenüber dem verletzten Kollegen insoweit verlangen kann, als er nach den Regeln über die beschränkte Arbeitnehmerhaftung (dazu oben IV.) den Schaden im Verhältnis zum Arbeitgeber nicht zu tragen braucht. Man nennt dies den *innerbetrieblichen Schadensausgleich:* Der Geschädigte kann zwar seinen Kollegen in voller Höhe in Anspruch nehmen, dieser kann aber von seinem Arbeitgeber verlangen, dass er einen Teil des Schadens übernimmt. Der Freistellungsanspruch des Schädigers gegen seinen Arbeitgeber kann abgetreten und gepfändet werden, sodass der Geschädigte sich danach unmittelbar an den (wirtschaftlich zumeist leistungsfähigeren) Arbeitgeber halten kann. Soweit der Schädiger dem Geschädigten bereits mehr gezahlt hat, als er im Verhältnis zum Arbeitgeber tragen muss, wandelt sich der Freistellungs- in einen Zahlungsanspruch um.

2. Haftung für Personenschäden

a) Einführung

Die Haftung für Personenschäden, die Arbeitnehmer durch eine betriebliche Tätigkeit ihres Kollegen erleiden, ist durch § 105 SGB VII weithin ausgeschlossen. Diese Schäden werden von der zuständigen Berufsgenossenschaft als *Arbeitsunfall* entschädigt. Ein weitergehender Ersatz des Schadens nach privatrechtlichen Regeln findet nicht statt.

Seine Rechtfertigung findet § 105 SGB VII in erster Linie darin, dass der Arbeitnehmer, der einen Arbeitsunfall (§ 8 SGB VII) erleidet, nach Maßgabe der §§ 26 ff. SGB VII Leistungen der gesetzlichen Unfallversicherung (insbesondere Heilbehandlung, bei schwerwiegenden Unfällen auch eine Rente) beanspruchen kann und diese Versicherung allein von den Arbeitgebern finanziert wird (§ 150 SGB VII). Es entspricht der historischen Zielsetzung der Unfallversicherung, hierdurch privatrechtliche Ansprüche zwischen den Arbeitsvertragsparteien auch im Interesse des Betriebsfriedens auszuschließen.

§ 105 SGB VII ist dementsprechend eine Sonderregelung zur Haftung des Arbeitnehmers. Er erweitert den Haftungsausschluss des § 104 SGB VII auf alle Personen, die durch eine betriebliche Tätigkeit einen Versicherungsfall von Versicherten desselben Betriebs verursachen (Arbeitskollegen). Hintergrund dieser Haftungsfreistellung ist neben dem Interesse der Gesellschaft an einer Wahrung des *Betriebsfriedens* und dem Argument der *betrieblichen Gefahrgemeinschaft* v. a. Folgendes: Nach den Grundsätzen über den innerbetrieblichen Schadensausgleich kann der Arbeitnehmer, der bei einer betrieblichen Tätigkeit einem Dritten einen Schaden zufügt, von seinem Arbeitgeber verlangen, dass dieser ihn von den Ansprüchen des Dritten freistellt. Das hätte bei einem von einem Arbeitskollegen verursachten Arbeitsunfall zur Konsequenz, dass der Arbeitgeber über diesen Umweg (Schadensersatzanspruch des Geschädigten gegen den Arbeitskollegen, der seinerseits Freistellung von dem gemeinsamen Arbeitgeber verlangen kann) doch wieder für Arbeitsunfälle in seinem Betrieb nach privatrechtlichen Regeln haften müsste. Im wirtschaftlichen Ergebnis trüge der Arbeitgeber dann nicht nur die Kosten des Unfallversicherungsschutzes des Geschädigten (§ 150 Abs. 1 SGB VII), sondern er hätte auch für den (darüber hinausgehenden) Schadensersatzanspruch einzustehen. Damit würde die von der gesetzlichen Unfall-versicherung bezweckte Haftungsersetzung durch Versicherungsschutz unterlaufen *(Finanzierungsargument)*.

Auf der anderen Seite muss das Gesetz sicherstellen, dass der durch ei-nen Arbeitsunfall Verletzte jedenfalls eine der beiden Leistungen – Versi-cherungsleistung oder privatrechtlichen Schadensersatz – tatsächlich be-anspruchen kann und er nicht durch Lücken im Gesetz oder im Verfahren am Ende gänzlich ohne Entschädigung bleibt. Aus diesem Grunde knüp-fen die §§ 104 ff. SGB VII tatbestandlich nicht an die Voraussetzungen zivilrechtlicher Haftungsnormen, sondern an diejenigen des unfallversi-cherungsrechtlichen Entschädigungssystems an: Nur wer durch die ge-setzliche Unfallversicherung hinreichend geschützt ist, ist auf seine pri-vatrechtlichen Ansprüche nicht angewiesen.

b) Voraussetzungen des Haftungsausschlusses

An die Person des Unfallverursachers stellt § 105 Abs. 1 SGB VII keine besonderen Anforderungen. Er muss nicht selbst Versicherter sein. Der Unfall muss durch eine betriebliche Tätigkeit verursacht worden sein. In-soweit gelten dieselben Maßstäbe wie bei der Arbeitnehmerhaftung im Übrigen (siehe oben IV. 2. c).

Der Geschädigte muss Versicherter in der gesetzlichen Unfallversiche-rung sein, das Schadensereignis muss sich für ihn als Versicherungsfall darstellen. Der Unfallverursacher und der Geschädigte müssen im Unfall-zeitpunkt demselben Betrieb angehören oder auf einer gemeinsamen Be-triebsstätte (§ 106 Abs. 3 Alt. 3 SGB VII) tätig gewesen sein.

c) Umfang des Haftungsausschlusses

Ausgeschlossen sind die privatrechtlichen Schadensersatzansprüche des Versicherten, seiner Angehörigen und Hinterbliebenen wegen des Personenschadens, gleichgültig, auf welcher Rechtsgrundlage sie beru-hen. Ausgeschlossen ist auch das *Schmerzensgeld,* obwohl die Sozial-versicherungsträger keine dem Schmerzensgeld vergleichbaren (kongru-enten) Leistungen erbringen. Nicht vom Haftungsausschluss umfasst sind dagegen Sachschäden des Arbeitnehmers mit Ausnahme derjenigen Sachschäden, die durch § 8 Abs. 3 SGB VII Gesundheitsschäden gleich-gestellt sind.

d) Sonderfall: Arbeitsunfälle von Unternehmern

Der Arbeitgeber ist regelmäßig nicht selbst gesetzlich unfallversichert. Zu seinen Lasten ordnet § 105 Abs. 2 SGB VII ausdrücklich die Geltung des unfallversicherungsrechtlichen Haftungsprivilegs an. Damit wird – auf Kosten eines Systembruchs – dem Betriebsfrieden durch die Vermeidung von Rechtsstreitigkeiten zwischen Unternehmer und Beschäftigten gedient. Zum Ausgleich für den entgangenen Haftpflichtanspruch wird der nicht versicherte Unternehmer von der gesetzlichen Unfallversicherung wie ein Versicherter behandelt und erhält deren Leistungen, soweit die Ersatzpflicht des Schädigers nicht zivilrechtlich – z. B. wegen mangelnden Vertretenmüssens oder nach den Grundsätzen des innerbetrieblichen Schadensausgleichs – ausgeschlossen ist. Die Vereinbarkeit dieser Norm mit Art. 3 Abs. 1 GG ist zweifelhaft.

Nicht ausdrücklich geregelt ist dagegen, ob § 105 SGB VII auch den Ersatzanspruch eines *versicherten Unternehmers* gegen den ihn verletzenden Arbeitnehmer sperrt. Einige wenige (z. B. landwirtschaftliche) Unternehmer sind kraft Gesetzes unfallversichert, andere können sich der Versicherung freiwillig anschließen. Die h. M. zieht aus § 105 Abs. 2 SGB VII den Erst-recht-Schluss, dass auch die Ersatzansprüche des versicherten Unternehmers gesperrt sind.

e) Der praktische Fall

Haftungsprivilegierung wegen „betrieblicher Tätigkeit" bei handgreiflichen Auseinandersetzungen unter Arbeitskollegen: BAG vom 22. April 2004, NZA 2005, 163 *(„Stahlschienen-Fall")*

Zum Sachverhalt Die Parteien sind LKW-Fahrer und Arbeitskollegen. Am Nachmittag des 20. Februar 2001 waren Lastwagen zu be- und entladen. Als der Kläger vom Tanken zurückkam, raunzte der Beklagte ihn an, warum er sich so viel Zeit gelassen habe. Der Beklagte versetzte dem Kläger einen Stoß vor die Brust, worauf dieser einen Schritt rückwärts machte und über die Handgriffe eines dort stehenden Schubkarrens fiel. Beim Aufprall auf den Boden stieß der Kläger mit dem Rücken auf eine Stahlschiene. Er erlitt eine schwere Rückenverletzung, die zur Lähmung beider Beine führte. Seit dem Unfall ist der Kläger arbeitsunfähig krank. Der Vorfall wurde von der zuständigen Berufsgenossenschaft als Arbeitsunfall anerkannt, sie zahlt dem Kläger Verletztengeld. Er verlangt vom Beklagten den Ersatz seines weitergehenden Schadens sowie Schmerzensgeld.

Die Entscheidung Das BAG hat die Klage abgewiesen. Die Schadensersatzansprüche des Klägers (§ 823 Abs. 1 BGB, § 823 Abs. 2 BGB i.V. mit § 229 StGB) sind durch § 105 Abs. 1 SGB VII gesperrt. Der Stoß des Beklagten vor die Brust des Klägers stellt sich (noch) als „betriebliche Tätigkeit" dar. Entscheidend für das Vorliegen einer betrieblichen Tätigkeit und das Eingreifen des Haftungsausschlusses i. S. des § 105 Abs. 1 SGB VII ist, dass der Schaden durch eine Tätigkeit des Schädigers verursacht worden ist, die ihm von dem Betrieb oder für den Betrieb übertragen war oder die von ihm im Betriebsinteresse ausgeführt wurde. Eine betriebliche Tätigkeit in diesem Sinne liegt jedoch nicht nur dann vor, wenn ein Arbeitnehmer eine Aufgabe verrichtet, die in den engeren Rahmen des ihm zugewiesenen Aufgabenkreises fällt. Vielmehr umfasst der Begriff der betrieblichen Tätigkeit auch solche Verrichtungen, die in nahem Zusammenhang mit dem Betrieb und seinem betrieblichen Wirkungskreis stehen. Eine betriebliche Tätigkeit liegt vor, wenn der Schädiger bei objektiver Betrachtungsweise aus seiner Sicht im Betriebsinteresse handeln durfte, sein Verhalten unter Berücksichtigung der Verkehrsüblichkeit nicht untypisch ist und keinen Exzess darstellt.

Im konkreten Fall war die schädigende Handlung des Beklagten (der Stoß vor die Brust des Klägers) im Wesentlichen auf die Förderung der Betriebsinteressen ausgerichtet und damit betriebsbezogen. Zwar sind Tätlichkeiten unter Arbeitskollegen nicht zu billigen und grundsätzlich betrieblich nicht veranlasst. Im Streitfall waren die Grenzen der betrieblichen Tätigkeit jedoch noch nicht überschritten. Die schädigende Handlung stand im Zusammenhang mit dem Vorwurf, der Kläger habe sich beim Betanken des LKW zu viel Zeit und daher den Beklagten bei der körperlich anstrengenden Be- und Entladetätigkeit allein gelassen. Die Gemeinschaft der Arbeitnehmer bildet, so das BAG weiter, eine Arbeitsgemeinschaft, deren Aufgabe es ist, ein bestimmtes Arbeitsergebnis zu erzielen. Insoweit finde nicht nur eine ergebnisorientierte Arbeits- und Sozialkontrolle der Arbeitnehmer durch den Arbeitgeber, sondern auch unter den Arbeitnehmern selbst statt. Der Stoß des Beklagten habe den Kläger im Wesentlichen mit Nachdruck auf die Einhaltung der arbeitsvertraglichen Pflichten hinweisen und weder eine Körperverletzung darstellen noch eine Rauferei der Parteien einleiten sollen. Es habe sich um eine nicht untypische Situation zwischen Arbeitnehmern vergleichbarer beruflicher Stellung bei ihrem Zusammenwirken im Betrieb und eine dadurch hervorgerufene Gefahrenlage gehandelt. Die schädigende Handlung war mithin in ihrer Anlage und nach ihrer Intention im Wesentlichen auf die Förderung der Betriebsinteressen ausgerichtet.

Der Beklagte hat schließlich nicht vorsätzlich gehandelt. Vorsatz ist das Wissen und Wollen des rechtswidrigen Erfolges. Eine „Entsperrung" der Haftung findet nur statt, wenn der Unfallverursacher den rechtswidrigen Erfolg vorausgesehen und in seinen Willen aufgenommen hat; der Erfolg muss von ihm billigend in Kauf genommen worden sein. Dabei genügt es nicht, dass sich der Vorsatz nur auf die Verletzungshandlung bezieht. Dieser muss sich vielmehr auch auf den Verletzungserfolg, den Personenschaden, erstrecken. Der Beklagte hatte aber weder den Unfall noch die schwere Schädigung des Klägers herbeiführen wollen.

VI. Die Haftung der Arbeitnehmer gegenüber Dritten

1. Haftung im Außenverhältnis

Wird ein außerhalb des Arbeitsverhältnisses stehender Dritter durch einen Arbeitnehmer geschädigt, ist eine Differenzierung zwischen Personen- und Sachschäden nicht erforderlich, da das unfallversicherungsrechtliche Haftungsprivileg für Personenschäden – außer in den Fällen des § 106 Abs. 3 Alt. 3 SGB VII – nicht greift, der Arbeitnehmer also auch Personenschäden ersetzen muss.

Im *Außenverhältnis* zwischen dem Arbeitnehmer und dem geschädigten Dritten haftet der Arbeitnehmer nach Maßgabe des § 823 Abs. 1 BGB (und ggf. anderen in Betracht kommenden Tatbeständen, mangels Schuldverhältnis zwischen ihm und dem Dritten aber nicht aus § 280

Abs. 1 BGB) unbeschränkt. Der BGH hat es abgelehnt, das Haftungsprivileg des Arbeitnehmers auf die Fälle der Schädigung Dritter zu erstrecken.[158]

2. Freistellung im Innenverhältnis

Im *Innenverhältnis* zu seinem Arbeitgeber kann der Arbeitnehmer aber – wie bei der Verursachung von Sachschäden bei Arbeitskollegen – analog § 257 BGB nach Maßgabe des innerbetrieblichen Schadensausgleichs Freistellung von der Ersatzpflicht und, soweit er bereits gezahlt hat, Zahlung an sich verlangen. Damit steht der Arbeitnehmer im Ergebnis genauso, als ob er nicht einen Dritten, sondern seinen Arbeitgeber geschädigt hätte, haftet also letztlich nur nach Maßgabe seines Verschuldens. Dies gilt freilich nur so lange, wie der Freistellungs- bzw. Zahlungsanspruch gegen den Arbeitgeber realisierbar ist. Das *Insolvenzrisiko* des Arbeitgebers trägt nicht der geschädigte Dritte (der in vollem Umfang vom Arbeitnehmer Schadensersatz beanspruchen kann), sondern der Arbeitnehmer, der seinen Regressanspruch nicht zu realisieren vermag.

3. Der praktische Fall

Haftung des Arbeitnehmers gegenüber Dritten; gescheiterter innerbetrieblicher Schadensausgleich: BGH vom 19. September 1989, BGHZ 108, 305 *(„Leasing-Fall")*

Zum Sachverhalt Die klagende GmbH, eine Autohandlung, hat dem damaligen Arbeitgeber des Beklagten, der R-AG, im Wege des Leasings einen Pkw zur Nutzung überlassen. Die R-AG stellte das Fahrzeug dem Beklagten zur Verfügung, der als Verkaufsrepräsentant im Angestelltenverhältnis für sie tätig war. Ihm war vertraglich die Benutzung des Wagens auch für private Zwecke, für Urlaubsfahrten nach Genehmigung des Bereichsleiters, gestattet. In den frühen Morgenstunden des 26. Oktober 1985 verlor der Beklagte auf einer Dienstfahrt, möglicherweise infolge

---

[158] BGH vom 19. September 1989, BGHZ 108, 305 (307 ff.); vom 2. Februar 2006, VersR 2006, 1497 (1497).

Reifglätte, die Kontrolle über den Wagen und geriet gegen eine Leit-
planke. Der Klägerin entstand ein Schaden von ca. 4.000 Euro, dessen
Ersatz sie vom Beklagten verlangt. Die R-AG ist zahlungsunfähig.

Die Entscheidung Der BGH hat der Klage stattgegeben. Der Beklagte
hafte der Klägerin wegen der fahrlässigen Beschädigung deren Eigentums aus § 823 Abs. 1 BGB. Dahinstehen könne, ob den Kläger nur
leichte oder mittlere Fahrlässigkeit treffe. Dies könne ihn zwar im Verhältnis zu seiner Arbeitgeberin, nicht aber der Klägerin analog § 254 BGB teilweise entlasten. Das Deliktsrecht lasse im Hinblick darauf, dass zwischen
den Parteien keine vertraglichen Beziehungen bestehen, für eine Berücksichtigung der Grundsätze zur Haftungsbeschränkung bei betrieblicher
Tätigkeit im Verhältnis zur Klägerin keinen Raum. Wortlaut und Systematik des Deliktsrechts böten für eine haftungsrechtliche Sonderbehandlung
von Schäden durch Arbeitnehmer keinen Ansatz. Das Risiko, dass der
Freistellungsanspruch des Arbeitnehmers gegen den Arbeitgeber wegen
dessen Insolvenz nicht realisierbar ist, geht zu Lasten des Arbeitnehmers
als des Inhabers dieses Freistellungsanspruchs.

Eine Möglichkeit zur Rechtsfortbildung mit dem Ziel, die im Innenverhältnis zum Arbeitgeber beschränkte Haftung des Arbeitnehmers auf das Außenverhältnis zu Dritten zu übertragen, bestehe weder allgemein noch
beschränkt auf Fälle der Insolvenz des Arbeitgebers noch beschränkt auf
Betriebsmittel. Angesichts des Fehlens anderweitiger geeigneter Anknüp-
fungsgesichtspunkte käme eine Rechtsfortbildung allenfalls in Betracht,
wenn sich in Ausweitung der Rechtsprechung zur beschränkten Haftung
des Arbeitnehmers und unter Lösung von ihrer arbeitsvertraglichen Begründung eine gefestigte Rechtsüberzeugung dahin entwickelt hätte,
dass der Arbeitnehmer nicht oder nur eingeschränkt hafte. Eine allgemeine Rechtsüberzeugung dieser Art besteht jedoch nicht.

Schließlich vermochte der BGH auch dem Leasingvertrag zwischen der
Klägerin und der R-AG keine Haftungsbeschränkung zugunsten des Beklagten entnehmen.

C. Pflichten des Arbeitgebers

I. Vergütungspflicht

Nach § 611a Abs. 2 BGB besteht die Hauptpflicht des Arbeitgebers darin, eine Arbeitsvergütung zu zahlen. Die Vergütung kann sich aus dem *Grundlohn* und gegebenenfalls aus verschiedenen Vergütungssonderformen, insbesondere *Provisionen,* Tantiemen und Gewinnbeteiligungen, Boni, *Gratifikationen* und Anwesenheitsprämien zusammensetzen; hinzu kommen können u. U. auch *Sachbezüge* wie Dienstwagen, Diensthandy, Aktienoptionen etc.

In der Regel wird das Arbeitsentgelt in Geld geschuldet, siehe § 107 Abs. 1 GewO. Nach § 614 BGB ist die Vergütung nach der Leistung der Dienste bzw. am Ende eines Abrechnungszeitraums (Woche, Monat) zu entrichten. Somit ist der Arbeitnehmer vorleistungspflichtig. Allerdings ist § 614 BGB dispositives Recht. Da die Zahlungstermine üblicherweise durch Tarifvertrag, Betriebsvereinbarung oder Arbeitsvertrag bestimmt sind, ist die praktische Bedeutung der Vorschrift gering.

Gemäß § 108 Abs. 1 GewO ist dem Arbeitnehmer bei Zahlung des Arbeitsentgelts eine Abrechnung in Textform zu erteilen, die mindestens Angaben über Abrechnungszeitraum und Zusammensetzung des Arbeitsentgelts enthält.

1. Höhe der Vergütung

a) Vereinbarung und Fiktion einer Vergütungsvereinbarung

Die Höhe der Vergütung ergibt sich aus dem *Arbeits-* oder dem einschlägigen *Tarifvertrag* (Betriebsvereinbarungen sind wegen § 77 Abs. 3 BetrVG unzulässig), entweder unmittelbar (Monatslohn) oder unter Berücksichtigung der Arbeitszeit bzw. der geleisteten Arbeit (Stunden- bzw. Akkordlohn).

Bei *beiderseitiger Tarifbindung* (§ 4 Abs. 1, § 3 Abs. 1 TVG) muss der Arbeitgeber mindestens den Tariflohn zahlen, wobei dies der vertraglichen Vereinbarung eines höheren Entgelts aber nicht entgegensteht (§ 4 Abs. 3 TVG: Günstigkeitsprinzip). Bei fehlender Tarifbindung des Arbeitgebers besteht oberhalb des Mindestlohns hinsichtlich der Entgelthöhe grundsätzlich Vertragsfreiheit. Ausnahmen bestehen, wenn ein Tarifvertrag im öffentlichen Interesse für allgemeinverbindlich erklärt wurde (§ 5 Abs. 1 TVG) oder das Bundesministerium für Arbeit und Soziales durch Rechtsverordnung nach § 7 AEntG die Geltung seiner Rechtsnormen auf alle Arbeitnehmer erstreckt hat. Im Grundsatz in gleicher Weise frei sind die Vertragsparteien, wenn zwar der Arbeitgeber, nicht aber der Arbeitnehmer tarifgebunden ist. Hier hat der Arbeitnehmer aber jederzeit die Möglichkeit, durch seinen Beitritt zur tarifschließenden Gewerkschaft (ex nunc) den Tariflohnanspruch zu erwerben.[159]

Haben sich die Parteien nicht oder nicht wirksam über die (Höhe der) Vergütung verständigt, so liegt ein offener Dissens vor. Eine Vergütung gilt als stillschweigend vereinbart, und zwar nach *§ 612 BGB die ortsübliche Vergütung,* was im Zweifel der Tariflohn einschließlich aller tariflichen Sonderleistungen wie Weihnachts- und Urlaubsgeld ist.[160] Ansonsten steht dem Arbeitgeber analog §§ 315, 316 BGB ein Leistungsbestimmungsrecht zu, das von den Gerichten nur daraufhin überprüft werden kann, ob es nach billigem Ermessen ausgeübt worden ist.

b) Grenzen der Vereinbarungsfreiheit

aa) Mindestlohn

Mit dem durch das Mindestlohngesetz (MiLoG) zum 1. Januar 2015 eingeführten allgemeinen Mindestlohn als *Bruttostundenlohn von (damals) 8,50 Euro* wurde eine untere Grenze zulässiger Entgeltgestaltung geschaffen. Der Mindestlohn dient dem Schutz der Arbeitnehmer vor unangemessen niedrigen Löhnen und der Entlastung der sozialen Sicherungssysteme.[161] Ein alleinstehender Vollzeitbeschäftigter soll bei durchschnittlicher Wochenarbeitszeit ein Monatseinkommen oberhalb der Pfändungsfreigrenze gemäß § 850c Abs. 1 Satz 1 ZPO erhalten. Der Mindestlohn

---

[159] BAG vom 28. März 2000, NZA 2000, 1294 (1296).
[160] BAG vom 14. Juni 1994, NZA 1995, 178 (180).
[161] BT-Drucks. 18/1558, S. 27 f.

wird alle zwei Jahre auf Vorschlag einer paritätisch besetzten Kommission angepasst (§ 9 Abs. 1 MiLoG). Seit 1. Januar 2017 beträgt er 8,84 Euro je Zeitstunde. Die nächste Anpassung steht für den 1. Januar 2019 an.

Nach § 1 Abs. 1 MiLoG hat *jeder Arbeitnehmer einen Anspruch* auf Zahlung des gesetzlichen Mindestlohns. Gleiches gilt grundsätzlich für Praktikanten, jedoch sind bestimmte Praktikumsverhältnisse nach § 22 Abs. 1 Satz 2 MiLoG ausgenommen. Vom Anwendungsbereich des MiLoG nicht erfasst sind Minderjährige ohne abgeschlossene Berufsausbildung (§ 22 Abs. 2 MiLoG), Auszubildende und ehrenamtlich Tätige (§ 22 Abs. 3 MiLoG). Für Arbeitnehmer, die unmittelbar vor der Beschäftigung langzeitarbeitslos waren, besteht in den ersten sechs Monaten der Beschäftigung kein Anspruch auf den Mindestlohn (§ 22 Abs. 4 MiLoG). Übergangsregelungen bestehen für bestimmte tarifvertraglich festgelegte Mindestlöhne sowie für Zeitungszusteller (§ 24 MiLoG).

Der *Arbeitgeber* ist nach § 20 MiLoG zur *Zahlung des Mindestlohns verpflichtet*. Verstößt er gegen diese Pflicht vorsätzlich oder fahrlässig, so handelt er nach § 21 Abs. 1 Nr. 9 MiLoG ordnungswidrig und hat mit einem Bußgeld von bis zu 500.000 Euro zu rechnen.

Mit dem Mindestlohn ist jede *„Zeitstunde"* zu vergüten. Arbeitsbereitschaft und Bereitschaftsdienst sind als Arbeitszeit zu betrachten, Rufbereitschaft hingegen nicht.[162] Auch wenn § 1 Abs. 2 MiLoG eine Stundenvergütung in Geld vorsieht, so sind *andere Vergütungsformen* nicht ausgeschlossen. Ist ein anderer Zeitlohn vereinbart, beispielsweise ein Wochen- oder Monatslohn, so ist das Entgelt auf die tatsächlich geleisteten Arbeitsstunden umzurechnen. Die Vereinbarung von Akkord- und Stücklöhnen ist unter der Voraussetzung zulässig, dass der Mindestlohn für die geleisteten Arbeitsstunden nicht unterschritten wird.[163] Verringert sich der variable Vergütungsbestandteil beispielsweise infolge eines Leistungsabfalls, so ist der Grundlohn so weit anzuheben, bis die Mindestlohnhöhe erreicht ist.

Problematisch ist die *Anrechnung* von Leistungen des Arbeitgebers auf den Mindestlohn. Nach Auffassung des BAG setzt eine Anrechenbarkeit

---

[162] BAG vom 29. Juni 2016, NZA 2016, 1332 (1334); ebenso zum Mindestlohn in der Pflegebranche BAG vom 19. November 2014, AP BGB § 611 Nr. 24.
[163] BT-Drucks. 18/1558, 34.

eine „*funktionale Gleichwertigkeit*" der Leistungen voraus.[164] Somit kann eine Arbeitgeberleistung angerechnet werden, wenn sie nach ihrer Zweckbestimmung als Gegenleistung zu der vertraglich geschuldeten Tätigkeit des Arbeitnehmers dienen soll. Nicht anrechenbar sind Zahlungen, die vornehmlich aus sozialen oder ähnlichen Gründen erfolgen[165] oder die mit der Arbeitsleistung in keinem Zusammenhang stehen (Treueprämien, Jubiläumszahlungen). Nicht anrechenbar sind auch Zahlungen für erschwerte Arbeitsbedingungen wie Erschwernis, Schmutz- und Gefahrenzulagen, Zuschläge für Sonn- und Feiertagsarbeit, Überstunden und Nachtarbeit (anders bei bloßen Spätschichtzulagen)[166] sowie vermögenswirksame Leistungen,[167] zusätzliches Urlaubsgeld,[168] Kosten für auswärtige Unterbringung und Essenszuschüsse.[169] Gratifikationen dürfen nur angerechnet werden, wenn sie innerhalb der Fälligkeit (§ 2 MiLoG) gezahlt werden.

Sind *Sachbezüge* (beispielsweise die Privatnutzung eines Dienstwagens oder eine zur Verfügung gestellte Unterkunft und Verpflegung) vereinbart oder werden überlassene Waren auf das Arbeitsentgelt angerechnet, so hat der Arbeitgeber den Lohn zumindest in Höhe des Pfändungsfreibetrags (§ 850c ZPO) in Geld zu leisten (§ 107 Abs. 2 Satz 5 GewO). Im Niedriglohnsektor bleibt daher wenig Raum für eine Anrechnung von Sachbezügen. *Trinkgelder* im Sinne des § 107 Abs. 3 Satz 2 GewO sind nur anrechnungsfähig, wenn sie aufgrund einer vertraglichen Vereinbarung einen Sachbezug darstellen.

Nach § 3 MiLoG darf der Anspruch auf den Mindestlohn *nicht abbedungen* werden. Ein Verzicht ist nur im Rahmen eines gerichtlichen Vergleichs zulässig. Ausschlussfristen und Verfallklauseln sind nach § 134 BGB unwirksam. Verstößt eine Klausel gegen § 3 MiLoG, so kann sie aufgrund des Wortlauts („insoweit") geltungserhaltend reduziert werden. Das Verbot abweichender Vereinbarungen ist jedenfalls bezüglich des Mindestlohns auch dann zu berücksichtigen, wenn das Entgelt des Arbeitnehmers

---

[164] BAG vom 18. April 2012, NZA 2013, 386 (389).
[165] EuGH vom 12. Februar 2015, NZA 2015, 345 (345 ff.).
[166] BAG vom 16. April 2014, NZA 2014, 1277 (1280 f.).
[167] BAG vom 16. April 2014, NZA 2014, 1277 (1282).
[168] ArbG Berlin vom 4. März 2015, DB 2015, 1664.
[169] EuGH vom 12. Februar 2015, NZA 2015, 345 (348).

deutlich über 8,84 Euro pro Stunde liegt, da jedes Gehalt anteilig auch den Mindestlohn umfasst.

Wird ein Arbeitnehmer wegen der Geltendmachung des Mindestlohnanspruchs gekündigt, so ist die *Kündigung* nach § 612a BGB unwirksam.[170] Ebenso ist eine Änderungskündigung unwirksam, wenn sie auf die Anrechnung bestimmter Lohnbestandteile auf den Mindestlohn abzielt.[171]

§ 13 MiLoG statuiert durch den Verweis auf § 14 AEntG eine *Haftung des Unternehmers*, der einen anderen Unternehmer mit der Erbringung von Werk- oder Dienstleistungen beauftragt. Zahlt der Sub- oder Nachunternehmer oder ein von diesen beauftragtes Arbeitnehmerüberlassungsunternehmen seinen Arbeitnehmern nicht den Mindestlohn, so haftet der Auftraggeber wie ein Bürge, der auf die Einrede der Vorausklage verzichtet hat. Die drohende Haftung soll den Auftraggeber dazu veranlassen, nur solche Subunternehmer zu beauftragen, die eine größtmögliche Gewähr für die Erfüllung der Mindestlohnansprüche ihrer Arbeitnehmer bieten. Die Beauftragung unzuverlässiger Subunternehmer kann nach § 21 Abs. 2 MiLoG sogar eine bußgeldbewehrte Ordnungswidrigkeit darstellen.

bb) Lohnwucher

Oberhalb des Mindestlohns sind die Vertragsparteien in der Vereinbarung der Vergütungshöhe frei. Auch in Allgemeinen Geschäftsbedingungen findet eine Kontrolle des Verhältnisses von Leistung und Gegenleistung nicht statt (§ 307 Abs. 3 Satz 1 BGB). Vergütungsabreden sind aber sittenwidrig, wenn Leistung und Gegenleistung in einem objektiven Missverhältnis zueinander stehen. Einzelheiten dazu in Teil 1 E. III.

cc) Gleichbehandlung

Einen generellen Anspruch auf Gleichbehandlung beim Arbeitsentgelt („gleicher Lohn für gleiche Arbeit") gibt es nicht. Dieser kann gleichwohl aus besonderen Tatbeständen (Art. 157 AEUV, § 7 AGG u. a.) oder aus dem allgemeinen Gleichbehandlungsgrundsatz resultieren.

---

[170] ArbG Berlin vom 17. April 2015, BB 2015, 1395.
[171] ArbG Berlin vom 4. März 2015, DB 2015, 1664.

Der Arbeitgeber ist durch den *Gleichbehandlungsgrundsatz nicht gehindert,* die gleiche Tätigkeit von Arbeitnehmern ungleich zu vergüten. Der auch hier geltende Grundsatz der Vertragsfreiheit ist nur durch verschiedene rechtliche Bindungen wie Diskriminierungsverbote und tarifliche Mindestentgelte eingeschränkt.[172] Der Gleichbehandlungsgrundsatz kommt nicht zur Anwendung, wenn es sich um individuell vereinbarte Löhne und Gehälter handelt und der Arbeitgeber nur einzelne Arbeitnehmer besser stellt.[173] Der Grundsatz „Gleicher Lohn für gleiche Arbeit" ist keine allgemein gültige Anspruchsgrundlage. Der Gleichbehandlungsgrundsatz gebietet dem Arbeitgeber nur, seine Arbeitnehmer oder Gruppen seiner Arbeitnehmer, die sich in vergleichbarer Lage befinden, bei Anwendung einer selbst gesetzten Regel gleich zu behandeln. Er verbietet eine willkürliche Schlechterstellung einzelner Arbeitnehmer innerhalb der Gruppen und eine sachfremde Gruppenbildung.[174]

§ 7 AGG enthält in Verbindung mit § 1 AGG u. a. das Verbot *geschlechtsbezogener Diskriminierungen.* Die Vorschrift setzt das unionsrechtliche Entgeltgleichheitsgebot in nationales Recht um und genießt normativen Vorrang vor Art. 157 AEUV. Eine Entgeltvereinbarung, die mit §§ 1, 7 AGG unvereinbar ist, verstößt gegen ein Verbotsgesetz im Sinne von § 134 BGB und ist daher nichtig. Die Rechtsfolge kann für die Vergangenheit nur darin bestehen, dass dem Arbeitnehmer das Entgelt nachgezahlt wird, das ihm in diskriminierender Weise vorenthalten wurde. Für die Zukunft ist demgegenüber lediglich eine Angleichung der Vergütungen gefordert, diese muss aber nicht zwingend das bislang höhere Niveau erreichen. Aus § 15 AGG kann weiterhin ein Anspruch auf Schadensersatz oder Entschädigung entstehen.

§ 7 i.V. mit § 1 AGG untersagt zudem Benachteiligungen wegen des *Alters.* Aus diesem Grunde sind Entgeltstaffeln (auch in Tarifverträgen), die unmittelbar an das Lebensalter anknüpfen, unzulässig.[175] Die Arbeitneh-

---

[172] BAG vom 21. Juni 2000, NZA 2000, 1050 (1051).
[173] BAG vom 1. Dezember 2004, NZA 2005, 289 (291).
[174] BAG vom 29. September 2004, NZA 2005, 183 (183); vom 1. Dezember 2004, NZA 2005, 289 (291).
[175] EuGH vom 8. September 2011 „*Hennings und Mai*", NZA 2011, 1100 (1102 ff.); BAG vom 20. Mai 2010, NZA 2010, 768 (770 ff.); vom 10. November 2011, NZA 2012, 161 (162 ff.).

mer haben dann Anspruch auf das Entgelt nach dem höchsten Lebensalter. In der Regel zulässig sind demgegenüber Entgeltstaffeln, die an die Betriebs- oder Berufszugehörigkeit anknüpfen. Auch sie differenzieren zwar (mittelbar) nach dem Alter, sind aber nach § 3 Abs. 2 AGG gerechtfertigt, da eine längere Beschäftigungsdauer den Arbeitnehmer typischerweise befähigt, seine Arbeit besser zu verrichten.[176]

dd) Entgelttransparenz

Um das Gebot des gleichen Entgelts für Frauen und Männer bei gleicher oder gleichwertiger Arbeit auch in der Praxis besser durchzusetzen, gewährt das EntgTranspG den Arbeitnehmern und dem Betriebsrat Auskunftsansprüche gegen den Arbeitgeber und legt diesem weitere organisatorische Pflichten auf. Dabei differenziert das Gesetz sowohl zwischen Unternehmen verschiedener Größe als auch danach, ob diese tarifgebunden sind bzw. in ihnen ein Betriebsrat existiert oder nicht.

Beschäftigte (das ist die wegen der sozialrechtlichen Belegung dieses Begriffs etwas unglückliche geschlechtsneutrale Formulierung für Arbeitnehmer; gemeint sind natürlich vor allem Arbeitnehmerinnen) können nach §§ 10 ff. EntgTranspG alle zwei Jahre sowohl Auskunft über die Kriterien und das Verfahren der Entgeltfindung (§ 11 Abs. 2 EntgTranspG) als auch über das Entgelt vergleichbarer Arbeitnehmer beanspruchen (§ 11 Abs. 3 EntgTranspG). Adressat des Auskunftsanspruchs ist in Betrieben tarifgebundener oder tarifanwendender Betriebe der Betriebsrat (§ 14 Abs. 1 Satz 1 EntgTranspG), dieser informiert den Arbeitgeber über eingehende Auskunftsverlangen in anonymisierter Form (§ 14 Abs. 1 Satz 3 EntgTranspG). Besteht kein Betriebsrat, ist der Arbeitgeber selbst zur Auskunft verpflichtet (§ 14 Abs. 3 Satz 1 EntgTranspG). Besteht keine Tarifbindung des Arbeitgebers und wendet dieser auch nicht (vertraglich) den einschlägigen Tarifvertrag an, ist grundsätzlich er selbst zur Auskunft verpflichtet (§ 15 Abs. 1 EntgTranspG). Besteht aber im Betrieb ein Betriebsrat, ist das Auskunftsverlangen an ihn zu richten (§ 15 Abs. 2 EntgTranspG). Obwohl das Gesetz also in den §§ 14 und 15 nach der Tarifbindung des Arbeitgebers zu unterscheiden scheint, kommt es in Wahrheit darauf an, ob ein Betriebsrat existiert.

---

[176] EuGH vom 3. Oktober 2006 „Cadman", NZA 2006, 1205 (1206).

Existiert ein Betriebsrat, hat der Arbeitgeber dem Betriebsausschuss (§ 27 BetrVG) Einblick in die Listen über die Bruttolöhne und -gehälter der Beschäftigten zu gewähren und diese aufzuschlüsseln. Die Entgeltlisten müssen nach Geschlecht differenziert alle Entgeltbestandteile einschließlich übertariflicher Zulagen und solcher Zahlungen, die individuell ausgehandelt und gezahlt werden, enthalten. Die Entgeltlisten sind so aufzubereiten, dass der Betriebsausschuss im Rahmen seines Einblicksrechts (§ 80 Abs. 2 Satz 2 BetrVG)[177] die Auskunft ordnungsgemäß erfüllen kann (§ 15 Abs. 3 EntgTranspG). Darüber hinaus sollen private Arbeitgeber mit in der Regel mehr als 500 Beschäftigten mithilfe betrieblicher Prüfverfahren ihre Entgeltregelungen und die verschiedenen gezahlten Entgeltbestandteile sowie deren Anwendung regelmäßig auf die Einhaltung des Entgeltgleichheitsgebots zu überprüfen (§ 17 Abs. 1 EntgTranspG).

c) Der praktische Fall

aa) Mindestlohn

Erfüllung des Mindestlohnanspruchs durch anteilig gezahltes Weihnachtsgeld: BAG vom 25. Mai 2016, NZA 2016, 1327 („Cafeteria-Fall")

Zum Sachverhalt Die Klägerin ist in der Cafeteria der Beklagten beschäftigt. Bis Ende 2014 erhielt sie einen Stundenlohn in Höhe von 8,03 Euro, zusätzlich im Mai und im November jeweils ein halbes Monatsgehalt als Urlaubs- bzw. Weihnachtsgeld. Kurz vor Inkrafttreten des MiLoG am 1. Januar 2015 vereinbarte die Arbeitgeberin mit dem bei ihr gebildeten Betriebsrat, dass das Urlaubs- und Weihnachtsgeld künftig kontinuierlich ausgezahlt werde, jeder Arbeitnehmer also monatlich einen Zuschlag von 1/12 erhält. Dementsprechend zahlte sie der Klägerin für 173,33 Arbeitsstunden einen Monatslohn in Höhe von 1.507,30 Euro (= 8,70 Euro/Stunde). Die Klägerin hält dies für unzulässig und verlangt die Zahlung des Mindestlohns (im streitigen Zeitraum 8,50 Euro/Stunde) für die geleisteten Arbeitsstunden ohne Berücksichtigung des anteiligen Urlaubs- bzw. Weihnachtsgelds.

Die Entscheidung Die Klage blieb ohne Erfolg. Die Arbeitgeberin hat den Anspruch auf Mindestlohn nach § 1 Abs. 1 MiLoG durch die Zahlung von 1.507,30 Euro für 173,33 Arbeitsstunden im Monat erfüllt (§ 362

---

[177] BAG vom 14. Januar 2014, NZA 2014, 738 (738 f.).

Abs. 1 BGB). Die im arbeitgeberseits vorformulierten Arbeitsvertrag enthaltene Abrede, das Urlaubs- und Weihnachtsgeld in den Monaten Mai und November auszuzahlen, ist durch die nachfolgende Betriebsvereinbarung wirksam abgelöst worden. Die Abrede stand unter dem konkludenten Vorbehalt einer abweichenden Regelung durch die Betriebsparteien. Das damit ab 2015 stets innerhalb der Fälligkeit (§ 2 Abs. 1 Nr. 2 MiLoG) anteilig gezahlte Urlaubs- und Weihnachtsgeld ist – wie alle im Synallagma stehenden Geldleistungen des Arbeitgebers – geeignet, den Mindestlohnanspruch zu erfüllen. Nur solchen Zahlungen, die der Arbeitgeber ohne Rücksicht auf tatsächliche Arbeitsleistung erbringt oder die auf einer besonderen gesetzlichen Zweckbestimmung beruhen, fehlt die Erfüllungswirkung.

bb) Anknüpfung an die Dauer der Betriebszugehörigkeit

Rechtfertigung einer Benachteiligung durch Anknüpfung an die Dauer der Betriebszugehörigkeit: EuGH vom 3. Oktober 2006, NZA 2006, 1205 (*„Cadman"*)

Zum Sachverhalt Die Klägerin, Frau Cadman, ist beim britischen Gesundheits- und Sicherheitsamt HSE beschäftigt. Die Vergütungsregelungen bei HSE wurden in den vergangenen Jahren wiederholt geändert, wobei den Arbeitnehmern jeweils Bestandsschutz gewährt wurde, soweit die Neuregelung für sie ungünstiger war. Frau Cadman ist der Auffassung, sie werde bei der Vergütung wegen ihres Geschlechts diskriminiert. Sie ist seit fünf Jahren als Inspektorin der Entgeltgruppe 2 auf einem Dienstposten mit Leitungsfunktionen tätig, hier verdient sie ca. 35.000 britische Pfund (GBP). Vier männliche Kollegen verdienen in derselben Entgeltgruppe zwischen 39.000 und 44.000 GBP. Allerdings sind diese Kollegen schon länger als Frau Cadman bei HSE beschäftigt, teilweise allerdings früher auf niedriger vergüteten Arbeitsplätzen. Der High Court of Justice hat den EuGH um Vorabentscheidung ersucht, ob die Ungleichbehandlung von Frau Cadman gegen Art. 157 AEUV verstößt.

Die Entscheidung Der EuGH hat eine Benachteiligung von Frau Cadman wegen des Geschlechts (Art. 157 Abs. 1 AEUV) verneint. Zwar befänden sich die männlichen Kollegen von Frau Cadman in der gleichen Entgeltgruppe wie sie. Sie seien aber bereits länger bei HSE beschäftigt und wiesen daher eine höhere Betriebszugehörigkeit auf. Der Rückgriff auf das Kriterium des Dienstalters sei in der Regel zur Erreichung des legitimen Zieles, die Berufserfahrung zu honorieren, geeignet. Längere Berufserfahrung befähige den Arbeitnehmer, seine Arbeit besser zu verrichten. Der Arbeitgeber brauche nicht besonders darzulegen, dass der Rückgriff auf die Betriebszugehörigkeit zur Erreichung des genannten Zieles in Bezug auf einen bestimmten Arbeitsplatz geeignet ist, solange der Arbeitnehmer keine Anhaltspunkte liefert, die geeignet sind, ernstliche Zweifel in dieser Hinsicht aufkommen zu lassen. Verwende der Arbeitgeber zur Festlegung des Entgelts ein System beruflicher Einstufung, dem eine Bewertung der zu verrichtenden Arbeit zu Grunde liegt, brauche er nicht nachzuweisen, dass ein individuell betrachteter Arbeitnehmer während des einschlägigen Zeitraums tatsächlich eine Erfahrung erworben hat, die es ihm ermöglicht hat, seine Arbeit besser zu verrichten.

cc) Anknüpfung an das Lebensalter

Keine Rechtfertigung einer unmittelbaren Benachteiligung wegen des Alters durch Anknüpfung der Entgeltstaffel an das Lebensalter: EuGH vom 8. September 2011, NZA 2011, 1100 *("Hennings und Mai")*

Zum Sachverhalt Der – inzwischen durch den TVöD abgelöste – frühere Bundes-Angestelltentarifvertrag (BAT) sah vor, dass sich die Vergütung des Angestellten im öffentlichen Dienst nach der Art der verrichteten Tätigkeit (Eingruppierung) und dem Lebensalter richtete. Bis zum 47. bzw. 49. Lebensjahr stieg das Entgelt alle zwei Jahre. Der 42-jährige Herr Mai fühlte sich wegen seines Lebensalters benachteiligt und verlangte, ihn nach der höchsten Altersstufe (47 Jahre) zu entlohnen. Der Gehaltsunterschied betrug rund 450 Euro monatlich. Das BAG hat den EuGH um Vorabentscheidung ersucht.

Die Entscheidung Der EuGH hat eine Diskriminierung des Klägers wegen seines Alters (Art. 1 RL 2000/78/EG) bejaht. Die Gehaltsstaffel des BAT benachteiligte jüngere Arbeitnehmer unmittelbar wegen ihres Alters. Selbst wenn sie eine genauso lange oder gar längere Betriebszugehörigkeit aufwiesen, erhielten sie ein geringeres Entgelt als ältere Kollegen in der gleichen Vergütungsgruppe. Dies war nicht gerechtfertigt.

Eine Rechtfertigung ergab sich nicht schon aus der Tarifautonomie. Zwar können die Sozialpartner auf nationaler Ebene Maßnahmen vorsehen, die Ungleichbehandlungen wegen des Alters einschließen. Sie verfügen nicht nur bei der Entscheidung darüber, welches konkrete Ziel von mehreren im Bereich der Arbeits- und Sozialpolitik sie verfolgen wollen, sondern auch bei der Festlegung der Maßnahmen zu seiner Erreichung über ein weites Ermessen. Das Recht auf Kollektivverhandlungen muss aber im Einklang mit dem Unionsrecht ausgeübt werden. Deshalb müssen die Sozialpartner beim Abschluss von Tarifverträgen das in der RL 2000/78/EG normierte Verbot der Diskriminierung wegen des Alters beachten.

Anders als in der Rechtssache *Cadman* werde durch den BAT die längere Betriebszugehörigkeit und Berufserfahrung allenfalls mittelbar, primär aber das Alter honoriert. So erhalte ein neu eingestellter 30-Jähriger bei gleicher Tätigkeit ein höheres Entgelt als ein bereits seit acht Jahren beschäftigter 28-Jähriger. Dies sei nicht gerechtfertigt.

2. Entgeltsicherung

Das Arbeitseinkommen bildet regelmäßig die wesentliche Einkommensquelle des abhängig Beschäftigten und dient seiner Familie als Existenzgrundlage. Durch *Pfändungs-, Abtretungs- und Aufrechnungsbeschränkungen* (vgl. die Verweisung der §§ 400, 1474 Abs. 2, § 394 BGB auf die §§ 850 ff. ZPO) wird daher zum einen der Zugriff von Gläubigern auf das Arbeitseinkommen begrenzt, anderseits wird der Arbeitnehmer vor eigenen leichtfertigen Verfügungen geschützt.

Der Entgeltsicherung und damit dem Schutz des Existenzminimums dienen auch die einschlägigen Vorschriften bei *Arbeitgeberinsolvenz*. Wegen der Ansprüche der letzten drei Monate vor Eröffnung des Insolvenzverfahrens erhält der Arbeitnehmer, falls er bei Eröffnung des Insolvenzverfahrens oder der Abweisung des Eröffnungsantrages mangels Masse noch rückständiges Arbeitsentgelt beanspruchen kann, Insolvenzgeld durch die Bundesagentur für Arbeit (§§ 165 ff. SGB III).

Der Sicherung des Geldlohnanspruchs gegenüber dem Arbeitgeber dient auch das sog. Truck- und Kreditierungsverbot in § 107 Abs. 2 GewO. Vereinbarungen, die hiergegen verstoßen, sind nach § 134 BGB nichtig.

Sachbezüge dürfen als Teil des Arbeitsentgelts vereinbart werden, wenn der Arbeitnehmer daran interessiert ist oder ihre Gewährung der Eigenart des Arbeitsverhältnisses entspricht.

Beispiel Nutzung eines Kfz., Mobiltelefons oder PC auch zu privaten Zwecken. Auch Aktien sind als Sachbezug zu betrachten. In der Eigenart des Beschäftigungsverhältnisses begründet ist etwa die Abgabe von Deputaten als anrechenbarer Teil des Arbeitsentgelts in der Gastronomie, im Brauerei- oder Tabakgewerbe.

3. Gratifikationen

a) Begriff und Rechtsgrundlagen

Der Arbeitgeber kann seinen Arbeitnehmern auch Sonderzuwendungen, sog. Gratifikationen, gewähren. Dies sind Leistungen, die der Arbeitgeber zusätzlich zum laufenden Arbeitsentgelt erbringt und die nur zu bestimmten Anlässen bzw. Terminen ausgezahlt werden. Praktisch handelt es sich v. a. um das *Weihnachts- und das Urlaubsgeld* sowie um *Jubiläumszuwendungen*. Gratifikationen können ihre Rechtsgrundlage im Tarifvertrag, einer Betriebsvereinbarung oder dem Arbeitsvertrag haben, häufig basieren sie auf einer Gesamtzusage oder betrieblichen Übung. Dem Betriebsrat steht aus § 87 Abs. 1 Nr. 10 BetrVG regelmäßig ein Mitbestimmungsrecht zu.

Unter einer *Gesamtzusage* versteht man ein Vertragsangebot des Arbeitgebers, das dieser – anders als bei der betrieblichen Übung – ausdrücklich, z. B. durch Aushang am schwarzen Brett oder im firmeninternen Intranet[178] macht und bei dem er zugleich auf den Zugang der Annahmeerklärung nach § 151 BGB verzichtet. Die Arbeitnehmer erklären die Annahme dieses Angebots regelmäßig konkludent durch schlichte Weiterarbeit, was unproblematisch ist, soweit die Gesamtzusage lediglich begünstigenden Charakter hat. In Betrieben, in denen ein Betriebsrat besteht, wird an Stelle einer Gesamtzusage typischerweise eine Betriebsvereinbarung (§ 77 BetrVG) abgeschlossen.

b) Freiwilligkeitsvorbehalt

Der Arbeitgeber kann soziale Leistungen (Weihnachts- und Urlaubsgeld etc.) unter den Vorbehalt der Freiwilligkeit bzw. des jederzeitigen Widerrufs stellen. Ein *Freiwilligkeitsvorbehalt* schließt die Bindung nicht nur für

---

[178] BAG vom 22. Januar 2003, AP Nr. 247 zu § 611 BGB Gratifikation.

die Zukunft, sondern auch für den laufenden Bezugszeitraum aus. Er hindert die Entstehung eines Rechtsanspruchs (auch aus betrieblicher Übung) und belässt so dem Arbeitgeber die Freiheit, jedes Jahr über das Ob und das Wie der Leistung zu entscheiden. Demgegenüber muss ein *vorbehaltener Widerruf* spätestens vor der Fälligkeit der Leistung erfolgen, weil er nicht rechtshindernd, sondern rechtsvernichtend wirkt. Da Freiwilligkeits- und Widerrufsvorbehalte dem Arbeitgeber die Möglichkeit verschaffen, sich einseitig von einem Teil der von ihm geschuldeten Gegenleistung loszusagen, sind derartige Klauseln jedenfalls in vorformulierten Vertragsbedingungen nur dann wirksam, wenn die Vereinbarung unter Berücksichtigung der Interessen des Arbeitgebers für den Arbeitnehmer zumutbar ist (§ 307 Abs. 1 BGB).[179] Daran könnte es jedenfalls dann fehlen, wenn die freiwillige oder widerrufbare Leistung von beachtlichem Gewicht ist und ihr Entzug erheblich in das Synallagma des Leistungsgefüges eingreift.

Zu weit gefassten Freiwilligkeits- und Widerrufsvorbehalten in Formulararbeitsverträgen kann *§ 308 Nr. 4 BGB* entgegenstehen. So ist nach der Rechtsprechung des BAG ein unbeschränkter Widerrufsvorbehalt für übertarifliche Lohnbestandteile im Formulararbeitsvertrag gemäß § 308 Abs. 4 BGB unwirksam. Die Vereinbarung eines Widerrufsvorbehalts ist zulässig, soweit der widerrufliche Anteil am Gesamtverdienst unter 25 % bis 30 % liegt und der Tariflohn nicht unterschritten wird. Wird dem Arbeitnehmer zu seinem Vorteil eine Leistung zusätzlich zu dem üblichen Entgelt gewährt, ist der Arbeitgeber bis zur Grenze der Willkür frei, die Voraussetzungen des Anspruchs festzulegen und dementsprechend auch den Widerruf zu erklären.[180]

c) Gleichbehandlung

Besonders zu beachten sind die verschiedenen Gleichbehandlungsgrundsätze. So verstößt es gegen das *Verbot der Diskriminierung Teilzeitbeschäftigter* aus § 4 Abs. 1 TzBfG (und zugleich gegen das Verbot der mittelbaren Diskriminierung wegen des Geschlechts, §§ 7, 1, 3 Abs. 2 AGG), geringfügig Beschäftigten Sonderzuwendungen vorzuenthalten,

---

[179] BAG vom 30. Juli 2008, NZA 2008, 1173 (1175 f.).
[180] BAG vom 12. Januar 2005, NZA 2005, 465 (467).

die anderen Voll- und Teilzeitbeschäftigten gewährt werden,[181] oder aus Anlass wirtschaftlicher Schwierigkeiten das bislang in Höhe eines Monatsgehalts gewährte Weihnachtsgeld pauschal um 500 Euro zu kürzen, weil dadurch Teilzeitbeschäftigte prozentual stärker betroffen sind als Vollzeitbeschäftigte.[182] Arbeitnehmer, denen unter Verletzung des Gleichbehandlungsgrundsatzes eine Gratifikation ganz oder teilweise vorenthalten wurde, können Gleichstellung mit den anderen Arbeitnehmern, d. h. Nachzahlung, verlangen.

d) Kürzungsmöglichkeiten

Ob eine Kürzung der Gratifikation wegen Fehlzeiten zulässig ist, hängt von der Ursache der Fehlzeiten und davon ab, ob in der Gratifikationsordnung (Gesamtzusage, Betriebsvereinbarung etc.) entsprechende Kürzungstatbestände genannt sind.

Details Generell unzulässig ist eine Kürzung von Sonderzuwendungen wegen mutterschutzbedingter Fehlzeiten (§ 3 Abs. 1 und 2 MuSchG), weil darin eine Diskriminierung wegen des Geschlechts läge.

Nach Maßgabe des § 4a EFZG ist eine Kürzung wegen krankheitsbedingter Fehlzeiten beschränkt gestattet.

Grundsätzlich zulässig ist hingegen eine Kürzung der Gratifikation bei Fehlzeiten aus anderer Ursache (auch wegen der Elternzeit). Voraussetzung ist lediglich, dass die Tatbestände, die den Arbeitgeber zur Kürzung berechtigen sollen, und der Umfang der Kürzung in der jeweiligen Rechtsgrundlage klar definiert sind. Der bloße Hinweis auf einen bestimmten Zweck, der mit der Leistung verfolgt werde, rechtfertigt die Kürzung nicht.

e) Rückzahlung

Ob eine bereits gezahlte Gratifikation vom Arbeitgeber zurückgefordert werden kann, wenn der Arbeitnehmer kurz nach ihrem Erhalt aus dem Arbeitsverhältnis ausscheidet, ist unsicher. Das BAG hat vertragliche Rückzahlungsvereinbarungen auch in AGB früher unter bestimmten,

---

[181] EuGH vom 9. September 1999 *„Krüger"*, NZA 1999, 1151 (1151 f.); BAG vom 27. Oktober 1998, NZA 1999, 700 (701).
[182] BAG vom 24. Mai 2000, NZA 2001, 216 (217 f.).

nachfolgend näher beschriebenen Voraussetzungen zugelassen. Allerdings hat das Gericht zuletzt gemeint, dass eine Stichtagsregelung (Weihnachtsgeld wird nur an Arbeitnehmer gezahlt, deren Arbeitsverhältnis am 31. Dezember besteht) unwirksam sei und daher auch ein zuvor (im Streitfall: am 30. September) ausgeschiedener Arbeitnehmer anteilig Anspruch auf die Gratifikation habe.[183] Wenn das Gericht hieran konsequent festhält, dürften Rückzahlungsklauseln künftig kaum mehr zulässig sein.

Nach der bisherigen Judikatur hängt der Rückzahlungsanspruch des Arbeitgebers von drei Voraussetzungen ab:

I. Für das Rückzahlungsverlangen muss es eine eindeutige Rechtsgrundlage in der jeweiligen Gratifikationsordnung geben. Die Rückforderung kann also nicht auf bloße Zweckverfehlung (§ 812 Abs. 1 Satz 2 Alt. 2 BGB) gestützt werden, sondern bedarf einer vertraglichen Anspruchsgrundlage.

II. Eine Rückforderung von Sondervergütungen mit reinem Entgeltcharakter (z. B. echtes 13. Monatsgehalt) oder von Gratifikationen, die ausschließlich die bereits geleistete Betriebstreue honorieren (z. B. Jubiläumszuwendungen), ist nicht möglich. Nur Gratifikationen mit Mischcharakter, die neben der erbrachten Arbeitsleistung und Betriebstreue auch die zukünftige Verbundenheit mit dem Unternehmen honorieren sollen,[184] dürfen zurückgefordert werden.

III. Das BAG nimmt schließlich auf der Basis des § 307 BGB eine Inhaltskontrolle der Rückzahlungsklausel vor, um zu verhindern, dass der Arbeitnehmer durch die vereinbarte Rückzahlung in unzulässiger Weise in seiner Berufsausübungsfreiheit behindert wird.[185] Dabei setzt es die Höhe der Gratifikation und die maximal zulässige Bindungsdauer zueinander in Bezug und hat folgende Grenzwerte festgesetzt:

---

[183] BAG vom 13. November 2013, NZA 2014, 368 (370 ff.).
[184] Das kann beispielsweise auf ein Urlaubsgeld zutreffen, BAG vom 22. Juli 2014, NZA 2014, 1136 (1137).
[185] BAG vom 21. Mai 2003, NZA 2003, 1032 (1033); vom 28. April 2004, NZA 2004, 924 (924 f.).

Höhe der Gratifikation	maximale Bindungsdauer
bis einschließlich 100 Euro	Keine
100 Euro bis unter einem Monatsgehalt	Bis zum 31. März des Folgejahres; eine Kündigung, die das Arbeitsverhältnis mit Ablauf des 31. März beendet, führt nicht zu einer Rückzahlungsverpflichtung.
ein bis zwei Monatsgehälter	Bis zum ersten auf den 31. März folgenden Kündigungstermin des Folgejahres (bei Kündigungsfrist zum Monatsende also 30. April, bei Quartalskündigungsfristen 30. Juni); eine Kündigung, die das Arbeitsverhältnis mit Ablauf dieses Tages beendet, führt nicht zu einer Rückzahlungsverpflichtung.

Eine Vertragsklausel, die dem Arbeitnehmer weitergehende Rückzahlungsverpflichtungen auferlegt als hiernach zulässig sind, ist unwirksam. Eine geltungserhaltende Reduktion kommt nicht in Betracht, der Arbeitgeber kann überhaupt keine Rückzahlung beanspruchen.

f) Betriebliche Übung

aa) Begriff und Entstehung

Unter einer betrieblichen Übung versteht man die *regelmäßige Wiederholung bestimmter Verhaltensweisen des Arbeitgebers,* aus denen die Arbeitnehmer schließen können, ihnen solle eine Leistung oder eine Vergünstigung auf Dauer eingeräumt werden. Aus diesem als Vertragsangebot auf Abänderung des ursprünglichen Arbeitsvertrages zu wertenden Verhalten des Arbeitgebers, das von den Arbeitnehmern in der Regel stillschweigend angenommen wird (§ 151 BGB), erwachsen vertragliche Ansprüche auf die üblich gewordenen Leistungen. Eine betriebliche Übung, die nur begründet werden kann, wenn der Arbeitgeber nicht schon aus anderen Gründen (z. B. einschlägiger Tarifvertrag) zur Gewährung der entsprechenden Leistung verpflichtet ist, ist für jeden Gegenstand vorstellbar, der arbeitsvertraglich in einer so allgemeinen Form geregelt werden kann.[186]

---

[186] BAG vom 24. Juni 2003, NZA 2003, 1145 (1147); vom 28. Juli 2004, NZA 2004, 1152 (1153).

Beispiel Der Arbeitgeber gewährt, ohne aus anderen Gründen dazu verpflichtet zu sein, seinen Arbeitnehmern über mehrere Jahre hinweg regelmäßig ein Weihnachtsgeld in Höhe eines Monatsgehalts.

Ein rein tatsächliches, auch ein wiederholtes Verhalten des Arbeitgebers kann allein noch keine Rechtspflichten erzeugen. Das tatsächliche Verhalten des Arbeitgebers muss vielmehr bei den Arbeitnehmern den nach den Umständen gerechtfertigten Schluss auf einen rechtlich verbindlichen Willen des Arbeitgebers zulassen, sich nicht nur im konkreten Fall, sondern auch in Zukunft wie bisher verhalten zu wollen.

In Bezug auf die Regelmäßigkeit des Verhaltens ist anerkannt, dass diese bei Sonderleistungen, die jährlich gewährt werden (wie Weihnachts- und Urlaubsgeld), anzuerkennen ist, wenn der Arbeitgeber in *drei aufeinander folgenden Jahren* die Leistung jeweils erbracht hat. Demgegenüber ist für andere Leistungen (Gewährung von Umzugsunterstützungen, Arbeitsbefreiung am Rosenmontag oder vergleichbaren Brauchtumstagen etc.) auf die Umstände des Einzelfalles abzustellen.

Ein *gleichförmiges Verhalten* des Arbeitgebers kann nur angenommen werden, wenn nach dem objektiven Empfängerhorizont der Eindruck entstehen konnte, der Arbeitgeber habe sich selbst eine Regel gesetzt und an diese auch gehalten. Daran fehlt es, wenn die Leistungsgewährung jeweils (objektiv erkennbar) auf einem neuen Willensentschluss des Arbeitgebers beruht. Gewährt der Arbeitgeber eine Leistung zwar regelmäßig, aber z. B. abhängig vom wirtschaftlichen Erfolg des Unternehmens im abgelaufenen Jahr in jeweils unterschiedlicher Höhe, fehlt es schon am objektiv geäußerten Verpflichtungswillen, die Leistung in gleicher Weise auch in der Zukunft zu gewähren. Ebenso steht der Entstehung einer Betriebsübung entgegen, dass die Maßnahme von Jahr zu Jahr neu unter dem Vorbehalt angekündigt wird, dass diese Regelung nur für das laufende Jahr gelte.

Details Allerdings kann sich die Übung auch darauf beziehen, dass der Arbeitgeber regelmäßig *nach billigem Ermessen* (§ 315 BGB) über die Gewährung einer Leistung zu entscheiden hat. Ist beispielsweise eine Sonderzahlung wie das Weihnachtsgeld in der Vergangenheit regelmäßig, aber in Abhängigkeit vom Unternehmenserfolg in wechselnder Höhe gezahlt worden, kann dadurch die Verpflichtung des Arbeitgebers begründet werden, auch künftig unter Berücksichtigung der wirtschaftlichen Rahmendaten eine solche Leistung zu erbringen.[187]

Das gleichförmige Verhalten muss *vorbehaltlos* erfolgen. Erklärt der Arbeitgeber, dass die Leistung nur freiwillig gewährt wird, fehlt es nach dem objektiven Erklärungsinhalt am Verpflichtungswillen. Ein solcher Freiwilligkeitsvorbehalt lässt auch bei wiederholter und langjähriger Zahlung einen Anspruch aufgrund einer betrieblichen Übung nicht entstehen. Bei einer solchen Fallgestaltung ist der Arbeitgeber in jedem Jahr frei, erneut darüber zu entscheiden, ob er die Leistung gewähren will oder nicht. Der Freiwilligkeitsvorbehalt muss zwar nicht ausdrücklich, sondern kann auch konkludent erfolgen; das BAG verlangt aber, dass er für den Arbeitnehmer deutlich erkennbar ist.[188]

bb) Vertraglicher Ausschluss der Entstehung

Die Parteien können schon im Arbeitsvertrag das Entstehen einer betrieblichen Übung ausschließen, indem bestimmte Leistungen schon dort als freiwillige Leistungen bezeichnet werden und daher von vornherein unter einem Freiwilligkeitsvorbehalt stehen. In arbeitgeberseitig vorformulierten Arbeitsverträgen muss ein solcher Vorbehalt allerdings der *AGB-Kontrolle* standhalten.

cc) Einschränkungen

Die Regeln über die betriebliche Übung finden *keine Anwendung auf Lohnerhöhungen:* Allein dadurch, dass ein Arbeitgeber ohne rechtliche Verpflichtung regelmäßig die Entgelte seiner Mitarbeiter angepasst hat (z. B. als nicht tarifgebundener Arbeitgeber entsprechend den Tariflohnerhöhungen oder durch Gewährung einer übertariflichen Zulage), entsteht keine betriebliche Übung.[189]

Besonderheiten gelten darüber hinaus für den gesamten *öffentlichen Dienst:* Öffentliche Arbeitgeber sind regelmäßig nicht berechtigt, Ausgaben ohne Haushaltsermächtigung vorzunehmen. Im Zweifel ist davon

---

[187] BAG vom 13. Mai 2015, NZA 2015, 992 (993).
[188] BAG vom 23. Oktober 2002, NZA 2003, 557 (559).
[189] BAG vom 24. Februar 2016, NZA 2016, 557 (558).

auszugehen, dass bei der Gewährung einer Leistung nur in (u. U. irrtümlicher) Erfüllungsabsicht gehandelt wird, was einer Betriebsübung entgegensteht.

dd) Beendigung einer betrieblichen Übung

Da eine entstandene betriebliche Übung den Inhalt des Arbeitsvertrages ändert, kann sie mit den gewöhnlichen Instrumentarien zur Änderung oder Aufhebung des Vertrages wieder beseitigt werden. Dazu zählt neben der *einverständlichen Änderung oder Aufhebung* der betrieblichen Übung insbesondere die *Änderungskündigung* durch den Arbeitgeber, die im Anwendungsbereich des KSchG aber einer sozialen Rechtfertigung bedarf (§ 2 KSchG), wobei regelmäßig allein betriebsbedingte Gründe in Betracht kommen. Demgegenüber kommt eine Anfechtung nach § 119 Abs. 1 BGB mit der Begründung, dem Arbeitgeber sei nicht bewusst gewesen, durch sein regelmäßiges, gleichförmiges und vorbehaltloses Verhalten konkludent ein Vertragsangebot abgegeben zu haben, nicht in Betracht, da es sich um einen bloßen Rechtsfolgenirrtum handelt.

Beendet oder abgelöst werden kann eine betriebliche Übung durch

I. die Ausübung eines vorbehaltenen Widerrufs, welcher aber nicht willkürlich, sondern nur unter Beachtung der Grenzen billigen Ermessens (§ 315 BGB) erklärt werden darf,

II. eine Betriebsvereinbarung; da eine betriebliche Übung für die Arbeitnehmer ersichtlich einen kollektiven Bezug hat, steht sie, wenn nicht ausdrücklich, so doch stillschweigend unter dem Vorbehalt ihrer Ablösung durch eine Betriebsvereinbarung („konkludent betriebsvereinbarungsoffene betriebliche Übung").[190] Darauf, ob die Betriebsvereinbarung bei kollektiver Betrachtung nicht ungünstiger ist als die Betriebsübung, kommt es nicht an.

g) Der praktische Fall

Ablösung einer betrieblichen Übung durch eine neue Übung: BAG vom 18. März 2009, NZA 2009, 601 *(„Weihnachtsgeld-Fall")*

Zum Sachverhalt Der Kläger ist seit 1971 bei der Beklagten beschäftigt. Ein schriftlicher Arbeitsvertrag existiert nicht. Die Beklagte zahlte bis zum

---

[190] BAG vom 23. Februar 2016, NZA 2016, 961.

Jahre 2001 stets ein Weihnachtsgeld. In den Jahren 2002 bis 2005 gewährte sie das Weihnachtsgeld nicht mehr in einer Summe, sondern in Teilbeträgen mit den Abrechnungen für November, Dezember und Januar. Zugleich fügte sie den Lohnabrechnungen den handschriftlichen Vermerk bei: „Die Zahlung des Weihnachtsgeldes ist eine freiwillige Leistung und begründet keinen Rechtsanspruch". 2006 stellte sie die Zahlung des Weihnachtsgeldes ein. Der Kläger begehrt Zahlung von 1.354 Euro nebst Zinsen.

Die Entscheidung Das BAG hat die Beklagte antragsgemäß verurteilt. Der Anspruch resultiert aus einer betrieblichen Übung. Mit der wiederholten, gleichförmigen und vorbehaltlosen Zahlung des Weihnachtsgeldes in den Jahren 1971 bis 2001 war eine solche Übung entstanden. Die Betriebsübung ist auch nicht durch eine neue Übung mit einem anderen Inhalt abgelöst worden, indem die Beklagte in den Jahren 2002 bis 2005 einen Freiwilligkeitsvorbehalt erklärt hat. Zwar gilt im Verhältnis verschiedener konkurrierender Anspruchsgrundlagen *gleichen Ranges* zueinander nicht das Günstigkeitsprinzip, sondern die Zeitkollisionsregel: Die neuere Regelung verdrängt die ältere (lex posterior derogat legi priori). Nach der älteren Rechtsprechung des BAG galt dies auch für die betriebliche Übung (BAG vom 26. März 1997, NZA 1997, 1007). Danach wäre die in den Jahren 1971 bis 2001 begründete Übung auf ein Weihnachtsgeld in den Jahren 2002 bis 2005 durch eine betriebliche Übung abgelöst worden, nach der das Weihnachtsgeld nur noch als freiwillige Leistung gewährt wird. Von diesem Freiwilligkeitsvorbehalt hätte die Beklagte dann 2006 Gebrauch machen und die Zahlung einstellen können.

An dieser Rechtsprechung hält das BAG jedoch im hier besprochenen Urteil vom 18. März 2009 nicht mehr fest: Eine betriebliche Übung entstehe nach der vom Gericht vertretenen „Vertragstheorie" dadurch, dass der Arbeitgeber mit der regelmäßigen Leistung ein Vertragsangebot unterbreitet, das der Arbeitnehmer konkludent annehme. Das Angebot auf die vorbehaltlose Gewährung des Weihnachtsgeldes von 1971 bis 2001 habe der Kläger angenommen, nicht aber das Angebot, den hierdurch begründeten vertraglichen Anspruch künftig unter einen Freiwilligkeitsvorbehalt zu stellen. Das Schweigen des Klägers stelle keine Willenserklärung dar. Sein Schweigen auf das verschlechternde Angebot könne dem vorherigen Schweigen auf das ihm günstige Angebot, Weihnachtsgeld unbedingt zu zahlen, nicht gleichgestellt werden.

Es bestand auch keine Obliegenheit für den Kläger, das Angebot ausdrücklich abzulehnen, wenn er es nicht annehmen wollte. Eine solche hätte dem Kläger nur entgegengehalten werden können, wenn sich die vom Arbeitgeber gewünschte Vertragsänderung unmittelbar auf das Arbeitsverhältnis ausgewirkt hätte. Daran fehlte es hier jedoch. Anders als bei einer Einschränkung oder Einstellung der Gratifikationszahlung wirkte sich der von der Beklagten in den Lohnabrechnungen erklärte Vorbehalt der Freiwilligkeit nicht unmittelbar auf das Arbeitsverhältnis aus. Der Kläger brauchte daher nicht anzunehmen, dass seine widerspruchslose Weiterarbeit als Einverständnis mit einer Vertragsänderung verstanden wird.

4. Aufwendungsersatz

Aufwendungen, die der Arbeitnehmer für seinen Arbeitgeber tätigt, kann er *analog § 670 BGB* ersetzt verlangen.[191] Der Arbeitnehmer kann daher bei dem Gebrauch des privaten Kraftfahrzeuges für dienstliche Fahrten Ersatz für Betriebsstoffe und Verschleiß verlangen. Gewährt der Arbeitgeber die steuerrechtlich (§ 3 Nr. 16 EStG) anerkannten Pauschbeträge (Kilometerpauschale), sind damit alle Aufwendungen abgegolten.

Erbringt der Arbeitnehmer kein freiwilliges Vermögensopfer, sondern erleidet er einen *unfreiwilligen Sachschaden* (keinen Personenschaden: für diesen erbringt die gesetzliche Unfallversicherung Leistungen, und eine privatrechtliche Haftung des Arbeitgebers ist nach § 104 Abs. 1 SGB VII ausgeschlossen) an seinem Eigentum, so findet § 670 BGB auch dann entsprechende Anwendung. Damit übernimmt das BAG die vom BGH anerkannte Ausdehnung des § 670 BGB auf unfreiwillige Vermögensopfer.[192] Der Anspruch ist gegenüber der Haftung des Arbeitgebers aus § 280 Abs. 1 BGB subsidiär und kommt daher nur in Betracht, wenn der Arbeitgeber entweder schon gar keine Pflichtverletzung begangen oder diese jedenfalls nicht zu vertreten hat.

Ein etwaiges Mitverschulden des Arbeitnehmers ist zu berücksichtigen. Hier ist der Rechtsgedanke des § 254 BGB einschlägig.

---

[191] BAG vom 1. Februar 1963, NJW 1963, 1221 (1221). Eine unmittelbare Anwendung des § 670 BGB scheitert daran, dass zwischen den Vertragsparteien neben dem Arbeitsverhältnis nicht auch noch ein Auftragsverhältnis besteht.
[192] BGH vom 5. Dezember 1983, BGHZ 89, 153 (157).

II. Beschäftigungspflicht

Das Recht des Dienstvertrages kennt nach dem Wortlaut des Gesetzes keine Pflicht des Gläubigers (Arbeitgebers), die angebotenen Dienste auch anzunehmen, den Arbeitnehmer also vertragsgemäß zu beschäftigen. Schon 1955 hat das BAG eine bis dahin nur für bestimmte Arbeitnehmergruppen anerkannte Pflicht des Arbeitgebers, den Arbeitnehmer vertragsgemäß tatsächlich zu beschäftigen, auf alle Arbeitsverhältnisse ausgeweitet.[193] Dies erfolgte unter Rückgriff auf das *allgemeine Persönlichkeitsrecht* des Arbeitnehmers (Art. 2 Abs. 1 i. V. mit Art. 1 Abs. 1 GG). Rechtsgrundlage des Beschäftigungsanspruchs ist damit der Arbeitsvertrag, der den Arbeitnehmer gemäß § 613 BGB zur persönlichen Dienstleistung an den Arbeitgeber verpflichtet.

Da der Arbeitnehmer über seinen Beschäftigungsanspruch disponieren kann, können die Parteien eine *Freistellung* des Arbeitnehmers vereinbaren. Ob mit dieser auch der Entgeltanspruch entfällt, hängt vom Ergebnis der Auslegung der beiderseitigen Willenserklärungen ab (siehe unten E. I.).

Problem Problematisch ist, ob und unter welchen Voraussetzungen der Arbeitgeber den Arbeitnehmer gegen dessen Willen von der Arbeitsleistung freistellen darf. Angesichts der verfassungsrechtlich gestützten Begründung des BAG können nur solche Gründe eine einseitige Suspendierung des Arbeitsverhältnisses rechtfertigen, die so gewichtig sind, dass sie den Beschäftigungsanspruch als Teilaspekt des allgemeinen Persönlichkeitsrechts vorübergehend zurücktreten lassen. Das kann bspw. der Fall sein, wenn der Arbeitnehmer einer erheblichen Pflichtverletzung (Betrug, Diebstahl, sexuelle Belästigung etc.) verdächtig ist und der Arbeitgeber einige Tage zur Aufklärung des Sachverhalts benötigt. Der Entgeltanspruch bleibt in diesen Fällen aber erhalten.

---

[193] BAG vom 10. November 1955, NJW 1956, 359 (360).

III. Nebenpflichten

Die als „Fürsorgepflicht" bezeichnete Pflicht des Arbeitgebers, Rücksicht auf die Rechte, Rechtsgüter und Interessen des Arbeitnehmers zu nehmen, ist nichts anderes als die Summe der gewöhnlichen Nebenpflichten, die jedem Schuldverhältnis immanent sind (§ 241 Abs. 2 BGB). Freilich sind diese Pflichten im Arbeitsverhältnis weit stärker ausgeprägt als in den meisten übrigen Vertragsbeziehungen, was schon daran deutlich wird, dass die meisten dieser Pflichten gesetzlich ausdrücklich normiert sind.

Beispiele Freizeit zur Stellensuche (§ 629 BGB), Zeugnis (§ 109 GewO), Entgeltfortzahlung im Krankheitsfall (§ 3 EFZG), Urlaub (§ 1 BUrlG), Maßnahmen des Arbeitsschutzes (§ 618 BGB, ArbSchG, ASiG und zahlreiche Einzelgesetze und Rechtsverordnungen) einschließlich des Arbeitszeitschutzes nach dem ArbZG und des Schutzes vor Diskriminierungen nach dem AGG.

Besteht keine spezialgesetzliche Regelung, so resultieren die Schutzpflichten des Arbeitgebers aus *§ 241 Abs. 2 BGB*. Beispielsweise ist der Arbeitgeber verpflichtet, das allgemeine Persönlichkeitsrecht des Arbeitnehmers nicht durch Eingriffe in deren Persönlichkeits- oder Freiheitssphäre zu verletzen und darüber hinaus diese vor Belästigungen durch Mitarbeiter oder Dritte, auf die er einen Einfluss hat, zu schützen (vgl. § 7 Abs. 3, § 3 Abs. 3 und 4 AGG), einen menschengerechten Arbeitsplatz zur Verfügung zu stellen und die Arbeitnehmerpersönlichkeit zu fördern.[194] Er hat ferner das vom Arbeitnehmer berechtigterweise in den Betrieb eingebrachte Eigentum vor Verlust und Beschädigung zu schützen und muss zu diesem Zweck diejenigen Maßnahmen treffen, die ihm unter Berücksichtigung von Treu und Glauben und der besonderen betrieblichen und örtlichen Verhältnisse zugemutet werden können.[195]

Beispiel Dazu kann zählen, dass er seinen Arbeitnehmern einen abschließbaren Spind zur Verfügung stellt.

---

[194] LAG Thüringen vom 10. April 2001, NZA-RR 2001, 347 (351) zum sog. Mobbing.

[195] BAG vom 25. Mai 2000, NZA 2000, 1052 (1053).

IV. Insbesondere: Diskriminierungsverbote und Gleichbehandlungsgebote

1. Allgemeines Gleichbehandlungsgesetz

Das AGG untersagt in seinem § 1 Benachteiligungen aus Gründen der Rasse oder wegen der ethnischen Herkunft, des Geschlechts, der Religion oder Weltanschauung, einer Behinderung, des Alters oder der sexuellen Identität (siehe zu diesen Begriffen bereits oben Teil 1 C VII 1). Verboten ist nach § 3 AGG sowohl die unmittelbare als auch die mittelbare Benachteiligung. Rechtfertigungen können sich insbesondere aus beruflichen Anforderungen (§ 8 AGG), hinsichtlich des Merkmals „Alter" auch aus § 10 AGG ergeben.

a) Benachteiligungen wegen des Geschlechts

Zum Verbot der Benachteiligung wegen des Geschlechts, insbesondere dem Anspruch auf gleiches Entgelt für gleiche oder gleichwertige Arbeit (Art. 157 AEUV), siehe schon oben B I 1 b cc, zum Entgelttransparenzgesetz B I 1 b dd.

§ 1 AGG untersagt aber nicht nur Ungleichbehandlungen beim Arbeitsentgelt, sondern wegen jedweder Arbeitsbedingung. So hat das BAG sogar eine Betriebsvereinbarung für unwirksam gehalten, nach der (männliche) Piloten zur Dienstuniform stets auch die Pilotenmütze zu tragen hatten, während Pilotinnen das Tragen der Mütze freigestellt war.[196]

b) Benachteiligungen wegen des Alters

Neben dem Verbot der Benachteiligung wegen des Geschlechts hat dasjenige wegen des Alters die größte praktische Bedeutung. Tarifvertrags-, Betriebs- und Arbeitsvertragsparteien differenzieren traditionell in vielfacher Hinsicht nach dem Lebensalter der Arbeitnehmer. Dies kann neben der Höhe der Vergütung beispielsweise die Dauer des Urlaubs, zusätzliche Freischichten, längere Kündigungsfristen, höhere Abfindungen und vieles andere mehr betreffen. Das Verbot der Ungleichbehandlung (§§ 1,

---

[196] BAG vom 30. September 2014 NZA 2015, 121 (122 f.).

7 Abs. 1 AGG) zwingt nun dazu, stets zu prüfen, ob derartige Differenzierungen sachlich gerechtfertigt sind (siehe zu den möglichen Rechtfertigungsgründen schon oben Teil 1 C VII 3.

Beispiele *Nicht gerechtfertigt* ist es, Dienstzeiten vor Vollendung des 18. Lebensjahres beim beruflichen Aufstieg (Vorrückung in die nächsthöhere Vergütungsstufe) nicht zu berücksichtigen;[197] ungerechtfertigt benachteiligt werden jüngere Arbeitnehmer, die eine 38-Stunden-Woche haben, dadurch, dass sich die Wochenarbeitszeit ab Erreichen des 40. bzw. des 50. Lebensjahres auf 36,5 bzw. 35 Stunden bei vollem Lohnausgleich verkürzt;[198] ebenso dadurch, dass sie „nur" 26 Tage Erholungsurlaub im Jahr beanspruchen können, ab dem 30. bzw. 40. Lebensjahr aber 29 bzw. 30 Tage gewährt werden;[199] schließlich können auch Stichtagsregeln in Tarifverträgen mittelbar wegen des Alters diskriminieren, wenn ihnen die sachliche Rechtfertigung fehlt.[200]

Als *gerechtfertigt* angesehen worden ist es demgegenüber, Arbeitnehmern in der Produktion ab Vollendung des 58. Lebensjahres zwei zusätzliche Urlaubstage zu gewähren (36 statt 34)[201]; ebenso, statt an das Lebensalter an die Dauer der Betriebszugehörigkeit anzuknüpfen[202] (dazu schon oben C I 1 c aa). In Sozialplänen (§ 112 BetrVG) können für ältere Arbeitnehmer, die kurz vor dem Eintritt in die Rente stehen oder die sogar schon rentenberechtigt sind, geringere Leistungen vorgesehen werden als für Arbeitnehmer, die nach dem Verlust ihres Arbeitsplatzes keine anderweitige dauerhafte Sozialleistung beanspruchen können.[203]

Als *Rechtsfolge* ergibt sich aus § 7 Abs. 1 AGG ein Anspruch auf Gleichbehandlung: Die benachteiligten Arbeitnehmer können verlangen, dieselben Vorteile zu erhalten wie die bevorzugte Gruppe. Eine andere Mög-

---

[197] EuGH vom 28. Januar 2015 *„ÖBB"*, NZA 2015, 217.

[198] BAG vom 22. Oktober 2015, NZA 2016, 1081.

[199] BAG vom 20. März 2012, NZA 2012, 803; ähnlich BAG vom 18. Oktober 2016, NZA 2017, 267; vom 15. November 2016, NZA 2017, 339.

[200] BAG vom 9. Dezember 2015, NZA 2016, 897.

[201] BAG vom 21. Dezember 2014, NZA 2015, 297.

[202] EuGH vom 3. Oktober 2006 *„Cadman"*, NZA 2006, 1205.

[203] EuGH vom 26. Februar 2015 *„Paul Landin"*, NZA 2015, 473; BAG vom 9. Dezember 2014, NZA 2015, 365.

lichkeit zur Gleichbehandlung – etwa durch Rückforderung der den anderen Personen gewährten Leistung – kommt weitgehend rechtlich, jedenfalls aber faktisch nicht in Betracht.[204] Anders liegen die Dinge für die Zukunft. Hier bleibt es dem Arbeitgeber (bzw. den Tarifvertrags- oder Betriebsparteien) im Rahmen ihrer Gestaltungsmöglichkeiten freigestellt, auf welchem Niveau sie eine Gleichbehandlung erreichen wollen.

c) Benachteiligungen wegen der Religion

Vielfach bewirken betriebliche Kleiderordnungen eine (mittelbare) Benachteiligung wegen der Religion, insbesondere, wenn sie Frauen das Tragen eines *Kopftuches* untersagen. Ob derartige Verbote zulässig sind, war lange umstritten. Der EuGH hat in zwei Urteilen vom 14. März 2017 dazu eine relativ klare Linie entwickelt:

Erlaubt sind solche Kleiderregeln, wenn das Unternehmen insgesamt eine Politik der politischen, philosophischen und religiösen Neutralität im Verhältnis zu seinen Kunden verfolgt und das Kopftuchverbot zur Erreichung dieses Ziels angemessen und erforderlich ist.[205] Demgegenüber kann allein der Wille eines Arbeitgebers, den Wünschen eines Kunden zu entsprechen, der Leistungen dieses Arbeitgebers nicht von Arbeitnehmerinnen ausführen lassen will, die ein islamisches Kopftuch tragen, nicht als Rechtfertigungsgrund für ein solches Verbot angesehen werden.[206]

2. Benachteiligungsverbote des § 4 TzBfG

§ 4 TzBfG untersagt in seinem Absatz 1 Benachteiligungen Teilzeitbeschäftigter, in seinem Absatz 2 Benachteiligungen befristet beschäftigter Arbeitnehmer. Sie dazu Teil 3 B I 3 bzw. B II 11.

3. Allgemeiner Gleichbehandlungsgrundsatz

Der allgemeine Gleichbehandlungsgrundsatz gebietet dem Arbeitgeber, seine Arbeitnehmer oder Gruppen seiner Arbeitnehmer, die sich in vergleichbarer Lage befinden, bei Anwendung einer selbst gegebenen Regel

---

[204] BAG vom 15. Februar 2005, NZA 2005, 1117.
[205] EuGH vom 14. März 2017 *„Samira Achbita"*, NZA 2017, 373.
[206] EuGH vom 14. März 2017 *„Asma Bougnaoui"*, NZA 2017, 375.

gleich zu behandeln. Er verbietet nicht nur die willkürliche Schlechterstellung einzelner Arbeitnehmer innerhalb einer Gruppe, sondern auch eine sachfremde Gruppenbildung.[207] Der Arbeitgeber verletzt den Gleichbehandlungsgrundsatz, wenn sich für die unterschiedliche Behandlung kein vernünftiger, aus der Natur der Sache ergebender oder sonst sachlich einleuchtender Grund findet.[208] Er ist darüber hinaus verpflichtet, wesentlich Ungleiches entsprechend seiner Eigenart zu unterscheiden. Während die betriebliche Übung auf Gleichbehandlung „in der Zeit" gerichtet ist, schützt der Gleichbehandlungsgrundsatz vor einer ungleichen Behandlung zum gleichen Zeitpunkt, und zwar „in der Person".

V. Schlechtleistung und Haftung

1. Verletzung von Hauptpflichten

Soweit die Hauptpflicht des Arbeitgebers in der Zahlung einer Vergütung besteht, kommt als Pflichtverletzung nur die *Verzögerung der Leistung* in Betracht. Diese löst unter den Voraussetzungen von § 280 Abs. 2, § 286 BGB einen Schadensersatzanspruch wegen Verzugs aus. Wegen § 286 Abs. 2 Nr. 1 BGB ist eine Mahnung in aller Regel entbehrlich. Schuldet der Arbeitgeber zusätzlich Sachleistungen, kommen auch *Unmöglichkeit* und *sonstige Pflichtverletzungen* in Betracht. Insoweit gelten die allgemeinen Regeln der § 280 Abs. 1, Abs. 3, §§ 281, 283 BGB. Das in § 323 BGB bezeichnete Rücktrittsrecht steht dem Arbeitnehmer demgegenüber nicht zu. An seine Stelle tritt ggf. das Recht zur außerordentlichen Kündigung unter den Voraussetzungen des § 626 BGB. Zu den Hauptpflichten des Arbeitgebers zählt schließlich die Beschäftigung des Arbeitnehmers, deren Nichterfüllung theoretisch Schadensersatzansprüche aus § 280 Abs. 1 und 3, § 283 BGB nach sich ziehen kann. Praktisch dürfte es aber fast immer am Schaden fehlen, da der Arbeitgeber wegen § 615 Satz 1

---

[207] BAG vom 21. August 2007, NZA-RR 2008, 649; vom 23. August 2011, NZA 2012, 37.

[208] BAG vom 3. April 1957, AP BGB § 242 Gleichbehandlung Nr. 4; vom 15. Februar 2005, NZA 2005, 1117; vom 12. August 2014, AP BetrAVG § 1 Gleichbehandlung Nr. 72.

BGB ohnehin zur Fortzahlung des Arbeitsentgelts verpflichtet ist und ein weitergehender Schaden dem Arbeitnehmer regelmäßig nicht entsteht.

2. Verletzung von Nebenpflichten

a) Ansprüche des Arbeitnehmers

Die Verletzung von Nebenpflichten kann unterschiedliche Ansprüche auslösen. Der Arbeitnehmer kann vom Arbeitgeber *Erfüllung der Nebenpflichten*[209] bzw. aus oder entsprechend § 1004 BGB *Unterlassung* beeinträchtigender Maßnahmen verlangen. Er kann ferner nach Maßgabe des § 273 BGB seine Arbeitsleistung *zurückhalten,* solange der Arbeitgeber seine Pflichten nicht erfüllt. Sein Entgeltanspruch besteht während dieser Zeit nach § 615 Satz 1 BGB fort, da der Arbeitgeber in *Annahmeverzug* gerät, wenn er dem Arbeitnehmer keinen vertragsgemäßen Arbeitsplatz zur Verfügung stellt (§ 298 BGB). Schließlich kann der Arbeitnehmer nach Maßgabe des § 280 Abs. 1 BGB wegen Pflichtverletzung und/oder bei Verletzung absolut geschützter Rechte und Rechtsgüter nach Maßgabe des § 823 Abs. 1, 2 BGB aus Delikt *Schadensersatz* beanspruchen, soweit Ersatzansprüche wegen Personenschäden nicht nach § 104 SGB VII ausgeschlossen sind. Verletzt der Arbeitgeber vorvertragliche Nebenpflichten, resultiert der Schadensersatzanspruch des Arbeitnehmers aus § 280 Abs. 1 BGB i. V. mit § 311 Abs. 2, § 241 Abs. 2 BGB.

Erleidet der Arbeitnehmer auf Grund eines *Arbeitsunfalls* oder einer Berufskrankheit einen Personenschaden, sind etwaige Schadensersatzansprüche gegen den Arbeitgeber – gleich aus welchem Rechtsgrund – gemäß § 104 Abs. 1 SGB VII gesperrt, wenn der Arbeitgeber den Schaden nicht ausnahmsweise vorsätzlich oder auf einem nach § 8 Abs. 2 Nr. 1 bis 4 SGB VII versicherten Weg herbeigeführt hat. Näheres dazu sogleich (unten 3.).

Für *Sachschäden,* die der Arbeitnehmer erleidet, haftet der Arbeitgeber nach allgemeinen Vorschriften. § 104 SGB VII sperrt diese Ansprüche nicht:

---

[209] Vgl. zum Anspruch auf einen tabakrauchfreien Arbeitsplatz und seinen Grenzen BAG vom 8. Mai 1996, NZA 1996, 927 (928); vom 17. Februar 1998, NZA 1998, 1231 (1232).

- Beruht der Sachschaden auf einer vom Arbeitgeber zu vertretenden Pflichtverletzung, haftet er nach § 280 Abs. 1 BGB, wobei dem Arbeitnehmer die Beweislastumkehr des § 280 Abs. 1 Satz 2 BGB zugutekommt.
- Steht die beschädigte Sache im Eigentum des Arbeitnehmers, kann dieser seinen Anspruch auch auf § 823 Abs. 1 BGB stützen, muss dann aber das Verschulden des Arbeitgebers beweisen.
- Wurde der Sachschaden durch einen Erfüllungsgehilfen des Arbeitgebers, also eine Person verursacht, zu deren Aufgaben gerade (auch) der Schutz des Eigentums des Arbeitnehmers gehört (z. B. ein Parkplatzwächter hinsichtlich der Kraftfahrzeuge der Arbeitnehmer), haftet der Arbeitgeber nach § 280 Abs. 1, § 278 BGB.
- Ist der Schaden durch einen Verrichtungsgehilfen des Arbeitgebers verursacht worden, haftet der Arbeitgeber für die vermutete fehlerhafte Auswahl oder Überwachung des Verrichtungsgehilfen (§ 831 BGB), kann sich aber nach Maßgabe des § 831 Abs. 1 Satz 2 BGB exkulpieren.
- Der Arbeitgeber haftet auch ohne Vertretenmüssen für Sachschäden, die der Arbeitnehmer „im Betätigungsbereich des Arbeitgebers" erleidet, analog § 670 BGB.

Ein Mitverschulden des Arbeitnehmers bei der Entstehung des Schadens ist nach denselben Grundsätzen wie bei der Haftung des Arbeitnehmers zu berücksichtigen.

b) Der praktische Fall

Ersatz von Schäden am eigenen Kraftfahrzeug, die bei Rufbereitschaft auf dem Weg zur Arbeit entstehen: BAG vom 22. Juni 2011, NZA 2012, 91 *(„Oberarzt-Fall")*

Zum Sachverhalt Der Kläger ist als Oberarzt im Krankenhaus der Beklagten beschäftigt. Am 6. Januar 2008, einem Sonntag, hatte der Kläger Rufbereitschaft. Diese berechtigt ihn zwar, zu Hause zu bleiben, er muss aber auf Aufforderung unverzüglich die Arbeit aufnehmen. Gegen 9 Uhr wurde der Kläger wegen eines Notfalls ins Krankenhaus gerufen. Auf dem Weg dorthin geriet er auf einer Landstraße – vermutlich wegen Eisglätte – ins Schleudern und setzte sein Fahrzeug in den Straßengraben. Von seiner Arbeitgeberin verlangt er Ersatz seines Schadens an dem Fahrzeug in Höhe von 5.700 Euro.

Die Entscheidung Das BAG hat der Klage dem Grunde nach stattgegeben und lediglich zur Feststellung der Schadenshöhe an das Berufungsgericht zurückverwiesen. Ein Arbeitnehmer habe analog § 670 BGB Anspruch auf Ersatz von Schäden, die ihm bei Erbringung der Arbeitsleistung ohne Verschulden des Arbeitgebers entstehen. Voraussetzung der Ersatzfähigkeit eines Eigenschadens ist, dass der Schaden nicht dem Lebensbereich des Arbeitnehmers, sondern dem Betätigungsbereich des Arbeitgebers zuzurechnen ist und der Arbeitnehmer ihn nicht selbst tragen muss, weil er dafür eine besondere Vergütung erhält. Daher müsse der Arbeitgeber dem Arbeitnehmer an dessen Fahrzeug entstandene Unfallschäden ersetzen, wenn das Fahrzeug mit Billigung des Arbeitgebers in dessen Betätigungsbereich eingesetzt wurde. Problematisch war im Streitfall allein die Voraussetzung „im Betätigungsbereich des Arbeitgebers". Diese ist erfüllt, wenn ohne den Einsatz des Arbeitnehmerfahrzeugs der Arbeitgeber ein eigenes Fahrzeug einsetzen und damit dessen Unfallgefahr tragen müsste.

Nun hat der Arbeitnehmer seine Aufwendungen für die Fahrten zwischen Wohnung und Arbeitsstätte grundsätzlich selbst zu tragen. Die Fahrten zwischen Wohnung und Arbeitsplatz sind erforderliche Handlungen des Arbeitnehmers, um die geschuldete Tätigkeit am Arbeitsplatz aufnehmen zu können. Daher sind Unfälle auf dem Weg zur Arbeit für gewöhnlich nicht vom Arbeitgeber zu entschädigen. Von diesem Grundsatz besteht allerdings hier eine Ausnahme, weil der Kläger im Rahmen der von der Beklagten angeordneten Rufbereitschaft zur Arbeitsleistung in das Klinikum abgerufen wurde. Rufbereitschaft kennzeichnet sich dadurch, dass der Arbeitnehmer seinen Aufenthaltsort so wählen muss, dass er auf Abruf die Arbeit innerhalb einer Zeitspanne aufnehmen kann, die den Einsatz nicht gefährdet. Während der Rufbereitschaft hat der Arbeitnehmer – wie während seiner eigentlichen Arbeitszeit – die Verpflichtung, Weisungen seines Arbeitgebers nachzukommen. So hat er sich auf dessen Aufforderung auf schnellstmöglichem Wege zur Arbeitsstelle zu begeben und dort seine Arbeitsleistung zu erbringen. Dies gilt insbesondere für den Kläger als Arzt, da dessen Tätigkeit im Krankenhaus nach erfolgtem Abruf während der Rufbereitschaft in der Regel keinen Aufschub erlaubt. Da eine

Benutzung öffentlicher Verkehrsmittel hier nicht in Betracht kam (ländlicher Raum in Niederbayern, Sonntagvormittag), durfte der Kläger die Benutzung seines privaten PKW für erforderlich halten.

Allerdings muss der Kläger sich ein etwaiges Mitverschulden bei der Entstehung des Schadens analog § 254 BGB wie im Rahmen der Arbeitnehmerhaftung anspruchsmindernd entgegen halten lassen. Da das LAG keine Feststellungen zum Maß der den Kläger treffenden Fahrlässigkeit getroffen hatte, musste es diese in einer erneuten Verhandlung nachholen.

3. Insbesondere: Personenschäden des Arbeitnehmers

a) Einführung

Gemäß § 104 Abs. 1 SGB VII sind Unternehmer den Versicherten, die für ihre Unternehmen tätig sind oder zu ihren Unternehmen in einer sonstigen die Versicherung begründenden Beziehung stehen, sowie deren Angehörigen und Hinterbliebenen nach anderen gesetzlichen Vorschriften zum Ersatz des Personenschadens, den ein Versicherungsfall verursacht hat, nur verpflichtet, wenn sie den Versicherungsfall vorsätzlich oder auf einem nach § 8 Abs. 2 Nr. 1 bis 4 SGB VII versicherten Weg herbeigeführt haben. Dieser weitgehende Ausschluss privatrechtlicher Ansprüche ist dadurch gerechtfertigt, dass entsprechende Arbeitsunfälle von der zuständigen Berufsgenossenschaft entschädigt werden und deren Finanzierung allein durch die Arbeitgeber erfolgt *(„Haftungsersetzung durch Versicherungsschutz")*. Außerdem dient die Vermeidung privatrechtlicher Streitigkeiten dem Betriebsfrieden.

b) Voraussetzungen des Haftungsausschlusses

Der Arbeitnehmer ist im sozialversicherungsrechtlichen Sinne „Beschäftigter" (§ 7 Abs. 1 SGB IV) und als solcher in der gesetzlichen Unfallversicherung versichert (§ 2 Abs. 1 Nr. 1 SGB VII). Auf den Umfang seiner Beschäftigung kommt es nicht an, versichert sind auch geringfügig Beschäftigte (450 Euro-Kräfte). Nach § 2 Abs. 2 Satz 1 SGB VII kann sogar jemand, der nicht Arbeitnehmer ist, vorübergehend Versicherungsschutz erlangen, wenn er „wie" ein Beschäftigter tätig wird, was voraussetzt, dass er mit (zumindest stillschweigendem) Einverständnis eine dem Unternehmen dienende Tätigkeit verrichtet, die sowohl abstrakt als auch ihrem konkreten Erscheinungsbild nach einer Arbeitnehmertätigkeit ähnlich ist (z. B. Praktikanten).

Das schädigende Ereignis muss sich für den Gläubiger als ein Versicherungsfall in der gesetzlichen Unfallversicherung darstellen. Versicherungsfälle sind nach § 7 SGB VII Arbeitsunfälle (§ 8 SGB VII) und Berufskrankheiten (§ 9 SGB VII). *Arbeitsunfälle* sind, wie § 8 Abs. 1 SGB VII definiert, Unfälle von Versicherten infolge einer den Versicherungsschutz nach §§ 2, 3 oder 6 SGB VII begründenden Tätigkeit (versicherte Tätigkeit).

Für ein Unternehmen tätig sind alle Personen, die Beschäftigte (§ 2 Abs. 1 Nr. 1 SGB VII) dieses Unternehmens sind. Neben diesen Stammkräften sind auch diejenigen Personen erfasst, die nur vorübergehend oder als Leiharbeitnehmer in dem Unternehmen tätig werden. Das Haftungsprivileg erstreckt sich darüber hinaus auch auf diejenigen Personen, die zu dem Unternehmen in einer sonstigen die Versicherung begründenden Beziehung stehen, also nur vorübergehend „wie" ein Arbeitnehmer für das Unternehmen tätig geworden sind (§ 2 Abs. 2 Satz 1 SGB VII).

Das Haftungsprivileg entfällt, wenn der Unternehmer den Versicherungsfall vorsätzlich verursacht hat. Bedingt vorsätzlich handelt, wer den möglicherweise eintretenden Erfolg für den Fall seines Eintritts billigt; lediglich bewusst fahrlässig hingegen, wer den möglicherweise eintretenden Erfolg zwar sieht, aber hofft, er werde ausbleiben, oder wem es gleichgültig ist, ob er eintritt. Nach Auffassung von BAG und BGH soll es erforderlich sein, dass den Unternehmer dieser qualifizierte Schuldvorwurf nicht nur hinsichtlich der Pflichtverletzung trifft, sondern er auch die *konkrete Verletzungsfolge bewusst und gewollt herbeigeführt* hat.[210] Voraussetzung ist außerdem, dass den Unternehmer selbst der Vorwurf vorsätzlichen Verhaltens trifft. Der Schadensersatzanspruch des Arbeitnehmers, dessen Arbeitgeber eine juristische Person ist, bleibt folglich auch dann gesperrt, wenn ein Organmitglied der juristischen Person den Versicherungsfall vorsätzlich herbeigeführt hat.

---

[210] BAG vom 10. Oktober 2002, NZA 2003, 436 (436); BGH vom 11. Februar 2003, BGHZ 154, 11 (13 ff.).

Das Haftungsprivileg des Unternehmers entfällt ferner, wenn sich der Unfall auf einem Weg von der Wohnung des Versicherten zu seiner Arbeitsstätte (§ 8 Abs. 2 Nr. 1 bis 4 SGB VII) ereignet hat. Hierbei handelt es sich nämlich fast immer um Unfälle mit Kraftfahrzeugen, für die eine Haftpflichtversicherung besteht. BGH und BAG interpretieren diese Ausnahme aber restriktiv: *Kein Wegeunfall* in diesem haftungsrechtlichen Sinne sollen – unbeschadet ihrer versicherungsrechtlichen Einordnung unter § 8 Abs. 2 SGB VII – Unfälle sein, die sich beim sog. *Werkverkehr* ereignen. Ein solcher Werkverkehr kennzeichnet sich dadurch, dass der Unternehmer Betriebsangehörige mit Rücksicht auf den Betrieb und ihre beruflichen Aufgaben im betriebseigenen Fahrzeug zum Arbeitsplatz (bzw. zurück) bringen lässt oder ein Beschäftigter auf Anordnung des Unternehmers nach einer Betriebsveranstaltung im werkseigenen Kraftfahrzeug nach Hause gefahren wird. Die gemeinsame Fahrt erscheine nämlich als Teil des innerbetrieblichen Organisations- und Funktionsbereichs, wenn sie durch die Organisation als innerbetrieblicher Vorgang gekennzeichnet oder wenn sie durch die Anordnung des Arbeitgebers zur betrieblichen Aufgabe erklärt worden ist.

c) Haftungsprivilegiert: Der Unternehmer

Der Haftungsausschluss des § 104 SGB VII wirkt zugunsten des „Unternehmers". Unternehmen i. S. des Unfallversicherungsrechts sind Betriebe, Verwaltungen, Einrichtungen und Tätigkeiten. Ausschlaggebend dafür ist die Rechtsform, in der das Unternehmen betrieben wird. Nicht Unternehmer einer GmbH oder AG sind folglich deren Vorstands- oder Aufsichtsratsmitglieder, auch nicht der Geschäftsführer einer GmbH. Anders liegen die Dinge dagegen bei Personenhandelsgesellschaften (oHG, KG) sowie der BGB-Gesellschaft, hier sind die Gesellschafter selbst Unternehmer i. S. des § 104 SGB VII. Da es ausschließlich auf das Unternehmen, nicht aber den Betrieb ankommt, ist die Haftung des Arbeitgebers auch dann ausgeschlossen, wenn ein Arbeitnehmer in einem anderen als seinem regulären Beschäftigungsbetrieb desselben Unternehmens einen Arbeitsunfall erleidet.

d) Beteiligung Dritter an der Schadensverursachung

Wird ein Versicherungsfall, den ein nach dem SGB VII Versicherter erleidet, nicht allein vom haftungsprivilegierten Arbeitgeber (dem Erstschädiger), sondern zugleich von einem außerhalb des Versicherungsverhältnisses stehenden Dritten (dem Zweitschädiger) verschuldet, kann der Geschädigte den Zweitschädiger insoweit nicht auf Schadensersatz in Anspruch nehmen, als der für den Unfall mitverantwortliche Unternehmer ohne seine Haftungsfreistellung im Verhältnis zu dem Zweitschädiger für den Schaden aufkommen müsste.[211]

Beispiel Der Arbeitnehmer wird bei der Betätigung einer Metallpresse schwer verletzt. Ursache hierfür waren im Verhältnis von 40 % zu 60 % ein Konstruktionsfehler des Herstellers der Maschine (= Zweitschädiger) sowie des Arbeitgebers, der von diesem Fehler bereits Kenntnis erlangt, aber nichts zu dessen Behebung unternommen hatte (= Erstschädiger, der, da er den Versicherungsfall nicht vorsätzlich herbeigeführt hat, dem geschädigten Arbeitnehmer nach § 104 Abs. 1 SGB VII nicht haftet). Der Arbeitnehmer erhält alle Leistungen der gesetzlichen Unfallversicherung und kann vom nicht haftungsprivilegierten Zweitschädiger 40 % seines Schadens nach privatrechtlichen Regeln (§§ 823, 249 BGB) ersetzt verlangen, muss sich darauf aber nach § 104 Abs. 3 SGB VII die Leistungen der Unfallversicherung anrechnen lassen. Praktisch verbleibt ihm v. a. das Schmerzensgeld nach § 253 Abs. 2 BGB, weil die Unfallversicherungsträger hierfür keine kongruenten Leistungen erbringen.

Im Ergebnis haftet der Zweitschädiger also schon im Außenverhältnis zum Geschädigten nur auf die Quote, zu deren Tragung er im Innenverhältnis gegenüber dem Erstschädiger verpflichtet wäre, wenn dieser nicht völlig von der Haftung befreit wäre. Dies gilt auch in den Fällen des § 106 Abs. 3 SGB VII.

e) Der praktische Fall

Haftung des Arbeitgebers bei Unterhaltung einer „gemeinsamen Betriebsstätte": BGH vom 8. Juni 2010, NJW 2011, 449 (*„Testfahrer-Fall"*)

---

[211] BGH vom 11. November 2003, BGHZ 157, 9 (14 ff.); vom 10. Mai 2005, NJW 2005, 2309 (2310).

Zum Sachverhalt Die Beklagte ist eine Automobilherstellerin. Sie unterhält ein Versuchsgelände für Testfahrten. Der Kläger ist Fahrzeugtester und bei der T-GmbH angestellt. Diese führt seit vielen Jahren auf dem Versuchsgelände der Beklagten Testfahrten durch, die dazu dienen, die Fahrzeuge technisch zu überprüfen und zu verbessern und die weitere Entwicklung der Technik zukünftig herzustellender Fahrzeuge voranzutreiben. Auf dem Weg zum Einsatzraum stürzte der Kläger infolge Eisglätte auf dem Testgelände und verletzte sein rechtes Knie erheblich. Die zuständige Berufsgenossenschaft erkannte den Unfall als Arbeitsunfall an. Der Kläger begehrt Schadensersatz und Schmerzensgeld, weil die Beklagte ihrer Räum- und Streupflicht nicht ausreichend nachgekommen sei.

Die Entscheidung Der BGH hat das klageabweisende Urteil des Berufungsgerichts aufgehoben und den Fall zur erneuten Verhandlung und Entscheidung zurückverwiesen. Der Anspruch des Klägers resultiere aus § 823 Abs. 1 BGB. Die Beklagte habe ihre Verkehrssicherungspflicht verletzt, indem sie den Weg zum Einsatzraum nicht hinreichend eisfrei gehalten habe.

Die Haftung sei auch nicht nach § 106 Abs. 3 Alt. 3 SGB VII ausgeschlossen. Nach dieser Vorschrift gilt der in den §§ 104, 105 SGB VII normierte Haftungsausschluss auch für die Ersatzpflicht der für die beteiligten Unternehmen Tätigen untereinander, wenn Versicherte mehrerer Unternehmen vorübergehend betriebliche Tätigkeiten auf einer gemeinsamen Betriebsstätte verrichten. Wegen des Erfordernisses des „Verrichtens" kommt dem Unternehmer das Haftungsprivileg nur zugute, wenn er selbst auf einer gemeinsamen Betriebsstätte eine vorübergehende betriebliche Tätigkeit ausübt und dabei den Versicherten eines anderen Unternehmens verletzt. Demnach bestand eine Haftungsprivilegierung der Beklagten schon deswegen nicht, weil die Schädigung des Klägers nicht durch ein selbst auf der Betriebsstätte tätiges Organ der Beklagten (vgl. § 31 BGB: Vorstands- oder Aufsichtsratsmitglied) erfolgt ist.

Mithin kam nur eine Haftungsbefreiung der Beklagten nach den Grundsätzen des gestörten Gesamtschuldverhältnisses in Betracht. Ein solches war aber hier schon deswegen nicht gegeben, weil keine gemeinsame Betriebsstätte (§ 106 Abs. 3 Alt. 3 SGB VII) zwischen dem Kläger und den mit dem Winterdienst beauftragten Mitarbeitern der Beklagten bestanden hat. Eine „gemeinsame" Betriebsstätte ist mehr als „dieselbe" Betriebsstätte; das bloße Zusammentreffen von Risikosphären mehrerer Unternehmen erfüllt den Tatbestand der Norm nicht. Parallele Tätigkeiten, die sich beziehungslos nebeneinander vollziehen, genügen ebenso wenig wie eine bloße Arbeitsberührung. Erforderlich ist vielmehr eine gewisse Verbindung zwischen den Tätigkeiten des Schädigers und des Geschädigten in der konkreten Unfallsituation, die eine Bewertung als „gemeinsame" Betriebsstätte rechtfertigt. Daran fehlte es hier. Die Tätigkeiten des Klägers und diejenigen des Winterdienstes der Beklagten waren nicht *wechselseitig* voneinander abhängig. Zwar war es für die Testfahrten des Klägers erforderlich, dass das Versuchsgelände schnee- und eisfrei war. Umgekehrt waren aber seine Testfahrten für die Aufgaben des Winterdienstes nicht betriebsnotwendig. Da aus diesen Gründen die Haftung der Beklagten nicht ausgeschlossen war, musste das Berufungsgericht noch Feststellungen zur Verletzung der Verkehrssicherungspflicht (§ 823 Abs. 1 BGB) und zum Schadensumfang (§ 249 BGB) nachholen.

4. Insbesondere: Mobbing

a) Definition

Mobbing ist etwas anderes als die alltäglichen Konflikte und Streitigkeiten am Arbeitsplatz. Unter Mobbing werden in Anlehnung an § 3 Abs. 3 AGG unerwünschte Verhaltensweisen verstanden, die bezwecken oder bewirken, dass die Würde der betreffenden Person verletzt und ein von Einschüchterungen, Anfeindungen, Erniedrigungen, Entwürdigungen oder Beleidigungen gekennzeichnetes Umfeld geschaffen wird.[212] Noch etwas konkreter hat das LAG Thüringen formuliert: „Im arbeitsrechtlichen Verständnis erfasst der Begriff des Mobbings fortgesetzte, aufeinander aufbauende und ineinander übergreifende, der *Anfeindung, Schikane oder Diskriminierung dienenden Verhaltensweisen,* die nach Ihrer Art und ihrem Ablauf im Regelfall einer übergeordneten, von der Rechtsordnung nicht gedeckten Zielsetzung förderlich sind und in ihrer Gesamtheit das allgemeine Persönlichkeitsrecht, die Ehre oder die Gesundheit des Be-

---

[212] BAG vom 22. Juli 2010, NZA 2011, 93 (102).

troffenen verletzten. Ein vorgefasster Plan ist nicht erforderlich. Eine Fortsetzung des Verhaltens unter schlichter Ausnutzung der sich jeweils bietenden Gelegenheit ist ausreichend"[213]. Dabei betont das LAG Thüringen, dass es sich bei dem Begriff „Mobbing" nicht um einen eigenständig juristischen Tatbestand handelt, sondern um einen Sammelbegriff für unterschiedliche Verhaltensweisen.

„Mobbing" kann auch gegen das AGG verstoßen, weil es von dem Begriff der „Belästigung" in § 3 Abs. 3 AGG erfasst wird.[214] Allerdings setzen Ansprüche nach dem AGG (dazu unter b am Ende) voraus, dass das Mobbing aus einem der in § 1 AGG genannten Gründe – also wegen der Rasse oder ethnischen Herkunft, des Geschlechts, der Religion oder Weltanschauung, einer Behinderung, des Alters oder der sexuellen Identität – erfolgt ist.

b) Ansprüche des Mobbing-Opfers

Ist der Arbeitgeber der Täter, kann der gemobbte Arbeitnehmer seine Ansprüche auf § 280 Abs. 1, § 253 Abs. 2 BGB und auf § 823 Abs. 1 (Verletzung des allgemeinen Persönlichkeitsrechts), § 253 Abs. 2 BGB stützen, wobei ihm im erstgenannten Fall die Beweislastumkehr des § 280 Abs. 1 Satz 2 BGB zugutekommt.[215] Er kann den Arbeitgeber außerdem auf Unterlassung der Mobbinghandlung in entsprechender Anwendung der §§ 1004, 862, 12 BGB verklagen.

Wird der Arbeitnehmer durch einen anderen Mitarbeiter gemobbt, muss unterschieden werden: Der Arbeitgeber haftet vertraglich nur für das Fehlverhalten seiner Erfüllungs- (§ 278 BGB), deliktisch nur für die fehlerhafte Auswahl oder Überwachung seiner Verrichtungsgehilfen (§ 831 BGB). Erfüllungs- bzw. Verrichtungsgehilfen hinsichtlich der dem Arbeitgeber obliegenden Schutzpflichten sind aber nur diejenigen Arbeitnehmer, denen gerade der Schutz des in seinem Persönlichkeitsrecht beeinträchtigten

---

[213] LAG Thüringen vom 10. April 2001, NZA-RR 2001, 347 (358); auch LAG Hamm vom 25. Juni 2002, NZA-RR 2003, 8 (9).

[214] BAG vom 25. Oktober 2007, NZA 2008, 223 (225).

[215] Vgl. BAG vom 18. Februar 1999, NZA 1999, 645 (646), wo der Arbeitgeber – ein Zeitungsverlag – eine Arbeitnehmerin in seiner Zeitung als „die faulste Mitarbeiterin Deutschlands" bezeichnet hatte.

Arbeitnehmers oblag.[216] Dies sind nur die Vorgesetzten des Arbeitnehmers, nicht aber seine Kollegen.[217] War der Mobbingtäter also Vorgesetzter des Arbeitnehmers, haftet der Arbeitgeber nach Maßgabe der genannten Vorschriften (neben dem Täter selbst), anderenfalls haftet nur der Mobbingtäter persönlich aus § 823 Abs. 1 BGB (§ 280 Abs. 1 BGB scheidet aus, da die Arbeitnehmer untereinander nicht durch ein Schuldverhältnis verbunden sind). Zudem besteht auch hier ein Unterlassungsanspruch.

Weil Mobbing weder einen Arbeitsunfall noch eine Berufskrankheit darstellt, sind Schadensersatz- und Schmerzensgeldansprüche wegen Mobbings nicht vom Haftungsausschluss des § 104 SGB VII erfasst.

Für den gemobbten Arbeitnehmer kann evtl. auch ein Schadensersatzanspruch wegen außerordentlicher Kündigung gemäß § 628 Abs. 2 BGB in Betracht kommen.[218] Voraussetzung ist, dass der Arbeitgeber den Arbeitnehmer durch ein schuldhaft vertragswidriges Verhalten zur Vertragsauflösung veranlasst hat. Das Auflösungsverschulden des Arbeitgebers muss das Gewicht eines „wichtigen Grundes" i. S. von § 626 Abs. 1 BGB gehabt haben. Weiter setzt der Schadensersatzanspruch eine doppelte Kausalität voraus: Zum einen muss die schuldhafte Vertragsverletzung die Veranlassung für die Auflösung gewesen sein. Allein die Vertragsverletzung reicht nicht aus. Es muss vielmehr ein unmittelbarer Zusammenhang zwischen dem vertragswidrigen Verhalten und der Beendigung des Arbeitsverhältnisses durch den Arbeitnehmer bestehen. Zum anderen muss der beim gemobbten Arbeitnehmer eingetretene Schaden gerade auf die Beendigung des Arbeitsverhältnisses zurückzuführen sein.

Im Anwendungsbereich des AGG stehen dem benachteiligten Arbeitnehmer weitere Rechte zu. Er kann Schadensersatz und Entschädigung aus § 15 Abs. 1 und 2 AGG verlangen und gemäß § 13 AGG Beschwerde bei der zuständigen Stelle einlegen. Unter den Voraussetzungen des § 14 AGG steht ihm ein Leistungsverweigerungsrecht zu.

---

[216] RG vom 19. September 1923, RGZ 102, 372 (374); vom 13. Februar 1923, RGZ 106, 293 (294).

[217] Siehe für den Bereich der Amtshaftung aber BGH vom 1. August 2002, NJW 2002, 3172 (3173 f.).

[218] Siehe hierzu LAG Hessen vom 23. Februar 2001, NZA-RR 2002, 581.

D. Lohn ohne Arbeit

Die Pflicht des Arbeitgebers, dem Arbeitnehmer eine Vergütung zu zahlen und die Pflicht des Arbeitnehmers, die geschuldete Arbeitsleistung zu erbringen, stehen im Gegenseitigkeitsverhältnis. Kommt der Arbeitnehmer seiner Pflicht nicht nach, wird der Arbeitgeber grundsätzlich von seiner Vergütungspflicht frei (§ 326 BGB). Es gilt also der Grundsatz „Ohne Arbeit kein Lohn". Von diesem bestehen jedoch zahlreiche Ausnahmen.

I. Annahmeverzug des Arbeitgebers

Nach § 615 BGB kann der Arbeitnehmer für den Fall des Annahmeverzuges des Arbeitgebers das geschuldete Entgelt beanspruchen. Dabei steht dem Annahmeverzug nicht entgegen, dass die Arbeitsleistung Fixschuld ist und bei Nichtleistung der Arbeit regelmäßig Unmöglichkeit eintritt. Würde man im Dienstvertrags- und Arbeitsrecht konsequent daran festhalten, dass sich Annahmeverzug und Unmöglichkeit ausschließen, liefe § 615 BGB weitgehend leer, was der gesetzgeberischen Intention widerspräche. Daher ist für die Unmöglichkeit allein darauf abzustellen, ob dem Arbeitnehmer die Arbeitsleistung unmöglich war, obwohl der Arbeitgeber zur Annahme bereit war. Bei bloßer Annahmeunwilligkeit liegt dagegen Annahmeverzug vor. In diesem Fall kann der Arbeitnehmer die für seine Dienste vereinbarte Vergütung verlangen, ohne zur Nachleistung verpflichtet zu sein. § 615 BGB ist selbst keine Anspruchsgrundlage (das bleibt § 611a Abs. 2 BGB), sondern nur eine Ausnahme von § 323 Abs. 1 BGB.[219] Die Vorschrift regelt allein die Rechtsfolge; die Voraussetzungen des Annahmeverzugs richten sich nach den §§ 293 ff. BGB.

---

[219] BAG vom 24. September 2014, NZA 2015, 35 (37 f.).

1. Prüfungsschema zum Annahmeverzug

1. Vorprüfung: Keine abweichende einzel- oder kollektivvertragliche Regelung
2. Erfüllbarer Anspruch auf Arbeitsleistung
3. Ordnungsgemäßes Angebot des Arbeitnehmers
   a) grundsätzlich tatsächlich, § 294 BGB
   b) wörtliches Angebot reicht gem. § 295 BGB aus, wenn der Arbeitgeber die Annahme der Arbeit abgelehnt hat
   c) Angebot ist nach § 296 BGB entbehrlich, wenn der Arbeitgeber eine kalenderterminbestimmte Mitwirkungshandlung (Bereitstellung eines funktionsfähigen Arbeitsplatzes und Zuweisung von Arbeit) nicht vornimmt
4. Möglichkeit der Arbeitsleistung
5. Fähigkeit und Bereitschaft des Arbeitnehmers zur Arbeitsleistung (§ 297 BGB)
6. Nichtannahme der Arbeitsleistung (§§ 293, 298 BGB).

2. Erfüllbarer Anspruch auf Arbeitsleistung

Der Arbeitnehmer muss zur Arbeitsleistung verpflichtet und der Arbeitgeber zu ihrer Annahme berechtigt sein. Grundlage der Leistungspflicht ist regelmäßig ein *wirksamer Arbeitsvertrag,* aber auch ein bloß faktisches Arbeitsverhältnis reicht aus. Auch wenn der Arbeitgeber auf Grund eines Weiterbeschäftigungsanspruchs (z. B. aus § 102 Abs. 5 BetrVG) verpflichtet ist, den Arbeitnehmer nach Beendigung des Arbeitsverhältnisses zu beschäftigen, kann er in Annahmeverzug geraten. Sind die Hauptpflichten aus dem Arbeitsverhältnis suspendiert (z. B. im Arbeitskampf oder infolge einer vertraglichen Freistellung), scheidet Annahmeverzug aus.[220]

3. Ordnungsgemäßes Angebot des Arbeitnehmers

Annahmeverzug tritt nach der Grundsatz des § 294 BGB nur ein, wenn die Leistung dem Gläubiger so, wie sie zu bewirken ist, tatsächlich angeboten wurde. Im ungekündigten Arbeitsverhältnis muss der Arbeitnehmer

---

[220] BAG vom 23. Januar 2001, NZA 2001, 597 (597).

*zur rechten Zeit am rechten Ort in der rechten Art und Weise die geschul-
dete Arbeitsleistung anbieten.* Eine Ausnahme wird nur für den Fall anerkannt, dass dem Arbeitnehmer das Angebot unzumutbar ist, weil der Arbeitgeber ihn z. B. mit einem Hausverbot belegt hat.

Der praktisch wichtigste Fall des Annahmeverzugs ist die *Nichtleistung
der Arbeit nach unwirksamer Kündigung* während der Dauer des Kündigungsrechtsstreits. Hier wendet das BAG nicht § 294 BGB, sondern § 296
Satz 1 BGB an, da es dem Arbeitgeber als Gläubiger der geschuldeten
Arbeitsleistung obliege, dem Arbeitnehmer die Leistungserbringung zu er-
möglichen. Er müsse den Arbeitseinsatz des Arbeitnehmers fortlaufend
planen und durch Weisungen hinsichtlich Ort und Zeit näher konkretisieren. Dementsprechend bestehe die nach dem Kalender bestimmte Mitwirkungshandlung des Arbeitgebers darin, dass er dem Arbeitnehmer für
jeden Arbeitstag einen funktionsfähigen Arbeitsplatz zur Verfügung stelle.
Nach einer unwirksamen Kündigung müsse deshalb der Arbeitgeber dem
Arbeitnehmer, wenn er nicht in Annahmeverzug geraten wolle, die Arbeit
wieder zuweisen. Komme der Arbeitgeber dieser Obliegenheit nicht nach,
gerate er in Annahmeverzug, ohne dass es eines Angebots der Arbeitsleistung durch den Arbeitnehmer bedürfe.[221]

Merke Praktisch bedeutet dies, dass der Arbeitnehmer nach Ablauf
der Kündigungsfrist bis zu einer ausdrücklichen Arbeitsaufforderung
seitens des Arbeitgebers zu Hause bleiben darf, ohne seinen Anspruch
aus § 615 Satz 1 BGB für den Fall zu verlieren, dass sich die vom Arbeitgeber ausgesprochene Kündigung im Prozess nicht als rechtsbeständig erweist.

Unterschiedlich beurteilt werden dagegen die Fälle, in denen der Arbeitnehmer *bei Zugang der Kündigung oder zum Kündigungstermin arbeitsunfähig erkrankt* war, er dem Arbeitgeber aber die Beendigung der Arbeitsunfähigkeit nicht oder nicht unverzüglich angezeigt hat. In einem solchen Fall fehlt es zwar an der erforderlichen Mitwirkungshandlung des
Arbeitgebers trotz objektiver Arbeitsfähigkeit des Arbeitnehmers, gleichwohl ist die Entgeltzahlungspflicht des Arbeitgebers nicht unzweifelhaft,
wenn und solange er von der Genesung des Arbeitnehmers keine Kenntnis hat. Das BAG hat den Arbeitnehmer jedoch regelmäßig nicht für verpflichtet gehalten, seine Arbeitsfähigkeit dem Arbeitgeber anzuzeigen: Sei

---

[221] BAG vom 19. Januar 1999, NZA 1999, 925 (926).

der Arbeitnehmer zum Kündigungstermin befristet arbeitsunfähig krank gewesen, so träten die Verzugsfolgen mit Eintritt der Arbeitsfähigkeit jedenfalls dann unabhängig von der Anzeige der Arbeitsfähigkeit ein, wenn der Arbeitnehmer dem Arbeitgeber durch Erhebung einer Kündigungsschutzklage oder sonstigen Widerspruch gegen die Kündigung seine weitere Leistungsbereitschaft deutlich gemacht habe.[222]

4. Möglichkeit der Arbeitsleistung

Ein Anspruch aus § 615 Satz 1 BGB setzt voraus, dass dem Arbeitnehmer die Erbringung der Arbeitsleistung nicht objektiv unmöglich ist. In diesem Fall ist § 615 Satz 3 BGB anzuwenden und zu fragen, ob der Arbeitgeber trotz der Unmöglichkeit Annahmeverzugslohn entrichten muss, weil er das Risiko des Arbeitsausfalls trägt (unten II.).

5. Leistungsvermögen des Arbeitnehmers

Der Schuldner darf nicht außerstande sein, die geschuldete Leistung zu bewirken, § 297 BGB. Der Arbeitnehmer muss also *objektiv arbeitsfähig und subjektiv arbeitswillig sein.*[223] Es müssen beide Voraussetzungen erfüllt sein. Der bloße Arbeitswille kann die fehlende Arbeitsfähigkeit nicht ersetzen, denn für die Beurteilung des Leistungsvermögens kommt es nicht auf die subjektive Einschätzung des Schuldners, sondern nur auf die objektiven Umstände der Leistungsfähigkeit an. Ist ein Arbeitnehmer objektiv aus gesundheitlichen Gründen nicht in der Lage, die vereinbarte Leistung zu erbringen, so kann das fehlende Leistungsvermögen nicht allein durch seinen Willen ersetzt werden, trotz objektiver Leistungsunfähigkeit einen Arbeitsversuch zu unternehmen.

Die *Leistungsfähigkeit* muss sich *auf die (gesamte) geschuldete Arbeit* beziehen. Sie fehlt v. a. im Falle arbeitsunfähiger Erkrankung, ferner z. B. bei Beschäftigungsverboten wie § 3 Abs. 1 und 2 MuSchG oder bei Fehlen öffentlich-rechtlich erforderlicher Erlaubnisse (Aufenthaltsgenehmigung, Arbeitserlaubnis, Fahrerlaubnis) oder erheblicher Alkoholisierung. Sie fehlt nicht schon dann, wenn dem Arbeitnehmer aus ärztlicher Sicht

---

[222] BAG vom 19. April 1990, NZA 1991, 228 (229).
[223] BAG vom 24. September 2003, NZA 2003, 1387 (1388); vom 19. Mai 2004, NZA 2004, 1064 (1064).

dringend geraten worden ist, den Arbeitsplatz zu wechseln. Solange die vom Arzt befürchtete Erkrankung noch nicht eingetreten ist, bleibt der Arbeitnehmer leistungsfähig.

Die *Leistungsbereitschaft* muss sich darauf beziehen, die gesamte geschuldete Arbeitsleistung in vollem zeitlichem Umfang zu erfüllen. Leistungsfähigkeit wie Leistungsbereitschaft werden nicht dadurch berührt, dass der Arbeitnehmer (insb. in den Fällen des Annahmeverzugs nach unwirksamer arbeitgeberseitiger Kündigung) zwischenzeitlich ein anderes Arbeitsverhältnis eingeht, solange er durch die Aufrechterhaltung der Kündigungsschutzklage deutlich macht, dass er bereit ist, das neue Arbeitsverhältnis zugunsten des alten wieder zu lösen. Denn mit der Aufnahme einer neuen Arbeit kommt der Arbeitnehmer nur seiner Verpflichtung aus § 615 Satz 2 BGB nach, einen ihm möglichen Verdienst nicht böswillig zu unterlassen.

6. Nichtannahme der Arbeitsleistung

Unter Nichtannahme ist jedes Verhalten zu verstehen, das den Erfüllungseintritt verhindert. Aus welchem Grund der Arbeitgeber die Arbeitsleistung nicht annimmt, ist unerheblich. Insbesondere vermag ein Irrtum über die Annahmeverpflichtung, und sei er auch entschuldbar, den Eintritt des Annahmeverzugs nicht zu verhindern. Der Arbeitgeber ist daher z. B. auch dann aus § 615 Satz 1 BGB zur Leistung verpflichtet, wenn er von der Rechtmäßigkeit der von ihm angeordneten Arbeitszeitreduzierung, der Rechtmäßigkeit einer Aussperrung im Arbeitskampf oder der Wirksamkeit seiner Kündigung überzeugt war. Anders liegen die Dinge nur, wenn dem Arbeitgeber die Annahme der Arbeitsleistung unzumutbar war, weil bei einer Beschäftigung des Arbeitnehmers geschützte Interessen des Arbeitgebers, seiner Angehörigen oder Dritter unmittelbar und nachhaltig gefährdet wären.[224]

7. Beendigung des Annahmeverzugs

Der Annahmeverzug endet, wenn der Arbeitgeber die Arbeitsleistung des Arbeitnehmers als Erfüllung annimmt. Streiten die Parteien z. B. weiter

---

[224] BAG vom 16. April 2014, NZA 2014, 1082 (1082 f.).

um die Wirksamkeit der Kündigung und fordert der Arbeitgeber den Arbeitnehmer auf, die Arbeit während des Prozesses fortzusetzen, so bewirkt dies keine Beendigung des Annahmeverzugs, da der Arbeitgeber an seiner Rechtsansicht, den Arbeitnehmer nicht beschäftigen zu müssen, festhält. Der Arbeitnehmer ist in diesen Fällen nicht verpflichtet, die Arbeit wieder aufzunehmen, muss sich aber im Falle der „Böswilligkeit" den entgangenen Zwischenverdienst gemäß § 615 Satz 2 BGB auf seinen Anspruch anrechnen lassen.

8. Rechtsfolgen des Annahmeverzugs

§ 615 Satz 1 BGB ist keine eigenständige Anspruchsgrundlage, sondern hält den Anspruch des Arbeitnehmers aus § 611a Abs. 2 BGB trotz nicht geleisteter Arbeit aufrecht.[225] Während des Annahmeverzugs hat der Arbeitgeber *die vereinbarte Vergütung des Arbeitnehmers fortzuzahlen*, ohne dass der Arbeitnehmer zur Nachholung der Arbeitsleistung verpflichtet ist. Der Anspruch ist auf die vertragsgemäße Vergütung gerichtet, ist also Erfüllungs-, nicht Schadensersatzanspruch. Seine Höhe bestimmt sich danach, was der Arbeitnehmer in der Zeit des Annahmeverzugs verdient hätte („Hätte-Vergütung"), also neben dem Grundlohn alle Nebenleistungen wie Gratifikationen, Prämien und Tantiemen. Für vorenthaltene Sachbezüge (Dienstwagen, Betriebskindergarten, Job-Ticket etc.) ist Wertersatz zu leisten, wobei die Anspruchsgrundlage streitig ist. In den genannten Beispiels- und den meisten anderen Fällen dürften § 280 Abs. 1 und 3, § 283 BGB einschlägig sein, weil die Erfüllung des Anspruchs aus § 615 BGB bei Sachbezügen, auf deren tägliche Verfügbarkeit der Arbeitnehmer angewiesen ist, mit Zeitablauf ipso iure unmöglich ist und der Arbeitgeber daher insoweit Schadensersatz statt der Leistung schuldet.

Nach § 615 Satz 2 BGB muss sich der Arbeitnehmer – soweit nichts anderes vereinbart ist – auf seinen Anspruch den Wert dessen anrechnen lassen, was er infolge des Unterbleibens der Dienstleistung erspart oder durch anderweitige Verwendung seiner Dienste erwirbt oder zu erwerben böswillig unterlässt.

---

[225] BAG vom 24. September 2014, NZA 2015, 35 (37 f.).

Angerechnet werden ersparte Aufwendungen (z. B. für Fahrtkosten), der im gesamten Zeitraum erzielte Zwischenverdienst einschließlich öffentlich-rechtlicher Leistungen wie namentlich dem Arbeitslosengeld (hier muss der Arbeitnehmer in analoger Anwendung von § 74c HGB Auskunft über seinen anderweitigen Erwerb erteilen) sowie der böswillig unterlassene Zwischenverdienst. Der Arbeitnehmer unterlässt böswillig anderweitigen Verdienst, wenn er vorsätzlich ohne ausreichenden Grund Arbeit ablehnt oder vorsätzlich verhindert, dass ihm Arbeit angeboten wird. Für Böswilligkeit genügt das vorsätzliche Außerachtlassen einer dem Arbeitnehmer bekannten Gelegenheit zur Erwerbsarbeit. Fahrlässiges, auch grob fahrlässiges Verhalten genügt nicht. Die vorsätzliche Untätigkeit muss zudem vorwerfbar sein. Das ist nicht der Fall, wenn eine angebotene oder sonst mögliche Arbeit nach den konkreten Umständen für den Arbeitnehmer unzumutbar ist. Die Unzumutbarkeit kann sich etwa aus der Art der Arbeit, den sonstigen Arbeitsbedingungen oder der Person des Arbeitgebers ergeben.

Beispiele Die Beschäftigung bei dem bisherigen Arbeitgeber ist dem Arbeitnehmer nach einer betriebsbedingten Kündigung in der Regel zumutbar, wenn sie ihm ausdrücklich angeboten worden ist. Dagegen kann ihm nach einer verhaltensbedingten Kündigung zumeist nicht zugemutet werden, beim bisherigen Arbeitgeber während des Kündigungsrechtsstreits weiterzuarbeiten. Das bloße Unterlassen der Arbeitslosmeldung begründet noch keine Böswilligkeit.

9. Der praktische Fall

Voraussetzungen des Annahmeverzuges bei nicht wirksam zustande gekommenem Aufhebungsvertrag: BAG vom 7. Februar 2005, NZA 2006, 435 *(„Erziehungsberaterinnen-Fall")*

Zum Sachverhalt Die Klägerin ist Diplom-Psychologin und als Erziehungsberaterin für die Beklagte tätig. Nach längeren krankheitsbedingten und anderen Fehlzeiten stritten die Parteien gerichtlich um die Arbeitspflicht der Klägerin am Arbeitsort Süderbrarup (Schleswig-Holstein). Im Gütetermin verständigten sie sich darauf, den Streit außergerichtlich beizulegen. Die Prozessbevollmächtigten der Parteien konferierten mehrfach miteinander. Nach Auffassung der Beklagten verständigten sie sich in einem Gespräch – § 623 BGB war zu diesem Zeitpunkt noch nicht in

Kraft – auf einen Aufhebungsvertrag zum 30. September 1998. Die Beklagte rechnete das Arbeitsverhältnis ab und zahlte die ihrer Auffassung nach vereinbarte Abfindung. Am 12. April 1999 ließ die Klägerin erstmals durch ihren Prozessbevollmächtigten erklären, dass sie das Zustandekommen eines Aufhebungsvertrages bestreite und ihn hilfsweise anfechte. Weitere zwei Monate später bot sie ihre Arbeitsleistung an. Das Arbeitsgericht stellte rechtskräftig fest, dass das Arbeitsverhältnis der Parteien über den 30. September 1998 hinaus fortbesteht. Die Klägerin verlangt Annahmeverzugslohn, in der Revisionsinstanz ist noch die Zeit vom 1. Oktober 1998 bis zum 21. Juni 1998 streitgegenständlich.

Die Entscheidung Das BAG hat die Klage, soweit in der Revision noch über sie zu entscheiden war, abgewiesen. Die Beklagte hat sich im umstrittenen Zeitraum nicht im Annahmeverzug (§ 615 Satz 1 BGB) befunden. § 615 Satz 1 BGB regelt nur die Rechtsfolgen des Annahmeverzuges. Dessen Voraussetzungen ergeben sich aus den §§ 293 ff. BGB. Für gewöhnlich bedarf es eines tatsächlichen Angebots des Schuldners („zur rechten Zeit, am rechten Ort, in der rechten Art und Weise"), um den Gläubiger in Annahmeverzug zu versetzen (§ 294 BGB). Nur unter den Voraussetzungen des § 295 BGB genügt ein wörtliches Angebot, in den Fällen des § 296 BGB ist ein solches sogar ganz entbehrlich.

Wenn – wie hier – das Zustandekommen eines Aufhebungsvertrags zwischen den Arbeitsvertragsparteien streitig ist, bedarf es zur Begründung des Annahmeverzugs des Arbeitgebers in der Regel eines tatsächlichen Angebots der Arbeitsleistung durch den Arbeitnehmer (§ 294 BGB). Hierdurch hat der Arbeitnehmer zu verdeutlichen, dass er weiterhin zu den vertraglichen Bedingungen arbeiten möchte. Der Arbeitgeber kann ein solches Angebot erwarten, wenn der Arbeitnehmer meint, ein Aufhebungsvertrag sei nicht zu Stande gekommen. Vertritt der Arbeitgeber nach Verhandlungen mit dem Arbeitnehmer die Auffassung, das Arbeitsverhältnis sei einvernehmlich beendet worden, beendet er das Arbeitsverhältnis – anders als bei einer Kündigung – nicht durch einseitige Erklärung. Selbst ein wörtliches Angebot nach § 295 BGB genügt regelmäßig nicht. Es wäre nur dann ausreichend, wenn dem Arbeitnehmer im Einzelfall, etwa nach einem Hausverbot, ein tatsächliches Angebot nicht zumutbar wäre. Nachdem die Klägerin zuletzt Anfang 1997 tatsächlich gearbeitet hatte, hätte sie durch ein tatsächliches Angebot ihrer Arbeitskraft in Süderbrarup deutlich machen müssen, dass sie zur Arbeitsleistung im vertraglich geschuldeten Umfang von 30 Wochenstunden bereit war.

II. Betriebsrisikolehre (§ 615 Satz 3 BGB)

Da dann, wenn der Arbeitgeber die Arbeitsleistung zwar annehmen will, sie aber aus betrieblich-technischen, rechtlichen oder wirtschaftlichen Gründen objektiv nicht annehmen kann, nach den Regeln des allgemeinen Schuldrechts nicht Annahmeverzug, sondern Unmöglichkeit vorliegt, verlöre der Arbeitnehmer nach § 326 Abs. 1 BGB regelmäßig seinen Anspruch auf das Arbeitsentgelt. Grundsätzlich trägt der Arbeitgeber das Betriebs- und Wirtschaftsrisiko. Daher hat die Rechtsprechung früher in analoger Anwendung von § 615 Satz 1 BGB dem Arbeitnehmer einen Entgeltanspruch zugestanden, wenn die Ursache für den Arbeitsausfall im Verantwortungsbereich des Arbeitgebers liegt. Durch das Schuldrechtsmodernisierungsgesetz 2002 hat der Gesetzgeber diese sog. Betriebsrisikolehre in § 615 Satz 3 BGB normiert, ohne sie inhaltlich zu verändern. Die konkreten Voraussetzungen des Anspruchs hat er offen (und damit weiterhin der Rechtsprechung) überlassen.

1. Anspruch auf Arbeitsleistung

Der Arbeitgeber trägt das Betriebsrisiko nur, wenn der Arbeitnehmer zur Arbeitsleistung verpflichtet und er zur Annahme der Arbeitsleistung berechtigt ist (s. o. beim Annahmeverzug).

2. Unmöglichkeit der Beschäftigung

Die Beschäftigung des Arbeitnehmers muss dem Arbeitgeber tatsächlich nicht möglich sein. Bei bloßer Annahmeunwilligkeit findet § 615 Satz 1 BGB Anwendung, nicht § 615 Satz 3 BGB. Die Unmöglichkeit kann ihre Ursachen in betrieblich-technischen Gegebenheiten (Unterbrechung der Energiezufuhr, Defekt einer Maschine, Brand, Überschwemmung etc.), rechtlichen Gründen (Versagung oder Entzug einer öffentlich-rechtlich erforderlichen Betriebserlaubnis etc.) oder wirtschaftlichen Gegebenheiten

(Ausbleiben von Vorprodukten, Absatzstockungen etc.) haben. In den beiden erstgenannten Fällen spricht man von Betriebs-, im letztgenannten Fall von Wirtschaftsrisiko.

Beachte Nicht vom Arbeitgeber zu tragen ist dagegen das Wegerisiko, denn es ist Sache des Arbeitnehmers, seine Wohnung so zu nehmen, dass er den Betrieb auch bei ungewöhnlichen Witterungsbedingungen erreichen kann.

3. Von keiner Seite zu vertreten

Die Unmöglichkeit darf weder vom Arbeitgeber noch vom Arbeitnehmer zu vertreten sein. Hat der Arbeitnehmer die Unmöglichkeit zu vertreten, weil er z. B. durch ein schuldhaftes Verhalten den Ausfall einer Maschine verursacht hat, trägt der Arbeitgeber das Betriebsrisiko nicht. Ist die Unmöglichkeit durch den Arbeitgeber schuldhaft verursacht worden, behält der Arbeitnehmer schon nach § 326 Abs. 2 BGB den Anspruch auf die Gegenleistung; eines Rückgriffs auf § 615 Satz 3 BGB bedarf es dann nicht.

4. Keine existenzvernichtende Belastung des Arbeitgebers

Nach ständiger, allerdings nicht unangefochteter Rechtsprechung des BAG, trägt der Arbeitgeber das Betriebs- und Wirtschaftsrisiko nicht mehr, wenn das die Betriebsstörung herbeiführende Ereignis den Arbeitgeber wirtschaftlich so schwer trifft, dass bei Zahlung der vollen Löhne die Existenz des Unternehmens gefährdet würde.[226] Dafür reicht es nicht aus, wenn zur Erfüllung der Entgeltforderungen in die Substanz des Unternehmens eingegriffen werden muss. Nur wenn sie die Insolvenz des Arbeitgebers zur Folge hätte, trägt der Arbeitgeber das Betriebsrisiko nicht mehr.

5. Einschränkung: Arbeitskampfrisikolehre

Die bedeutsamste Beschränkung findet die Betriebsrisikolehre durch die Lehre vom Arbeitskampfrisiko. Sie hat zum Inhalt, dass *aus Gründen der*

---

[226] BAG vom 9. März 1983, NJW 1983, 2159 (2159).

Kampfparität, die als Teil des Arbeitskampfrechts Verfassungsrang ge-nießt (Art. 9 Abs. 3 GG), dem Arbeitgeber nicht das gesamte Risiko der Entgeltzahlung aufgebürdet werden kann, wenn der Arbeitsausfall seine Ursache in einem inländischen Arbeitskampf findet. Hier sind zwei ver-schiedene Fälle zu unterscheiden:

– Werden einzelne Betriebe oder Betriebsteile des Arbeitgebers selbst bestreikt, kann er frei darüber entscheiden, ob er sich dem Druck beugt und seinen Betrieb vollständig (also auch in Bereichen, in denen ei-gentlich noch Arbeit vorhanden wäre) schließt oder ob er ihn aufrecht-erhält. Entschließt er sich zur Stilllegung des Betriebes während des Arbeitskampfes, tragen die Arbeitnehmer das Arbeitskampfrisiko, kön-nen also kein Entgelt aus § 615 BGB beanspruchen.

– Muss die Arbeit wegen eines Arbeitskampfes (str., nach a. A. ist nur ein Streik, nicht aber eine Aussperrung erheblich) in einem anderen Unternehmen ruhen, weil dem Arbeitgeber z. B. die benötigten Zulie-ferteile fehlen, hängt die Verteilung des Arbeitskampfrisikos davon ab, ob durch eine Entgeltzahlungspflicht die Arbeitskampfparität beein-flusst werden könnte. Davon kann in der Regel ausgegangen werden, wenn das unmittelbar und das mittelbar kampfbetroffene Unternehmen demselben fachlichen Geltungsbereich (z. B. Metall, Chemie, Bauin-dustrie etc.) zuzuordnen sind. Die Arbeitnehmer im mittelbar betroffe-nen Betrieb erhalten also kein Arbeitsentgelt aus § 615 Satz 3 BGB, wenn der Arbeitskampf in derselben Branche geführt wird, während bei Fernwirkungen des Streiks in einer anderen Branche der Arbeitgeber das Risiko trägt, also Entgelt zahlen muss.

6. Rechtsfolgen des arbeitgeberseitigen Betriebsrisikos

Soweit der Arbeitgeber das Betriebs- oder Wirtschaftsrisiko zu tragen hat, bleibt er zur Entgeltzahlung wie beim Annahmeverzug verpflichtet (oben I. 7.).

III. Vorübergehende Arbeitsverhinderung

Auch § 616 BGB normiert einen Anspruch auf Lohn ohne Arbeit. Die Vorschrift hat erheblich an praktischer Bedeutung verloren, seitdem der wichtigste Fall, die zur Arbeitsunfähigkeit führende Erkrankung, im EFZG spezialgesetzlich geregelt ist.

Voraussetzung ist zunächst, dass der Arbeitnehmer an der Arbeitsleistung gehindert ist. Dies trifft insbesondere bei Arzt- und Behördengängen etc. nur zu, wenn für den Arbeitnehmer keine Möglichkeit besteht, einen Termin außerhalb seiner Arbeitszeit wahrzunehmen. Die Verhinderung muss zudem in der Person des Arbeitnehmers ihre Ursache finden. Dabei genügen mittelbare Verursachungen wie z. B. die plötzliche schwere Erkrankung eines Familienangehörigen. Objektive Leistungshindernisse, die zur selben Zeit für mehrere Arbeitnehmer bestehen (z. B. Störung der Verkehrswege durch Schneeverwehungen, Eisglätte etc.), reichen dagegen nicht aus. Die Verhinderung darf außerdem nicht durch den Arbeitnehmer verschuldet sein. Schließlich besteht der Anspruch nur, wenn die Dauer der Verhinderung nicht erheblich ist. Dieses Merkmal ist echte Anspruchsvoraussetzung und nicht nur Anspruchsbegrenzung; bei erheblicher Verhinderungsdauer besteht also auch kein zeitanteiliger Anspruch (str.). Die Erheblichkeit bemisst sich nach dem Verhältnis von Verhinderungsdauer und Dauer des Arbeitsverhältnisses. Bei unbefristeten Arbeitsverhältnissen können Zeiträume von mehreren Tagen noch unerheblich i. S. von § 616 BGB sein.

Beispiele Angelegenheiten, die zu einer bestimmten Tageszeit erledigt werden müssen (Behördengang, Gerichtstermin); familiäre Ereignisse (Eheschließung der Kinder, goldene Hochzeit der Eltern, Begräbnisse im engen Familienkreis); persönliche Unglücksfälle (Brand oder Einbruch im eigenen Haus); Arztbesuch, soweit der Gang zum Arzt außerhalb der Arbeitszeit für den Dienstverpflichteten unzumutbar ist; unvorhergesehene Erkrankungen naher Familienangehöriger.

IV. Entgeltfortzahlung im Krankheitsfall

1. Einführung

Während der ersten sechs Wochen einer zur Arbeitsunfähigkeit führenden Erkrankung hat der Arbeitgeber das Entgelt nach Maßgabe des § 3 EFZG fortzuentrichten. Bei länger dauernden Erkrankungen leistet anschließend die Krankenkasse Krankengeld (§§ 44 ff. SGB V), wegen derselben Erkrankung jedoch maximal bis zur Dauer von 78 Wochen (§ 48 Abs. 1 SGB V). Dauert die Erkrankung noch länger, muss der betroffene Arbeitnehmer Rente wegen Erwerbsminderung (§ 43 SGB VI) beantragen.

2. Prüfungsschema zur Entgeltfortzahlung im Krankheitsfall

1) Voraussetzungen des § 3 EFZG
   a) Bestehen eines Arbeitsverhältnisses
   b) Erfüllung der vierwöchigen Wartezeit, § 3 Abs. 3 EFZG
   c) Arbeitsunfähigkeit infolge Krankheit
      (1) Krankheit
      (2) Arbeitsunfähigkeit
      (3) Kausalität
2) Kein Anspruchshindernis
   a) Keine selbstverschuldete Arbeitsunfähigkeit
   b) Kein Leistungsverweigerungsrecht des Arbeitgebers. Dies kann sich ergeben aus:
      (1) § 7 Abs. 1 Nr. 1 EFZG (bei Verletzung der in § 5 EFZG normierten Anzeige- und Nachweispflicht)
      (2) § 7 Abs. 1 Nr. 2 EFZG (bei Nichtanzeige der in § 6 EFZG normierten Legalzession im Falle eines Drittverschuldens)
3) Rechtsfolge
   a) Entgeltfortzahlung bis zur Dauer von sechs Wochen (§ 3 Abs. 1 Satz 1 EFZG), nur ausnahmsweise länger (Satz 2)
   b) Höhe: Fortzahlung des „regelmäßig zustehenden Arbeitsentgelts", also des Grundlohns ohne Überstundenzuschläge

3. Ablauf der Wartezeit

Der Anspruch auf Entgeltfortzahlung im Krankheitsfall durch den Arbeitgeber während der ersten sechs Wochen einer zur Arbeitsunfähigkeit führenden Erkrankung entsteht gemäß § 3 Abs. 3 EFZG erst nach vierwöchiger Dauer des Arbeitsverhältnisses. Dabei interpretiert das BAG § 3 Abs. 3 EFZG in der Weise, dass auch ein Arbeitnehmer, der schon in den ersten vier Wochen erkrankt, nach Ablauf dieser Sperrfrist Entgeltfortzahlung für die Dauer von sechs Wochen (also vom Beginn der fünften bis zum Ende der 10. Woche) beanspruchen kann, wenn er weiterhin arbeitsunfähig ist.[227] Während der Wartezeit leistet die Krankenkasse Krankengeld (§§ 44 ff. SGB V).

Bei länger dauernden Erkrankungen leistet die Krankenkasse im Anschluss an die sechs Wochen Krankengeld, wegen derselben Erkrankung jedoch maximal bis zur Dauer von 78 Wochen (§ 48 Abs. 1 SGB V). Dauert die Erkrankung noch länger, muss der betroffene Arbeitnehmer Rente wegen Erwerbsminderung (§ 43 SGB VI) beantragen.

Unabhängig davon, ob der Arbeitnehmer Anspruch auf Entgeltfortzahlung hat, obliegen ihm gemäß § 5 EFZG Anzeige- und Nachweispflichten, und zwar auch während der vierwöchigen Wartezeit des § 3 Abs. 3 EFZG und nach Ablauf der Sechswochenfrist.

4. Arbeitsunfähigkeit infolge Krankheit, Kausalität

Im medizinischen Sinn versteht man unter Krankheit einen *regelwidrigen, der Heilbehandlung bedürfenden körperlichen oder geistigen Zustand,* wovon auch bei der Anwendung des § 3 EFZG auszugehen ist.

> **Merke** Das altersbedingte (natürliche) Nachlassen der geistigen und körperlichen Kräfte ist jedenfalls keine Krankheit, wohl aber eine nicht regulär verlaufende Schwangerschaft. Drogensucht und Alkoholmissbrauch sind als Krankheiten anerkannt.

Arbeitsunfähig ist der Arbeitnehmer, den ein Krankheitsgeschehen (objektiv) außer Stande setzt, die ihm nach dem Arbeitsvertrag obliegende Arbeit zu verrichten, oder der die Arbeit nur unter der Gefahr fortsetzen könnte, in absehbar naher Zeit seinen Zustand zu verschlimmern. Die

---

[227] BAG vom 26. Mai 1999, NZA 1999, 1273 (1274).

Krankheit ist daher stets in Bezug zu der vom Arbeitnehmer geschuldeten Arbeitsleistung zu setzen.

Die krankheitsbedingte Arbeitsunfähigkeit muss die *alleinige Ursache* für den Arbeitsausfall darstellen. Es muss also anhand eines hypothetischen Kausalverlaufs ermittelt werden, ob der Arbeitnehmer seine geschuldete Arbeitsleistung erbracht hätte, falls er nicht krank gewesen wäre. Beruht der Arbeitsausfall nicht nur auf der Erkrankung, sondern auch auf einem anderen Grund (sog. Mehrfachkausalität), stellt sich die Frage, ob dem Arbeitnehmer dennoch ein Anspruch auf Entgeltfortzahlung nach § 3 EFZG zusteht.

5. Kein Verschulden

Trifft den Arbeitnehmer ein „Verschulden" an der Erkrankung, so besteht der Anspruch auf Entgeltfortzahlung nicht. Hierbei handelt es sich jedoch nicht um ein Verschulden i. S. von § 276 BGB, sondern um eine *Obliegenheit*. Denn den Arbeitnehmer trifft gegenüber dem Arbeitgeber keine Schuldnerpflicht, nicht zu erkranken bzw. seine Gesundheit unter allen Umständen zu erhalten. Nach ständiger Rechtsprechung entfällt der Anspruch nur, wenn der Arbeitnehmer gröblich gegen das von einem verständigen Menschen im eigenen Interesse zu erwartende Verhalten verstößt. Der Sache nach handelt es sich um ein „Verschulden gegen sich selbst".

Beispiele Alkoholmissbrauch (nicht aber krankhafte Alkoholabhängigkeit, die unverschuldet sein kann)[228]; Unfall beim Bungee-Jumping oder Kick-Boxen; provozierte Schlägerei.[229]

Regelmäßig unverschuldet sind demgegenüber Unfälle auch bei gefährlichen Sportarten wie Motorradrennen, Amateurboxen oder Drachenfliegen.[230]

---

[228] BAG vom 18. März 2015, NZA 2015, 801 (803 ff.).
[229] BAG vom 13. November 1974, AP Nr. 45 zu § 616 BGB; vom 11. März 1987, NZA 1987, 452 (452); ArbG Hagen vom 15. September 1989, DB 1990, 1422 (1422).
[230] BAG vom 25. Februar 1972, NJW 1972, 1215 (1215 f.); vom 1. Dezember 1976, AP Nr. 42 zu § 1 LohnFG; vom 7. Oktober 1981, NJW 1982, 1014 (1014 f.).

6. Rechtsfolge

Liegen die Voraussetzungen vor, kann der betroffene Arbeitnehmer Entgeltfortzahlung nach Maßgabe des § 4 EFZG verlangen, wobei der Anspruch regelmäßig auf die Dauer von *sechs Wochen* begrenzt ist. Ob die Arbeitsunfähigkeit auf derselben Erkrankung beruht oder ob sich währenddessen eine Krankheit an eine andere anschließt bzw. mit dieser zusammentrifft, ist unerheblich (sog. Einheit des Verhinderungsfalls)[231]. Erkrankt der Arbeitnehmer nach Wiederherstellung seiner Arbeitsfähigkeit erneut, hat er grundsätzlich wiederum Anspruch auf Entgeltfortzahlung für die Dauer von sechs Wochen. Lediglich dann, wenn er innerhalb von 12 Monaten wegen derselben Erkrankung bzw. aufgrund desselben Grundleidens erneut arbeitsunfähig wird (Fortsetzungskrankheit), beschränkt sich sein Anspruch auf insgesamt sechs Wochen. War der Arbeitnehmer jedoch zuvor mindestens sechs Monate gesund oder beruhte die Arbeitsunfähigkeit auf einer anderen Erkrankung, hat er erneut für volle sechs Wochen Anspruch auf Entgeltfortzahlung.

7. Höhe des fortzuzahlenden Entgelts

Gemäß § 4 EFZG wird das Arbeitsentgelt in der Höhe fortgezahlt, in der er es auch im Falle der Arbeitsleistung zu zahlen gewesen wäre *(modifiziertes Lohnausfallprinzip)*.

Überstunden sind bei Berechnung der regelmäßigen Arbeitszeit grundsätzlich nicht zu berücksichtigen, und zwar auch dann nicht, wenn sie pauschaliert abgegolten werden.[232] Das für Überstunden gezahlte Arbeitsentgelt ist allerdings Teil des regelmäßigen Entgelts geworden, falls es über einen Zeitraum von mindestens 12 Monaten hinweg gezahlt wurde. Nicht berücksichtigt werden auch Leistungen für Aufwendungen, die während der Arbeitsunfähigkeit nicht entstehen (§ 4 Abs. 1a EFZG).

Nach § 4 Abs. 4 Satz 1 EFZG kann durch Tarifvertrag eine abweichende Bemessungsgrundlage des fortzuzahlenden Entgelts festgelegt werden, wobei sowohl die Berechnungsmethode als auch die Berechnungsgrund-

---

[231] BAG vom 10. September 2014, NZA 2014, 1139 (1139 f.).
[232] BAG vom 26. Juni 2002, NZA 2003, 156 (157 f.).

lage verändert werden kann. Dies kann sowohl zugunsten als auch zuungunsten der Arbeitnehmer erfolgen, vgl. § 12 EFZG. Im Geltungsbereich eines solchen Tarifvertrages können dessen Regelungen auch von nicht tarifgebundenen Arbeitnehmern und Arbeitgebern in Bezug genommen werden (§ 4 Abs. 4 Satz 2 EFZG).

8. Betriebliches Eingliederungsmanagement (§ 167 Abs. 2 SGB IX)

a) Einführung

Ist der Arbeitnehmer innerhalb eines Jahres länger als sechs Wochen ununterbrochen oder wiederholt arbeitsunfähig, kann die *Besorgnis des Eintritts einer Behinderung oder ihrer Verschlimmerung* bestehen. Um hier möglichst frühzeitig präventiv tätig zu werden, ordnet § 167 Abs. 2 SGB IX ein sog. „betriebliches Eingliederungsmanagement" (BEM) an. Hierzu klärt der Arbeitgeber mit dem Betriebsrat, bei schwerbehinderten Menschen außerdem mit der Schwerbehindertenvertretung, und mit Zustimmung und Beteiligung des Betroffenen die Möglichkeiten, wie die Arbeitsunfähigkeit möglichst überwunden werden und mit welchen Leistungen oder Hilfen erneuter Arbeitsunfähigkeit vorgebeugt und der Arbeitsplatz erhalten werden kann (betriebliches Eingliederungsmanagement). Kommen Sozialleistungen zur Teilhabe oder begleitende Hilfen im Arbeitsleben in Betracht, werden vom Arbeitgeber die Rehabilitationsträger oder bei schwerbehinderten Beschäftigten das Integrationsamt hinzugezogen. Der Betriebsrat hat darüber zu wachen, dass der Arbeitgeber die ihm obliegenden Verpflichtungen erfüllt.

b) Voraussetzungen und Inhalt des betrieblichen Eingliederungsmanagements

Die Verpflichtung des § 167 Abs. 2 SGB IX betrifft alle Arbeitgeber unabhängig von Größe und Gegenstand des Unternehmens, der Existenz eines Betriebsrats usw. Sie besteht nicht nur dann, wenn der Arbeitnehmer bereits schwerbehindert ist, sondern gegenüber allen, *auch nicht behinderten Beschäftigten*.

Voraussetzung des betrieblichen Eingliederungsmanagements ist, dass der Arbeitnehmer innerhalb eines Jahres (nicht notwendig Kalenderjahres) länger als sechs Wochen ununterbrochen oder wiederholt arbeitsunfähig ist. Auf die Ursache(n) der Arbeitsunfähigkeit kommt es nicht an.[233] Sobald diese Zeitgrenze überschritten ist, muss der Arbeitgeber mit dem Arbeitnehmer Kontakt aufnehmen und ihm die Durchführung des betrieblichen Eingliederungsmanagements anbieten. Der Arbeitgeber ist dabei verpflichtet, den Arbeitnehmer auf die Ziele des Eingliederungsmanagements hinzuweisen; ihn trifft damit die Initiativlast.[234] Auch der Betriebsrat kann verlangen, dass der Arbeitgeber das betriebliche Eingliederungsmanagement einleitet. Für den Arbeitnehmer ist die Beteiligung dagegen freiwillig, er ist „Herr des Verfahrens" und kann daher bspw. beeinflussen, welche Stellen beteiligt und welche personenbezogenen Daten an sie weitergegeben werden.[235]

Der *Inhalt des betrieblichen Eingliederungsmanagements* ist vom Gesetz nicht näher festgelegt. Er kann Gegenstand einer Inklusionsvereinbarung sein (§ 166 Abs. 3 Nr. 5 SGB IX). Zu empfehlen ist ein strukturiertes Verfahren, das nach einem einführenden Gespräch mit dem Arbeitnehmer die Mobilisierung internen und externen Sachverstandes beinhaltet. Daran beteiligt werden können z. B. Betriebsärzte, Sicherheitsfachkräfte, Sicherheitsbeauftragte und die Rehabilitationsträger. Das betriebliche Eingliederungsmanagement verlangt vom Arbeitgeber nicht, bestimmte Vorschläge zu unterbreiten. Vielmehr hat es jeder Beteiligte – auch der Arbeitnehmer – selbst in der Hand, alle ihm sinnvoll erscheinenden Gesichtspunkte und Lösungsmöglichkeiten in das Gespräch einzubringen. Ziel des betrieblichen Eingliederungsmanagements wird es regelmäßig sein, über eine *stufenweise Wiedereingliederung* (§ 44 SGB IX) des Arbeitnehmers dessen Arbeitskraft möglichst zügig vollständig wieder herzustellen.

---

[233] ErfK/*Rolfs*, § 84 SGB IX Rn. 5.
[234] BAG vom 24. März 2011, NZA 2011, 992 (994); vom 20. November 2014, NZA 2015, 612 (615).
[235] BVerwG vom 23. Juni 2010, NZA-RR 2010, 554 (557).

c) Beteiligung der Arbeitnehmervertretungen

Am betrieblichen Eingliederungsmanagement sind neben dem Arbeitgeber und dem Arbeitnehmer mit dessen Zustimmung die Schwerbehindertenvertretung, der Betriebsrat und, wenn Leistungen zur Teilhabe oder begleitende Hilfen in Betracht kommen, die Rehabilitationsträger (§§ 6, 14 SGB IX) und/oder das Integrationsamt zu beteiligen. Dem Betriebsrat steht aus § 167 Abs. 2 Satz 7 SGB IX ein Überwachungsrecht zu, das nicht von einer Zustimmung der Arbeitnehmer abhängig ist. Deshalb kann der Betriebsrat verlangen, dass der Arbeitgeber ihm in regelmäßigen Abständen, mindestens halbjährlich, mitteilt, welche Arbeitnehmer innerhalb eines Jahres länger als sechs Wochen ununterbrochen oder wiederholt arbeitsunfähig waren.[236] Ein *erzwingbares Mitbestimmungsrecht* ist dem Betriebsrat dagegen nur in sehr eingeschränktem Umfang eingeräumt. Aus § 167 Abs. 2 SGB IX ergibt sich ein solches Recht nicht. Allerdings kann es aus § 87 Abs. 1 Nr. 1, Nr. 6 und Nr. 7 BetrVG resultieren, soweit diese Norm reicht. Das betrifft z. B. die Einführung strukturierter Krankengespräche und betriebliche Regelungen über den Gesundheitsschutz.

9. Der praktische Fall

Bedeutung des betrieblichen Eingliederungsmanagements für die soziale Rechtfertigung einer krankheitsbedingten Kündigung: BAG vom 24. März 2011, NZA 2011, 992 *("Lagerarbeiter-Fall")*

Zum Sachverhalt Die Parteien streiten über die Wirksamkeit einer ordentlichen Kündigung. Der Kläger war seit 1998 bei der Beklagten als Lager- und Logistikarbeiter beschäftigt. Mit Schreiben vom 30. Mai 2008 kündigte die Beklagte das Arbeitsverhältnis der Parteien fristgerecht zum 31. August 2008. Zur Begründung hat sie sich auf häufige Kurzerkrankungen des Klägers bezogen, die im Jahr 2005 insgesamt 46 Arbeitstage, im Jahr 2006 24 Arbeitstage, im Jahr 2007 70 Arbeitstage und im Jahr 2008 bis Ende Mai 47 Arbeitstage betrugen. Der Kläger ist u. a. der Auffassung, die Kündigung sei unwirksam, weil die Beklagte nicht über ein betriebliches Eingliederungsmanagement (§ 167 Abs. 2 SGB IX) versucht habe, ihn beruflich wieder einzugliedern.

---

[236] Vgl. BVerwG vom 4. September 2012, NZA-RR 2013, 164.

Die Entscheidung Das BAG hat die klageabweisende Entscheidung des LAG aufgehoben und den Rechtsstreit zur erneuten Verhandlung und Entscheidung an das Berufungsgericht zurückverwiesen. Der Sachverhalt bedurfte noch weiterer Aufklärung.

Wenn der Betrieb der Beklagten – was das LAG nicht festgestellt hatte – regelmäßig mehr als 10 Arbeitnehmer beschäftigt (§ 23 Abs. 1 KSchG), bedarf die Kündigung der Beklagten einer sozialen Rechtfertigung (§ 1 Abs. 2 KSchG). Hatte sie zudem das nach § 167 Abs. 2 SGB IX erforderliche betriebliche Eingliederungsmanagement (BEM) nicht durchgeführt, träfe sie im Kündigungsschutzprozess eine erweiterte Darlegungslast. Sie hätte dann von sich aus zum Fehlen alternativer Beschäftigungsmöglichkeiten vorzutragen. Angesichts der Krankheitszeiten des Klägers wäre die Beklagte grundsätzlich verpflichtet gewesen, ein BEM durchzuführen. Denn der Kläger war innerhalb eines Jahres länger als sechs Wochen krank i. S. von § 167 Abs. 2 Satz 1 SGB IX. Es genügt, dass die krankheitsbedingten Fehlzeiten insgesamt, gegebenenfalls in mehreren Abschnitten, mehr als sechs Wochen betragen haben. Nicht erforderlich ist, dass es eine einzelne Krankheitsperiode von durchgängig mehr als sechs Wochen gab.

Die Verpflichtung zur Durchführung eines BEM stellt eine Konkretisierung des im Rahmen der sozialen Rechtfertigung einer Kündigung (§ 1 Abs. 2 KSchG) anerkannten Grundsatzes der Verhältnismäßigkeit dar. Das BEM ist zwar selbst kein milderes Mittel gegenüber einer Kündigung. Mit seiner Hilfe können aber solche milderen Mittel, z. B. die Umgestaltung des Arbeitsplatzes oder die Weiterbeschäftigung zu geänderten Arbeitsbedingungen auf einem anderen – gegebenenfalls durch Umsetzungen „freizumachenden" – Arbeitsplatz erkannt und entwickelt werden. Wurde entgegen § 167 Abs. 2 SGB IX ein BEM nicht durchgeführt, darf sich der Arbeitgeber im Kündigungsschutzprozess nicht darauf beschränken, pauschal vorzutragen, er kenne keine alternativen Einsatzmöglichkeiten für den erkrankten Arbeitnehmer und es gebe keine leidensgerechten Arbeitsplätze, die dieser trotz seiner Erkrankung ausfüllen könne. Er hat vielmehr von sich aus denkbare oder vom Arbeitnehmer (außergerichtlich) bereits genannte Alternativen zu würdigen und im Einzelnen darzulegen, aus welchen Gründen sowohl eine Anpassung des bisherigen Arbeitsplatzes an dem Arbeitnehmer zuträgliche Arbeitsbedingungen als auch die Beschäftigung auf einem anderen – leidensgerechten – Arbeitsplatz ausscheiden.

Erst nach einem solchen Vortrag ist es Sache des Arbeitnehmers, sich hierauf substanziiert einzulassen und darzulegen, wie er sich selbst eine leidensgerechte Beschäftigung vorstellt.

V. Entgeltfortzahlung an Feiertagen

1. Voraussetzungen und Rechtsfolgen

Nach § 2 EFZG hat der Arbeitgeber für Arbeitszeit, die infolge eines gesetzlichen Feiertages ausfällt (der Feiertag muss also ursächlich, mithin die alleinige Ursache für den Arbeitsausfall sein), dem Arbeitnehmer das Arbeitsentgelt zu zahlen, das er ohne den Arbeitsausfall erhalten hätte. Der Arbeitgeber ist also verpflichtet, den Arbeitnehmer so zu stellen, wie dieser gestanden hätte, falls die Arbeit nicht infolge des Feiertags ausgefallen wäre. Bei der Ermittlung der gewöhnlichen Vergütung sind daher – anders als bei der Entgeltfortzahlung im Krankheitsfall – auch Überstunden zu berücksichtigen, falls diese ohne den Feiertag angefallen wären.

Beispiele Ist der Arbeitnehmer an einem Feiertag erkrankt, erhält er nach § 4 Abs. 2 EFZG die Feiertagsvergütung nach § 2 EFZG und nicht die (wegen der Nichtberücksichtigung von Überstunden u. U. geringere) Entgeltfortzahlung im Krankheitsfall nach § 3 EFZG. Ein im Erholungsurlaub liegender Feiertag wird nach § 3 Abs. 2 BUrlG nicht auf den Urlaubsanspruch angerechnet; der Arbeitnehmer erhält auch hier die Feiertagsvergütung nach § 2 EFZG. Fällt ein gesetzlicher Feiertag in die Zeit eines Arbeitskampfes, so ist der Arbeitsausfall durch den Arbeitskampf verursacht. Ein Anspruch auf Feiertagslohnzahlung besteht nicht. Der Feiertagslohn muss allerdings gezahlt werden, wenn der Arbeitskampf unmittelbar vor dem Feiertag endet oder erst unmittelbar nach ihm beginnt.

Feiertagslohn kann auch von befristet Beschäftigten, Teilzeitarbeitnehmern etc. beansprucht werden.

Von den gesetzlichen Feiertagen zu unterscheiden sind rein kirchliche Feiertage und sog. Brauchtumstage (z. B. der Rosenmontag im Rheinland), an denen die Arbeitspflicht nicht schon kraft Gesetzes entfällt, was aber entgegenstehenden Vereinbarungen (Tarifvertrag, Betriebsvereinbarung, Arbeitsvertrag, betriebliche Übung) nicht entgegensteht.

2. Der praktische Fall

Feiertagsvergütung während eines Arbeitskampfes: BAG vom 11. Mai 1993, NZA 1993, 805 *("Pfingstmontags-Fall")*

Zum Sachverhalt Die Parteien streiten über die Feiertagsvergütung für den Pfingstmontag (20. Mai 1991). Die IG Medien und der Arbeitgeberverband befanden sich in Tarifverhandlungen. Anfang Mai teilte die Landesstreikleitung der IG Medien der beklagten Arbeitgeberin mit, dass sie die Arbeitnehmer des Betriebes zu einem befristeten Streik am 6. Mai 1991 aufgefordert habe. Am 13., 14., 15. und 16. Mai wurde der Betrieb ebenfalls bestreikt. Am 16. Mai 1991 teilte die Landesstreikleitung mit, der Streik sei vorerst bis zum heutigen Tage befristet. Am gleichen Tag fand eine Streikversammlung der bei den Beklagten beschäftigten Arbeitnehmer statt. Die Belegschaft sprach sich in dieser Versammlung dafür aus, den befristeten Streik bis Freitag, den 17. Mai 1991, fortzuführen. Daraufhin teilte die Streikleitung mit, dass sie den befristeten Streik um einen Tag verlängert habe. Die Beschäftigten seien darüber informiert, dass sie nach dieser Befristung in üblicher Weise die Arbeit wieder aufzunehmen hätten. Am Dienstag nach Pfingsten, dem 21. Mai 1991, nahmen die Kläger die Arbeit wieder auf. Nur einen Tag später teilte der Landesbezirksvorstand der IG Medien mit, dass er die Belegschaft der Beklagten „von heute an zu einem unbefristeten Streik aufgerufen" habe. Die Beklagte zahlte den Klägern die Vergütung für den Dienstag nach Pfingsten, sie weigerte sich aber, den Klägern auch die Feiertagsvergütung für Pfingstmontag zu zahlen.

Die Entscheidung Das BAG hat die Beklagte verurteilt, den Klägern für Pfingstmontag Feiertagsvergütung (§ 2 Abs. 1 EFZG) zu zahlen. Aus Wortlaut und Zweck der Regelung ergebe sich zwar, dass der Anspruch auf Feiertagsbezahlung nur dann bestehe, wenn der Feiertag die alleinige Ursache des Arbeitsausfalles bilde. Dagegen entstehe der gesetzliche Anspruch nicht, wenn der Arbeitsausfall auf anderen Gründen beruhe. Das sei u. a. dann der Fall, wenn wegen eines Arbeitskampfes nicht gearbeitet werde. Hier aber war der Feiertag die alleinige Ursache für den Arbeitsausfall. Ursprünglich war nämlich beabsichtigt, den Streit spätestens mit Ablauf des 17. Mai 1991 (Freitag) zu beenden. Damit hatte die Beklagte ihre Dispositionsfreiheit zurückgewonnen. Sie konnte Arbeitsvorbereitungen treffen und hat dies auch getan, denn sie hat die Kläger am Dienstag nach Pfingsten ohne zeitliche Verzögerung beschäftigen können. Daran ändert der Umstand nichts, dass die IG Medien sich später entschloss, den Streik ab dem 22. Mai 1991 weiter fortzusetzen.

Die Geltendmachung des Anspruchs war auch nicht rechtsmissbräuchlich (§ 242 BGB). Arbeitskämpfe werden an dem Gebot der Verhältnismäßigkeit gemessen. Sie sind nur insoweit zulässig, als sie zur Erreichung eines rechtmäßigen Kampfzieles geeignet, erforderlich und nicht außer Verhältnis zu dem angestrebten Ziel stehen (Grundsatz der Proportionalität). Dazu gehört auch, dass die Art der Kampfführung den Regeln eines fairen Kampfes entspricht und nicht zu einer Verschiebung der Kampfparität führt. Die Kampfparität bleibt jedoch gewahrt, wenn es der Arbeitgeberseite ermöglicht wird, ihrerseits den Anspruch auf Feiertagslohn durch entsprechende Reaktion auf eine solche Kampfführung auszuschließen. Hier hätte die Arbeitgeberin die Möglichkeit gehabt, die Arbeitnehmer für den Pfingstmontag auszusperren. Dass sie dies in der Erwartung, der Streik sei endgültig beendet, nicht getan hat, war ihre Entscheidung.

VI. Urlaub

1. Allgemeines

Das BUrlG regelt, dass jeder Arbeitnehmer erstmals nach einer *Wartezeit von sechs Monaten* (§ 4 BUrlG) in jedem Kalenderjahr Anspruch auf bezahlten Urlaub hat. Bezüglich der Wartezeit gilt, dass nur rechtliche Unterbrechungen des Arbeitsverhältnisses auch zu einer Unterbrechung der Wartezeit führen. Bloß tatsächliche Unterbrechungen der Arbeitsleistung wie z. B. Krankheit oder Streik lassen den Urlaubsanspruch unberührt. Selbst ein unbezahlter Sonderurlaub, während dessen das Arbeitsverhältnis ruht, bleibt ohne Einfluss auf den Urlaubsanspruch, d.h., dieser entsteht auch während der Freistellung.[237] Beginnt das Arbeitsverhältnis in der zweiten Hälfte des Kalenderjahres, kann der Arbeitnehmer die erforderliche Wartezeit nicht erfüllen. Der Arbeitnehmer hat dann Anspruch auf Teilurlaub nach dem Zwölfteilungsgrundsatz (§ 5 Abs. 1 lit. a BUrlG).

---

[237] BAG vom 6. Mai 2014, NZA 2014, 959 (960).

Der *Urlaubsanspruch entsteht jährlich neu* und wird nach § 271 BGB mit seiner Entstehung fällig, er ist grundsätzlich auf das jeweilige Kalenderjahr befristet (§ 1 und § 7 Abs. 3 Satz 1 BUrlG; u. U. kann er in das erste Quartal des Folgejahres übertragen werden, siehe § 7 Abs. 3 Satz 2, 3 BUrlG). Das gilt selbst dann, wenn der (erfüllbare) Anspruch auf Freistellung in einer den Annahmeverzug begründenden Weise rechtzeitig verlangt und gerichtlich geltend gemacht wurde, der Arbeitgeber ihn aber, ohne dass ihm ein Leistungsverweigerungsrecht zur Seite stand, nicht gewährt hat. Der Arbeitgeber hat dann den Schaden zu ersetzen, der durch die während seines Verzugs infolge Zeitablaufs eingetretene Unmöglichkeit der Erfüllung des Urlaubsanspruchs entstanden ist (§ 280 Abs. 2, § 286 BGB). Das geschieht nach den Grundsätzen der Naturalrestitution (§ 249 Abs. 1 BGB) dadurch, dass an die Stelle des ursprünglichen Erfüllungsanspruchs ein (Ersatz-) Urlaubsanspruch als Schadensersatzanspruch in gleicher Höhe tritt. Eine Entschädigung in Geld kommt nur in Betracht, wenn die Erfüllung des Ersatzanspruchs durch Befreiung von der Arbeitspflicht (z. B. infolge zwischenzeitlicher Beendigung des Arbeitsverhältnisses) nicht mehr möglich ist (§ 280 Abs. 1 und 3, § 283 BGB).

Der Urlaubsanspruch *steht allen Arbeitnehmern* einschließlich der zu ihrer Berufsausbildung Beschäftigten *zu*, auch wenn es sich lediglich um Aushilfskräfte handelt, die Beschäftigung nebenberuflich ausgeübt wird oder das Arbeitsverhältnis befristet ist. Teilzeitbeschäftigte haben entsprechend dem Umfang ihrer Arbeitsleistung gleichfalls Anspruch auf Erholungsurlaub. Nicht abhängig ist der Anspruch davon, dass der Arbeitnehmer im Urlaubsjahr eine Arbeitsleistung erbracht hat. Auch der Arbeitnehmer, der während des gesamten oder fast des gesamten Jahres erkrankt war, hat Anspruch auf Urlaub.

Merke Nach der Rechtsprechung des EuGH kann auch derjenige Arbeitnehmer, der wegen einer langfristigen Erkrankung an der Erfüllung seiner Arbeitspflicht verhindert war, Erholungsurlaub beanspruchen. Der Urlaubsanspruch verfällt nicht am 31. März des Folgejahres, sondern kann „angespart" werden. Allerdings ist der „Ansparzeitraum" auf maximal 15 Monate begrenzt. Der wieder genesene Arbeitnehmer hat daher u. U. Anspruch auf längeren Erholungsurlaub. Wird das Arbeitsverhältnis während der Erkrankung des Arbeitnehmers beendet (weil dieser z. B. dauerhaft erwerbsunfähig geworden ist), kann er nach § 7

Abs. 4 BUrlG Abgeltung des nicht in Anspruch genommenen Urlaubs beanspruchen.[238]

Der Arbeitgeber kann die *zeitliche Lage des Urlaubs* grundsätzlich nicht einseitig im Wege seines Direktionsrechts bestimmen. Er ist zur Abgabe der Willenserklärung verpflichtet, wenn dem Urlaubsantrag des Arbeitnehmers keine dringenden betrieblichen Belange (z. B. Sicherstellung der ärztlichen Versorgung im Krankenhausbetrieb; nicht aber personelle Engpässe, da die Kalkulation der zu erwartenden Engpässe als unternehmerische Entscheidung Sache des Arbeitgebers ist) entgegenstehen.

Äußert der Arbeitnehmer (zunächst) keinen Urlaubswunsch, ist der Arbeitgeber berechtigt, den Urlaub einseitig festzulegen. Bei unwidersprochener Inanspruchnahme wird der Urlaub ordnungsgemäß erfüllt. Das aus den Rechtsgedanken der §§ 293 ff. BGB herzuleitende Annahmeverweigerungsrecht übt der Arbeitnehmer dagegen bereits mit der Erklärung aus, der Zeitraum entspreche nicht seinen eigenen Urlaubsplänen. Dies gilt grundsätzlich auch dann, wenn der Arbeitgeber Betriebsferien anordnet.

Der Urlaubsanspruch kann grundsätzlich nicht mit Geld abgegolten werden. Kann der Urlaub aber wegen Beendigung des Arbeitsverhältnisses ganz oder teilweise nicht mehr gewährt werden, so ist er gemäß § 7 Abs. 4 BUrlG abzugelten. Im bestehenden Arbeitsverhältnis ist eine Abgeltung unzulässig.

2. Inhalt des Urlaubsanspruchs

Der Urlaubsanspruch ist nach seinem Zweck *höchstpersönlicher Natur* und kann daher weder abgetreten (§ 399 BGB) noch gepfändet (§ 851 Abs. 1 ZPO) oder verpfändet (§ 1274 Abs. 2, § 399 BGB) werden. Mit ihm und gegen ihn kann nicht aufgerechnet werden (§ 394 BGB), er ist nicht vererblich und der auf die Gewährung des gesetzlichen Mindesturlaubs gerichtete Anspruch ist unverzichtbar und unabdingbar (§§ 1, 3 und 13 BUrlG).

---

[238] EuGH vom 20. Januar 2009 *„Schultz-Hoff"*, NZA 2009, 135 (136 ff.); vom 22. November 2011 *„KHS"*, NZA 2011, 1333 (1334 f.); BAG vom 7. August 2012, NZA 2012, 1216 (1219 ff.).

3. Dauer des Urlaubs

Gemäß § 3 Abs. 1 BUrlG beträgt der gesetzliche Mindesturlaub *24 Werktage*, die zusammenhängend zu gewähren sind, es sei denn, dass dringende betriebliche oder in der Person des Arbeitnehmers liegende Gründe eine Teilung des Urlaubs erforderlich machen (§ 7 Abs. 2 BUrlG). Das Gesetz geht also zunächst vom Tagesprinzip aus. Der Urlaub kann daher nicht stundenweise berechnet und regelmäßig auch nicht stundenweise gewährt werden.

Nach § 13 Abs. 1 BUrlG ist der gesetzliche Mindesturlaub unabdingbar.

Nach § 3 Abs. 2 BUrlG gelten Kalendertage als Werktage, die nicht Sonn- oder gesetzliche Feiertage sind. Das aus dem Jahre 1963 stammende BUrlG geht also noch von der „Sechs-Tage-Arbeitswoche" aus, obwohl sich heute die „Fünf-Tage-Arbeitswoche" etabliert hat, da für viele Arbeitnehmer der Samstag als Arbeitstag entfallen ist. Da die Erfüllung des Urlaubsanspruchs an einem arbeitsfreien Werktag unmöglich ist, wird der in Werktagen bemessene Urlaubsanspruch in Arbeitstage umgerechnet, indem Arbeitstage und Werktage rechnerisch in Beziehung gesetzt werden.[239] Bei einer Fünf-Tage-Woche ergeben sich auf diese Weise (24 : 6 x 5 =) 20 Arbeitstage Urlaub. Keine Regelung enthält das Gesetz in Bezug auf Arbeitnehmer, die (z. B. in der Gastronomie, in Krankenhäusern, im öffentlichen Personenverkehr) ihre Arbeit auch an Sonn- oder gesetzlichen Feiertagen verrichten. Diese Lücke ist in der Weise zu füllen, dass Sonn- und Feiertage bei der Bestimmung der konkreten Urlaubsdauer als Werktage anzusehen sind, falls an ihnen regelmäßig gearbeitet wird.

Durch Tarifvertrag, Betriebsvereinbarung oder Arbeitsvertrag können dem Arbeitnehmer über den gesetzlichen Umfang hinausgehende weitere Urlaubsansprüche eingeräumt werden. Zu beachten ist, dass hierbei nicht gegen das Verbot der Benachteiligung wegen des Alters (§ 7 I.V. mit § 1 AGG) verstoßen werden darf. Jüngeren Arbeitnehmern darf kein geringerer Urlaub zustehen als älteren. Regelungen, die hiergegen verstoßen, sind unwirksam. Jüngere Arbeitnehmer können dann genauso viel Urlaub verlangen wie ältere.[240]

---

[239] Erstmals BAG vom 8. März 1984, NZA 1984, 160 (160).
[240] BAG vom 20. März 2012, NZA 2012, 803 (804 ff.).

Ein *Widerruf* des erteilten Urlaubs oder ein Rückruf aus dem Urlaub kommt nicht in Betracht. Insbesondere trifft den Arbeitnehmer keine Verpflichtung, den Urlaub z. B. wegen Personalengpässen zu verschieben, zu unterbrechen oder gar abzubrechen.[241]

4. Urlaubsgewährung

Der Arbeitgeber erfüllt den Urlaubsanspruch des Arbeitnehmers dadurch, dass er diesen von seiner geschuldeten Arbeitsleistung *freistellt*. Dabei muss er aber deutlich machen, dass diese Freistellung gerade zum Zwecke der Urlaubsgewährung erfolgt. Kommen angesichts der Situation auch andere Gründe für die Freistellung in Betracht – beispielsweise für den Zeitraum zwischen dem Zugang der Kündigung und dem Ablauf der Kündigungsfrist – bleibt der Urlaubsanspruch des Arbeitnehmers in Ermangelung einer solchen Erklärung erhalten und wandelt sich dann bei Beendigung des Arbeitsverhältnisses in einen Urlaubsabgeltungsanspruch um (§ 7 Abs. 4 BUrlG).[242]

Ein Recht des Arbeitnehmers, sich selbst zu beurlauben, besteht nicht. Vielmehr muss der Arbeitnehmer, wenn der Arbeitgeber eine Urlaubserteilung ohne ausreichende Gründe ablehnt, seine Ansprüche durch Leistungsklage oder ggf. einen Antrag auf Erlass einer einstweiligen Verfügung durchsetzen. Tritt der Arbeitnehmer eigenmächtig Urlaub an, so verletzt er seine arbeitsvertraglichen Pflichten. Sein Verhalten kann einen wichtigen Grund zur fristlosen Kündigung darstellen.

Bei einer *Selbstbeurlaubung* erlischt der Urlaubsanspruch nicht. Der Arbeitgeber ist weder verpflichtet noch berechtigt, die Zeit nachträglich als Urlaub anzurechnen. Auch unentschuldigte Fehltage können nicht mit dem Urlaub verrechnet werden.[243]

Wird der Arbeitnehmer während des wirksam gewährten Urlaubs *arbeitsunfähig krank,* so gilt nach § 9 BUrlG, dass die durch ärztliches Zeugnis nachgewiesenen Tage der Arbeitsunfähigkeit auf den Jahresurlaub nicht angerechnet werden.

---

[241] BAG vom 20. Juni 2000, NZA 2001, 100 (101).
[242] Vgl. BAG vom 10. Februar 2015, NZA 2015, 998 (999).
[243] BAG vom 25. Oktober 1994, NZA 1995, 591 (591).

Eine Abgeltung des Urlaubs kann nach § 7 Abs. 4 BUrlG ausschließlich dann beansprucht werden, wenn der Urlaub wegen Beendigung des Arbeitsverhältnisses ganz oder teilweise nicht mehr in Natur genommen werden kann. Im bestehenden Arbeitsverhältnis ist eine Abgeltung nicht in Anspruch genommener Urlaubstage ausgeschlossen.[244]

5. Der praktische Fall

Vererbbarkeit des Anspruchs auf Urlaubsabgeltung: BAG vom 22. September 2015, NZA 2016, 37 (*„Nachlassurlaub-Fall"*)

Zum Sachverhalt Der Kläger war bei der Beklagten als Lehrer beschäftigt, seit Anfang 2008 war er durchgängig arbeitsunfähig erkrankt. Im März 2011 bewilligte die Deutsche Rentenversicherung ihm Rente wegen voller Erwerbsminderung, damit endete aufgrund des einschlägigen Tarifvertrages sein Arbeitsverhältnis mit Ablauf des 17. März 2011. Er verlangt die Abgeltung des Urlaubs, den er seit 2008 nicht mehr in Anspruch nehmen konnte. Einen Teil hiervon hat die Beklagte im Verlaufe des Rechtsstreits erfüllt. Der Kläger verstarb noch vor Erlass des erstinstanzlichen Urteils, seine Erben führen das Verfahren fort. In der Revisionsinstanz streiten sie mit der Beklagten (nur) noch darüber, ob dem Kläger der Urlaub für das Jahr 2009 in vollem Umfang abzugelten und ob der Urlaubsabgeltungsanspruch auf sie als Erben übergegangen ist.

Die Entscheidung Das BAG hat der Klage, soweit sie in der Revisionsinstanz noch anhängig war, stattgegeben. Nach der Rechtsprechung des EuGH (oben 1.) verfällt der Urlaub erst nach 15 Monaten. Diese Frist beginnt erst mit dem Ende des Urlaubsjahres (hier also: mit Ablauf des 31. Dezember 2009) und nicht etwa monatsweise jeweils im Verlaufe des Jahres 2009. Die 15-Monats-Frist endete folglich erst am 31. März 2011. Bei der Beendigung des Arbeitsverhältnisses am 17. März 2011 konnte der Kläger also noch die Abgeltung (§ 7 Abs. 4 BUrlG) des kompletten Urlaubs für 2009 und 2010 sowie anteilig (§ 5 Abs. 1 lit. c BUrlG) für 2011 verlangen; hiervon hatte die Beklagte nur einen Teil erfüllt (§ 362 Abs. 1 BGB). Der übrige, nicht erfüllte Teil des Urlaubsabgeltungsanspruchs ist auch auf die Erben übergegangen. Er ist – anders als der Anspruch auf den Urlaub selbst – kein höchstpersönlicher Anspruch des Arbeitnehmers,

---

[244] BAG vom 16. Mai 2017, NZA 2017, 1056 (1058).

sondern ein reiner Geldanspruch. Als solcher ist er nach allgemeinen Regeln (§ 1922 BGB) vererblich. An seiner gegenteiligen älteren Rechtsprechung[245] hält das BAG angesichts der zwischenzeitlichen Judikatur des EuGH[246] nicht mehr fest.

E. Freistellung von der Arbeitsleistung mit und ohne Arbeitsentgelt

I. Vereinbarte Freistellung

Die Parteien können jederzeit vereinbaren, dass der Arbeitnehmer von seiner Verpflichtung zur Arbeitsleistung freigestellt wird. In dieser Vereinbarung können sie auch regeln, ob der Arbeitgeber für den Freistellungszeitraum ein Entgelt zu entrichten hat oder nicht.

Beispiel Gewährt der Arbeitgeber dem Arbeitnehmer zusätzlichen Sonderurlaub, wird regelmäßig keine Vergütungspflicht vereinbart sein. Demgegenüber wird in einem Aufhebungsvertrag, der das Arbeitsverhältnis nicht sofort, sondern in fernerer Zukunft beendet, regelmäßig eine Pflicht des Arbeitgebers zur Fortzahlung des Entgelts niedergelegt werden, auch wenn der Arbeitnehmer bis zum Ablauf der Frist von seiner Arbeitspflicht freigestellt wird.

Ob und unter welchen Voraussetzungen eine *einseitige Freistellung* des Arbeitnehmers zulässig ist, ist umstritten. Da der Arbeitnehmer regelmäßig einen Beschäftigungsanspruch hat (oben C. II.), den das BAG auch mit verfassungsrechtlichen Erwägungen (Würde des Menschen, allgemeines Persönlichkeitsrecht) begründet hat, können nur solche Gründe eine einseitige Suspendierung des Arbeitsverhältnisses rechtfertigen, die so gewichtig sind, dass sie den Beschäftigungsanspruch als Teilaspekt des allgemeinen Persönlichkeitsrechts vorübergehend zurücktreten lassen. So können die Dinge beispielsweise liegen, wenn der Arbeitnehmer

---

[245] BAG vom 12. März 2013, NZA 2013, 678 (679).
[246] EuGH vom 12. Juni 2014 „Bollacke", NZA 2014, 651 (652).

einer erheblichen Pflichtverletzung (Diebstahl etc.) verdächtig ist und der Arbeitgeber einige Tage zur Aufklärung des Sachverhalts benötigt. Allerdings bleibt der Entgeltanspruch in diesen Fällen erhalten.

II. Elternzeit

Zur Verbesserung der Vereinbarkeit von Familie und Beruf verschafft § 15 BEEG Arbeitnehmern einen Anspruch auf Elternzeit, wenn sie mit ihrem Kind in einem Haushalt leben und dieses Kind selbst betreuen und erziehen. Nach Maßgabe von § 15 Abs. 1a BEEG können auch die Großeltern des Kindes Elternzeit beanspruchen. Der Anspruch auf Elternzeit besteht bis zur Vollendung des dritten Lebensjahres eines Kindes. Bei mehreren Kindern besteht der Anspruch auf Elternzeit für jedes Kind, auch wenn sich die Zeiträume überschneiden. Ein Anteil der Elternzeit von bis zu zwölf Monaten ist mit Zustimmung des Arbeitgebers auf die Zeit bis zur Vollendung des achten Lebensjahres übertragbar. Dies gilt auch, wenn sich die Zeiträume bei mehreren Kindern überschneiden (§ 15 Abs. 2 BEEG). Die Elternzeit kann, auch anteilig, von jedem Elternteil allein oder von beiden Elternteilen gemeinsam genommen werden (§ 15 Abs. 3 BEEG).

Arbeitnehmer, die Elternzeit beanspruchen wollen, müssen diese spätestens sieben Wochen vor Beginn schriftlich vom Arbeitgeber verlangen und gleichzeitig erklären, für welche Zeiten innerhalb von zwei Jahren Elternzeit genommen werden soll. Nur in dringenden Gründen ist ausnahmsweise eine angemessene kürzere Frist möglich. Die Elternzeit kann auf zwei Zeitabschnitte verteilt werden. Eine Verteilung auf weitere Zeitabschnitte ist nur mit der Zustimmung des Arbeitgebers möglich (§ 16 Abs. 1 BEEG).

Die Elternzeit kann grundsätzlich nur dann vorzeitig beendet oder im Rahmen des § 15 Abs. 2 BEEG verlängert werden, wenn der Arbeitgeber zustimmt. Eine Verlängerung der Elternzeit kann verlangt werden, wenn ein vorgesehener Wechsel der Anspruchsberechtigten aus einem wichtigen Grund nicht erfolgen kann (§ 16 Abs. 2 BEEG).

Während der Elternzeit erhält der Arbeitnehmer kein Arbeitsentgelt. Er kann stattdessen nach Maßgabe der §§ 1 ff. BEEG *Elterngeld* beanspruchen.

Anders liegen die Dinge nur, wenn die Elternzeit nicht für eine völlige Freistellung, sondern lediglich für eine Reduzierung der Arbeitszeit (Teilzeitarbeit) genutzt wird. Dann erhält der Arbeitnehmer eine seiner reduzierten
Arbeitszeit entsprechende Vergütung. Einzelheiten zur Teilzeitarbeit und
zum Anspruch auf diese siehe unten Teil 3 I. 4. b).

III. Pflegezeit und Familien-Pflegezeit

1. Pflegezeit

Arbeitnehmer haben nach Maßgabe des PflegeZG Anspruch auf unbe-
zahlte Freistellung von der Arbeitsleistung, um pflegebedürftige nahe Angehörige in häuslicher Umgebung zu pflegen. Das Gesetz unterscheidet
zwischen kurzfristiger Arbeitsverhinderung (§ 2 PflegeZG) und der eigentlichen Pflegezeit (§§ 3 ff. PflegeZG).

Gemäß § 2 Abs. 1 PflegeZG haben Arbeitnehmer das Recht, bis zu zehn
Arbeitstage der Arbeit fernzubleiben, wenn dies erforderlich ist, um für einen pflegebedürftigen nahen Angehörigen in einer akut aufgetretenen
Pflegesituation eine bedarfsgerechte Pflege zu organisieren oder eine
pflegerische Versorgung in dieser Zeit sicherzustellen *(kurzfristige Arbeitsverhinderung)*. Während dieser Zeit ist der Arbeitgeber zur Fortzahlung der Vergütung nur verpflichtet, soweit sich eine solche Verpflichtung
aus anderen gesetzlichen Vorschriften oder auf Grund einer Vereinbarung
ergibt. Da eine solche Verpflichtung regelmäßig nicht besteht, erhält der
Arbeitnehmer stattdessen von der Krankenkasse als Sozialleistung Pfle-
geunterstützungsgeld (§ 44a Abs. 3 SGB XI).

Wenn der Arbeitnehmer einen pflegebedürftigen nahen Angehörigen in
häuslicher Umgebung pflegt, ist er auf sein Verlangen von der Arbeitsleistung vollständig oder teilweise freizustellen *(Pflegezeit)*. Dieser Anspruch
besteht allerdings nur gegenüber Arbeitgebern mit in der Regel mehr als
15 Beschäftigten (§ 3 Abs. 1 PflegeZG). Wer Pflegezeit beanspruchen
will, muss dies dem Arbeitgeber spätestens zehn Arbeitstage vor Beginn
schriftlich ankündigen und gleichzeitig erklären, für welchen Zeitraum und
in welchem Umfang die Freistellung von der Arbeitsleistung in Anspruch
genommen werden soll (§ 3 Abs. 3 PflegeZG). Die Dauer der Pflegezeit

ist durch § 4 Abs. 1 PflegeZG auf längstens sechs Monate für jeden pflegebedürftigen nahen Angehörigen begrenzt.

Während der Pflegezeit besteht kein gesetzlicher Anspruch auf Arbeitsentgelt. Ein solcher kann nur aus anderen Anspruchsgrundlagen (Tarifvertrag, Arbeitsvertrag) resultieren.

Ähnlich wie bei der Elternzeit kann auch bei der Pflegezeit nicht nur vollständige Befreiung von der Arbeitsleistung beansprucht, sondern auch *Teilzeitarbeit* geleistet werden. Dazu näher Teil 3 I. 4. c). Während der Pflege-Teilzeitarbeit hat der Arbeitnehmer Anspruch auf Arbeitsentgelt in dem seiner verminderten Arbeitszeit entsprechenden Umfang.

2. Familien-Pflegezeit

Bisher kaum praxisrelevant ist die sog. Familien-Pflegezeit nach dem FPfZG. Sie kennzeichnet sich dadurch, dass der Arbeitnehmer für einen bestimmten Zeitraum (maximal 24 Monate) seine Arbeitszeit reduziert. Um den Einnahmeausfall auszugleichen, gewährt das Bundesamt für Familie und zivilgesellschaftliche Aufgaben ein zinsloses Darlehen (§ 3 FPfZG). Dieses ist nach Beendigung der Familien-Pflegezeit innerhalb von 48 Monaten zurückzuzahlen (§ 6 FPfZG).

F. Nachwirkungen des Arbeitsverhältnisses

I. Überblick

Die Parteien können vereinbaren, dass eine oder beide Seiten auch über das Arbeitsverhältnis hinaus echte Leistungspflichten treffen. Dies gilt insbesondere für die vom Arbeitgeber zugesagte betriebliche Altersversorgung (Betriebsrente nach dem BetrAVG, dazu Kurseinheit 12 Teil B) oder das vom Arbeitnehmer zugesagte nachvertragliche Wettbewerbsverbot.

Zahlreiche Nebenpflichten wirken auch über das Ende des Arbeitsverhältnisses hinaus.

Der Arbeitgeber hat dem Arbeitnehmer ein *Zeugnis* zu erstellen (§ 109 GewO, dazu näher II.), die Arbeitspapiere herauszugeben und auf dessen Wunsch Dritten (z. B. potenziellen neuen Arbeitgebern) *Auskünfte* zu erteilen.

Der Arbeitnehmer hat *Eigentum* des Arbeitgebers wie Schlüssel, Werkzeug etc. schon gemäß § 985 BGB *herauszugeben.* Arbeitsergebnisse sowie Geschäftsunterlagen stehen häufig selbst dann, wenn sie vom Arbeitnehmer erstellt worden sind, im Eigentum des Arbeitgebers, weil dieser – nicht der Arbeitnehmer – Hersteller i. S. von § 950 BGB ist.[247] Auch sie können daher gemäß § 985 BGB herausverlangt werden. Im Übrigen können Herausgabeansprüche auf eine analoge Anwendung des § 667 BGB gestützt werden.

Beispiel[248] Die Arbeitgeberin betreibt ein Krematorium. Der Arbeitnehmer bedient die Einäscherungsanlage und hat die Aufgabe, die Aschereste nach Zahngold und anderen Wertgegenständen zu durchsuchen. Dieses hat er auszusondern, zu dokumentieren und in einen Tresor zu verbringen. Über einen längeren Zeitraum hat er immer wieder Zahngold entwendet, insgesamt im Wert von über 250.000 Euro. Er schuldet der Arbeitgeberin Herausgabe (§ 667 BGB), bzw., soweit ihm dies nicht mehr möglich ist, Schadensersatz (§ 280 Abs. 1 BGB).

Die *Verschwiegenheitspflicht* des Arbeitnehmers wirkt auch über das Ende des Arbeitsverhältnisses hinaus, soweit der Arbeitnehmer dadurch nicht in seiner Berufsausübung unzumutbar beschränkt wird.[249] Bei ihrer Verletzung kann der Arbeitgeber Schadensersatz nach Maßgabe der § 280 Abs. 1, 3, § 283 BGB beanspruchen, weil mit dem Verrat des Geheimnisses die Einhaltung der Verschwiegenheitspflicht objektiv unmöglich geworden ist.

---

[247] BGH vom 26. Oktober 1951, NJW 1952, 661 (662).
[248] BAG vom 21. August 2014, NZA 2015, 94.
[249] BAG vom 15. Dezember 1987, NZA 1988, 502 (503).

II. Zeugnis

1. Einführung

Das Arbeitszeugnis (§ 109 GewO) hat eine Werbe- und eine Informations-funktion. Es soll dem Arbeitnehmer die Suche nach einer neuen Stelle erleichtern und potenzielle neue Arbeitgeber über die Qualifikation des Arbeitnehmers unterrichten. Es ist daher nicht erst „nach", sondern schon „bei" Beendigung des Arbeitsverhältnisses zu erteilen, womit hier derje-nige Zeitpunkt gemeint ist, in dem (etwa auf Grund einer Kündigung) fest-steht, dass das Arbeitsverhältnis sein Ende finden wird. Aus dem Dop-pelcharakter folgt ferner, dass das Zeugnis wahr und von verständigem Wohlwollen für den ausgeschiedenen Arbeitnehmer getragen sein muss, damit dessen berufliches Fortkommen nicht ungerechtfertigt erschwert wird.

Das Zeugnis muss mindestens ein *einfaches Zeugnis* sein; der Arbeitneh-mer kann aber ein *qualifiziertes Zeugnis* verlangen (§ 109 Abs. 1 Satz 3 GewO). Der Arbeitgeber, der ein Zeugnis gar nicht, verspätet oder mit ei-nem zu negativen Inhalt ausstellt, kann sich nach Maßgabe der §§ 280 ff. BGB wegen Pflichtverletzung dem Arbeitnehmer gegenüber schadenser-satzpflichtig machen. Bei einem zu guten Zeugnis soll nach Ansicht des BGH eine vertragsähnliche Haftung des Ausstellers gegenüber dem neuen Arbeitgeber bestehen,[250] doch wird diese Auffassung von der h. M. abgelehnt, die eine Haftung des Ausstellers nur unter den Voraussetzun-gen des § 826 BGB annimmt.

2. Form des Zeugnisses

Dass es sich um ein Arbeitszeugnis handelt, sollte sich bereits aus der Überschrift ergeben. Es muss die Unterschrift des Arbeitgebers oder ei-nes Zeichnungsberechtigten tragen, der in der Hierarchie über dem zu bewertenden Arbeitnehmer steht, ihm gegenüber also weisungsbefugt ist. Seinem Zweck entsprechend, dem Arbeitnehmer als Teil seiner Arbeits-papiere zu dienen und sein Fortkommen nicht unnötig zu erschweren, muss das Arbeitszeugnis *seiner äußeren Form nach gehörig* sein und darf

---

[250] BGH vom 15. Mai 1979, BGHZ 74, 281 (290 ff.).

nicht den Eindruck erwecken, der ausstellende Arbeitgeber distanziere sich vom buchstäblichen Wortlaut seiner Erklärung. Ein nicht gehöriges Zeugnis, sei es aus formellen oder inhaltlichen Fehlern, braucht der Arbeitnehmer nicht hinzunehmen und er kann es mit Anspruch auf Berichtigung zurückweisen.

3. Inhalt des Zeugnisses

a) Einfaches Zeugnis

Die Beschreibung der Art des Arbeitsverhältnisses hat ein getreues Spiegelbild aller vom Arbeitnehmer ausgeführten Tätigkeiten zu sein. Ausfallzeiten (z. B. Krankheit, Urlaub, Streik) unterhalb von Wehr- und Ersatzdienst dürfen bei der Angabe der rechtlichen Dauer des Arbeitsverhältnisses nur erwähnt werden, wenn sie im Verhältnis zur tatsächlichen Dauer des Arbeitsverhältnisses von Relevanz sind (z. B. Fehlzeiten von mehr als der Hälfte der Beschäftigungszeit).

Der *Grund* und die *Art der Beendigung* des Arbeitsverhältnisses (z. B. Kündigung oder Aufhebungsvertrag) sind ebenfalls nur ausnahmsweise auf ausdrücklichen Wunsch des Arbeitnehmers in das Arbeitszeugnis aufzunehmen. Aus einer sog. Beendigungsformel („im gegenseitigen Einvernehmen") lassen sich auch Schlüsse ziehen, wer sich von wem getrennt hat.

b) Qualifiziertes Zeugnis

Verlangt der Arbeitnehmer ein qualifiziertes Zeugnis, sind die Angaben darüber hinaus auf Verhalten und Leistung zu erstrecken (§ 109 Abs. 1 Satz 3 GewO). Es müssen einheitlich Aussagen zu beiden Bereichen gemacht werden. Fehlt auch nur einer, ist das Zeugnis unvollständig und der Arbeitnehmer kann seine Ergänzung verlangen.

Das Zeugnis muss der *Wahrheit* entsprechen, d. h. alle wesentlichen Tatsachen und Bewertungen enthalten, die für die Gesamtbeurteilung des Arbeitnehmers sowie für den potenziellen Arbeitgeber von Bedeutung sind, und zugleich von einem *verständigen Wohlwollen* des Arbeitgebers getragen sein. Dieses Spannungsverhältnis führt in der Praxis häufig zu nichtssagenden Wendungen, aussagekräftigen Auslassungen und letztlich zur Entwicklung einer Metasprache, die nicht weit von – verbotenen, § 109 Abs. 2 Satz 2 GewO – Geheimcodes entfernt ist.

Die Standardfloskeln, die sich zur Beurteilung der Leistung entwickelt haben, lassen sich in eine Zufriedenheitsskala einteilen. Deren Wertigkeit wird durch Steigerungsformen und Adverbialen der Zeit belegt oder auch nicht.

> **Beispiele** Hat der Arbeitnehmer seine Aufgaben „zu unserer Zufriedenheit" erledigt, waren seine Leistungen nur ausreichend; gesteigert wird durch „volle" und „vollste" Zufriedenheit, die im besten Fall auch noch „stets" erreicht worden ist („stets zu unserer vollsten Zufriedenheit" = sehr gut). Bloßes „Bemühen" des Arbeitnehmers bezeichnet ein mangelhaftes Arbeitsergebnis. Die Zufriedenheit (nur) der Kunden bedeutet, dass der Arbeitgeber selber nicht zufrieden war.

Die Führung des Arbeitnehmers wird in gleicher Weise angedeutet. Wenn jemand bei seinen Kollegen als toleranter Mitarbeiter galt, dann machte er seinen Vorgesetzten Schwierigkeiten. Eine „Verbesserung des Betriebsklimas" deutet auf Alkoholgenuss im Dienst hin.

Außerdienstliches Verhalten darf nur in das Zeugnis aufgenommen werden, wenn sich der private Lebensbereich auf das „Verhalten im Arbeitsverhältnis" ausgewirkt hat. Auf eine das Zeugnis abrundende *Schlusserklärung* des (besonderen) Dankes hat der Arbeitnehmer keinen Anspruch.[251] Eine Schlussformel wie „mit guten Wünschen für die Zukunft, vor allem Gesundheit" deutet auf häufige krankheitsbedingte Fehlzeiten hin. Sie muss der Arbeitnehmer nicht hinnehmen.

4. Rechtsfolgen unrichtiger Zeugniserteilung

a) Ansprüche des Arbeitnehmers

Der Arbeitnehmer hat Anspruch auf ein „korrektes" Zeugnis, das seine Leistungen und sein Verhalten richtig wiedergibt. Will er eine bessere Be-

---

[251] BAG vom 20. Februar 2001, NZA 2001, 843 (844).

urteilung als der Durchschnitt („zur vollen Zufriedenheit") erreichen, obliegt die Darlegung und im Streitfall der Beweis seiner überdurchschnittlichen Leistungen ihm.[252]

Bei schuldhaft (§ 276 BGB) unrichtiger Zeugniserteilung verletzt der Arbeitgeber seine ihm gegenüber dem Arbeitnehmer obliegende und durch § 109 GewO konkretisierte Nebenpflicht und ist zum Schadensersatz aus § 280 Abs. 1 BGB verpflichtet. Das Verschulden eines Zeichnungsberechtigten muss er sich über § 278 BGB zurechnen lassen. Im Wege der Naturalrestitution (§ 249 Abs. 1 BGB) kann der Arbeitnehmer ein neues, berichtigtes Zeugnis verlangen. Bei verspäteter Erteilung des Zeugnisses kann ein Anspruch wegen Verzögerung der Leistung (§ 280 Abs. 1 und 2, § 286 BGB) gegeben sein. Bei inhaltlich grob unrichtigen Zeugnissen kann zudem an Ansprüche wegen Verletzung des allgemeinen Persönlichkeitsrechts (§ 823 Abs. 1 BGB; auch Schmerzensgeld: § 253 Abs. 2 BGB) und an eine beabsichtigte sittenwidrige Schädigung des Arbeitnehmers (§ 826 BGB) gedacht werden.

b) Ansprüche des neuen Arbeitgebers

Der BGH ist der Ansicht, dass der Arbeitgeber mit der Zeugniserteilung eine rechtsgeschäftliche Erklärung gegenüber dem Folgearbeitgeber abgibt, aufgrund derer er zum Schadensersatz verpflichtet sein kann, falls diese Erklärung nicht der Wahrheit entspricht.[253] Die Fiktion einer vertragsähnlichen Rechtsbeziehung wird jedoch von der h. M. abgelehnt, da der Arbeitgeber mit der Zeugniserteilung keine rechtsgeschäftliche Erklärung abgibt, sondern seiner gesetzlichen Verpflichtung zur Zeugniserteilung nachkommt. In Betracht kommt somit allein eine deliktische Haftung, die in Ermangelung der Verletzung einer der in § 823 Abs. 1 BGB genannten Rechte oder Rechtsgüter allein aus § 826 BGB resultieren kann.

In Fällen kollusiven Zusammenwirkens zwischen dem Arbeitnehmer und dem Zeugnisaussteller (§ 138 BGB) kann auch ein Schadensersatzanspruch des neuen Arbeitgebers aus § 823 Abs. 2 BGB i. V. mit §§ 263, 27 StGB wegen Beihilfe zum Anstellungsbetrug in Betracht kommen. Hat – wie regelmäßig – der Arbeitgeber das Zeugnis nicht persönlich erstellt,

---

[252] BAG vom 18. November 2014, NZA 2015, 435 (437).
[253] BGH vom 15. Mai 1979, BGHZ 74, 281 (290 ff.).

sondern ist es von einem anderen Arbeitnehmer ausgefertigt worden, haftet der Arbeitgeber nur aus § 831 BGB und hat damit die Möglichkeit, sich nach § 831 Abs. 1 Satz 2 BGB zu exkulpieren.

5. Der praktische Fall

Spannungsverhältnis von Zeugniswahrheit und Förderung des beruflichen Fortkommens: BAG vom 10. Mai 2005, NZA 2005, 1237 *(„Elternzeit-Fall")*

Zum Sachverhalt Der Kläger stand etwas über vier Jahre (50 Monate) in einem Arbeitsverhältnis zur Beklagten. Er war zu einem Monatslohn von knapp 2.000 Euro als Koch in einer Großküche angestellt. Zwei Drittel der Zeit (33,5 Monate) befand er sich in Elternzeit. Die Beklagte stellte ihm ein Zeugnis aus, in dem es hieß: „Herr P, geboren am ..., war vom 1. Mai 1998 bis zum 30. Juni 2002 in unserem Unternehmen als Koch tätig. ... Herr P arbeitete zunächst im Restaurant im T in F. ... Vom 3. Mai 1999 bis 15. Februar 2002 befand sich Herr P im Erziehungsurlaub. Da der Bewirtschaftungsvertrag mit dem T zum 31. Dezember 1999 endete, wurde Herr P im Anschluss daran bis zu seinem Austritt in dem von uns bewirtschafteten Betriebsrestaurant im Hause S in B. eingesetzt. Hier werden arbeitstäglich ca. 700 Gäste bewirtet". Der Kläger ist der Ansicht, die Erwähnung seiner Elternzeit verstoße gegen den Grundsatz einer wohlwollenden Beurteilung. Er verlangt Erteilung eines neuen Zeugnisses ohne die Erwähnung seiner Elternzeit.

Die Entscheidung Das BAG hat die Klage abgewiesen. Das dem Kläger erteilte Zeugnis genügte den gesetzlichen Anforderungen. Die Beklagte durfte die Elternzeit des Klägers erwähnen. § 109 GewO verlangt vom Arbeitgeber, dass er den Arbeitnehmer auf der Grundlage von Tatsachen beurteilt und, soweit dies möglich ist, ein objektives Bild über den Verlauf des Arbeitsverhältnisses vermittelt. Dabei ist der Grundsatz der Zeugniswahrheit zu beachten. Er erstreckt sich auf alle wesentlichen Tatsachen und Bewertungen, die für die Gesamtbeurteilung des Arbeitnehmers von Bedeutung sind und an deren Kenntnis ein künftiger Arbeitgeber ein berechtigtes und verständiges Interesse haben kann. Die Tätigkeiten des Arbeitnehmers sind in einem Zeugnis so vollständig und genau zu beschreiben, dass sich künftige Arbeitgeber ein klares Bild machen können. Insbesondere muss das Zeugnis ein objektives Bild über den Verlauf des Arbeitsverhältnisses vermitteln. Dabei darf Unwesentliches verschwiegen werden. Der Grundsatz der Zeugniswahrheit wird nämlich ergänzt durch das Verbot, das weitere Fortkommen des Arbeitnehmers ungerechtfertigt zu erschweren.

Die Erwähnung der Elternzeit im Zeugnis wird im Streitfall diesen Grundsätzen gerecht. Erhebliche Ausfallzeiten eines Arbeitnehmers sind vom Arbeitgeber dann im Zeugnis zu dokumentieren, wenn ansonsten bei Dritten der falsche Eindruck erweckt würde, die Beurteilung des Arbeitnehmers beruhe auf einer der Dauer des rechtlichen Bestands des Arbeitsverhältnisses üblicherweise entsprechenden tatsächlich erbrachten Arbeitsleistung. Sind die Ausfallzeiten auf Grund ihrer Dauer oder Lage für die Bewertungsgrundlage wesentlich, so gebietet es der Zweck des Zeugnisses, dass der beurteilende Arbeitgeber das Verhältnis zwischen dem Zeitraum der tatsächlichen Beschäftigung und dem des rechtlichen Bestands des Arbeitsverhältnisses klarstellt. Hier hatte der Kläger nur während eines Drittels seines Arbeitsverhältnisses tatsächlich gearbeitet. Nur in dieser Zeit hatte er weitere Berufserfahrung gewonnen. Würde das Arbeitszeugnis keinen Hinweis auf die im Verhältnis zur Dauer des Arbeitsverhältnisses wesentlichen Ausfallzeiten wegen der Elternzeit enthalten, könnte bei einem Arbeitgeber, bei dem sich der Kläger bewirbt, der unzutreffende Eindruck entstehen, der Kläger weise auf Grund seiner Tätigkeit für die Beklagte eine über vierjährige Berufserfahrung auf, obwohl er eine solche tatsächlich lediglich nur in knapp 1 ½ Jahren erwerben konnte.

III. Nachvertragliches Wettbewerbsverbot

Mit der Beendigung des Arbeitsverhältnisses endet grundsätzlich auch die Pflicht zur Wettbewerbsenthaltung.[254] Soll die den Arbeitgeber schützende Karenz das Arbeitsverhältnis überdauern, so muss dies eigens und unmissverständlich vereinbart werden.[255]

Ein nachvertragliches Wettbewerbsverbot ist nur nach Maßgabe des § 110 GewO i.V. mit §§ 74 ff. HGB wirksam. Es muss bei Beginn oder

---

[254] BAG vom 7. September 2004, NZA 2005, 105 (106).
[255] BAG vom 5. September 1995, NZA 1996, 700 (701).

während der Dauer des bestehenden Arbeitsverhältnisses vereinbart werden. Treffen die Vertragsparteien die Vereinbarung dagegen erst *nach* Beendigung des Arbeitsverhältnisses, sind die Vorschriften der §§ 74 ff. HGB nicht mehr zu beachten, da sich die Machtpositionen der Vertragspartner verlagert haben. Der Arbeitnehmer hat es in der Hand, ob er sich z. B. auch ohne Zusage einer Karenzentschädigung oder länger als zwei Jahre (§ 74a Abs. 1 Satz 3 HGB) wirksam zur Wettbewerbsenthaltung verpflichten möchte oder nicht. In jedem Falle ist aber die Grenze der Sittenwidrigkeit (§ 138 BGB) und bei formularmäßigen Vereinbarungen zusätzlich diejenige der unangemessenen Benachteiligung (§ 307 BGB) zu beachten. Ein zeitlich unbefristetes nachvertragliches Wettbewerbsverbot ist per se sittenwidrig.

Nach § 74 Abs. 1 HGB bedarf ein nachvertragliches Wettbewerbsverbot der Schriftform (§§ 126 ff. BGB) sowie der Aushändigung einer vom Arbeitgeber unterzeichneten, die Beschränkungen der Berufsausübungsfreiheit enthaltenden Urkunde. Fehlt es daran, so ist das Wettbewerbsverbot nichtig.

Als Gegenleistung für die Wettbewerbsenthaltung muss der Arbeitgeber gleichzeitig die Zahlung einer sog. *Karenzentschädigung* zusagen (§ 74 Abs. 2 HGB). Die Zusage einer Abfindung ist nicht ausreichend.[256] Erreicht die Karenzentschädigung nicht den in § 74 Abs. 2 HGB bezeichneten Mindestbetrag, so ist das Wettbewerbsverbot nicht unwirksam, aber unverbindlich. Dem Arbeitnehmer steht dann ein Wahlrecht zu, ob er sich daran hält und vom Arbeitgeber die Karenzentschädigung verlangt oder ob er Wettbewerb betreiben möchte.[257] Nach Ansicht des BAG kann der Arbeitnehmer bei Unverbindlichkeit des Wettbewerbsverbots wegen Zusage einer zu geringen Karenzentschädigung nur die vertraglich vereinbarte Entschädigung, nicht aber den gesetzlichen Mindestbetrag verlangen.

Das Wettbewerbsverbot ist ferner insoweit unverbindlich, als es nicht zum *Schutze eines berechtigten geschäftlichen Interesses des Arbeitgebers* dient (§ 74a Abs. 1 Satz 1 HGB), unter Berücksichtigung der gewährten Entschädigung eine unbillige Fortkommenserschwerung enthält und die

---

[256] BAG vom 3. Mai 1994, NZA 1995, 72 (73).
[257] BAG vom 24. April 1980, NJW 1980, 2429 (2430).

Höchstlaufzeit von zwei Jahren überschreitet (§ 74a Abs. 1 Satz 2, 3 HGB). Das Überschreiten dieser Grenzen hat nicht die Nichtigkeit des Verbots zur Folge, sondern lediglich die Zurückführung auf das erlaubte Maß.[258]

Das Wettbewerbsverbot kann von den Parteien jederzeit einvernehmlich und ohne Einhaltung der Schriftform *aufgehoben* werden.[259] Vor der Beendigung des Arbeitsverhältnisses kann der Arbeitgeber durch schriftliche Erklärung auch entsprechend § 75d HGB auf das Wettbewerbsverbot verzichten. Bei einer außerordentlichen Kündigung wegen vertragswidrigen Verhaltens kann er sich in entsprechender Anwendung des § 75 Abs. 1 HGB von einem nachvertraglichen Wettbewerbsverbot binnen eines Monats nach der Kündigung lösen.[260]

---

[258] BAG vom 2. Februar 1968, AP Nr. 22 zu § 74 HGB.
[259] BAG vom 10. Januar 1989, NZA 1989, 797 (798).
[260] BAG vom 19. Mai 1998, NZA 1999, 37 (38).

Teil 3

A. Lernziel

Die vorliegende Kurseinheit beschäftigt sich mit den besonderen Arten von Arbeitsverhältnissen und mit Einzelheiten hinsichtlich der Rechte und Pflichten bei einem Betriebsübergang gemäß § 613a BGB.

Nach Durcharbeitung des Skriptes sollten Sie zu folgenden Fragen Stellung nehmen können:

- Muss der Arbeitgeber einen Arbeitsplatz auch als Teilzeitarbeitsplatz ausschreiben?
- Welche Voraussetzungen müssen für den allgemeinen Teilzeitanspruch erfüllt sein?
- Kann ein Arbeitsverhältnis wegen der Weigerung des Arbeitnehmers, von einem Vollzeit- in ein Teilzeitarbeitsverhältnis oder umgekehrt zu wechseln, gekündigt werden?
- Kann eine schlechtere Behandlung eines teilzeitbeschäftigten Arbeitnehmers gerechtfertigt sein? Welche Gründe kommen in Betracht?
- Was besagt der pro-rata-temporis-Grundsatz?
- Wann ist ein Arbeitnehmer befristet beschäftigt? Welche Arten von Befristungen gibt es?
- Wann ist die Befristung eines Arbeitsvertrages zulässig? Wann liegt ein sachlicher Grund vor?
- Ist die kalendermäßige Befristung eines Arbeitsvertrages auch ohne Vorliegen eines sachlichen Grundes zulässig? Was ist insbesondere zu beachten?
- Bedarf die Befristung eines Arbeitsvertrages einer besonderen Form?

- Welche Folgen hat es, wenn der Arbeitnehmer das Arbeitsverhältnis nach Ablauf der Zeit- oder Zweckerreichung mit Wissen des Arbeitgebers fortsetzt?
- Was sind die Folgen einer rechtsunwirksamen Befristung?
- Was ist ein faktisches Arbeitsverhältnis? Was ist Zweck dieser Rechtsfigur?
- Wann liegt ein Leiharbeitsverhältnis vor?
- Was sind die Besonderheiten bei einem Arbeitsverhältnis mit Auslandsberührung?
- Welche Schutzzwecke verfolgt § 613a BGB?
- Wann liegt ein Betriebsübergang i. S. von § 613a BGB vor?
- Welche Folge hat die Ausübung des Widerspruchsrechts durch den Arbeitnehmer?

B. Besondere Arten von Arbeitsverhältnissen

Grundtypus des Arbeitsverhältnisses ist die unbefristete Vollzeitbeschäftigung. Daneben existieren zahlreiche besondere Arten von Arbeitsverhältnissen, deren Besonderheiten der Gesetzgeber zumeist durch spezielle Vorschriften Rechnung trägt. Ihre „Besonderheiten" erschöpfen sich darin, dass die jeweiligen Vorschriften auf sie Anwendung finden, *keineswegs resultiert aus der „Natur" eines bestimmten Arbeitsverhältnisses eine Verkürzung von Arbeitnehmerrechten.*

Beispiele Der Umstand, dass eine bestimmte Beschäftigung für den Arbeitnehmer lediglich eine Nebentätigkeit darstellt, aus deren Einkünften er nicht den Großteil seines Lebensunterhalts bestreitet, hat weder Einfluss auf seinen Urlaubsanspruch noch die Entgeltfortzahlung im Krankheitsfall noch den allgemeinen Kündigungsschutz. Er kann im Falle betriebsbedingter Kündigungen allenfalls im Rahmen der sozialen Auswahl (§ 1 Abs. 3 KSchG) berücksichtigt werden.

Selbst eine geringfügige Beschäftigung (§ 8 Abs. 1 SGB IV; „450 Euro-Job") steht einer Vollzeitbeschäftigung in praktisch allen Belangen gleich. Aus § 4 Abs. 1 i. V. mit § 2 Abs. 2 TzBfG folgt ausdrücklich, dass geringfügig Beschäftigte nicht ohne sachlichen Grund ungleich behandelt werden dürfen, der Arbeitgeber ihnen also beispielsweise nicht Sonderzahlungen wie das Weihnachtsgeld vorenthalten darf, das er an andere Voll- oder Teilzeitbeschäftigte zahlt. Geringfügig Beschäftigte genießen denselben Kündigungsschutz wie Vollzeitarbeitnehmer (§ 1 KSchG).

I. Teilzeitarbeitsverhältnis

Das Gesetz über Teilzeitarbeit und befristete Arbeitsverträge (Teilzeit- und Befristungsgesetz – TzBfG) hat u. a. zum Ziel, Diskriminierungen von Teilzeit- und befristet beschäftigten Arbeitnehmern im Vergleich zu Vollzeit- und unbefristet Beschäftigten zu verhindern. Daher sieht § 4 TzBfG vor, dass diese beiden Arbeitnehmergruppen nicht schlechter behandelt werden dürfen und ihnen insbesondere das Arbeitsentgelt einschließlich aller teilbaren geldwerten Leistungen mindestens anteilig zu gewähren ist (pro-rata-temporis-Grundsatz). Außerdem dürfen sie wegen der Inanspruchnahme von Rechten nach dem TzBfG nicht benachteiligt (§ 5 TzBfG), insbesondere nicht gekündigt werden (§ 11 TzBfG).

1. Begriff des teilzeitbeschäftigten Arbeitnehmers

Nach der *Legaldefinition* des § 2 Abs. 1 TzBfG ist ein Arbeitnehmer teilzeitbeschäftigt, wenn seine regelmäßige Wochenarbeitszeit kürzer ist als die eines vergleichbaren vollzeitbeschäftigten Arbeitnehmers.

In der Regel ist die regelmäßige wöchentliche Arbeitszeit, anders als bei Vollzeitbeschäftigten, im Arbeitsvertrag ausdrücklich vereinbart und nach § 2 Abs. 1 Nr. 7 NachwG in den Vertragsnachweis aufzunehmen. Dabei kann sowohl eine bestimmte (Wochen-)Stundenzahl als auch ein bestimmter prozentualer Anteil im Vergleich zur Vollzeitarbeit vereinbart sein. Der Unterschied wirkt sich aus, wenn sich die regelmäßige Wochenarbeitszeit ändert: Bei einem vereinbarte Prozentsatz sinkt auch der Umfang der Teilzeitbeschäftigung, bei fest vereinbarten Stunden bleibt er unverändert. Die regelmäßige Wochenarbeitszeit kann sich auch aus einem Tarifvertrag ergeben, falls dieser kraft beiderseitiger Tarifgebundenheit (§ 3 Abs. 1 TVG), einzelvertraglicher Bezugnahmeklausel, Allgemeinverbindlichkeit (§ 5 TVG) oder nach § 7 AEntG zur Anwendung zu bringen ist.

Ist ein festes Arbeitsvolumen zwischen den Parteien weder vereinbart noch durch tatsächliche Handhabung als vereinbart anzusehen oder – bei der Abrufarbeit (§ 12 Abs. 1 Satz 3 TzBfG) – kraft Gesetzes feststellbar, ist nach § 2 Abs. 1 Satz 2 TzBfG für die anzustellende Vergleichsberechnung die durchschnittliche regelmäßige Arbeitszeit innerhalb eines „bis zu einem Jahr reichenden Beschäftigungszeitraums" maßgebend. Gemeint ist hiermit nicht das Kalenderjahr, sondern der der Beurteilung unmittelbar vorausgehende Jahreszeitraum.

Vergleichbar ist ein vollzeitbeschäftigter Arbeitnehmer des Betriebes mit derselben Art des Arbeitsverhältnisses und der gleichen oder einer ähnlichen Tätigkeit. Ist im Betrieb kein derartiger vollzeitbeschäftigter Arbeitnehmer vorhanden, so kommt es auf die Bestimmung im einschlägigen Tarifvertrag, in Ermangelung eines solchen darauf an, wer im jeweiligen Wirtschaftszweig üblicherweise als vergleichbarer vollzeitbeschäftigter Arbeitnehmer anzusehen ist.

2. Unterschiedliche Arten der Teilzeitarbeit

Es gibt unterschiedliche Arten der Teilzeitarbeit; die Arbeitszeit kann fest vereinbart oder aber flexibel gestaltet sein. Ausdrücklich geregelt ist im TzBfG die Arbeit auf Abruf und die Arbeitsplatzteilung, §§ 12 und 13 TzBfG.

a) Arbeit auf Abruf

§ 12 TzBfG regelt die Abrufarbeit, was bedeutet, dass der Arbeitnehmer seine Arbeitsleistung entsprechend dem Arbeitsanfall zu erbringen hat. Diese wird vielfach auch als *„kapazitätsorientierte variable Arbeitszeit"* (KAPOVAZ) bezeichnet. Die Vorschrift normiert gleichzeitig Mindestanforderungen und damit die Grenzen, innerhalb derer der Arbeitgeber einseitig die Lage der besonders vereinbarten Arbeitszeit dem Arbeitsanfall entsprechend konkretisieren kann.

Die Bestimmung des § 12 TzBfG findet nur Anwendung, falls vereinbart ist, dass der Arbeitnehmer seine Arbeitsleistung *zu erbringen hat.* Nicht den Beschränkungen dieser Vorschrift unterliegen sog. *Bedarfsarbeits-*

verhältnisse, nach denen der Arbeitnehmer berechtigt, aber nicht verpflichtet ist, überhaupt eine Arbeitsleistung zu erbringen.[261] Keine Abrufvereinbarung i. S. von § 12 TzBfG liegt ferner bei Gleitzeitvereinbarungen, Bereitschaftsdienst, Rufbereitschaft, Bandbreitenregelungen, der Vereinbarung einer Vertrauensarbeitszeit sowie der Anordnung von Überstunden vor.

Die *Dauer* der wöchentlichen und täglichen Arbeitszeit *muss vertraglich festgelegt werden.* Der Umfang der beiderseitigen Hauptleistungspflichten (Arbeits- und Vergütungspflicht) ist einer einseitigen Dispositionsmöglichkeit des Arbeitgebers insoweit entzogen. Der Arbeitgeber soll sich durch anders lautende (nach § 134 BGB nichtige) Vereinbarungen nicht des gesamten Wirtschaftsrisikos entledigen können und durch die Hintertür den änderungskündigungsrelevanten (§ 2 KSchG) Kernbereich des Arbeitsverhältnisses aushöhlen können. Diese Arbeitsbedingungen sind grundsätzlich nur durch Gesetz, Kollektiv- oder Einzelvertrag gestaltbar.

Haben die Parteien keine bestimmte Dauer der wöchentlichen Arbeitszeit festgelegt, gilt die *10-Stunden-Fiktion* des § 12 Abs. 1 Satz 3 TzBfG.[262] Fehlt dem Arbeitsvertrag eine Regelung zur Dauer der täglichen Arbeitszeit und nimmt der Arbeitgeber die Arbeitsleistung des Arbeitnehmers nicht jeweils für mindestens drei aufeinander folgende Stunden in Anspruch (§ 12 Abs. 1 Satz 4 TzBfG), so ist er dem Arbeitnehmer gegenüber zur Zahlung des Arbeitsentgelts in entsprechender Höhe nach § 615 Satz 1 BGB verpflichtet.[263]

Gemäß § 12 Abs. 2 TzBfG hat der Arbeitgeber dem Arbeitnehmer zur besseren Koordinierbarkeit von Arbeit und Freizeit die Lage der Arbeitszeit jeweils mindestens *vier Tage im Voraus* mitzuteilen. Bei Nichteinhaltung der nach den Regeln der §§ 186 ff. BGB zu errechnenden Ankündigungsfrist fehlt es an einer entsprechenden Konkretisierung aus dem vereinbarten Arbeitszeitdeputat, sodass durch den Abruf der Arbeit als einseitiges Rechtsgeschäft die rechtsgestaltende Wirkung in Form der begehrten Arbeitsleistungspflicht des Arbeitnehmers nicht ausgelöst wird.

---

[261] BAG vom 16. April 2003, NZA 2004, 40 (41).
[262] BAG vom 24. September 2014, NZA 2014, 1328 (1329 f.).
[263] Einzelheiten zum Annahmeverzug in den Fällen des § 12 TzBfG bei BAG vom 16. April 2014, NZA 2014, 1262 (1263 f.).

b) Arbeitsplatzteilung (Job-Sharing)

Gemäß § 13 Abs. 1 Satz 1 TzBfG können Arbeitgeber und Arbeitnehmer vereinbaren, dass mehrere Arbeitnehmer sich die Arbeitszeit an einem Arbeitsplatz teilen. Dies wird als „Job-Sharing" bezeichnet. Dabei schließen die Arbeitnehmer jeweils selbstständige Arbeitsverträge mit dem Arbeitgeber. Sie haften nicht als Gesamtschuldner gemäß § 421 BGB auf die Summe der addierten Arbeitszeitdeputate und sind im Vertretungsfall, soweit nicht ein anderes bestimmt ist, einander nicht zum Ausgleich verpflichtet. Das individualarbeitsvertraglich geschuldete und alternierend in Teilleistungen zu erbringende Arbeitszeitdeputat ist eigenverantwortlich auf das Gesamtdeputat zu verteilen. Eine *automatische Vertretungspflicht* der übrigen Arbeitnehmer bei Krankheit, Urlaub oder Weiterbildung des Verhinderten *ist nicht vorgesehen* und besteht grundsätzlich nur bei Zustimmung im Einzelfall (§ 13 Abs. 1 Satz 2 TzBfG). Die Beendigung des Arbeitsverhältnisses eines in die Arbeitsplatzteilung einbezogenen Teilzeitarbeitnehmers lässt den Bestand der übrigen Arbeitsverhältnisse grundsätzlich unberührt. Eine dennoch ausgesprochene Beendigungskündigung ist wegen Verstoßes gegen das in § 13 Abs. 2 Satz 1 TzBfG geregelte absolute Kündigungsverbot nach § 134 BGB nichtig. Ist es dem Arbeitgeber unmöglich, den ausgeschiedenen Arbeitnehmer zu ersetzen, oder ist die Aufgabe der Arbeitsplatzteilung Gegenstand der freien unternehmerischen Entscheidung des Arbeitgebers und sind für den oder die verbliebenen Arbeitsplatzpartner keine freien Arbeitsplätze vorhanden, kann der Arbeitgeber vom Recht der Kündigung aus anderen, insbesondere betriebsbedingten Gründen, Gebrauch machen.

3. Verbot der Diskriminierung Teilzeitbeschäftigter

a) Vergleichbarkeit

Gemäß § 4 Abs. 1 TzBfG darf ein teilzeitbeschäftigter Arbeitnehmer wegen der Teilzeitarbeit nicht schlechter behandelt werden als ein vergleichbarer vollzeitbeschäftigter Arbeitnehmer, es sei denn, sachliche Gründe rechtfertigen eine unterschiedliche Behandlung.

Für den räumlichen Anwendungsbereich des Diskriminierungsverbots wird zunächst auf den Betrieb, erst dann auf die Tarifebene bzw. den Wirtschaftszweig für vollzeitbeschäftigte Arbeitnehmer mit derselben Art des

Arbeitsverhältnisses und der gleichen oder einer ähnlichen Tätigkeit (§ 2 Abs. 1 TzBfG) abgestellt.

Der *Kreis der vergleichbaren Arbeitnehmer* wird von der Rechtsprechung weiter gezogen, wenn der Arbeitgeber Regeln aufstellt, die nicht nur Arbeitnehmer mit vergleichbaren Tätigkeiten erfassen. Sowohl der allgemeine arbeitsrechtliche Gleichbehandlungsgrundsatz als auch die besonderen Diskriminierungsverbote des § 4 TzBfG haben überbetriebliche Geltung, wenn der Arbeitgeber eine überbetriebliche Regel aufstellt und anwendet. Wendet der Arbeitgeber z. B. auf alle vollzeitbeschäftigten Arbeitnehmer allgemeine Vergütungsgrundsätze an, die auch die Tätigkeit der Teilzeitkraft erfassen, so kann diese nach § 4 Abs. 1 TzBfG anteilige Vergütung nach diesen Vergütungsgrundsätzen auch dann verlangen, wenn es vollzeitbeschäftigte Arbeitnehmer mit vergleichbarer Tätigkeit gar nicht gibt.[264]

Eine *Ungleichbehandlung* untereinander, also *im Verhältnis zu anderen Teilzeitarbeitnehmern,* regelt das Gesetz nicht. Allerdings ist jedenfalls im Ergebnis weitgehend unbestritten, dass eine Ungleichbehandlung hier wie da eines sachlichen Grundes bedarf. Die Zulässigkeit einer unterschiedlichen Behandlung muss sich insoweit am allgemeinen Gleichbehandlungsgrundsatz messen lassen. Anerkannt ist, dass das Verbot unterschiedlicher Behandlung z. B. auch gegenüber teilzeitbeschäftigten Arbeitnehmern gilt, die in unterschiedlichem zeitlichem Umfang beschäftigt werden (etwa unter oder über 50 % der regelmäßigen Wochenarbeitszeit). Auch für eine unterschiedliche Behandlung dieser Arbeitnehmer sind sachliche Gründe erforderlich.[265] Dies gilt auch dann, wenn ein Teil der Teilzeitbeschäftigten noch einen anderen Hauptberuf ausübt, ein anderer – vom Arbeitgeber anders behandelter – Teil dagegen nicht.[266]

b) Benachteiligung

Tatbestandliche Voraussetzung des Anspruchs auf Gleichbehandlung gemäß § 4 Abs. 1 TzBfG ist, dass der Arbeitnehmer objektiv wegen der Teil-

---

[264] BAG vom 12. Januar 1994, NZA 1994, 993 (995).
[265] BAG vom 29. August 1989, NZA 1990, 37 (38).
[266] BAG vom 1. November 1995, NZA 1996, 813 (814); vom 1. November 1995, NZA 1996, 816 (818).

zeitarbeit benachteiligt worden ist. Andere Gründe als die Arbeitsvertrags-gestaltung sind unerheblich. Besteht kein *Kausalzusammenhang* zwischen der Benachteiligung und der Teilzeitbeschäftigung, kann diese nur anhand anderer Gleichbehandlungsgebote überprüft werden (z. B. wegen geschlechtsbezogener Benachteiligung gemäß §§ 1, 7 AGG oder einer Verletzung des allgemeinen Gleichbehandlungsgrundsatzes).

Ein zielgerichtetes Handeln, welches über die willentliche Unterscheidung nach sachfremden Kriterien hinausgeht, sprich eine *Diskriminierungsabsicht, ist nicht erforderlich.* Auch auf ein Verschulden des Arbeitgebers kommt es nicht an, sondern allein auf eine objektive Ungleichbehandlung.

Das Benachteiligungsverbot findet in sachlicher Hinsicht auf alle vertraglichen Vereinbarungen, sei es in Form von Tarifverträgen, Betriebsvereinbarungen, Einzel- oder Formularverträgen, Gesamtzusagen sowie auf sämtliche einseitige Maßnahmen wie die Ausübung des Direktionsrechts oder die Kündigung Anwendung. Erfasst wird das gesamte rechtserhebliche Handeln des Arbeitgebers gegenüber seinen Arbeitnehmern.

Eine Benachteiligung wegen der Teilzeitarbeit nach § 4 Abs. 1 Satz 1 TzBfG liegt immer dann vor, wenn die Dauer der Arbeitszeit das Kriterium darstellt, an das die Differenzierung hinsichtlich der unterschiedlichen Arbeitsbedingungen anknüpft,[267] bestimmte Arbeitsbedingungen also ausdrücklich allein für vollzeitbeschäftigte oder teilzeitbeschäftigte Arbeitnehmer gelten sollen.

> **Beispiel** Eine Ungleichbehandlung von Voll- und Teilzeitbeschäftigten besteht nicht schon darin, dass Zuschläge für Mehrarbeit nach dem einschlägigen Tarifvertrag erst bei Überschreiten der regelmäßigen Wochenarbeitszeit für Vollzeitbeschäftigte gewährt werden.[268]

Das *Arbeitsentgelt und sonstige teilbare geldwerte Leistungen* werden bezüglich der Teilzeitarbeitsverhältnisse von § 4 Abs. 1 Satz 2 TzBfG erfasst; § 4 Abs. 1 Satz 1 TzBfG betrifft alle übrigen Arbeitsbedingungen (Entsprechendes gilt für befristete Arbeitsverhältnisse).

---

[267] BAG vom 24. September 2003, NZA 2004, 611 (613).
[268] BAG vom 16. Juni 2004, AP Nr. 20 zu § 1 TVG Tarifverträge: Großhandel; vom 26. April 2017, NZA 2017, 1069 (1072 f.).

Beispiele Dauer, Lage und Verteilung der Arbeitszeit, Aufstellung von Urlaubsgrundsätzen, Teilnahme an Weiterbildungen sowie sonstige betriebliche Aktivitäten.

Das für Teilzeitarbeitsverhältnisse in § 4 Abs. 1 Satz 1 TzBfG geregelte allgemeine Verbot der schlechteren Behandlung wird durch die entsprechenden Folgeregelungen konkretisiert. Nach § 4 Abs. 1 Satz 2 TzBfG gilt der pro-rata-temporis-Grundsatz, wo dies angemessen ist: Dem teilzeitbeschäftigten Arbeitnehmer ist das Arbeitsentgelt oder eine andere teilbare geldwerte Leistung mindestens in dem Umfang zu gewähren, der dem Verhältnis seiner Arbeitszeit zu der eines vergleichbaren Vollzeitbeschäftigten entspricht.[269]

Beispiel[270] Durch Tarifvertrag wird allen Arbeitnehmern die Weihnachtsgratifikation um 500 Euro gekürzt. Vollzeitbeschäftigte und teilzeitbeschäftigte Arbeitnehmer werden zwar formal gleich behandelt. Da sich die Höhe des Weihnachtsgeldes aber nach dem monatlichen Bruttoeinkommen berechnete, wurden Teilzeitbeschäftigte tatsächlich überproportional benachteiligt. Die Regelung ist also unwirksam. Anders wären die Dinge zu beurteilen gewesen, wenn die Kürzung anteilig, z. B. um jeweils 20 %, erfolgt wäre.

Nach den Umständen des Einzelfalls kann eine schlechtere Behandlung ausnahmsweise ausgeschlossen werden, falls diese durch eine Vergünstigung kompensiert wird. Dies setzt freilich voraus, dass Benachteiligung und kompensatorische Vergünstigung einem objektiven Vergleich zugänglich sind.

Beachte Auch eine Besserstellung ist zwar eine Ungleichbehandlung, sowohl nach dem Wortlaut („mindestens") als auch dem Zweck der Norm aber nicht vom einheitlichen Verbot der schlechteren Behandlung erfasst. Demgegenüber kann eine Bevorzugung im Einzelfall am arbeitsrechtlichen Gleichbehandlungsgrundsatz oder als mittelbare Diskriminierung (§ 3 Abs. 2 AGG) an §§ 7, 1 AGG zu messen sein.

---

[269] EuGH vom 5. November 2014, NZA 2015, 170 (171).
[270] Nach BAG vom 24. Mai 2000, NZA 2001, 216 (218).

c) Keine Rechtfertigung der Ungleichbehandlung

Eine Differenzierung ist sachfremd, wenn mit ihr ein nicht zu billigendes, insbesondere von der Rechtsordnung verbotenes Ziel verfolgt wird oder wenn das eingesetzte Differenzierungskriterium unzulässig oder zur Erreichung des Ziels ungeeignet, nicht notwendig oder sachlich unangemessen ist.

Ob im Zeitpunkt der Ungleichbehandlung hierfür ein *sachlich vertretbarer Grund* besteht, ist wie beim allgemeinen Gleichbehandlungsgrundsatz abhängig vom Zweck der Leistung oder der Maßnahme des Arbeitgebers aus den jeweiligen Anspruchsvoraussetzungen, Ausschließungs- und Kürzungsregelungen zu ermitteln.[271] Der unterschiedliche Umfang der Arbeitsleistung allein ist auch und gerade für Sozialleistungen kein ausreichender Grund für eine unterschiedliche Behandlung.

Problem Als problematisch erweist sich in Bezug auf Teilzeitarbeitsverhältnisse das Verhältnis von § 4 Abs. 1 Satz 1 TzBfG zu § 4 Abs. 1 Satz 2 TzBfG. Während Satz 1 eine Ungleichbehandlung aus sachlichen Gründen gestattet, enthält der das Arbeitsentgelt betreffende Satz 2 einen entsprechenden Vorbehalt nicht. Gleichwohl hat das BAG es für zulässig gehalten, auch beim Arbeitsentgelt aus sachlichen Gründen zu differenzieren: Satz 2 konkretisiere lediglich das allgemeine Benachteiligungsverbot des Satzes 1. Der Arbeitgeber solle Teilzeitbeschäftigten bestimmte Vergütungsbestandteile (z. B. Sozialzulagen) nicht wegen der Teilzeitbeschäftigung ohne sachlichen Grund versagen können. Aus dem systematischen Zusammenhang von Satz 1 und 2 und der Gesetzesbegründung folge, dass § 4 TzBfG ein einheitliches Verbot der sachlich nicht gerechtfertigten Benachteiligung wegen der Teilzeitarbeit enthalte.[272]

d) Rechtsfolgen von Diskriminierungen

Ein Verstoß gegen § 4 TzBfG führt zu den gleichen Rechtsfolgen wie ein solcher gegen den allgemeinen Gleichbehandlungsgrundsatz. Der Verstoß führt also gemäß § 134 BGB zur *Nichtigkeit* der Maßnahme, nach welcher der Arbeitnehmer zu Unrecht ungleich behandelt wurde und zur

---

[271] BAG vom 5. November 2003, NZA 2005, 222 (224).
[272] BAG vom 5. November 2003, NZA 2005, 222 (223); vom 11. Dezember 2003, NZA 2004, 723 (725).

uneingeschränkten Anwendung der begünstigenden Regelung.[273] Ein Arbeitsvertrag ist hinsichtlich der diskriminierenden Regelung teilnichtig.

Das BAG hatte darüber hinaus die Vorgängerregelung des § 2 Abs. 1 BeschFG als *Schutzgesetz* i. S. des § 823 Abs. 2 BGB anerkannt. Schutzgesetze sind jedoch typischerweise nur solche Vorschriften, die Verhaltenspflichten für denjenigen Schädiger aufstellen, mit dem der Geschädigte in keiner vertraglichen Beziehung steht. Da § 4 TzBfG aber eine Konkretisierung vertraglicher Nebenpflichten des Arbeitgebers ist, können nach wohl h. M. keine deliktsrechtlichen, sondern allenfalls vertragliche Schadensersatzansprüche begründet werden.

4. Anspruch auf Reduzierung der Arbeitszeit

a) Allgemeiner Teilzeitanspruch (§ 8 TzBfG)

aa) Allgemeines

Im TzBfG ist in § 8 der Anspruch auf Verringerung der Arbeitszeit normiert. Der Teilzeitanspruch kann von *jedem Arbeitnehmer,* auch von leitenden Angestellten (§ 6 TzBfG), von befristet Beschäftigten und von Arbeitnehmern, die bereits in Teilzeit arbeiten und ihre Arbeitszeit weiter verringern möchten, erhoben werden. Das Arbeitsverhältnis muss lediglich länger als sechs Monate (ununterbrochen) bestanden haben und der Arbeitgeber muss mehr als 15 Arbeitnehmer beschäftigen, § 8 Abs. 1, 7 TzBfG. *Eines irgendwie gearteten Grundes für die Reduzierung bedarf es nicht.*

Der Anspruch muss mindestens *drei Monate* vor dem gewünschten Beginn der Arbeitszeitreduzierung geltend gemacht werden. Ein verspäteter Anspruch ist nicht unwirksam, vielmehr ist die Frist ab Zugang beim Arbeitgeber zu berechnen.[274] Der Arbeitnehmer muss zur Wirksamkeit des Verlangens den konkreten Umfang der Verringerung bestimmen, indem er angibt, um oder auf wie viele Stunden er seine tägliche oder wöchentliche Arbeitszeit verringern will. Die gewünschte *Verteilung* der Arbeitszeit „soll" dagegen nur erfolgen (§ 8 Abs. 2 Satz 2 TzBfG), ihr Fehlen hat damit auf die Wirksamkeit des Verlangens keinen Einfluss. Das Gesetz sieht

---

[273] BAG vom 24. Mai 2000, NZA 2001, 216 (218 f.).
[274] BAG vom 14. Oktober 2003, NZA 2004, 975 (976); vom 20. Juli 2004, NZA 2004, 1090 (1092).

keine Mindest- oder Höchstgrenze für die Reduzierung vor, sodass man grundsätzlich die bisherige Arbeitszeit sowohl um eine Stunde als auch auf eine Stunde reduzieren darf. Um dem Arbeitgeber ein gewisses Maß an Planungssicherheit zu geben, kann der Arbeitnehmer eine erneute Verringerung der Arbeitszeit erst nach Ablauf von zwei Jahren verlangen (§ 8 Abs. 6 TzBfG).

§ 8 TzBfG gewährt einen Anspruch nur auf *dauerhafte* Verringerung der Arbeitszeit. Eine zeitlich begrenzte Verringerung kann nach dieser Vorschrift – anders als beispielsweise nach § 15 BEEG – nicht verlangt werden. Eine Ausnahme gilt nur für den Fall, dass der Arbeitnehmer Wertguthaben (§ 7b SGB IV), beispielsweise durch Überstunden, angesammelt hat und diese einsetzt, um seine Arbeitszeit bei voller Aufrechterhaltung seines Entgeltanspruchs vorübergehend zu verringern (§ 7 Abs. 1 Nr. 1 lit. c SGB IV).

bb) Ablehnung des Anspruchs (§ 8 Abs. 4 TzBfG)

Der Arbeitgeber kann sowohl das Teilzeitverlangen als solches als auch die begehrte Lage der Arbeitszeit *aus „betrieblichen Gründen" ablehnen.* In der bisher vorliegenden Rechtsprechung zeichnet sich die Tendenz ab, an das Vorliegen „betrieblicher Gründe" keine besonders hohen Anforderungen zu stellen. Die meisten Gerichte orientieren sich an der Vorgabe des Gesetzgebers, dass „rationale, nachvollziehbare Gründe" genügen sollen. Nach der Rechtsprechung des BAG berechtigt aber nicht schon jeder rationale, nachvollziehbare Grund zur Ablehnung; er muss – unter Hinweis auf die Regelbeispiele des § 8 Abs. 4 Satz 2 TzBfG („insbesondere") – in Ergänzung des Gesetzeswortlauts auch hinreichend gewichtig sein.[275]

---

[275] BAG vom 27. April 2004, NZA 2004, 1225 (1227).

Ob diese Voraussetzungen erfüllt sind, ist regelmäßig im Rahmen einer dreistufigen Prüfungsfolge zu ermitteln:

I. Zunächst ist das vom Arbeitgeber aufgestellte und durchgeführte Organisationskonzept festzustellen, das der vom Arbeitgeber als betrieblich erforderlich angesehenen Arbeitszeitregelung zugrunde liegt.

II. Dann ist zu überprüfen, ob die vom Organisationskonzept bedingte Arbeitszeitregelung tatsächlich der gewünschten Änderung der Arbeitszeit entgegensteht.

III. Abschließend ist zu prüfen, ob das Gewicht der entgegenstehenden betrieblichen Gründe so erheblich ist, dass die Erfüllung des Arbeitszeitwunsches des Arbeitnehmers zu einer wesentlichen Beeinträchtigung der Arbeitsorganisation, des Arbeitsablaufs, der Sicherung des Betriebs oder zu einer unverhältnismäßigen wirtschaftlichen Belastung des Betriebs führen würde.

Beispiele für rationale, nachvollziehbare Gründe   ein pädagogisches Organisationskonzept, wonach eine Kindergartengruppe durchgehend nur von einer Kraft betreut werden soll,[276] die durchgängige tägliche Anwesenheit einer Gruppenleiterin in einer heilpädagogischen Betreuungseinrichtung für behinderte Kinder,[277] ein entgegenstehendes Schichtsystem[278] oder wenn die Arbeit nur in Team- oder Gruppenarbeit geleistet werden kann. Ferner unverhältnismäßige Kosten durch die Anschaffung kostspieliger zusätzlicher Betriebsmittel, die Einstellung von Ersatzarbeitnehmern[279] oder ein immens hoher Einarbeitungsaufwand.[280]

---

[276] BAG vom 18. März 2003, AP Nr. 3 zu § 8 TzBfG.

[277] BAG vom 19. August 2003, AP Nr. 4 zu § 8 TzBfG.

[278] BAG vom 16. März 2004, NZA 2004, 1047 (1050 f.).

[279] BAG vom 9. Dezember 2003, NZA 2004, 921 (923).

[280] *ArbG* Hannover vom 31. Januar 2002, NZA-RR 2002, 294 (295 f.).

cc) Zustimmungsfiktion

Haben sich Arbeitgeber und Arbeitnehmer nicht über die Verringerung der Arbeitszeit geeinigt und hat der Arbeitgeber die Ablehnung gar nicht, nicht rechtzeitig (d. h. einen Monat vor dem gewünschten Beginn) und/oder nicht formgerecht erklärt, wird dessen Zustimmung zu der ihm angetragenen Vertragsänderung kraft Gesetzes ersetzt (§ 8 Abs. 5 Satz 2 TzBfG).[281] Die Dauer der Arbeitszeit verringert sich mithin *kraft gesetzlicher Fiktion*. Ob dem verringerten Umfang der geschuldeten Arbeitszeit betriebliche Gründe entgegenstehen, ist unerheblich. Die gleiche Fiktionswirkung tritt im Hinblick auf die Lage der Arbeitszeit ein, falls die Parteien kein Einvernehmen erzielen und der Arbeitgeber die gewünschte Verteilung nicht rechtzeitig schriftlich ablehnt.

dd) Auswirkungen der Arbeitszeitverringerung auf die Gegenleistung

Soweit die Parteien im Rahmen ihrer Teilzeitvereinbarung nicht auf die Gegenleistungspflicht des Arbeitgebers eingehen, ist davon auszugehen, dass diese sich entsprechend dem Umfang der Verringerung der Arbeitszeit reduziert. Anders liegen die Dinge nur, soweit es für bestimmte Nebenleistungen nicht auf die Dauer der Arbeitszeit ankommt.

Beispiele   Job-Ticket, Betriebskindergarten.

b) Elternzeit (§ 15 BEEG)

Eine weitere Regelung, die einen Anspruch auf Teilzeitarbeit zubilligt, ist § 15 Abs. 4 BEEG. Danach ist während der Elternzeit die Ausübung einer Teilzeitbeschäftigung zulässig, und zwar *sowohl beim bisherigen als auch* – mit dessen Zustimmung, die aber nur aus dringenden betrieblichen Gründen versagt werden kann (z. B. konkrete Gefahr des Know-how-Abflusses bei beabsichtigter Tätigkeit für ein Konkurrenzunternehmen) – *bei einem anderen Arbeitgeber.*

Gegenüber dem eigenen Arbeitgeber besteht unter den weiteren Voraussetzungen des § 15 Abs. 7 BEEG ein Rechtsanspruch auf Teilzeitarbeit während der Elternzeit, der den allgemeinen Teilzeitanspruch des eben

---

[281] Näher BAG vom 20. Januar 2015, NZA 2015, 805 (806 f.).

dargestellten § 8 TzBfG ergänzt. Von diesem allgemeinen Teilzeitanspruch unterscheidet sich derjenige des § 15 BEEG jedoch in mehrfacher Hinsicht:

BEEG	TzBfG
Die Arbeitszeitreduzierung nach dem BEEG muss mindestens sieben Wochen vor ihrem Beginn schriftlich geltend gemacht werden, § 15 Abs. 7 Nr. 5.	Die Arbeitszeitreduzierung nach dem TzBfG mindestens drei Monate vorher formlos, § 8 Abs. 2 Satz 1.
Soweit der Arbeitgeber der Verringerung der Arbeitszeit nicht oder nicht rechtzeitig zustimmt, kann der Arbeitnehmer Klage vor den Gerichten für Arbeitssachen erheben, § 15 Abs. 7 Satz 5.	Die Zustimmung des Arbeitgebers wird fingiert, wenn der Anspruch nicht fristgerecht schriftlich zurückgewiesen wird, § 8 Abs. 5 Satz 2, 3.
Der Elternteilzeitarbeitnehmer muss eine Arbeitszeit von mindestens 15 und höchstens 30 Wochenstunden wählen, § 15 Abs. 7 Nr. 3.	Der Anspruch nach dem TzBfG unterliegt einer solchen Beschränkung nicht.
Während der Gesamtdauer der Elternzeit kann der Arbeitnehmer nach § 15 Abs. 6 zweimal eine Reduzierung seiner Arbeitszeit beanspruchen.	Nach § 8 Abs. 6 kann der Arbeitnehmer eine erneute Verringerung der Arbeitszeit frühestens nach Ablauf von zwei Jahren verlangen.
Gemäß § 15 Abs. 5 Satz 4 bleibt das Recht des Arbeitnehmers unberührt, nach Beendigung der Elternzeit zu der ursprünglich vereinbarten Arbeitszeit zurückzukehren.	Die Arbeitszeitreduzierung im TzBfG ist auf Dauer angelegt. Lediglich die bevorzugte Berücksichtigung bei der Neubesetzung freier Vollzeitarbeitsplätze kann nach Maßgabe des § 9 beansprucht werden.
Dem Anspruch auf Verringerung der Arbeitszeit dürfen keine dringenden betrieblichen Gründe entgegenstehen, § 15 Abs. 7 Nr. 4. Diese Gründe muss der Arbeitgeber im Ablehnungsschreiben nach § 15 Abs. 7 Satz 4 benennen.	Will der Arbeitgeber die Arbeitszeitreduzierung ablehnen, genügen hierfür nach § 8 Abs. 4 entgegenstehende betriebliche Gründe, die der Arbeitgeber nicht benennen muss.

c) Pflegezeit (§ 3 PflegeZG)

Arbeitnehmer, die einen nahen Angehörigen in dessen häuslicher Umgebung pflegen, sind auf ihr Verlangen für die Dauer von bis zu sechs Monaten von der Verpflichtung zur Arbeitsleistung ganz oder teilweise freizustellen (§§ 3, 4 Abs. 1 PflegeZG). Wer Pflegezeit beanspruchen will, muss dies dem Arbeitgeber spätestens zehn Arbeitstage vor Beginn schriftlich ankündigen und gleichzeitig erklären, für welchen Zeitraum und in welchem Umfang die Freistellung von der Arbeitsleistung in Anspruch genommen werden soll. Wenn nur teilweise Freistellung in Anspruch genommen wird, ist auch die gewünschte Verteilung der Arbeitszeit anzugeben. Sodann hat der Arbeitgeber mit dem Arbeitnehmer eine schriftliche Vereinbarung über die Verringerung und die Verteilung der Arbeitszeit zu treffen. Hierbei hat der Arbeitgeber den Wünschen der Beschäftigten zu entsprechen, wenn dringende betriebliche Gründe nicht entgegenstehen (§ 3 Abs. 3, 4 PflegeZG).

d) Schwerbehinderte Arbeitnehmer (§ 164 Abs. 5 Satz 3 SGB IX)

Gemäß § 164 Abs. 5 Satz 3 SGB IX haben schwerbehinderte Menschen einen Anspruch auf Teilzeitbeschäftigung, wenn die kürzere Arbeitszeit *wegen Art oder Schwere der Behinderung notwendig* ist. Vom allgemeinen Teilzeitanspruch nach § 8 TzBfG unterscheidet sich § 164 Abs. 5 Satz 3 SGB IX dadurch, dass er auch in Kleinunternehmen mit bis zu 15 Beschäftigten und bereits in den ersten sechs Monaten des Arbeitsverhältnisses besteht, dafür aber an strengere Voraussetzungen gebunden ist. Im Gegensatz zu jenem soll er außerdem schon durch die einseitige Erklärung des schwerbehinderten Arbeitnehmers vollzogen werden, ohne dass es einer Willenserklärung des Arbeitgebers bedürfte; außerdem soll auch eine zeitlich befristete Herabsetzung der Arbeitszeit beansprucht werden können.[282] Die Zumutbarkeits- und Verhältnismäßigkeitsgrenze des § 164 Abs. 4 Satz 3 SGB IX gilt aber auch hier.

5. Der praktische Fall

Anspruch auf Reduzierung der Arbeitszeit zur Erzielung einer blockweisen Freistellung von der Arbeit: BAG vom 24. Juni 2008, NZA 2008, 1309 (*„Piloten-Fall"*)

Zum Sachverhalt Der Kläger ist Pilot bei der beklagten Lufthansa. Er begehrt die Reduzierung seiner Arbeitszeit auf 91,78 % der regelmäßigen wöchentlichen Arbeitszeit. Dabei möchte er die Arbeit so verteilt wissen, dass er jeweils vom 17. Dezember eines Jahres bis zum 15. Januar des

---

[282] BAG vom 14. Oktober 2003, NZA 2004, 614 (617).

Folgejahres von der Arbeitsleistung freigestellt wird. Den Rest des Jahres will er weiterhin Vollzeit arbeiten. Die Lufthansa hat den Antrag des Klägers ohne Erörterung mit ihm abgewiesen. Nach ihrer Auffassung stehen dem Antrag betriebliche Gründe entgegen. In der im Unternehmen geltenden Betriebsvereinbarung über Teilzeitarbeit sind bestimmte Teilzeitmodelle vorgesehen, die jeweils auf das Kalenderjahr beschränkt sind und die den betrieblichen Bedürfnissen des Flugverkehrs (Umlaufpläne der Flugzeuge, vorgeschriebene Besatzung etc.) Rechnung tragen. Die vom Kläger begehrte Freistellung über den Jahreswechsel und für einen gesamten Monat gehört nicht zu diesen Modellen. Nach Auffassung der Lufthansa konkretisiert die Betriebsvereinbarung als mitbestimmtes Organisationskonzept die Voraussetzungen, unter denen Teilzeitanträgen zugestimmt werden könne. In der vom Kläger gewünschten Freizeitphase von Mitte Dezember bis Mitte Januar würden überproportional viele Urlaubsanträge gestellt. Mehrflugstunden anderer Flugkapitäne bedeuteten ein Sicherheitsrisiko.

Die Entscheidung Das BAG hat der Klage stattgegeben. Der Kläger könne nach § 8 Abs. 4 TzBfG die gewünschte Reduzierung seiner Arbeitszeit beanspruchen. Nach § 8 Abs. 4 TzBfG müsse der Arbeitgeber der gewünschten Verringerung und Neuverteilung der Arbeitszeit zustimmen, soweit betriebliche Gründe nicht entgegenstehen. Ein betrieblicher Grund liege insbesondere vor, wenn die Umsetzung des Arbeitszeitverlangens die Organisation, den Arbeitsablauf oder die Sicherheit im Betrieb wesentlich beeinträchtige oder unverhältnismäßige Kosten verursache. Es genüge, wenn der Arbeitgeber rational nachvollziehbare Gründe habe. Solche habe die Beklagte nicht ausreichend dargetan. Zwar stehe der Blockteilzeitantrag des Klägers mit den in der Betriebsvereinbarung geregelten Teilzeitmodellen nicht in Einklang. Soweit die Betriebsvereinbarung den Anspruch auf Teilzeitarbeit jeweils auf ein Kalenderjahr beschränke und damit jahresübergreifende Blockfreistellungen ausschließe, sei sie jedoch bereits unwirksam. § 8 Abs. 4 TzBfG beschränke den Teilzeitanspruch des Arbeitnehmers nicht auf das Kalenderjahr. Davon könnten die Betriebsparteien nicht zum Nachteil der Arbeitnehmer abweichen. Im Übrigen beeinträchtigten die vom Kläger gewünschten Abweichungen von der Betriebsvereinbarung weder das betriebliche Organisationskonzept noch die zu Grunde liegende Aufgabenstellung wesentlich. Soweit sich die Beklagte auf die hohe Anzahl von Urlaubsanträgen in der gewünschten Freizeitphase berufe, sei eine Urlaubsplanung gewährleistet. Sie habe auch nicht vorgebracht, welche Mehrflugstunden anderer Kapitäne anfielen und welche Mehrkosten damit verbunden seien.

II. Befristetes Arbeitsverhältnis

1. Allgemeines

Befristete Arbeitsverhältnisse erfreuen sich in der Praxis einiger Beliebtheit. Die Vorteile vor allem für den die Vertragsbedingungen im Regelfall stellenden Arbeitgeber liegen auf der Hand: Das Arbeitsverhältnis endet mit dem Ablauf der Zeit, für die es eingegangen ist, oder mit dem Erreichen des Zweckes, auf den es ausgerichtet war, ohne dass es einer Kündigung bedarf (§ 15 Abs. 1, 2 TzBfG). Da die Beendigung des Arbeitsverhältnisses mit dem Vertragsabschluss bereits determiniert ist, entfallen alle an eine Kündigung anknüpfenden Beendigungsvoraussetzungen. Es bedarf weder der Einhaltung einer Kündigungsfrist noch eines Kündigungsgrundes, keiner Anhörung des Betriebsrats und keiner Rücksichtnahme auf die besonderen Schutzvorschriften zugunsten werdender Mütter, schwerbehinderter Menschen, von Betriebsratsmitgliedern etc. Mit Hilfe der sachgrundlosen Befristung (§ 14 Abs. 2 TzBfG) kann faktisch eine Probezeit vereinbart werden, die bis zu zwei Jahren dauert und damit deutlich länger als die in § 1 Abs. 1 KSchG vorgesehene Wartezeit von sechs Monaten ist.

Aber auch der Arbeitnehmer kann Interesse an einer lediglich befristeten Beschäftigung haben, wenn diese beispielsweise der Überbrückung vor der Aufnahme einer neuen Stelle oder dem Beginn des Studiums dienen soll oder andere persönliche Belange einer Dauerstellung entgegenstehen.

Befristete Arbeitsverträge bergen freilich auch nicht unerhebliche Gefahren. Ihr größtes Risiko liegt darin, dass durch eine Verletzung des Schriftformerfordernisses (§ 14 Abs. 4 TzBfG), eine ungeschickte Vertragsgestaltung einerseits oder durch fehlerhaftes Verhalten während oder bei Ablauf der vorgesehenen Befristungsdauer andererseits gegen den Willen eines Vertragspartners (des Arbeitgebers) ein unbefristetes Arbeitsverhältnis zwischen den Vertragsparteien begründet wird, das seinerseits nur unter den allgemeinen Voraussetzungen gekündigt werden kann.

Neben dem TzBfG enthalten das WissZeitVG für den Hochschulbereich, das ÄArbVtrG für Verträge mit Ärzten in der Weiterbildung und § 21 BEEG für Verträge zur befristeten Vertretung von Arbeitnehmern während der Elternzeit besondere Befristungsregelungen, die nach § 23 TzBfG unberührt bleiben. Sowohl das TzBfG als auch die übrigen genannten Vorschriften gelten *nur für die Befristung des gesamten Arbeitsvertrages*, nicht aber dann, wenn nur einzelne Arbeitsbedingungen (z. B. vorübergehende Übertragung höherwertiger Tätigkeiten) befristet werden sollen.[283]

2. Begriff des befristeten Arbeitsvertrages

§ 3 Abs. 1 TzBfG definiert den befristeten Arbeitsvertrag als einen auf eine bestimmte Zeit geschlossenen Arbeitsvertrag und differenziert hierbei zwischen der *kalendermäßigen Befristung und der Zweckbefristung.* Bedeutsam ist die Unterscheidung zwischen Zweckbefristung und kalendermäßiger Befristung, weil beispielsweise § 14 Abs. 2 TzBfG nur für die kalendermäßige Befristung gilt. Hingegen erfasst § 15 Abs. 2 TzBfG nur die Zweckbefristung.

Eine *Kombination von Zweck- und kalendermäßiger Befristung* ist in Form einer sog. Doppelbefristung denkbar. Wird etwa eine „Schwangerschaftsvertretung, höchstens jedoch für die Dauer von 2 Jahren" vereinbart, liegt darin zugleich eine Höchstbefristung, innerhalb derer das Arbeitsverhältnis spätestens sein Ende findet. Der mit einer Befristung grundsätzlich einhergehende Ausschluss der ordentlichen Kündigung (§ 15 Abs. 3 TzBfG) wird durch eine derartige Vertragsgestaltung in der Regel abbedungen mit der Folge, dass eine solche vor Fristablauf nach allgemeinen Grundsätzen möglich ist.

Wird eine *Mindestbefristung* vereinbart, handelt es sich um ein unbefristetes Arbeitsverhältnis, welches innerhalb der Frist ordentlich unkündbar

---

[283] BAG vom 3. September 2003, NZA 2004, 255 (256); vom 14. Januar 2004, NZA 2004, 719 (721); vom 24. Februar 2016, NZA 2016, 814 (816); vom 23. März 2016, NZA 2016, 881 (885).

ist. Der Fristablauf bewirkt keine Beendigung des Arbeitsverhältnisses ipso iure, sondern nur dessen erstmalige ordentliche Kündbarkeit.

3. Schriftformerfordernis

a) Umfang des Schriftformzwangs

Die Befristung eines Arbeitsvertrages bedarf zu ihrer Wirksamkeit der Schriftform (§ 14 Abs. 4 TzBfG). Es muss aber nicht der gesamte Arbeitsvertrag schriftlich abgefasst sein. Die Wahrung der *Schriftform* ist *nur für die Befristungsabrede selbst* vorgeschrieben. Dies gilt unabhängig davon, auf welcher Rechtsgrundlage die Befristung erfolgen soll, also z. B. auch für Befristungen auf der Grundlage des § 21 BEEG. Nicht erforderlich ist, dass der Befristungsgrund schriftlich fixiert worden ist; vielmehr genügt die Angabe der Befristungsdauer bzw. des vorgesehenen Endtermins oder – bei Zweckbefristungen (§ 3 Abs. 1 Satz 2 a.E. TzBfG) – des Befristungszwecks.[284]

Zur Wahrung der Schriftform müssen die Vertragsparteien den *Anforderungen des § 126 BGB* genügen, also entweder (mindestens) eine Vertragsurkunde aufnehmen, die von beiden Vertragspartnern im Original unterzeichnet wird, oder zwei Vertragsurkunden errichten, diese unterzeichnen und austauschen. Eine Befristungsvereinbarung per Telefax ist nicht möglich. Da § 14 Abs. 4 TzBfG (im Gegensatz zu § 623 BGB) nichts Gegenteiliges bestimmt, kann die Schriftform auch durch die elektronische Form ersetzt werden (§ 126 Abs. 3, § 126a BGB; str.).

Die Schriftform kann auch durch einen schriftlich abgefassten Kollektivvertrag erfüllt werden. Sowohl Tarifverträge (§ 1 Abs. 2 TVG) als auch Betriebsvereinbarungen (§ 77 Abs. 2 Satz 1 BetrVG) bedürfen zu ihrer Wirksamkeit der Schriftform. Ist in ihnen eine Befristung des Arbeitsverhältnisses vereinbart – was praktische Relevanz allein für die Altersgrenze (dazu noch unten 5.) hat –, wird hiermit das Schriftformgebot des § 14 Abs. 4 TzBfG erfüllt. Gilt der Tarifvertrag nicht kraft beiderseitiger Tarifbindung normativ, sondern nur kraft einzelvertraglicher Inbezugnahme, ist dem

---

[284] BAG vom 13. Oktober 2004, NZA 2005, 401 (403). Eine Ausnahme gilt nur für Befristungen, die auf das WissZeitVG gestützt werden. Hier muss die Rechtsgrundlage im Vertrag genannt werden, § 2 Abs. 4 WissZeitVG.

Gebot des § 14 Abs. 4 TzBfG jedenfalls dann Rechnung getragen, wenn der einschlägige Tarifvertrag *insgesamt* (und nicht nur seine Befristungsklauseln) in Bezug genommen wurde.[285]

b) Rechtsfolgen der Verletzung des Schriftformzwangs

Die *Missachtung der Schriftform* hat die Begründung eines unbefristeten Arbeitsverhältnisses zur Folge (§ 16 Satz 1 TzBfG). Der Arbeitgeber darf daher den Arbeitnehmer nicht mit der Arbeit beginnen lassen, bis der Vertrag unterzeichnet ist, weil anderenfalls bereits durch die Aufnahme der Tätigkeit (konkludent) ein unbefristetes Arbeitsverhältnis entstünde, das wegen § 14 Abs. 2 Satz 2 TzBfG jedenfalls nicht mehr ohne sachlichen Grund nachträglich befristet werden könnte.[286]

c) Der praktische Fall

aa) Aufnahme oder Fortsetzung der Arbeit vor Unterzeichnung des befristeten Arbeitsvertrages

Schriftform des befristeten Arbeitsvertrages; Fortsetzung der Arbeit vor Unterzeichnung des befristeten Arbeitsvertrages: BAG vom 7. Oktober 2015, NZA 2016, 358 („Fachassistenten-Fall")

Zum Sachverhalt Der Kläger ist bei der Bundesagentur für Arbeit als Fachassistent im regionalen IT-Service tätig. Sein Arbeitsverhältnis war bis zum 31. Dezember 2011 befristet. Die Arbeitgeberin bot ihm die befristete Fortsetzung des Vertrages bis zum 6. Juni 2012 an und bat mehrfach um Unterzeichnung der Vertragsverlängerung noch vor dem 31. Dezember 2011. Dazu kam es jedoch nicht. Der Kläger setzte stattdessen im neuen Jahr seine Arbeit unverändert fort. Erst, als er auch nach dem 6. Juni 2012 weiter zur Arbeit erschien und den Bestand eines unbefristeten Arbeitsverhältnisses reklamierte, fiel der Arbeitgeberin auf, dass er den Verlängerungsvertrag noch gar nicht unterzeichnet hatte.

Die Entscheidung Das BAG hat die Klage abgewiesen. Zwischen den Parteien ist kein unbefristetes Arbeitsverhältnis zustande gekommen, weder durch konkludenten Vertragsabschluss noch durch stillschweigende

---

[285] BAG vom 23. Juli 2014, NZA 2014, 1341 (1344 ff.).
[286] BAG vom 1. Dezember 2004, NZA 2005, 575 (576 ff.).

Verlängerung (§ 15 Abs. 5 TzBfG) des ursprünglich bis zum 31. Dezember 2011 befristeten Vertrages.

Die Arbeitgeberin hatte rechtzeitig vor dem Ablauf der ursprünglichen Befristungsdauer die Vereinbarung einer befristeten Vertragsverlängerung von der Unterzeichnung des schriftlichen Verlängerungsvertrags durch den Arbeitnehmer abhängig gemacht, indem sie dem Arbeitnehmer erklärt hat, die Vertragsverlängerung komme nur zu Stande, wenn er vor dem Ablauf des zu verlängernden Vertrags den schriftlichen Verlängerungsvertrag unterzeichnet. In einem solchen Fall kann der Arbeitnehmer das Vertragsangebot nur durch Unterzeichnung der Vertragsurkunde annehmen. Eine konkludente Annahme des Vertragsangebots durch Fortsetzung der Tätigkeit über den Fristablauf des zu verlängernden Vertrags hinaus kommt nicht in Betracht.

Setzt der Arbeitnehmer seine Tätigkeit nach Fristablauf fort, ohne die Vertragsurkunde zu unterzeichnen, wird das Arbeitsverhältnis nicht nach § 15 Abs. 5 TzBfG auf unbestimmte Zeit verlängert. In dem Angebot auf befristete Vertragsverlängerung liegt ein Widerspruch des Arbeitgebers gegen die unbefristete Fortsetzung i.S. von § 15 Abs. 5 TzBfG, der den Eintritt der Fiktion des unbefristeten Fortbestands des Arbeitsverhältnisses hindert. Die weitere Tätigkeit des Arbeitnehmers begründet in diesem Fall ein faktisches Arbeitsverhältnis, von dem sich die Arbeitgeberin jederzeit lösen kann.[287]

bb) Formlose Weiterbeschäftigung des Arbeitnehmers während eines Kündigungsrechtsstreits

Schriftform des befristeten Arbeitsvertrages; formlose Weiterbeschäftigung des Arbeitnehmers während eines Kündigungsrechtsstreits: BAG vom 22. Oktober 2003, NZA 2004, 1275 *("Kraftfahrzeugmeister-Fall")*

Zum Sachverhalt Die Parteien streiten darüber, ob ihr Arbeitsverhältnis auf Grund einer Befristung geendet hat. Der Kläger war bei der Beklagten als Kraftfahrzeugmeister beschäftigt. Nachdem der Automobilhersteller der Beklagten den Händlervertrag gekündigt hatte, beschloss diese, ihren Betrieb stillzulegen. Sie kündigte das Arbeitsverhältnis des Klägers ordentlich zum 28. Februar 2000. Dagegen erhob der Kläger fristgerecht

---

[287] Siehe auch BAG vom 15. Februar 2017, NZA 2017, 908 (910).

Kündigungsschutzklage. Mit Schreiben vom 19. März 2002 teilte die Beklagte dem Kläger mit: „Sehr geehrter Herr X, ich erwarte Sie am 20. März 2002 um 8 Uhr zur Arbeit. Bis zur rechtskräftigen Entscheidung Ihres Arbeitsrechtsverfahrens benötige ich Sie zum Zwecke von Abwicklungsarbeiten." Der Kläger nahm die Arbeit wie angefordert auf. Er wurde in der Folgezeit im Wesentlichen mit Telefondienst und Lagerarbeiten, zum Teil auch mit Reparaturarbeiten an beschädigten Fahrzeugen beschäftigt. Sodann erweiterte er die anhängige Kündigungsschutzklage und begehrt nunmehr zusätzlich die Feststellung, dass die vereinbarte Befristung oder auflösende Bedingung mangels Schriftform (§ 14 Abs. 4 TzBfG) unwirksam sei. Durch das Schreiben vom 19. März und seine Arbeitsaufnahme am darauf folgenden Tag sei ein neues unbefristetes Arbeitsverhältnis zustande gekommen. Die Kündigungsschutzklage wurde rechtskräftig abgewiesen. In der Revisionsinstanz steht nur noch die Wirksamkeit der Befristung im Streit.

Die Entscheidung Das BAG hat antragsgemäß erkannt, dass das Arbeitsverhältnis der Parteien nicht wirksam befristet gewesen ist. Die nach § 14 Abs. 4 TzBfG erforderliche Schriftform wurde nicht gewahrt. Dadurch gilt der Vertrag als auf unbestimmte Zeit geschlossen (§ 16 TzBfG). Die Schriftform muss zur Überzeugung des BAG auch dann eingehalten werden, wenn die Parteien nach einer Kündigung eine vertragliche Vereinbarung über die befristete Weiterbeschäftigung des Arbeitnehmers bis zur rechtskräftigen Entscheidung über die von ihm erhobene Kündigungsschutzklage treffen. Denn die Parteien schließen hierdurch einen neuen Arbeitsvertrag. Das ergibt die Auslegung ihrer Willenserklärungen (§ 133 BGB): Fordert der Arbeitgeber einen gekündigten Arbeitnehmer nach Ablauf der Kündigungsfrist auf, seine Tätigkeit bis zur Entscheidung über die Kündigungsschutzklage fortzuführen, geht der Wille der Parteien regelmäßig dahin, das Arbeitsverhältnis, das der Arbeitgeber durch die Kündigung beenden möchte, bis zur endgültigen Klärung, ob und ggf. zu welchem Zeitpunkt die Kündigung wirksam geworden ist, fortzusetzen oder für die Dauer des Rechtsstreits ein befristetes Arbeitsverhältnis zu begründen. Anders kann das Verhalten der Arbeitsvertragsparteien nicht verstanden werden. Denn der Arbeitnehmer ist auf Grund des gekündigten Arbeitsverhältnisses zu weiterer Arbeitsleistung nicht verpflichtet und der Arbeitgeber muss vor Erlass eines die Kündigung für unwirksam erklärenden Urteils den Arbeitnehmer in der Regel nicht weiterbeschäftigen.

Die Vereinbarung über die befristete Weiterbeschäftigung ist auch nicht nachträglich durch die Abweisung der Kündigungsschutzklage entfallen. Die durch die Weiterbeschäftigungsvereinbarung geschaffene Rechtsgrundlage für die Beschäftigung des Arbeitnehmers nach Ablauf der Kündigungsfrist bis zur rechtskräftigen Entscheidung über die Kündigungsschutzklage gewinnt letztlich nur Bedeutung, wenn die Kündigungsschutzklage abgewiesen wird. Andernfalls bildet ohnehin der bisherige – fortbestehende – Arbeitsvertrag die Grundlage für die Rechtsbeziehungen der Parteien.

4. Befristung mit sachlichem Grund

§ 14 TzBfG regelt die Zulässigkeit einer Befristung. Dabei bestimmt § 14 Abs. 1 TzBfG, dass der Regelfall des befristeten Arbeitsverhältnisses die Befristung mit sachlichem Grund darstellen soll. Das *Schriftformerfordernis* des § 14 Abs. 4 TzBfG bezieht sich dabei nur auf die Befristungsvereinbarung, *nicht aber auf den ihr zugrunde liegenden sachlichen Grund,* der auch nicht Gegenstand der vertraglichen Vereinbarung sein muss. Der Sachgrund ist nur objektive Wirksamkeitsvoraussetzung für die Befristung und muss im Zeitpunkt des Vertragsabschlusses vorliegen, im Vertrag aber nicht genannt sein.[288]

a) Gesetzliche Sachgründe

Das Gesetz zählt in § 14 Abs. 1 Satz 2 TzBfG auf, wann insbesondere ein sachlicher Grund vorliegt. Liegt einer der gesetzlich genannten Sachgründe vor, ist die Befristung sachlich gerechtfertigt. Da die Befristungskontrolle die beim Abschluss des Arbeitsvertrages typischerweise gestörte Vertragsparität ausgleichen soll,[289] ist die Berechtigung des Sachgrunderfordernisses fraglich, wenn der Arbeitnehmer bei Vertragsabschluss bereits bei dem Arbeitgeber unbefristet beschäftigt war und damit z. B. die Wahl zwischen der unbefristeten Weiterbeschäftigung auf dem bisherigen Arbeitsplatz und der befristeten Übernahme in ein besser dotiertes Beschäftigungsverhältnis hatte. Das BAG hat in einem solchen Fall gleichwohl eine Befristungskontrolle vorgenommen.

---

[288] BAG vom 23. Juni 2004, NZA 2004, 1333 (1334 f.).
[289] Vgl. BAG vom 14. Januar 2004, NZA 2004, 719 (721).

Befristungen mit sachlichem Grund können prinzipiell beliebig häufig und in beliebiger Länge hintereinander geschaltet werden. § 14 Abs. 1 TzBfG enthält – anders als § 14 Abs. 2 bis 3 TzBfG – keine Höchstgrenze. Allerdings kann eine Vielzahl hintereinander geschlossener befristeter Arbeitsverträge (Kettenverträge) ein Indiz für einen institutionellen Rechtsmissbrauch (§ 242 BGB) sein (dazu näher unten 8.).

Bei der kalendermäßigen Befristung muss das *Vertragsende eindeutig bestimmt* oder bestimmbar sein. Der Zeitpunkt muss entweder durch ein konkretes Datum bezeichnet oder aufgrund eines anderen feststehenden Datums, insbesondere dem Beginn des Arbeitsverhältnisses, nach Tagen, Wochen, Monaten oder Jahren exakt berechenbar sein.

Für die Wirksamkeit der Befristung des Arbeitsverhältnisses bedarf es außer eines sachlichen Grundes für die Befristung nicht noch zusätzlich einer besonderen sachlichen Rechtfertigung der gewählten *Dauer der Befristung*. Die im Einzelfall vereinbarte Vertragsdauer hat nur Bedeutung im Rahmen der Prüfung des sachlichen Befristungsgrundes selbst. Denn aus der vereinbarten Befristungsdauer zieht die Rechtsprechung Rückschlüsse darauf, ob im konkreten Fall ein sachlicher Befristungsgrund überhaupt vorgelegen hat oder ob ein solcher nur vorgeschoben war. *Überschreitet* etwa die vereinbarte Vertragsdauer deutlich die bei Vertragsabschluss vorgesehene Dauer des Befristungsgrundes, so läuft der Arbeitgeber Gefahr, die Vertragsdauer mit dem angegebenen Befristungsgrund nicht mehr erklären zu können. Befristungsgrund und Befristungsdauer stehen dann nicht mehr miteinander in Einklang, so dass der angegebene Befristungsgrund die vertraglich vereinbarte Befristung nicht zu tragen vermag. Dagegen ist das bloße *Zurückbleiben der Dauer der Befristung* des Arbeitsvertrages hinter der voraussichtlichen Dauer des Befristungsgrundes weniger kritisch, weil nicht ohne Weiteres geeignet, den angegebenen Sachgrund für die Befristung in Frage zu stellen. Weil es dem Arbeitgeber freisteht, ob er auf einen zeitweiligen Arbeitskräftemehrbedarf überhaupt mit der Einstellung eines neuen Arbeitnehmers reagiert, muss ihm auch freigestellt sein, die Einstellung (zunächst) nur für einen kürzeren Zeitraum vorzunehmen. Erst wenn die vereinbarte Befristungsdauer derart hinter der voraussichtlichen Dauer des Befristungsgrundes zurückbleibt, dass eine sinnvolle, dem Sachgrund der Befristung entsprechende Mitarbeit des Arbeitnehmers nicht mehr möglich erscheint, können sich aus einer zu kurzen Befristungsdauer Bedenken hinsichtlich des sachlichen Grundes für die Befristung insgesamt ergeben.

aa) Vorübergehender Bedarf

Der Begriff des „vorübergehenden betrieblichen Bedarfs" (§ 14 Abs. 1 Nr. 1 TzBfG) erfasst unter einem recht weit gefassten Typus sowohl den vorübergehend erhöhten als auch den zukünftig wegfallenden Arbeitskräftebedarf. Voraussetzung der Befristung ist, dass der Tatbestand des vorübergehenden Bedarfs objektiv gegeben ist. Es müssen erkennbare Umstände gegeben sein, die deutlich machen, dass nur eine vorübergehende Tätigkeit in Betracht kommt, oder die zumindest geeignet sind, die erkennbare Annahme des Arbeitgebers zu rechtfertigen, es sei nur mit einem vorübergehenden Bedürfnis zu rechnen.

Die bloße Unsicherheit des Arbeitgebers, ob der Mehrbedarf an Arbeitskräften von Dauer sein oder demnächst wegfallen wird, reicht nicht aus, um einen Arbeitsvertrag unter dem Gesichtspunkt der Aushilfe zu befristen. Die *Unsicherheit der künftigen Entwicklung des Arbeitsanfalls* und des Arbeitskräftebedarfs gehört grundsätzlich zum unternehmerischen Risiko des Arbeitgebers. Er kann sich bei nicht oder nur schwer vorhersehbarem quantifizierbaren Bedarf in der Regel nicht darauf berufen, mit befristeten Arbeitsverhältnissen leichter und schneller auf Bedarfsschwankungen reagieren zu können.[290]

Demgegenüber stellt *projektbedingter personeller Mehrbedarf,* etwa infolge von Eilaufträgen, Inventur, Schlussverkauf, Messe etc. einen sachlichen Grund dar, die Arbeitsverhältnisse der projektbezogen beschäftigten Arbeitnehmer zu befristen. Es genügt, dass der vorübergehende Arbeitskräftemehrbedarf bis zum Ablauf der Befristung besteht, so dass auch die Möglichkeit besteht, einen Stammarbeitnehmer mit der zusätzlich anfallenden Arbeit und den vorübergehend eingestellten Mitarbeiter mit der an sich von der Stammbelegschaft bewältigten Aufgabe zu betrauen (mittelbare Vertretung).[291]

---

[290] BAG vom 11. September 2013, NZA 2014, 150 (151); vom 4. Dezember 2013, NZA 2014, 480 (482)

[291] BAG vom 25. August 2004, NZA 2005, 472 (472 f.); vom 6. November 2013, NZA 2014, 430 (432 f.); dort auch zu den Anforderungen an die Darlegung der „Vertretungskette".

Jedoch muss eine nachprüfbare *Prognose* ergeben, dass im Zeitpunkt der Befristung aufgrund greifbarer Tatsachen mit einiger Sicherheit der Wegfall des Mehrbedarfs mit dem Auslaufen des befristeten Arbeitsverhältnisses zu erwarten ist. Zu diesem Zweck muss der Arbeitgeber abschätzen, ob zukünftig ein Personalengpass bestehen wird, zum anderen muss er dessen vorübergehende Natur prognostizieren.[292]

Maßgeblicher Beurteilungszeitpunkt ist in jedem Fall der Zeitpunkt des Vertragsabschlusses, so dass bei einer kalendermäßigen Befristung der vorzeitige Wegfall des Befristungsgrundes – unbeschadet der Möglichkeit der ordentlichen Kündigung, wenn diese vertraglich vorbehalten wurde – nicht zu einer vorzeitigen Beendigung des Arbeitsverhältnisses führt; ebenso wenig wie ein unvorhergesehener längerer Vertretungsbedarf das Aushilfsarbeitsverhältnis automatisch verlängert.

Zulässig ist die Befristung, wenn *in absehbarer Zeit der Betrieb stillgelegt* wird und ein befristeter Arbeitskräftebedarf besteht, um den Betrieb bis zur Stilllegung aufrecht zu erhalten. Jedoch rechtfertigt allein die Eröffnung des Insolvenzverfahrens noch nicht die Befristung von Arbeitsverhältnissen.

bb) Anschluss an Ausbildung oder Studium

Der Sachgrund der *befristeten Übernahme in ein Arbeitsverhältnis* im Anschluss an ein Studium oder ein Ausbildungsverhältnis (§ 14 Abs. 1 Nr. 2 TzBfG) soll insbesondere den tariflichen Regelungen vieler Wirtschaftsbereiche Rechnung tragen, die sogar eine befristete Übernahme*verpflichtung* für den Fall des erfolgreichen Abschlusses der Ausbildung vorsehen.

Die Einzelheiten der Befristungsvoraussetzungen sind freilich unsicher. So steht nicht fest, ob unter „Ausbildung" nur eine Berufsausbildung i. S. des BBiG oder auch andere Ausbildungsverhältnisse bis hin zum bloßen Volontariat verstanden werden können. Auch der Begriff des „Anschlusses" lässt offen, ob zwischen dem Ende der Ausbildung und dem Beginn der befristeten Beschäftigung ein längerer Zeitraum liegen und ob in dieser Zeit andere Zwischenbeschäftigungen ausgeübt worden sein dürfen.

---

[292] BAG vom 11. September 2013, NZA 2014, 150 (151); vom 4. Dezember 2013, NZA 2014, 480 (482); vom 24. September 2014, NZA 2015, 301 (303); vom 15. Oktober 2014, NZA 2015, 362 (363).

Schließlich bleibt unklar, ob die „Erleichterung des Übergangs" Vertragsinhalt sein muss und ob daher z. B. die konkrete Aussicht auf eine dauerhafte Übernahme gefordert ist. Entschieden hat das BAG bislang lediglich, dass von der Möglichkeit des § 14 Abs. 1 Nr. 2 TzBfG im Anschluss an eine Ausbildung nur *einmal* Gebrauch gemacht werden darf.[293]

cc) Vertretung

Das *Arbeitsverhältnis zur Vertretung* (§ 14 Abs. 1 Nr. 3 TzBfG) ist wie das Aushilfsarbeitsverhältnis ein Arbeitsverhältnis, das der Arbeitgeber ausdrücklich von vornherein nicht auf Dauer eingeht, sondern nur zu dem Zweck, einen vorübergehenden Bedarf an Arbeitskräften abzudecken, der nicht durch den normalen Betriebsablauf, sondern durch den Ausfall von Arbeitskräften begründet ist.

Der zeitweise Personalbedarf beruht auf einem zeitweisen Ausfall von Arbeitskräften wie etwa durch Krankheit, Erholungsurlaub, Mutterschutz, Elternzeit, Wehrdienst, einer vorübergehenden Abordnung der Stammkraft auf einen anderen Arbeitsplatz[294] o. Ä. Dabei steht der Annahme eines Vertretungsfalles nicht entgegen, dass der zur Aushilfe eingestellte Arbeitnehmer für einen kürzeren Zeitraum oder mit einer geringeren Stundenzahl beschäftigt wird als der zu vertretene Arbeitnehmer. Dem Arbeitgeber steht es frei, den anfallenden Vertretungsbedarf nur teilweise durch Beschäftigung einer Aushilfskraft abzudecken. Umgekehrt kann der Arbeitgeber sich aber nicht auf den Sachgrund der Vertretung berufen, wenn die Ersatzkraft mit einer höheren Stundenzahl beschäftigt wird als der Stammarbeitnehmer. Voraussetzung ist – insbesondere in den Fällen der Krankheitsvertretung – außerdem, dass sich bei Abschluss des befristeten Arbeitsvertrages keine erheblichen Zweifel dafür aufdrängen durften, dass der Vertretene seine Arbeit nicht wieder aufnehmen wird. Sofern nicht besondere Umstände vorliegen, kann der Arbeitgeber allerdings grundsätzlich davon ausgehen, dass die vertretene Stammkraft an den Arbeitsplatz zurückkehren will und wird.

Grundsätzlich kann der Abschluss eines befristeten Arbeitsvertrages dem Arbeitgeber nicht mit dem Argument versagt werden, es hätte der Bildung

---

[293] BAG vom 10. Oktober 2007, NZA 2008, 295 (297).

[294] BAG vom 16. Januar 2013, NZA 2013, 611 (613); vom 10. Juli 2013, NZA 2013, 1292 (1293 f.); vom 10. Juli 2013, NZA 2014, 26 (28 f.).

einer *Personalreserve* bedurft. Der Befristungsgrund der Vertretung entfällt nur dann, wenn ein genau quantifizierbarer dauernder Vertretungsbedarf in demselben Betrieb für den Tätigkeitsbereich des jeweiligen Arbeitnehmers besteht. Der Schaffung einer Personalreserve bedarf es demgegenüber lediglich, wenn im gleichen Betrieb für einen bestimmten Tätigkeitsbereich ein hoher gleichartiger Vertretungsbedarf mit derart großer Regelmäßigkeit auftritt, dass personalwirtschaftlich die Schaffung eines weiteren unbefristeten Arbeitsplatzes geboten wäre. In einem solchen Fall fehlt es von vornherein an einem bloß vorübergehenden Arbeitskräftebedarf und damit an einem wesentlichen Element des Aushilfszwecks.

Sachlich gerechtfertigt ist die Befristung des Arbeitsvertrages auch dann, wenn der Arbeitnehmer vorübergehend bis zu dem Zeitpunkt beschäftigt werden soll, in dem ein Auszubildender seine Berufsausbildung erfolgreich beendet und der Arbeitgeber dessen Übernahme in ein Arbeitsverhältnis beabsichtigt. Nicht erforderlich ist, dass der Arbeitgeber dem Auszubildenden die Zusage bereits erteilt hat. Ausreichend ist vielmehr, dass der Arbeitgeber im Zeitpunkt des Vertragsabschlusses mit dem befristet eingestellten Arbeitnehmer nach seiner Personalplanung die *Übernahme des Auszubildenden* für den Fall eines normalen Ablaufs beabsichtigt und keine greifbaren Umstände entgegenstehen, die gegen die Übernahme des Auszubildenden sprechen. Denn Grund für die Befristung ist nicht die Erfüllung des Übernahmeanspruchs des Auszubildenden, sondern das eigene Interesse des Arbeitgebers, den Auszubildenden nach dessen Ausbildung tatsächlich einsetzen zu können.

Zur Rechtfertigung der Befristung ist ein *Kausalzusammenhang* erforderlich, aus dem sich ergibt, dass die befristete Einstellung gerade wegen des nur vorübergehenden Personalbedarfs erfolgt. Eine solche kausale Beziehung besteht etwa, wenn bei Vertragsabschluss vorgesehen war, der Vertretungskraft Aufgaben zu übertragen, die auch vom Vertretenen vertraglich geschuldet waren. Zwingend ist dies jedoch nicht. Der Ausfall eines Mitarbeiters kann durchaus auch Umorganisationen dergestalt mit sich bringen, dass ein völlig neuer Arbeitsplan erstellt wird, weil der Arbeitgeber die Arbeitsaufgaben im Rahmen seines Direktionsrechts umverteilen und der Aushilfskraft Aufgaben zuweisen kann, die erst durch diese Umorganisation frei geworden sind (mittelbare Vertretung). Demgegenüber scheidet eine Vertretungsbefristung aus, wenn der Stammkraft die vom angeblichen Vertreter ausgeübten Tätigkeiten aus rechtlichen oder tatsächlichen Gründen gar nicht hätten übertragen werden können oder dürfen.[295] Teil des Sachgrundes der Vertretung ist jedoch eine *Prognose* des Arbeitgebers über den voraussichtlichen Wegfall des Vertretungsbedarfs. Steht bereits bei Vertragsabschluss fest, dass die Stammkraft endgültig aus dem Arbeitsverhältnis ausscheidet, kann die Befristung nicht mehr auf den Sachgrund der Vertretung gestützt werden.

dd) Eigenart der Arbeitsleistung

Mit „Eigenart der Arbeitsleistung" (§ 14 Abs. 1 Nr. 4 TzBfG) hat der Gesetzgeber verschiedene andere anerkannte Befristungsgründe unter einem neuen Oberbegriff zusammengefasst. Neben der Rundfunkfreiheit, die es den Rundfunkanstalten gestattet, programmgestaltende Mitarbeiter lediglich für eine begrenzte Zeit zu beschäftigen,[296] lassen sich vor allem *Verschleißtatbestände* bei Arbeitsverträgen mit Künstlern oder Sportlern hierunter subsumieren.

So ist angesichts des Abwechslungsbedürfnisses des Publikums z. B. die Befristung von *Arbeitsverträgen mit Bühnenkünstlern* weithin üblich und zulässig.[297] Ähnliches gilt für die Aufgabe, *Spitzensportler* oder besonders talentierte Nachwuchssportler zu betreuen, weil mit ihr die Gefahr verbunden ist, dass die Fähigkeit des Trainers zur weiteren Motivation der ihm anvertrauten Sportler regelmäßig nachlässt.[298]

ee) Erprobung

Beim Abschluss eines Arbeitsvertrages wollen sich die Parteien häufig nicht sofort endgültig binden, sondern zunächst im Rahmen eines *Probearbeitsverhältnisses* (§ 14 Abs. 1 Nr. 5 TzBfG) Klarheit darüber gewinnen, ob eine dauerhafte Zusammenarbeit sinnvoll erscheint. Bei der Festlegung einer Probezeit steht in der Regel das Interesse des Arbeitgebers an der Erprobung des Arbeitnehmers im Vordergrund. Regelmäßig ist der Arbeitgeber bei Neueinstellungen berechtigterweise daran interessiert, zu

---

[295] BAG vom 14. April 2010, NZA 2010, 942 (944); vom 12. Januar 2011, NZA 2011, 507 (508 f.).

[296] BAG vom 4. Dezember 2013, NZA 2014, 1018 (1019 f.).

[297] BAG vom 23. Oktober 1991, NZA 1992, 925 (926 f.); vom 26. August 1998, NZA 1999, 442 (443).

[298] BAG vom 29. Oktober 1998, NZA 1999, 646 (647).

prüfen, ob der neue Arbeitnehmer für die ihm zugedachte Stellung dauerhaft geeignet erscheint und sich die Auflösung des Arbeitsverhältnisses zunächst zu erleichtern, wenn der Arbeitnehmer den an ihn gestellten Anforderungen nicht gerecht wird.

Aus diesem Grund ist, wenn der Arbeitgeber im Falle der Bewährung des Arbeitnehmers eine *längerfristige,* nur durch Kündigung zu beseitigende arbeitsvertragliche *Bindung beabsichtigt* (aber nur dann!), die Erprobung als sachlicher Grund gemäß § 14 Abs. 1 Satz 2 Nr. 5 TzBfG anerkannt.

Zu unterscheiden ist das Probearbeitsverhältnis insbesondere von der sechsmonatigen Wartezeit des § 1 Abs. 1 KSchG und einer etwa vertraglich vereinbarten Probezeit zu Beginn eines unbefristeten Arbeitsverhältnisses. Da der unbefristete Arbeitsvertrag den Regelfall, der befristete die Ausnahme darstellt, sind an die Vertragsgestaltung bei der Vereinbarung eines echten Probearbeitsverhältnisses strenge Anforderungen zu stellen. Die Parteien müssen bei der Festlegung der Probezeit klar, eindeutig und zweifelsfrei vereinbaren, dass das Arbeitsverhältnis durch sie befristet ist. Keinesfalls begründet daher die Festlegung einer Probezeit allein bereits ein selbstständiges befristetes Probearbeitsverhältnis. Vielmehr ist die Probezeit, wenn kein entgegengesetzter Wille der Vertragsparteien eindeutig hervortritt, nur als Beginn eines Arbeitsverhältnisses auf unbestimmte Zeit anzusehen. Denn aus dem Zweck der Erprobung ergibt sich, dass grundsätzlich das Arbeitsverhältnis fortgesetzt werden soll, wenn der Arbeitnehmer sich bewährt hat.

Erprobungszweck und Erprobungsdauer müssen in einem angemessenen Verhältnis zueinander stehen. Die Rechtsprechung kontrolliert die zulässige Höchstdauer nach strengen Grundsätzen. Die Dauer der vereinbarten Probezeit muss dem Grundsatz der Verhältnismäßigkeit genügen, da der den Arbeitnehmer belastende Schwebezustand nicht über Gebühr ausgedehnt werden darf. Welche Zeitspanne angemessen und zur Erreichung des Probzweckes erforderlich ist, hängt von den Umständen des Einzelfalles ab. In der Regel wird man eine Probezeit von *bis zu sechs Monaten* als rechtlich zulässig ansehen können.[299]

Eine längere Probezeit kann dann zulässig sein, wenn die Art der zu leistenden Arbeit (etwa bei wissenschaftlichen oder künstlerischen Tätigkei-

---

[299] BAG vom 2. Juni 2010 – 7 AZR 85/09, NZA 2010, 1293.

ten) oder die Person des Arbeitnehmers (etwa Wiederaufnahme des er-
lernten Berufs nach langer Pause) dies rechtfertigt. Auch die Branchen-
üblichkeit ist zu berücksichtigen, sie kann den entsprechenden Regelungen in den einschlägigen Tarifverträgen entnommen werden, weil die Tarifvertragsparteien aufgrund der besonderen Sachnähe und Fachkompe-
tenz für ihren Bereich am besten beurteilen können, welche Probezeit für
Arbeitnehmer in dem betroffenen Aufgabenbereich erforderlich ist.

ff) In der Person des Arbeitnehmers liegende Gründe

Unter dem Oberbegriff „in der Person des Arbeitnehmers liegende
Gründe" (§ 14 Abs. 1 Nr. 6 TzBfG) werden diejenigen Fälle zusammengefasst, in denen die Befristung des Arbeitnehmers entweder auf seinem
ausdrücklichen, frei gebildeten Willen beruht oder mit ihr ein sozialer
Überbrückungszweck verfolgt wird.

Nach ständiger Rechtsprechung des BAG kann der ausdrückliche
Wunsch des Arbeitnehmers die Befristung des Arbeitsverhältnisses rechtfertigen, wobei allerdings vorausgesetzt wird, dass der Arbeitnehmer bei
Vertragsabschluss in seiner Entscheidungsfreiheit nicht beeinträchtigt gewesen ist.[300] Allein aus der Annahme eines Arbeitgeberangebotes auf Abschluss eines Zeitvertrages kann noch nicht geschlossen werden, dieser
beruhe auf dem Wunsch des Arbeitnehmers. Vielmehr müssen zum Zeitpunkt des Vertragsabschlusses objektive Anhaltspunkte vorliegen, aus
denen gefolgert werden kann, dass der Arbeitnehmer gerade an einer Befristung des Vertrages interessiert ist.

Da in aller Regel arbeitgeberseitig vorformulierte Arbeitsverträge dem
Vertragsschluss zugrunde liegen, ist die beiderseits ausgehandelte Vereinbarung, die eine frei gebildete Entscheidung voraussetzt, sicher die
Ausnahme. Es muss nachweisbar sein, dass der Arbeitnehmer bei Abschluss des befristeten Arbeitsvertrages Gestaltungsfreiheit zur Wahrung
eigener Interessen mit der realen Möglichkeit hatte, die inhaltliche Gestaltung der Vertragsbedingungen zu beeinflussen. Diesen Ausnahmefall
müsste der Arbeitgeber substantiiert darlegen und beweisen; hilfreich
kann in diesen Fällen die ausdrückliche Aufnahme des Befristungsgrundes in den Vertragstext der Urkunde sein.

---

[300] BAG vom 5. Juni 2002, NZA 2003, 149 (151); vom 19. Januar 2005, NZA 2005,
896 (896).

Schließlich erkennt die Rechtsprechung auch *soziale Belange des Arbeitnehmers* als Befristungsgrund an, insbesondere, wenn dem Arbeitnehmer dadurch bei der Überwindung von Übergangsschwierigkeiten, etwa nach Abschluss einer Ausbildung, geholfen werden soll. Voraussetzung ist, dass die sozialen Belange des Arbeitnehmers und nicht die Interessen des Betriebes für den Abschluss des Arbeitsvertrages ausschlaggebend gewesen sind. In diesem Falle werden also Befristungen des Arbeitsverhältnisses im Interesse des Arbeitnehmers auch dann zugelassen, wenn dessen eigener Wunsch eher ein unbefristetes Arbeitsverhältnis wäre.

gg) Befristete Haushaltsmittel

Der Befristungsgrund der nur befristet zur Verfügung stehenden Haushaltsmittel (§ 14 Abs. 1 Nr. 7 TzBfG) ist für die Privatwirtschaft ohne Belang und wird daher an dieser Stelle nicht weiter erläutert.

hh) Gerichtlicher Vergleich

Sachlich gerechtfertigt ist die Befristung eines Vertrages im Rahmen eines gerichtlichen Vergleichs (§ 14 Abs. 1 Nr. 8 TzBfG) angesehen. Dieser nämlich setzt gemäß § 779 BGB ein gegenseitiges Nachgeben beider Vertragsparteien voraus. Anders als bei der Einstellung, bei der der Arbeitnehmer das Risiko eingeht, den Arbeitsplatz überhaupt nicht zu erhalten, wenn er auf einem unbefristeten Vertragsabschluss besteht, bedarf der Arbeitnehmer keines Schutzes mehr, wenn zwischen den Vertragsparteien bereits ein offener Streit über die Frage des Vorliegens eines unbefristeten Arbeitsverhältnisses oder sogar über den Status des Beschäftigten als Arbeitnehmer oder freier Mitarbeiter besteht. Ebenso wie der Arbeitnehmer auf die von ihm eingenommene Rechtsposition überhaupt verzichten kann, indem er auf gerichtlichen Rechtsschutz verzichtet, kann er sich über diese Rechtsposition mit dem Arbeitgeber vergleichen. Das gegenseitige Nachgeben ist dann der sachliche Grund, der die Annahme einer gestörten Vertragsparität ausschließt. Vorauszusetzen ist jedoch, dass der Bestand oder die Beendigung des Arbeitsverhältnisses Streitgegenstand des Prozesses war, der durch den Vergleich beendet wurde. Ein gerichtlicher Vergleich anlässlich einer andersartigen Auseinandersetzung – etwa um Urlaubs- oder Teilzeitansprüche des Arbeitnehmers – genießt das Privileg des § 14 Abs. 1 Nr. 8 TzBfG nicht.[301]

Details Ein gerichtlicher Vergleich kann gemäß § 278 Abs. 6 Satz 1 ZPO auch dadurch geschlossen werden, dass die Parteien dem Gericht einen schriftlichen Vergleichsvorschlag unterbreiten oder einen schriftlichen Vergleichsvorschlag des Gerichts durch Schriftsatz gegenüber dem Gericht annehmen. Da im erstgenannten Fall das Gericht selbst am Vergleichsabschluss gar nicht mitwirkt, sondern nur die außerhalb der mündlichen Verhandlung zustande gekommene Einigung der Parteien durch Beschluss feststellt, erfüllt ein solcher Vergleich – anders als derjenige der zweiten Alternative, also des Vergleichs auf Vorschlag des Gerichts – die Anforderungen des § 14 Abs. 1 Nr. 8 TzBfG regelmäßig nicht.[302]

§ 14 Abs. 1 Nr. 8 TzBfG überträgt diese Regeln jedoch *nicht auf außergerichtliche Vergleiche.* Häufig nämlich geht der Arbeitnehmer auf das Befristungsangebot des Arbeitgebers ein, weil er so eher die Möglichkeit zum Erhalt seines Arbeitsplatzes sieht als beim Begehren eines unbefristeten Arbeitsverhältnisses. Jedenfalls in Fällen, in denen der Arbeitgeber dem Arbeitnehmer zu erkennen gegeben hat, dass er zu einer unbefristeten Fortsetzung des Arbeitsverhältnisses nicht bereit ist und der Arbeitnehmer daher befürchten muss, er könne bei Ablehnung der angebotenen Befristung seinen Arbeitsplatz früher verlieren als bei der Annahme des Angebots, muss die gewöhnliche arbeitsgerichtliche Befristungskontrolle einsetzen. Die Befristung ist dann nur gerechtfertigt, wenn für sie ein (anderer) sachlicher Grund besteht.

ii) Der praktische Fall

Befristung von Arbeitsverhältnissen mit Sporttrainern: BAG vom 15. April 1999, NZA 2000, 102 *(„Kanutrainer-Fall")*

Zum Sachverhalt Die Parteien streiten darüber, ob zwischen ihnen ein unbefristetes Arbeitsverhältnis besteht. Der Kläger ist seit 1974 beim Beklagten als Bundestrainer angestellt und sogleich zum Deutschen Kanu-

---

[301] BAG vom 12. November 2014, NZA 2015, 379 (381).
[302] BAG vom 14. Januar 2015, NZA 2016, 39 (41 f.); vom 8. Juni 2016, NZA 2016, 1485 (1486 f.); vom 21. März 2017, NZA 2017, 706 (708 f.).

Verband abgeordnet worden. Grundlage des Arbeitsverhältnisses der Parteien war zunächst ein unbefristeter Arbeitsvertrag, der zu Beginn des Jahres 1981 in einen auf vier Jahre befristeten Arbeitsvertrag umgewandelt worden war. Der Vertrag wurde in der Folgezeit mehrfach um jeweils vier Jahre verlängert, zuletzt am 29. Januar 1993 zum 31. Januar 1997. Nach der vertraglichen Vereinbarung war der Kläger als Leitender Altersbereichstrainer – Junioren/Juniorinnen – für die Disziplin Kanurennsport tätig. Die Altersgruppe der Junioren/Juniorinnen umfasst das Lebensalter von 16 bis 18 Jahren. Mit Schreiben vom 14. Oktober 1996 teilte der Beklagte dem Kläger mit, dass er ihm über den 31. Januar 1997 hinaus keinen neuen Arbeitsvertrag anbieten werde. Der Kläger begehrt die Feststellung, dass die Befristung seines Arbeitsverhältnisses unwirksam ist.

Die Entscheidung Das BAG hat der Klage stattgegeben. Die Befristung ist nicht aus einem in der Person des Klägers liegenden Grund (§ 14 Abs. 1 Nr. 6 TzBfG) sachlich begründet. Zwar kann die Befristung des Arbeitsvertrags eines Sporttrainers sachlich gerechtfertigt sein, wenn mit der Betreuung von Spitzensportlern oder besonders talentierten Nachwuchssportlern die Gefahr verbunden ist, dass die Fähigkeit des Trainers zur weiteren Motivation der anvertrauten Sportler regelmäßig nachlässt (sog. Verschleißtatbestand). Die Anerkennung dieses besonderen Verschleißtatbestands als sachlichen Befristungsgrund setzt jedoch voraus, dass die vereinbarte Befristung überhaupt geeignet ist, der Gefahr eines Verschleißes in der Beziehung zwischen dem Trainer und den zu betreuenden Sportlern wirksam vorzubeugen. Daran fehlt es jedenfalls dann, wenn die Verweildauer der zu betreuenden Sportler in der Obhut des Trainers kürzer bemessen ist als die vorgesehene Vertragszeit des Trainers. Der Befristungsgrund eines Verschleißes rechtfertigt sich nämlich nicht durch den Wechsel der Sportler, sondern allenfalls durch das Bedürfnis, den auf Dauer im Kader verbleibenden Sportler mit den Anforderungen eines anderen Trainers vertraut zu machen. Nur der drohende Verschleiß der persönlichen Beziehung des Trainers zu den einzelnen Sportlern kann das Auswechslungsbedürfnis begründen, dem die Befristungsabrede Rechnung tragen soll. Diese für den Trainerberuf spezifische Verschleißgefahr besteht nicht, wenn die Sportler ohnehin in verhältnismäßig kurzen Abständen wechseln.

Im Streitfall erwies sich die Befristungsabrede schon deshalb als unwirksam, weil die Verweildauer der zu betreuenden Sportler jeweils kürzer war als die vierjährige Befristungsdauer des Arbeitsvertrags des Klägers. Als Junioren bzw. Juniorinnen standen die Sportler bzw. Sportlerinnen von ihrem 16. bis zum 18. Lebensjahr unter seiner Betreuung. Soweit während des auf zwei Jahre beschränkten Zeitraums die Motivationsfähigkeit des Klägers gegenüber den von ihm zu betreuenden Nachwuchssportlern nachlassen sollte, konnte dem durch eine vierjährige Befristung nicht vorgebeugt werden.

b) Gesetzlich nicht genannte Gründe

Die Aufzählung der sachlichen Gründe in § 14 Abs. 1 Satz 2 TzBfG ist *nicht abschließend,* sodass auch andere sachliche Gründe die Befristung des Arbeitsverhältnisses rechtfertigen können.

Anerkannt ist insbesondere, dass in Arbeitsverträgen, Betriebsvereinbarungen und Tarifverträgen eine der Regelaltersgrenze in der gesetzlichen Rentenversicherung (seit 2012 langsam auf 67 Jahre ansteigend) entsprechende *Altersgrenze* statuiert werden darf.[303] Altersgrenzen, die das Arbeitsverhältnis zu einem früheren Zeitpunkt beenden, sind demgegenüber unwirksam. § 10 Satz 3 Nr. 5 AGG lässt die Vereinbarung von Altersgrenzen, welche an die Rentenberechtigung des Arbeitnehmers anknüpfen, in Übereinstimmung mit der Rechtsprechung des EuGH[304] ausdrücklich zu.

c) Zweckbefristungen

Eine Befristung mit sachlichem Grund ist, wie insbesondere § 3 Abs. 1, § 15 Abs. 2 TzBfG deutlich machen, nicht nur als kalendermäßig bestimmte oder bestimmbare Höchstbefristung des Arbeitsverhältnisses, sondern auch in der Form zulässig, dass sich die begrenzte Dauer aus der *Art, dem Zweck oder der Beschaffenheit der Arbeitsleistung* ergibt (§ 3 Abs. 1 Satz 2 TzBfG).

Kennzeichnend für eine Zweckbefristung ist, dass die Dauer der Befristung nicht kalendermäßig bestimmt ist, das Vertragsverhältnis vielmehr

---

[303] BAG vom 20. November 1987, NZA 1988, 617 (618).

[304] EuGH vom 16. Oktober 2007 *„Palacios de la Villa"*, NZA 2007, 1219 (1221 ff.); vom 5. März 2009 *„Age Concern England"*, NZA 2009, 305 (308 f.); vom 12. Oktober 2010 *„Rosenbladt"*, NZA 2010, 1167 (1168 ff.).

mit Eintritt eines von den Parteien als gewiss, der Zeit nach aber als ungewiss angesehenen Ereignisses enden soll. Die Absicht, einen befristeten Arbeitsvertrag abzuschließen, muss allerdings eindeutig zum Ausdruck gebracht worden sein. So gibt es beispielsweise keine Auslegungsregel des Inhalts, dass stets schon bei Zuweisung einer durch einen Aushilfszweck bestimmten Arbeit eine Zweckbefristung anzunehmen ist; dies schon deshalb nicht, weil das arbeitgeberseitige Direktionsrecht, dem Arbeitnehmer eine bestimmte Tätigkeit zuweisen zu können, erst mit Abschluss des Arbeitsvertrages entsteht.

aa) Vertragliche Fixierung des Befristungsgrundes

Bei einer Zweckbefristung muss der Zweck, mit dessen Erreichung der Arbeitsvertrag enden soll, so genau bezeichnet sein, dass hieraus das Ereignis zweifelsfrei feststellbar ist, mit dessen Eintritt das Arbeitsverhältnis sein Ende findet. Denn sonst werden die Bestimmtheitsanforderungen an eine Zweckbefristung nicht erfüllt. Anders als bei der kalendermäßigen Befristung muss bei der Zweckbefristung der Befristungsgrund also vertraglich fixiert werden und unterliegt dem *Schriftformerfordernis*.

Neben dem sachlichen Grund ist Wirksamkeitsvoraussetzung für die Zweckbefristung, dass der *Zeitpunkt der Zweckerfüllung* in für den Arbeitnehmer *überschaubarer Zeit* liegt. Unbedenklich sind unter diesem Gesichtspunkt Verträge, bei denen sich der überschaubare Zeitraum aus der Natur des Befristungszwecks ergibt. Dies gilt etwa für die Vertretung eines nicht auf Dauer erkrankten Arbeitnehmers und für bestimmte, nicht ständige Arbeitsanfälle, etwa die Einstellung eines Maurers für ein bestimmtes Bauvorhaben, eines Fahrers für eine bestimmte Reise oder für die Dauer eines von seinem Zeitraum her zunächst offenen Erholungsurlaubs.

Demgegenüber stehen Zweckbefristungen, deren Zweckerreichung in zeitlicher Hinsicht von Beginn an völlig ungewiss war, im Widerspruch zum Kündigungsschutz für unbefristete Arbeitsverhältnisse. Unzulässig ist es daher beispielsweise, eine zweckbefristete Einstellung eines Arbeitnehmers als Vertretung für einen ins Ausland entsandten Mitarbeiter vorzunehmen, wenn dessen Rückkehrzeitpunkt völlig ungewiss ist. Unwirksam ist eine Zweckbefristung darüber hinaus, wenn die Zweckerreichung der mehr oder weniger willkürlichen Disposition des Arbeitgebers oder eines Dritten unterliegt bzw. der Zweck nicht hinreichend bestimmt und daher eine objektive Feststellung der Beendigung des Arbeitsverhältnisses nicht möglich ist.

bb) Ankündigungsfrist

Anders als kalendermäßig befristete Arbeitsverhältnisse, deren Ende für beide Vertragsparteien vorhersehbar ist, drohen Zweckbefristungen mit dem durch die Kündigungsfristen (§ 622 BGB) bestehenden *temporären Beendigungsschutz* in Konflikt zu geraten. Die Zweckerreichung kommt in ihrer Wirkung einer fristlosen Kündigung gleich.

Diese Erwägungen hat der Gesetzgeber in § 15 Abs. 2 TzBfG aufgenommen und fordert, dass der Arbeitgeber den Arbeitnehmer mindestens zwei Wochen vor der Zweckerreichung über die bevorstehende Beendigung des Arbeitsverhältnisses schriftlich unterrichtet. Das Arbeitsverhältnis endet nur dann mit der Erreichung des Zwecks, wenn die Ankündigung rechtzeitig erfolgt. Bei verspäteter Ankündigung findet das Arbeitsverhältnis erst zwei Wochen nach Zugang dieser Mitteilung ihr Ende. Die Ankündigung muss *schriftlich* erfolgen, also die Form des § 126 BGB wahren.

5. Insbesondere: Befristung auf die Altersgrenze

a) Zulässigkeit von Altersgrenzen

In vielen Arbeitsverträgen, Betriebsvereinbarungen und Tarifverträgen sind Altersgrenzen vereinbart. Sie sehen vor, dass das Arbeitsverhältnis „automatisch" (ohne Kündigung) endet, wenn der Arbeitnehmer ein bestimmtes Lebensalter erreicht hat. Streng genommen handelt es sich also um ein *befristetes Arbeitsverhältnis*. Gleichwohl gelten für diese Arbeitsverhältnisse im Grundsatz die Regeln über *unbefristete Arbeitsverhältnisse*, zumal kaum jemand, dessen Beschäftigung „nur" durch die Altersgrenze begrenzt ist, annehmen würde, dass er nur befristet beschäftigt sei (teleologische Reduktion).

Dies entbindet freilich nicht von der Pflicht, festzustellen, ob die Befristung auf eine bestimmte Altersgrenze wirksam ist. Hier gibt es mittlerweile gefestigte Rechtsprechung des EuGH: Sieht die Vereinbarung vor, dass das Arbeitsverhältnis *mit Erreichen der Regelaltersgrenze* (genauer: mit Ablauf des Monats, in dem der Arbeitnehmer die Regelaltersgrenze erreicht, weil erst im Folgemonat die Rentenzahlung einsetzt, § 99 Abs. 1 SGB VI) endet, ist dies ohne weiteres wirksam.[305]

Ist in einem Einzel- oder Kollektivvertrag eine „Altersgrenze 65" vereinbart, ist diese in der Regel dahin auszulegen, dass an ihre Stelle die sog. Regelaltersgrenze tritt, die seit 2012 kontinuierlich stufenweise auf das 67. Lebensjahr angehoben wird (dazu Kurseinheit 12, C III 3).[306]

Soll das Arbeitsverhältnis dagegen bereits zu einem früheren Zeitpunkt enden, bedarf es dafür eines (besonderen) sachlichen Grundes. Wo dieser – wie in aller Regel – fehlt, ist die Befristung unwirksam.[307]

b) Beschäftigung über die Altersgrenze hinaus

Sieht eine einzel- oder kollektivvertragliche Vereinbarung die Beendigung des Arbeitsverhältnisses mit dem Erreichen der Regelaltersgrenze vor, gestattet § 41 Satz 3 SGB VI es den Arbeitsvertragsparteien, durch Vereinbarung während des Arbeitsverhältnisses den Beendigungszeitpunkt, gegebenenfalls auch mehrfach, hinauszuschieben.

Zweck dieser 2014 in das Gesetz eingefügten Bestimmung ist es, die arbeitsrechtliche Altersgrenze flexibler zu gestalten. Arbeitgebern und Arbeitnehmern soll die Möglichkeit eröffnet werden, trotz der üblichen Befristung des Arbeitsverhältnisses auf die Regelaltersgrenze dieses über sie hinaus befristet fortsetzen zu können. Der vereinbarte Beendigungszeitpunkt kann – ggf. auch mehrfach – zeitlich hinausgeschoben werden. Damit stellt die Vorschrift eine Sonderregelung gegenüber § 14 TzBfG dar.

Die Vereinbarkeit der Norm mit *Unionsrecht* ist zweifelhaft. Die amtliche Begründung[308] setzt sich nur mit der Rechtsprechung des EuGH zur Zu-

---

[305] EuGH vom 16. Oktober 2007 *„Palacios de la Villa"*, NZA 2007, 1219; vom 5. März 2009 *„Age Concern England"*, NZA 2009, 305; vom 12. Oktober 2010 *„Rosenbladt"*, NZA 2010, 1167; BAG vom 18. Januar 2017, NZA 2017, 849 (853); vom 21. Februar 2017, NZA 2017, 738 (739 f.).

[306] BAG vom 13. Oktober 2015, NZA 2016, 54 (56); vom 9. Dezember 2015, NZA 2016, 695 (696).

[307] Zum Sonderfall Piloten vgl. EuGH vom 5. Juli 2017 *„Werner Fries"*, NZA 2017, 897.

[308] BT-Drs. 18/1489, S. 25.

lässigkeit der Befristung von Arbeitsverhältnissen auf die Regelaltersgrenze auseinander.[309] Ob es allerdings angesichts des Verbots der Benachteiligung wegen des Alters (Art. 1, 2 RL 2000/78/EG)[310] zulässig ist,
den Beendigungszeitpunkt beliebig häufig und beliebig lange immer wieder (im Extremfall: jeweils von Tag zu Tag) zu verschieben, ist ungeklärt.
Das LAG Bremen hat den EuGH um Vorabentscheidung ersucht.[311] Jedenfalls dürfte § 41 Satz 3 SGB VI mit der Befristungs-Richtlinie
1999/70/EG unvereinbar sein, weil er weder einen sachlichen Grund für
die Verlängerung verlangt noch die Zahl der zulässigen Verlängerungen
oder deren maximale Dauer begrenzt.[312] Zugelassen hat der EuGH die
befristete Verlängerung über die Altersgrenze hinaus lediglich mit sachlichem Grund.[313] Dann aber kann die Befristung schon auf § 14 Abs. 1
TzBfG gestützt werden.[314] Arbeitgeber, die von § 41 Satz 3 SGB VI Gebrauch machen, müssen damit rechnen, dass die Befristung aus unionsrechtlichen Gründen unwirksam ist und das Arbeitsverhältnis unbefristet
fortbesteht (§ 16 Satz 1 TzBfG).

Verfassungsrechtlich ist die Norm dagegen unbedenklich. Sie geht im
Hinblick auf die Berufsfreiheit des Arbeitnehmers (Art. 12 Abs. 1 GG) davon aus, dass die befristete Verlängerung des Arbeitsverhältnisses i.S.
von § 4 Abs. 3 TVG günstiger als die „Zwangsverrentung" und daher auch
gegenüber tariflichen Altersgrenzen wirksam ist.[315]

Voraussetzung der Verlängerung ist, dass Arbeitgeber und Arbeitnehmer
während des laufenden Arbeitsverhältnisses eine individuelle Vereinbarung (auch in Allgemeinen Geschäftsbedingungen) treffen, mit der sie die
ursprüngliche Befristung auf die Regelaltersgrenze aufheben und einen
späteren Beendigungszeitpunkt vereinbaren. Dabei wird entweder der
bisherige Arbeitsvertrag abgeändert oder eine gegenüber der kollektivrechtlichen Beendigungsnorm abweichende Individualabrede getroffen.

---

[309] Vgl. EuGH vom 12. Oktober 2010 „*Rosenbladt*", NZA 2010, 1167.

[310] Dazu insbesondere EuGH vom 22. November 2005 „*Mangold*", NZA 2005,
1345; vom 6. April 2011, NZA 2011, 970.

[311] LAG Bremen vom 23. November 2016, NZA-RR 2017, 290.

[312] *Heinz* BB 2016, 2037 (2040 f.); *Waltermann* RdA 2015, 343 (348); a.A. *Giesen*
ZfA 2014, 217 (235 f.).

[313] EuGH vom 18. November 2010 „*Georgiev*", NZA 2011, 29.

[314] BAG vom 11. Februar 2015, NZA 2015, 1066 (1068 f.).

[315] BAG vom 7. November 1989, NZA 1990, 816.

Sie muss spätestens am letzten Tag des Arbeitsverhältnisses[316] schriftlich (§ 14 Abs. 4 TzBfG)[317] abgeschlossen werden. Ein zeitlicher Zusammenhang mit dem Ruhestand des Arbeitnehmers ist nicht erforderlich, die Vereinbarung kann auch schon deutlich früher getroffen werden (nicht jedoch bereits im Arbeitsvertrag, sondern nur „im laufenden Arbeitsverhältnis"); ebenso wenig bedarf es eines sachlichen Grundes i. S. von § 14 Abs. 1 TzBfG (sonst wäre die Vorschrift überflüssig).[318] Offen ist, ob der neue Beendigungstermin kalendermäßig bestimmt sein muss oder ob er sich auch aus dem Zweck der Verlängerung (§ 3 Abs. 1 Halbsatz 2 TzBfG, z. B. Abschluss eines konkreten Projekts) ergeben kann;[319] ebenso, ob anders als bei der „Verlängerung" eines sachgrundlos befristeten Arbeitsverhältnisses nach § 14 Abs. 2 TzBfG eine Änderung der Arbeitsbedingungen, z.B. eine Reduzierung der Arbeitszeit, zulässig ist.[320] Die Verlängerung ist als „Einstellung" nach § 99 Abs. 1 Satz 1 BetrVG mitbestimmungspflichtig.[321] § 41 Satz 3 SGB VI findet keine Anwendung, wenn das Arbeitsverhältnis infolge der Befristung auf die Regelaltersgrenze bereits beendet ist.[322] Die Parteien schließen dann ein neues Arbeitsverhältnis, dessen Befristung (nur) nach Maßgabe des § 14 TzBfG bzw. Sonderbefristungstatbeständen wie § 21 BEEG zulässig ist.

Rechtsfolge ist die Verlängerung des Arbeitsverhältnisses über die Regelaltersgrenze hinaus bis zu dem vereinbarten neuen Zeitpunkt. Der übrige Vertragsinhalt bleibt, wenn nicht anders vereinbart, unverändert. Die Unwirksamkeit der Befristung kann nach Maßgabe des § 17 TzBfG gerichtlich geltend gemacht werden. Rente kann neben dem Arbeitsentgelt in unbegrenzter Höhe bezogen werden, es gibt keine Hinzuverdienstgrenze. Wird die Rente erst bei Beendigung der Beschäftigung beantragt, erhöht

---

[316] *Kroll* ZTR 2016, 179 (181); *Sprenger* BB 2016, 757 (759).
[317] *Giesen* ZfA 2014, 217 (222); *Waltermann* RdA 2015, 343 (347).
[318] *Heinz* BB 2016, 2037 (2040); *Poguntke* NZA 2014, 1372 (1373 f.); a.A. *Bader* NZA 2014, 749 (752).
[319] Bejahend *Giesen* ZfA 2014, 217 (221 f.); *Waltermann* RdA 2015, 343 (347); a.A. *Bader* NZA 2014, 749 (751).
[320] *Groeger* ZTR 2015, 115 (120); *Poguntke* NZA 2014, 1372 (1375 f.); a.A. *Bader* NZA 2014, 749 (751); *Bayreuther* NZA-Beil. 2015, S. 84 (88); *Kleinebrink* DB 2014, 1490 (1492); *Kroll* ZTR 2016, 179 (181).
[321] *Bader* NZA 2014, 749 (751).
[322] *Bayreuther* NZA-Beil. 2015, S. 84 (88); *Groeger* ZTR 2015, 115 (120).

sie sich um jeden Monat der gegenüber der Regelaltersgrenze „verspäteten" Inanspruchnahme um 0,5% (§ 77 Abs. 2 Nr. 2 lit. b SGB VI).

6. Befristung ohne sachlichen Grund

a) Befristung bis zu zwei Jahren

Nach § 14 Abs. 2 TzBfG ist es zulässig, einen Arbeitsvertrag bis zur Dauer von zwei Jahren zu befristen. Bis zur Gesamtdauer von zwei Jahren ist auch die höchstens dreimalige Verlängerung eines befristeten Arbeitsvertrages zulässig. Für neu gegründete Unternehmen verlängert § 14 Abs. 2a TzBfG die höchstzulässige Befristungsdauer. Danach ist in den ersten vier Jahren nach der Gründung eines Unternehmens die kalendermäßige Befristung eines Arbeitsvertrages ohne Vorliegen eines sachlichen Grundes bis zur Dauer von *vier Jahren zulässig;* bis zu dieser Gesamtdauer von vier Jahren ist auch die mehrfache (nicht nur dreimalige) Verlängerung eines kalendermäßig befristeten Arbeitsvertrages zulässig. Dies gilt nicht für Neugründungen im Zusammenhang mit der rechtlichen Umstrukturierung von Unternehmen und Konzernen.

Lange Zeit herrschte die Auffassung vor, eine sachgrundlose Befristung nach § 14 Abs. 2 TzBfG sei im Hinblick auf Satz 2 dieser Vorschrift nur zulässig, wenn der Arbeitnehmer mit dem Arbeitgeber *niemals zuvor* in einem Arbeitsverhältnis gestanden habe, gleichgültig, ob dieses befristet oder unbefristet war. Selbst wenn zwischen beiden Arbeitsverhältnissen mehrere Jahre lagen, in denen der Arbeitnehmer einer völlig anderen Beschäftigung bei einem anderen Arbeitgeber nachgegangen war, griff das Befristungsverbot. Etwas überraschend hat der Siebte Senat des BAG sich im Urteil vom 6. April 2011 von seiner Auffassung verabschiedet. Nunmehr soll eine „Zuvor-Beschäftigung" im Sinne dieser Vorschrift nicht mehr vorliegen, wenn ein *früheres Arbeitsverhältnis mehr als drei Jahre zurückliegt.* Das ergebe die an ihrem Sinn und Zweck orientierte, verfassungskonforme Auslegung der gesetzlichen Regelung. Bei zu strikter Interpretation des Begriffs „zuvor" könne § 14 Abs. 2 Satz 2 TzBfG zu einem Einstellungshindernis werden. Seine Anwendung sei daher nur insoweit gerechtfertigt, als dies zur Verhinderung von Befristungsketten erforderlich ist. Das sei bei mehr als drei Jahre zurückliegenden früheren Beschäftigungen typischerweise nicht mehr der Fall.[323] Durch die dreijährige Frist beschränkt sind aber nur sachgrundlose Befristungen mit Arbeitnehmern, die zuvor in einem Arbeitsverhältnis gestanden haben. Beschäftigungen aufgrund eines sonstigen Rechtsverhältnisses – z. B. als Auszubildender, freier Mitarbeiter, Praktikant etc. – sind unschädlich. Allerdings sind beim BVerfG zwei Verfahren anhängig, in denen die Vereinbarkeit dieser Rechtsprechung mit Verfassungsrecht in Zweifel gezogen wird.[324]

Der Arbeitnehmer muss zuvor zu dem Arbeitgeber *in einem Arbeitsverhältnis* gestanden haben. Eine anderweitige Beschäftigung im Betrieb, beispielsweise im Rahmen eines Praktikums, eines Heimarbeitsverhältnisses,[325] als Leiharbeitnehmer oder sogar Beamter,[326] hindern die sachgrundlose Befristung nicht.

Mit demselben Arbeitgeber hat der Arbeitnehmer zuvor bereits in einem Arbeitsverhältnis gestanden, wenn er bei derselben natürlichen oder juristischen Person beschäftigt war.[327] Das ist nicht der Fall, wenn er im Anschluss an ein Arbeitsverhältnis mit einer Gesellschaft bürgerlichen Rechts von einem der Gesellschafter beschäftigt wird oder wenn er für ein Unternehmen tätig war, das später mit anderen Unternehmen auf einen neuen Rechtsträger verschmolzen worden ist (§ 20 Abs. 1 Nr. 1 UmwG), und er nunmehr bei diesem neuen Rechtsträger eine befristete Anstellung gefunden hat.

Sachgrundlose Befristungen nach § 14 Abs. 2 TzBfG sind unzulässig, wenn die innerhalb der letzten drei Jahre ausgeübte Tätigkeit in einem anderen Betrieb desselben Unternehmens verrichtet worden war. Dagegen steht die Beschäftigung in einem anderen Unternehmen desselben Konzerns der Befristung nicht entgegen. Gestattet ist auch die erstmalige Einstellung durch eine Zeitarbeitsfirma, die den Arbeitnehmer sodann an seinen ehemaligen Vertragsarbeitgeber, bei der er zuvor ebenfalls sachgrundlos befristet beschäftigt war, verleiht.

---

[323] BAG vom 6. April 2011, NZA 2011, 905 (906 ff.); daran anschließend BAG vom 21. September 2011, NZA 2012, 255 (257 ff.).
[324] Aktenzeichen beim BVerfG: 1 BvL 7/14 und 1 BvR 1375/14.
[325] BAG vom 24. August 2016, NZA 2017, 244 (248).
[326] BAG vom 24. Februar 2016, NZA 2016, 758.
[327] BAG vom 19. März 2014, NZA 2014, 840 (841).

b) Dispositivität der gesetzlichen Regelung

Bei der Vorschrift des § 14 Abs. 2 TzBfG handelt es sich um eine Norm, von der in den Grenzen der Sätze 3 und 4 einzel- und tarifvertraglich zu Lasten, jedoch unbeschränkt einzel- und tarifvertraglich zugunsten des Arbeitnehmers abgewichen werden kann. Denn dem Arbeitgeber steht es selbstverständlich frei, einen Arbeitnehmer trotz Vorliegens der Voraussetzungen des § 14 Abs. 2 TzBfG unbefristet einzustellen.

Rechtlich nicht unproblematisch ist eine Vertragsgestaltung, die (lediglich) *einen konkreten sachlichen Grund* i. S. des § 14 Abs. 1 TzBfG benennt, der an sich geeignet ist, eine Befristungsvereinbarung zu tragen. Ob hierin eine Selbstbindung des Arbeitgebers dahin gehend zu erblicken ist, dass ihm die Berufung auf einen anderen sachlichen Grund, der die Befristung (auch) tragen könnte, oder auf die Befristungsmöglichkeiten des § 14 Abs. 2 TzBfG oder der anderen spezialgesetzlichen Bestimmungen verwehrt ist, wird – auch in der Rechtsprechung des BAG – unterschiedlich beurteilt. So hat das Gericht zwar einerseits entschieden, dass „die Benennung eines Sachgrundes für die Befristung [...] allein für die Annahme einer konkludenten Vereinbarung über die Abbedingung nicht aus[reicht]",[328] gleichwohl aber heißt es im Urteil vom 28. Juni 2000: „Nachdem § 1 BeschFG [heute: § 14 Abs. 2, 4 TzBfG – *Verf.*] kein Zitiergebot enthält, kann sich der Parteiwille, eine Befristung nach dieser Vorschrift zu vereinbaren, auch aus den Umständen ergeben. Hieran ist vor allem zu denken, wenn die Befristung einer Rechtfertigung bedurfte und bei Vertragsschluss über andere gesetzliche Befristungstatbestände oder Sachgründe nicht gesprochen wurde und zur Rechtfertigung der Befristungsabrede lediglich das BeschFG in Betracht kommt. Wurden dagegen der Befristungsabrede andere gesetzliche Befristungstatbestände oder Sachgründe zugrunde gelegt oder lagen die Voraussetzungen des § 1 Abs. 1 BeschFG ersichtlich nicht vor, so kann der Vertrag regelmäßig nicht als ein nach dem BeschFG befristeter Vertrag angesehen werden".[329] Nur einen Monat später hat derselbe Senat freilich in einem Falle, in dem die Parteien als Befristungszweck ausdrücklich „Urlaubsvertretung

---

[328] BAG vom 5. Juni 2002, NZA 2003, 149 (150); vom 26. Juni 2002, NZA 2003, 176 (176).
[329] BAG vom 28. Juni 2000, NZA 2000, 1110 (1111).

für M.N. und R.Z." vereinbart hatten, ohne Weiteres auch die Wirksamkeit der Befristung nach § 1 BeschFG geprüft.[330]

Zuletzt hat das Gericht sich auf den Standpunkt gestellt, § 14 Abs. 2 TzBfG ermögliche als einseitig zwingende gesetzliche Vorschrift die Vereinbarung einer für den Arbeitnehmer günstigeren Regelung. Eine solche Abbedingung könne sowohl ausdrücklich als auch konkludent erfolgen. An einen konkludenten Ausschluss der Anwendbarkeit des § 14 Abs. 2 TzBfG sei vor allem dann zu denken, wenn der Arbeitnehmer die Erklärungen des Arbeitgebers dahin verstehen darf, dass die Befristung ausschließlich auf einen bestimmten Sachgrund gestützt werden und von dessen Bestehen abhängig sein solle. Dabei seien die Umstände des Einzelfalles entscheidend. Die Benennung eines Sachgrundes könne hierbei ein wesentliches Indiz sein. Sie allein reiche allerdings noch nicht aus, um anzunehmen, die sachgrundlose Befristung solle damit ausgeschlossen sein. Vielmehr müssten im Einzelfall noch zusätzliche Umstände hinzutreten.[331]

c) Verlängerung eines befristeten Arbeitsverhältnisses

§ 14 Abs. 2 TzBfG eröffnet die Möglichkeit, ein zunächst für einen kürzeren Zeitraum abgeschlossenes befristetes Arbeitsverhältnis zu verlängern. Möglich ist also z. B. nach einer Ausgangsbefristung von sechs Monaten die dreimalige Verlängerung um jeweils ein halbes Jahr. Voraussetzung ist, dass die Ausgangsbefristung eine solche ohne sachlichen Grund war; nur § 14 Abs. 2 TzBfG (nicht aber Abs. 1) eröffnet die Verlängerungsmöglichkeit. Stets ist jedoch das *Schriftformerfordernis* des § 14 Abs. 4 TzBfG zu beachten, die Verlängerungsvereinbarung also von beiden Vertragsparteien im Original zu unterzeichnen. Eine verspätete schriftliche Fixierung der Verlängerung vermag die Unwirksamkeit der Befristung nicht zu heilen; das Arbeitsverhältnis ist und bleibt unbefristet. Anspruch auf eine Verlängerung hat der Arbeitnehmer nicht.

Betriebsverfassungsrechtlich zu berücksichtigen ist, dass die Verlängerung des befristeten Arbeitsverhältnisses eine Einstellung i. S. von § 99 BetrVG darstellt, die deshalb in Unternehmen mit in der Regel mehr als

---

[330] BAG vom 26. Juli 2000, NJW 2001, 532 (532 ff.).
[331] BAG vom 4. Dezember 2002, NZA 2003, 916 (917).

zwanzig wahlberechtigten Arbeitnehmern der Mitbestimmung des Betriebsrats bedarf.

Zum Verhältnis der nach § 14 Abs. 2 Satz 1 TzBfG zulässigen Verlängerung zum gemäß Satz 2 der genannten Vorschriften unzulässigen Neuabschluss hat das BAG erkannt, dass eine Verlängerung vor Ablauf des zu verlängernden Zeitvertrages vereinbart werden muss und darüber hinaus auch den übrigen bisherigen Vertragsinhalt nicht verändern darf. Anderenfalls handelt es sich um den Neuabschluss eines befristeten Arbeitsvertrages, der wegen des Nachfolgeverbotes des § 14 Abs. 2 Satz 2 TzBfG nur mit sachlichem Grund nach § 14 Abs. 1 TzBfG zulässigerweise abgeschlossen werden kann.[332] Einer Verlängerung steht jedoch nicht entgegen, dass die Parteien in der Verlängerungsvereinbarung die Vertragsbedingungen des befristeten Arbeitsvertrages an die zum Zeitpunkt der Verlängerung geltende Rechtslage anpassen. Auch ist eine Änderung der Arbeitsbedingungen während der Laufzeit der Befristung möglich.

Beispiel Der Arbeitnehmer war vom 1. März bis zum 31. Oktober ohne Sachgrund befristet eingestellt. Sein Stundenlohn beträgt 10,20 Euro. Ende Oktober vereinbaren die Parteien, das Arbeitsverhältnis befristet bis zum 31. März des Folgejahres zu verlängern und den Stundenlohn ab 1. November auf 10,50 Euro anzuheben.

Die Befristung vom 1. November bis zum 31. März ist keine „Verlängerung" des Ausgangsvertrages, weil nicht nur die Befristungsdauer, sondern auch die Entgelthöhe verändert wurde. Sie kann auch nicht ohne sachlichen Grund nach § 14 Abs. 2 TzBfG wirksam sein, weil der Arbeitnehmer bereits zuvor bei dem Arbeitgeber beschäftigt war (nämlich bis zum 31. Oktober). Sie ist damit nur wirksam, wenn der Arbeitgeber für sie einen sachlichen Grund i. S. von § 14 Abs. 1 TzBfG hat.

d) Befristung in neu gegründeten Unternehmen

§ 14 Abs. 2a TzBfG sieht eine spezielle Regelung für *Existenzgründer* vor. Danach ist in den ersten vier Jahren nach der Gründung eines Unternehmens die kalendermäßige Befristung eines Arbeitsvertrages ohne Vorliegen eines sachlichen Grundes bis zur Dauer von vier Jahren zulässig. Bis zu dieser Gesamtdauer von vier Jahren ist auch die mehrfache (nicht nur dreimalige) Verlängerung des kalendermäßig befristeten Arbeitsvertrages

---

[332] BAG vom 18. Januar 2006, NZA 2006, 605 (606 f.).

zulässig. Umstritten ist, ob der Arbeitgeber auch noch unmittelbar vor Ablauf der ersten vier Jahre des Bestandes des Unternehmens von der Befristungsmöglichkeit Gebrauch machen darf (sog. „4+4-Lösung").

e) Befristung mit älteren Arbeitnehmern

Um die überdurchschnittliche Arbeitslosigkeit älterer Arbeitnehmer zu bekämpfen, lässt § 14 Abs. 3 TzBfG die Befristung von Arbeitsverträgen mit Arbeitnehmern, die das 52. Lebensjahr vollendet haben, ohne sachlichen Grund für die Dauer von bis zu fünf Jahren zu, sofern der Arbeitnehmer unmittelbar vor Beginn des befristeten Arbeitsverhältnisses mindestens vier Monate beschäftigungslos im Sinne des § 138 Abs. 1 Nr. 1 SGB III gewesen ist, Transferkurzarbeitergeld (§ 111 SGB III) bezogen oder an einer öffentlich geförderten Beschäftigungsmaßnahme nach dem SGB II oder SGB III teilgenommen hat. Diese Fassung des § 14 Abs. 3 TzBfG ist verfassungs- und unionsrechtskonform.[333]

f) Der praktische Fall

Verlängerung eines befristeten Arbeitsvertrages; Änderung des Vertragsinhalts: BAG vom 20. Februar 2008, NZA 2008, 883 (*„Kündigungsklausel-Fall"*)

Zum Sachverhalt Der Kläger ist bei der Beklagten als Kraftfahrer beschäftigt. Ursprünglich war das Arbeitsverhältnis für die Zeit vom 1. August 2004 bis zum 31. Dezember 2004 befristet. In dem Vertrag hieß es u. a.: „Die Kündigung des Arbeitsverhältnisses hat schriftlich zu erfolgen. Arbeitgeber und Arbeitnehmer sind sich darüber einig, dass unabhängig von der Beendigung des Arbeitsverhältnisses durch den Ablauf der Zeit für die es eingegangen ist, das Arbeitsverhältnis durch ordentliche Kündigung während des Laufs der Befristung beendet werden kann. Für diesen Fall gelten die gesetzlichen Kündigungsfristen. Daneben steht jeder Partei das Recht zur außerordentlichen Kündigung gemäß § 626 BGB bei Vorliegen der Voraussetzungen zu". Im November 2004 wurde das Arbeitsverhältnis bis zum 30. Juni 2005, im Juni 2005 sodann bis zum 31. Dezember 2005 verlängert. In dem letzten Vertrag war eine Vereinbarung über eine ordentliche Kündigungsmöglichkeit und die dafür geltende

---

[333] BAG vom 28. Mai 2014, NZA 2015, 1131 (1132 ff.).

Kündigungsfrist nicht enthalten. Der Kläger begehrt die Feststellung, dass die Befristung unwirksam ist.

Die Entscheidung Das BAG hat der Klage stattgegeben. Das Arbeitsverhältnis der Parteien hatte nicht zum 31. Dezember 2005 geendet. Die in dem im Juni 2005 unterzeichneten Arbeitsvertrag enthaltene Befristung verstößt gegen das Anschlussverbot des § 14 Abs. 2 Satz 2 TzBfG und ist damit unwirksam. Bei dem bis zum 31. Dezember 2005 befristeten Arbeitsvertrag handelt es sich nicht um die Verlängerung eines befristeten Arbeitsvertrags i. S. des § 14 Abs. 2 Satz 1 Halbs. 2 TzBfG, weil die Parteien gegenüber dem Ausgangsvertrag vom 1. August 2004 geänderte Arbeitsbedingungen vereinbart haben. Eine „Verlängerung" i. S. der letztgenannten Vorschrift setzt voraus, dass die Vereinbarung über das Hinausschieben des Beendigungszeitpunkts noch vor Abschluss der Laufzeit des bisherigen Vertrags in schriftlicher Form vereinbart wird und der Vertragsinhalt ansonsten unverändert bleibt. Die Parteien dürfen anlässlich der Verlängerung Anpassungen des Vertragstextes lediglich insoweit vornehmen, als sie damit einer Veränderung der Rechtslage entsprechen oder Arbeitsbedingungen vereinbaren, auf die der Arbeitnehmer einen Anspruch hat. Anderenfalls liegt bei der Vereinbarung von gegenüber dem Ausgangsvertrag geänderten Arbeitsbedingungen keine Verlängerung vor, sondern der Neuabschluss eines befristeten Arbeitsvertrags. Hier hatten die Parteien anlässlich der „Verlängerung" im Juni 2005 die im Ausgangsvertrag vom 1. August 2004 vereinbarten Arbeitsbedingungen nicht beibehalten. Das in § 3 des Ausgangsvertrags enthaltene ordentliche Kündigungsrecht während der Laufzeit des befristeten Arbeitsvertrags und die Vereinbarung einer Kündigungsfrist sind in der im Juni 2005 abgeschlossenen Vereinbarung nicht enthalten. Für den Neuabschluss eines befristeten Vertrages i. S. des § 14 Abs. 2 Satz 2 TzBfG hätte die Beklagte gemäß § 14 Abs. 1 TzBfG einen sachlichen Grund benötigt. Ein solcher war weder dargetan noch ersichtlich.

7. Ende des befristeten Arbeitsvertrages

§ 15 TzBfG stellt Regeln für die Beendigung des befristeten Arbeitsverhältnisses auf. Nach dessen Absatz 1 endet das kalendermäßig befristete Arbeitsverhältnis *mit Ablauf der vereinbarten Zeit.* Anders als bei der Beendigung wegen Zweckerreichung nach § 15 Abs. 2 TzBfG bedarf es daher keiner vorherigen Erklärung über den Ablauf der Vertragsdauer. Der rechtswirksam zweckbefristete Arbeitsvertrag endet jedoch nur bei rechtzeitiger *Ankündigung mit der Erreichung des vereinbarten Zwecks*, bei verspäteter Ankündigung läuft das Arbeitsverhältnis erst zwei Wochen nach Zugang der in Schriftform (§ 126 BGB analog) abgefassten Mitteilung über den genauen Zeitpunkt der Zweckerreichung aus. Fehlt es an einer Unterrichtung oder erfolgt diese nicht formgerecht, besteht das mit der Zweckerreichung sinnentleerte Arbeitsverhältnis mit der Folge des § 615 Satz 1 BGB gleichwohl fort.

Das Arbeitsverhältnis gilt als *auf unbestimmte Zeit verlängert,* falls es nach Ablauf der eingegangenen Zeit oder nach Erreichung des Zwecks vom Arbeitnehmer mit Wissen des Arbeitgebers fortgesetzt wird und der Arbeitgeber der tatsächlichen Erbringung der Arbeitsleistung nicht unverzüglich, d. h. ohne schuldhaftes Zögern (§ 121 BGB), widerspricht (auch formlos!) oder die Zweckerreichung mitteilt (§ 15 Abs. 5 TzBfG).

Zu beachten ist vor allem, dass ein befristetes Arbeitsverhältnis gemäß § 15 Abs. 3 TzBfG nur dann *ordentlich kündbar* ist, wenn dies einzel- oder tarifvertraglich vereinbart ist.

Beispiel[334] Die Arbeitnehmerin war mit einem auf zwei Jahre befristeten Arbeitsvertrag als Motorradrennfahrerin bei der Firma Daytona angestellt. Etwa ein Jahr vor Ablauf des Vertrages entschloss die Arbeitgeberin sich, sich aus dem Motorradrennsport zurückzuziehen und kündigte der Arbeitnehmerin. Die ordentliche Kündigung war unwirksam, weil sie durch § 15 Abs. 3 TzBfG ausgeschlossen war, und für eine fristlose Kündigung nach § 626 BGB fehlte es der Arbeitgeberin an einem wichtigen Grund.

Wie die Entscheidung verdeutlicht, kann es aus Sicht des Arbeitgebers ratsam sein – insbesondere im Hinblick auf eventuelle wirtschaftliche Schwierigkeiten – bei einem befristeten Arbeitsverhältnis eine Kündigungsmöglichkeit zu vereinbaren.

Haben die Vertragsparteien eine *Anstellung auf Lebenszeit* nachvereinbart, kann der Arbeitgeber überhaupt nicht, der Arbeitnehmer erst nach Ablauf von fünf Jahren mit sechsmonatiger Frist kündigen (§ 15 Abs. 4

---

[334] Nach BAG vom 7. März 2002, NZA 2002, 963.

TzBfG). Das Recht zur außerordentlichen Kündigung (§ 626 BGB) ist stets unabdingbar.

8. Folgen unwirksamer Befristung

Ist die Befristung unwirksam, so *gilt der befristete Arbeitsvertrag* nach § 16 TzBfG *als auf unbestimmte Zeit geschlossen.* Dies gilt für alle Unwirksamkeitsgründe, also z. B. das Fehlen eines sachlichen Grundes, das Überschreiten der Gesamtdauer von zwei Jahren bei sachgrundlosen Befristungen, die Existenz eines vorhergehenden Arbeitsverhältnisses, die Missachtung der Schriftform etc. Dabei ist lediglich die Befristungsabrede unwirksam. Der Arbeitsvertrag bleibt im Übrigen rechtsgültig mit der Folge, dass ein unbefristetes Arbeitsverhältnis entsteht. Dessen Bestand ist jedoch durch die Versäumung der dreiwöchigen Klageerhebungsfrist des § 17 Satz 1 TzBfG auflösend bedingt.

9. Wiederholter Abschluss befristeter Arbeitsverträge

a) Zulässigkeit

Befristete Arbeitsverträge können grundsätzlich auch mehrfach nacheinander von denselben Vertragsparteien abgeschlossen werden. Wegen der mit zunehmender Befristungsdauer und häufiger Verlängerung steigenden Abhängigkeit des Arbeitnehmers sind an derartige Kettenbefristungen jedoch erhöhte Anforderungen zu stellen. Im Einzelnen gilt Folgendes:

Ohne sachlichen Grund darf ein Arbeitsverhältnis nur dann befristet abgeschlossen werden, wenn zwischen den Vertragsparteien innerhalb der letzten drei Jahre kein Arbeitsverhältnis bestanden hat (§ 14 Abs. 2 Satz 2 TzBfG). Im Übrigen bedarf jede weitere Befristung eines sachlichen Grundes i. S. von § 14 Abs. 1 TzBfG. Dies gilt nicht nur dann, wenn die einzelnen Arbeitsverträge ohne Unterbrechung aneinander gereiht werden oder in einem engen sachlichen Zusammenhang zueinander stehen. Auch dann, wenn zwischen mehreren Verträgen ein Zeitraum von bis zu drei Jahren liegt und ein Zusammenhang zwischen ihnen in keiner Weise besteht, muss die Befristung des zweiten und jedes weiteren Vertrages durch einen sachlichen Grund gerechtfertigt sein.

b) Verbot des Rechtsmissbrauchs (§ 242 BGB)

Im Anschluss an die Rechtsprechung des EuGH[335] betont das BAG neuerdings, dass sich die Gerichte bei der Kontrolle von Kettenbefristungen nicht auf die Prüfung des Sachgrunds beschränken dürfen. Zwar führe allein die große Anzahl der mit einem Arbeitnehmer abgeschlossenen befristeten Arbeitsverträge oder die Gesamtdauer der „Befristungskette" nicht dazu, dass an den Sachgrund der Vertretung „strengere Anforderungen" zu stellen sind. Gleiches gelte für die Anforderungen an die Prognose des Arbeitgebers, die Teil des Sachgrunds ist. Die Gerichte seien aber aus unionsrechtlichen Gründen verpflichtet, alle Umstände des Einzelfalls und dabei namentlich die Gesamtdauer und die Zahl der mit derselben Person zur Verrichtung der gleichen Arbeit geschlossenen aufeinanderfolgenden befristeten Verträge zu berücksichtigen, um auszuschließen, dass Arbeitgeber missbräuchlich auf befristete Arbeitsverträge zurückgreifen. Diese zusätzliche Prüfung sei im deutschen Recht nach den Grundsätzen des *institutionellen Rechtsmissbrauchs* (§ 242 BGB) vorzunehmen.[336]

Zur Konkretisierung dieses Grundsatzes hat das BAG ein „Ampelmodell" entwickelt:

I. *Rot:* Ein Rechtsmissbrauch ist danach indiziert, wenn (1) die Gesamtdauer des Arbeitsverhältnisses zehn Jahre überschreitet oder (2) mehr als 15 Vertragsverlängerungen vereinbart wurden oder (3) wenn mehr als zwölf Vertragsverlängerungen bei einer Gesamtdauer von mehr als acht Jahren vorliegen. Es ist dann Sache des Arbeitgebers, das Indiz des Gestaltungsmissbrauchs durch den Vortrag besonderer Umstände zu entkräften.

II. *Gelb:* (1) Überschreitet die Gesamtdauer des befristeten Arbeitsverhältnisses acht Jahre oder (2) ist er mehr als zwölfmal verlängert worden oder (3) dauert er mehr als sechs Jahre und ist er mehr als neunmal verlängert worden, kann die Befristung rechtsmissbräuchlich sein. Es hängt dann aber immer noch von weiteren, vom Arbeitnehmer vorzutragenden Umständen ab, ob ein Missbrauch der Befristungsmöglichkeit anzunehmen ist.

---

[335] EuGH vom 26. Januar 2012 *„Kücük"*, NZA 2012, 135 (136 ff.).
[336] BAG vom 18. Juli 2012, NZA 2012, 1351 (1356).

III. *Grün*: Bleibt die Anzahl der Befristungen oder deren Dauer dahinter zurück, besteht kein Indiz für einen Rechtsmissbrauch.[337]

c) Gegenstand der Befristungskontrolle

Grundsätzlich wird nur die Wirksamkeit der *Befristung des letzten Arbeitsvertrages* kontrolliert. Wollen nämlich die Arbeitsvertragsparteien im Anschluss an einen früheren befristeten Arbeitsvertrag ihr Arbeitsverhältnis für eine bestimmte Zeit fortsetzen und schließen sie deshalb einen weiteren befristeten Arbeitsvertrag ab, so bringen sie damit jedenfalls regelmäßig zum Ausdruck, dass der neue Vertrag fortan für ihre Rechtsbeziehungen maßgeblich sein soll. Denn der Abschluss eines befristeten Arbeitsvertrages neben einem schon bestehenden unbefristeten Arbeitsvertrag hat nur dann einen Sinn, wenn die Vertragsparteien über die Wirksamkeit der Befristung des früheren Vertrages im Zweifel sind und sie infolge dessen den weiteren befristeten Vertrag nur für den Fall abschließen, dass sie nicht bereits aufgrund des vorangegangenen Vertrages in einem unbefristeten Arbeitsverhältnis stehen.

Diese Beschränkung der gerichtlichen Kontrolle auf den letzten Vertrag ergibt sich auch aus § 17 TzBfG i. V. mit § 4 KSchG. Diese Bestimmungen ordnen nämlich eine *dreiwöchige Klagefrist* für die Geltendmachung der Unwirksamkeit einer Befristung an. Diese Frist ist auch bei Kettenarbeitsverhältnissen für jeden einzelnen Vertrag einzuhalten. Mit der Versäumung der Klagefrist werden alle Voraussetzungen einer rechtswirksamen Befristung unwiderleglich vermutet. Da Arbeitnehmer in aller Regel erst bei (drohender) endgültiger Beendigung des Arbeitsverhältnisses Befristungskontrollklage erheben, gelten die vorangegangenen Befristungen schon aufgrund der Fiktion des § 17 Abs. 2 TzBfG i. V. mit § 7 KSchG als wirksam befristet, wenn die Klage nicht ausnahmsweise auch hinsichtlich des vorletzten Vertrages die Drei-Wochen-Frist wahrt.

d) Der praktische Fall

Streitgegenstand der Befristungskontrollklage bei Kettenbefristungen: BAG vom 18. Juni 2008, NZA 2009, 35 *("Lehrerinnen-Fall")*

---

[337] BAG vom 26. Oktober 2016, NZA 2017, 382.

Zum Sachverhalt Die Parteien streiten darüber, ob ihr Arbeitsverhältnis auf Grund einer Befristung Ende März 2006 geendet hat. Die bereits anderweitig beruflich ausgebildete Klägerin wurde im September 2003 befristet in den Schuldienst des beklagten Landes Nordrhein-Westfalen eingestellt. Sie nahm berufsbegleitend am Vorbereitungsdienst teil. Der Arbeitsvertrag war befristet bis zur Beendigung des Vorbereitungsdienstes, längstens bis zum 14. September 2005. Nachdem die Klägerin die Zweite Staatsprüfung im Juli 2005 nicht bestanden hatte, teilte ihr das beklagte Land mit, dass ihr Arbeitsverhältnis mit Ablauf der Vertragslaufzeit ende. Dagegen erhob die Klägerin Klage. Im Gütetermin am 18. August 2005 einigten sich die Parteien ohne die nach dem seinerzeit geltenden Landespersonalvertretungsgesetz (§ 72a LPVG NRW a. F.) erforderliche Zustimmung des Personalrats auf eine Verlängerung der Befristung bis zum 31. März 2006. Bis dahin sollte die Klägerin Gelegenheit haben, die Staatsprüfung zu wiederholen.

Die Klägerin bestand die Wiederholungsprüfung Anfang März 2006. Das Land lehnte jedoch ihre Übernahme in ein unbefristetes Arbeitsverhältnis ab. Daraufhin erhob die Klägerin erneut Klage. Nach deren Zustellung an die Beklagte haben die Parteien zwei weitere befristete Arbeitsverträge abgeschlossen. Der erste Vertragsschluss erfolgte am 17. Mai 2006. Die Verträge wurden für das beklagte Land nicht wie die bisherigen Verträge vom Schulamt der Stadt H., sondern vom Schulamt W. und der Bezirksregierung M. in Unkenntnis des vorliegenden Rechtsstreits abgeschlossen.

Die Entscheidung Das BAG hat das der Klage stattgebende Urteil des LAG aufgehoben und den Rechtsstreit zur erneuten Verhandlung und Entscheidung an das Berufungsgericht zurückverwiesen. Noch aufzuklären ist, ob die Parteien den befristeten Arbeitsvertrag vom 17. Mai 2006 und den danach abgeschlossenen weiteren befristeten Arbeitsvertrag unter dem Vorbehalt vereinbart haben, dass die Verträge das Arbeitsverhältnis nur regeln sollen, wenn nicht bereits auf Grund des in dem Vergleich vom 18. August 2005 geschlossenen Arbeitsvertrags ein unbefristetes Arbeitsverhältnis besteht. Die im gerichtlichen Vergleich vereinbarte Befristung bis zum 31. März 2006 war zwar sachlich gerechtfertigt (§ 14 Abs. 1 Nr. 8 TzBfG), jedoch hatte ihr der Personalrat nicht zuvor zugestimmt. Das führte nach § 72a LPVG NRW in der damals geltenden Fassung zur Unwirksamkeit dieser Befristung.

Bei mehreren aufeinanderfolgenden befristeten Arbeitsverträgen unterliegt grundsätzlich nur der letzte Vertrag der Befristungskontrolle. Durch den vorbehaltlosen Abschluss eines weiteren befristeten Arbeitsvertrags stellen die Parteien ihr Arbeitsverhältnis auf eine neue rechtliche Grundlage, die für ihre künftige Vertragsbeziehung allein maßgeblich ist. Damit wird zugleich ein etwaiges unbefristetes Arbeitsverhältnis aufgehoben. Anders verhält es sich, wenn die Parteien den Folgevertrag unter dem Vorbehalt abgeschlossen haben, dass er das Arbeitsverhältnis nur regeln soll, wenn nicht bereits auf Grund des vorangegangenen Arbeitsvertrags ein unbefristetes Arbeitsverhältnis besteht. Dann ist auch für die in dem vorherigen Vertrag vereinbarte Befristung die gerichtliche Kontrolle eröffnet. Schließen die Parteien nach Zustellung einer Befristungskontrollklage beim Arbeitgeber einen weiteren befristeten Arbeitsvertrag und treffen sie keine Vereinbarungen darüber, welche Auswirkungen der neue Vertragsschluss auf den bereits anhängigen Rechtsstreit haben soll, ist davon auszugehen, dass der neue Vertrag unter Vorbehalt abgeschlossen ist. Da der Arbeitgeber auf Grund der ihm durch Zustellung zur Kenntnis gelangten Befristungskontrollklage damit rechnen muss, dass er mit dem Arbeitnehmer möglicherweise bereits in einem unbefristeten Arbeitsverhältnis steht, kann der Arbeitnehmer als Empfänger des Angebots des Arbeitgebers, einen weiteren befristeten Arbeitsvertrag abzuschließen, den zusätzlichen Inhalt entnehmen, dieser Vertrag solle nur dann das Arbeitsverhältnis regeln, wenn nicht bereits der der gerichtlichen Kontrolle übergebene Arbeitsvertrag für das Arbeitsverhältnis maßgeblich ist.

Die Anwendung dieser Grundsätze hätte hier bedeutet: Die beiden während des Befristungsrechtsstreits abgeschlossenen Verträge hätten unter dem konkludenten Vorbehalt gestanden, dass zwischen den Parteien nicht ohnehin ein unbefristetes Arbeitsverhältnis bestand. Ein solches resultierte jedoch aus der Unwirksamkeit der ohne die Zustimmung des Personalrats abgeschlossenen Befristung vom 18. August 2005.

Im Streitfall ergab sich allerdings die Besonderheit, dass die beiden zuletzt abgeschlossenen Verträge von einer anderen Dienststelle des Landes NRW abgeschlossen worden waren als der vorherige. Die Klägerin durfte daher nicht ohne Weiteres davon ausgehen, dass die Vertreter des Arbeitgebers von der Rechtshängigkeit der Befristungskontrollklage Kenntnis hatten. Daher durfte sie dem Vertragsangebot des Landes nicht ohne Weiteres den zusätzlichen Inhalt entnehmen, dass dieser Vertrag für die künftige Rechtsbeziehung nur maßgeblich sein soll, wenn nicht bereits auf Grund des vorangegangenen Vertrags ein unbefristetes Arbeitsverhältnis besteht. Sie musste vielmehr wegen der ihr erkennbaren fehlenden Kenntnis der Vertreter des Landes von der anhängigen Befristungskontrollklage davon ausgehen, dass diese ausschließlich den neuen Vertrag als Grundlage für die zukünftige Rechtsbeziehung ansehen. Es wäre an der Klägerin gewesen, die Vertreter des Landes bei Vertragsschluss darauf hinzuweisen und einen entsprechenden Vorbehalt zu vereinbaren.

10. Besondere Befristungstatbestände

a) Vertretung bei Elternzeit

§ 21 BEEG bestimmt, dass ein sachlicher Grund, der die Befristung eines Arbeitsverhältnisses rechtfertigt, auch dann vorliegt, wenn ein Arbeitnehmer zur Vertretung eines anderen Arbeitnehmers oder einer anderen Arbeitnehmerin für die Dauer eines Beschäftigungsverbots nach dem MuSchG, einer Elternzeit, einer auf Tarifvertrag, Betriebsvereinbarung oder einzelvertraglichen Vereinbarung beruhenden Arbeitsfreistellung zur Betreuung eines Kindes oder für diese Zeiten zusammen oder für Teile davon eingestellt wird. Über die Dauer der Vertretung hinaus ist die Befristung auch für notwendige Zeiten einer Einarbeitung zulässig. Die Dauer der Befristung des Arbeitsvertrags muss entweder kalendermäßig bestimmt oder bestimmbar oder den vorgenannten Zwecken zu entnehmen sein.

Bei § 21 BEEG handelt es sich um einen *Sonderbefristungstatbestand*, der neben die allgemeinen Befristungsregeln des TzBfG tritt und vor allem der Klarstellung und der Rechtssicherheit dient, weil eine Befristungsvereinbarung mit der Vertretungskraft auch schon nach § 14 Abs. 1 Nr. 3 TzBfG möglich ist. Zwar genießt § 21 BEEG als speziellere Bestimmung normativ den Vorrang. Soweit seine Voraussetzungen aber nicht erfüllt sind, muss die Wirksamkeit der Befristung auch nach § 14 TzBfG geprüft werden.

Bei der Anwendung des § 21 BEEG gelten die allgemein zur Befristung wegen einer Vertretung entwickelten Maßstäbe (siehe oben II. 4. a). Es muss also ein Kausalzusammenhang zwischen dem Ausfall der Stammkraft und der befristeten Einstellung der Vertretungskraft bestehen, der aber auch bei einer mittelbaren Vertretung zu bejahen sein kann. Auch im Übrigen ist das TzBfG ergänzend heranzuziehen, insbesondere sind § 14 Abs. 4 TzBfG (Schriftform der Befristungsvereinbarung) sowie die die Rechtsfolgen und den Rechtsschutz betreffenden Vorschriften der §§ 15 ff. TzBfG anzuwenden. Die Befristung ist sowohl als kalendermäßige als auch als Zweckbefristung zulässig, wie § 21 Abs. 3 BEEG klarstellt.

b) Wissenschaftliches Personal an Hochschulen und Forschungseinrichtungen

Für das wissenschaftliche Personal an Hochschulen und außeruniversitären Forschungseinrichtungen (z. B. den Max-Planck-Instituten) gibt es mit dem WissZeitVG ein weiteres Spezialgesetz, das den Abschluss befristeter Arbeitsverträge gestattet. Es trägt dem Umstand Rechnung, dass Stellen für wissenschaftliche Mitarbeiter und Hilfskräfte in der Regel Qualifikationsstellen sind. Auf ihnen werden zwar auch Daueraufgaben wie Vorbereitung von Lehrveranstaltungen und Leitung von Arbeitsgemeinschaften wahrgenommen, die Stellen dienen aber in erster Linie der Qualifizierung der Arbeitnehmer selbst.

Bis zur Promotion kann das Arbeitsverhältnis maximal bis zur Dauer von sechs Jahren befristet werden (§ 2 Abs. 1 Satz 1 WissZeitVG). Danach ist noch einmal eine Befristung von bis zu weiteren sechs Jahren, im Bereich der Medizin bis zu neun Jahren zulässig. Erforderlich ist in beiden Fällen, dass die befristete Beschäftigung zur Förderung der eigenen wissenschaftlichen oder künstlerischen Qualifizierung erfolgt. Das ist bis zur Promotion vergleichsweise unproblematisch, weil das Qualifikationsziel die Promotion ist. Danach muss das Ziel dann ein anderes sein, z. B. die Habilitation, Leitung einer Forschergruppe, qualifizierte wissenschaftliche Publikationen o. Ä. Vor der Promotion nicht „verbrauchte" Zeiten können danach ausgenutzt werden. Zeitlich unbegrenzt zulässig ist nach § 2 Abs. 2 WissZeitVG die Befristung von Arbeitsverhältnissen, wenn die Beschäftigung überwiegend aus Mitteln Dritter finanziert wird, die Finanzierung für eine bestimmte Aufgabe und Zeitdauer bewilligt ist und der Mitarbeiter überwiegend der Zweckbestimmung dieser Mittel entsprechend beschäftigt wird; die vereinbarte Befristungsdauer soll dem bewilligten Projektzeitraum entsprechen.

Anders als bei „normalen" befristeten Arbeitsverhältnissen verlängert sich das nach dem WissZeitVG befristete Arbeitsverhältnis mit Einverständnis des Arbeitnehmers um die Dauer eines etwaigen Mutterschutzes, der Elternzeit, einer Reduzierung der Arbeitszeit zur Betreuung und Pflege von Angehörigen, um Zeiten der Mitwirkung in Arbeitnehmervertretungen und sogar einer krankheitsbedingten Arbeitsunfähigkeit, in der ein gesetzlicher oder tarifvertraglicher Anspruch auf Entgeltfortzahlung nicht besteht (§ 2 Abs. 5 WissZeitVG). Damit trägt das Gesetz dem Umstand Rechnung, dass die von den wissenschaftlichen Mitarbeitern wahrgenommenen Aufgaben in Forschung und Lehre grundsätzlich Daueraufgaben der Hochschule sind und die Befristung in erster Linie dem Erwerb einer wissenschaftlichen Qualifikation des Mitarbeiters dient, diese aber während der genannten Zeiten nicht erreicht werden kann.

11. Verbot der Diskriminierung

Hinsichtlich des in § 4 TzBfG normierten Verbots der Diskriminierung wegen der Befristung des Arbeitsvertrages wird auf die entsprechenden Ausführungen im Rahmen des Teilzeitarbeitsverhältnisses (oben I. 3.) verwiesen.

III. Faktisches Arbeitsverhältnis

1. Begriff

Ein faktisches Arbeitsverhältnis ist ein Arbeitsverhältnis, das von den Vertragsparteien zunächst infolge einer tatsächlichen Willensübereinstimmung in Vollzug gesetzt worden war, bei dem sich jedoch zu einem späteren Zeitpunkt herausstellt, dass der Vertragsabschluss nichtig war oder rückwirkend angefochten worden ist.

2. Zweck des „faktischen Arbeitsverhältnisses"

Zweck der Rechtsfigur des faktischen Arbeitsverhältnisses ist es, die Schwierigkeiten zu vermeiden, die die anderenfalls erforderliche bereicherungsrechtliche Rückabwicklung mit sich brächte. Der Arbeitnehmer müsste das rechtsgrundlos empfangene Arbeitsentgelt nach Maßgabe des § 812 Abs. 1 Satz 1 Fall 1 BGB zurückgeben, könnte sich jedoch u. U. auf den Wegfall der Bereicherung gemäß § 818 Abs. 3 BGB berufen. Umgekehrt müsste der Arbeitgeber, der die empfangene Arbeitsleistung als solche ja nicht mehr herausgeben kann, Wertersatz (§ 818 Abs. 2 BGB) leisten. Die wechselseitigen Rückerstattungsansprüche würden nach der Saldotheorie miteinander verrechnet, wobei auch die nach § 818 Abs. 3 BGB eigentlich weggefallene Bereicherung als Abzugsposten berücksichtigt wird. Es müsste also ermittelt werden, welchen „Wert" die Arbeitsleistung des Arbeitnehmers gehabt hat.

Die Grundsätze über das faktische Arbeitsverhältnis dienen daher der *Bewältigung der Rechtsfolgen* eines übereinstimmend in Vollzug gesetzten Arbeitsvertrages, der sich zu einem späteren Zeitpunkt als nichtig oder anfechtbar erweist. Voraussetzung dafür ist eine zunächst von beiden Parteien gewollte Beschäftigung des Arbeitnehmers. Das rechtfertigt es, ein bereits vollzogenes Arbeitsverhältnis für die Vergangenheit wie ein fehlerfrei zustande gekommenes Arbeitsverhältnis zu behandeln. Damit ist die Rückabwicklung der wechselseitig erbrachten Leistungen ausgeschlossen.[338] Das faktische Arbeitsverhältnis setzt immer voraus, dass die Arbeit einvernehmlich erbracht worden ist. Mag sich die vertragliche Grundlage auch als nichtig oder fehlerhaft erweisen, so muss doch stets jedenfalls dem Tatbestand nach ein Vertragsschluss vorgelegen haben.

Beispiele Ein faktisches Arbeitsverhältnis liegt vor, wenn der Arbeitnehmer bei Vertragsabschluss geschäftsunfähig oder nur beschränkt geschäftsfähig war oder der Arbeitsvertrag infolge Sittenwidrigkeit nichtig war.

Kein faktisches Arbeitsverhältnis ist dagegen gegeben, wenn es an einer auch nur tatsächlichen Willensübereinstimmung der Parteien fehlt,

---

[338] BAG vom 30. April 1997, NZA 1998, 199 (200).

weil der Arbeitgeber den Arbeitnehmer während eines Kündigungsrechtsstreits nur zur Abwendung der Zwangsvollstreckung aus einem
Weiterbeschäftigungsurteil beschäftigt.

3. Rechtsfolge und Beendigung

Rechtsfolge eines faktischen Arbeitsverhältnisses ist, dass die Rechte
und Pflichten der Vertragsparteien während der Dauer der tatsächlichen
Beschäftigung so zu bestimmen sind, als bestünde ein voll gültiges Arbeitsverhältnis. Dies gilt für beide Vertragsparteien, und zwar jeweils sowohl für die Haupt- als auch für die Nebenpflichten. Einzig und allein die
Regeln über die Kündigung (Schriftform der Kündigungserklärung, Kündigungsfristen, allgemeiner und besonderer Kündigungsschutz, Beteiligung
des Betriebsrats etc.) finden keine Anwendung. Beide Vertragsparteien
können sich jederzeit auf die Nichtigkeit des Vertragsabschlusses berufen
und ihre „Vertrags"beziehung mit ex-nunc-Wirkung beenden.

IV. Probearbeitsverhältnis

Der Begriff der Probezeit wird in der Praxis für rechtlich ganz verschiedene Konstruktionen verwendet.

I. Ein echtes Probearbeitsverhältnis ist ein befristetes Arbeitsverhältnis,
    das der Erprobung des Arbeitnehmers dient. Die Wirksamkeit der Be-
    fristung bemisst sich nach § 14 Abs. 1 Nr. 5 oder ggf. § 14 Abs. 2
    TzBfG.

II. Eine gesetzliche „Probezeit" ist die – zur Vermeidung terminologi-
    scher Unklarheiten besser als Wartezeit bezeichnete – Sechs-Mo-
    nats-Frist des § 1 Abs. 1 KSchG, innerhalb derer der Arbeitnehmer
    keinen allgemeinen Kündigungsschutz genießt. Sie findet ihren
    Hauptanwendungsbereich bei unbefristeten Arbeitsverhältnissen, ist
    aber auch bei befristeten Arbeitsverhältnissen zu beachten, soweit
    deren ordentliche Kündigung überhaupt möglich ist (§ 15 Abs. 3
    TzBfG).

III. Vertraglich kann eine Probezeit von höchstens sechsmonatiger
     Dauer mit der Wirkung vereinbart werden, dass während ihres Laufs
     kürzere Kündigungsfristen gelten (§ 622 Abs. 3 BGB). Auch hier ist

sowohl ein unbefristetes als auch ein befristetes Arbeitsverhältnis denkbar.

V. Leiharbeitsverhältnis

1. Allgemeines

Die Arbeitnehmerüberlassung kennzeichnet sich durch ein *Dreiecksverhältnis* zwischen Verleiher, Entleiher und Leiharbeitnehmer. Arbeitnehmerüberlassung liegt vor, wenn ein Arbeitgeber (Verleiher) einem Dritten (Entleiher) vorübergehend einen bei ihm beschäftigten (Leih-)Arbeitnehmer zur Verfügung stellt, den dieser nach seinen Vorstellungen und Zielen in seinem Betrieb wie einen eigenen Arbeitnehmer einsetzt, ohne dass der Dritte in den Arbeitsvertrag zwischen dem Arbeitgeber und dem Leiharbeitnehmer eintritt.

2. Gesetzliche Regelung der Leiharbeit

Die Leih- oder Zeitarbeit ist im AÜG geregelt und in den vergangenen Jahren Gegenstand wiederholter Reformen gewesen. Die aktuelle Fassung des AÜG dient auch der Umsetzung der Richtlinie 2008/104/EG über die Leiharbeit.

Der Verleiher bedarf nach § 1 Abs. 1 Satz 1 AÜG einer besonderen gewerberechtlichen *Erlaubnis*, die für das Baugewerbe nicht erteilt wird (§ 1b AÜG). Überlässt der Verleiher Personal an einen Dritten ohne die erforderliche Erlaubnis, ist der Arbeitsvertrag zwischen ihm und dem Leiharbeitnehmer unwirksam (§ 9 Abs. 1 Nr. 1 AÜG). Zugleich entsteht jedoch kraft Gesetzes (§ 10 Abs. 1 AÜG) ein Arbeitsverhältnis mit dem Entleiher.

Die Überlassung von Leiharbeitnehmern erfolgt nach § 1 Abs. 1 Satz 4, Abs. 1b AÜG nur vorübergehend. Das bedeutet, dass der Verleiher denselben Leiharbeitnehmer nicht länger als 18 aufeinander folgende Monate demselben Entleiher überlassen und der Entleiher denselben Leiharbeitnehmer nicht länger als 18 aufeinander folgende Monate tätig werden lassen darf (§ 1 Abs. 1b Satz 1 AÜG). Der Zeitraum vorheriger Überlassungen durch denselben oder einen anderen Verleiher an denselben Entleiher ist vollständig anzurechnen, wenn zwischen den Einsätzen jeweils nicht mehr als drei Monate liegen. In einem Tarifvertrag von Tarifvertragsparteien der Einsatzbranche kann eine abweichende Überlassungshöchstdauer festgelegt werden; im Geltungsbereich eines solchen Tarifvertrages können abweichende tarifvertragliche Regelungen im Betrieb eines nicht tarifgebundenen Entleihers durch Betriebs- oder Dienstvereinbarung übernommen werden.

Wegen § 613 BGB ist das Einverständnis des Arbeitnehmers Voraussetzung für die Verleihung. Der Entleiher übernimmt die allgemeinen arbeitsrechtlichen Schutzpflichten. Der Verleiher ist weiterhin zur Lohnzahlung verpflichtet.

Die § 3 Abs. 1 Nr. 3, § 8 AÜG normieren ein *Diskriminierungsverbot* zugunsten von Leiharbeitnehmern im Vergleich zu Arbeitnehmern der Stammbelegschaft im Entleiherbetrieb. Dieses verpflichtet den Verleiher, dem Leiharbeitnehmer für die Zeit der Überlassung an den Entleiher die im Betrieb des Entleihers für einen vergleichbaren Arbeitnehmer des Entleihers geltenden wesentlichen Arbeitsbedingungen einschließlich des Arbeitsentgelts zu gewähren (§ 8 Abs. 1 Satz 1 AÜG, Gleichstellungsgrundsatz). Ein Tarifvertrag kann hinsichtlich des Arbeitsentgelts vom Gleichstellungsgrundsatz für die ersten neun Monate einer Überlassung an einen Entleiher abweichen, soweit er nicht die in einer Rechtsverordnung nach § 3a Abs. 2 AÜG festgesetzten Mindeststundenentgelte (Lohnuntergrenze) unterschreitet. Eine längere Abweichung durch Tarifvertrag ist nur zulässig, wenn nach spätestens 15 Monaten einer Überlassung an einen Entleiher mindestens ein Arbeitsentgelt erreicht wird, das in dem Tarifvertrag als gleichwertig mit dem tarifvertraglichen Arbeitsentgelt vergleichbarer Arbeitnehmer in der Einsatzbranche festgelegt ist und nach einer Einarbeitungszeit von längstens sechs Wochen eine stufenweise Heranführung an dieses Arbeitsentgelt erfolgt (§ 8 Abs. 4 AÜG). Soweit ein solcher Tarifvertrag vom Gleichstellungsgrundsatz abweicht, hat der Verleiher dem Leiharbeitnehmer die nach diesem Tarifvertrag geschuldeten Arbeitsbedingungen zu gewähren. Im Geltungsbereich des Tarifvertrages können nicht tarifgebundene Arbeitgeber und Arbeitnehmer die Anwendung des Tarifvertrages vereinbaren.

3. Abgrenzung zu ähnlichen Formen der Dienstleistung

Zu unterscheiden ist die Arbeitnehmerüberlassung von der Tätigkeit eines Unternehmers aufgrund eines Dienst- oder Werkvertrags. Bei diesem organisiert der Unternehmer (Arbeitgeber) die zur Erreichung eines wirtschaftlichen Erfolges notwendigen Handlungen selbst und bedient sich dabei seiner Arbeitnehmer als Erfüllungsgehilfen. Er bleibt für die Erfüllung der im Vertrag mit dem Dritten vorgesehenen Dienste oder für die Herstellung des dem Dritten vertraglich geschuldeten Werkes verantwortlich.[339] Diese Art des drittbezogenen Personaleinsatzes bedarf keiner besonderen Erlaubnis, sie fällt nicht unter das AÜG.

Ebenfalls nicht vom AÜG umfasst ist der Fall, dass der Arbeitnehmer nicht zum Zwecke der Überlassung eingestellt wird und nur „bei Gelegenheit" an Dritte überlassen, z. B. zusammen mit einer Maschine zu deren sachgerechter Bedienung an einen Dritten verliehen wird. Kennzeichnend für eine solche Vertragsgestaltung ist, dass die Überlassung des Arbeitnehmers nicht das primäre Ziel des Vertrags zwischen Arbeitgeber und Entleiher ist, sondern z. B. die Gebrauchsüberlassung der Maschine den Vertragsinhalt prägt.

VI. Gruppenarbeitsverhältnis

Gruppenarbeitsverhältnisse existieren in zwei Formen: Der Betriebsgruppe und der Eigengruppe.

1. Betriebsgruppe

Bei der Betriebsgruppe bildet der Arbeitgeber aus seinen Arbeitnehmern eine Gruppe (Kolonne) und überträgt ihr die Erledigung einer bestimmten Aufgabe. Hier bestehen zwischen den einzelnen Gruppenmitgliedern keinerlei Rechtsbeziehungen. Daher haften sie einander auch (jenseits des § 826 BGB) nicht auf Schadensersatz, wenn z. B. infolge der Pflichtverletzung eines Gruppenmitglieds das vom Arbeitgeber gesetzte Ziel nicht erreicht und daher z. B. eine zugesagte Prämie nicht gewährt wird. Im

---

[339] Vgl. BAG vom 30. Januar 1991, NZA 1992, 19 (20); BGH vom 2. Februar 2006, VersR 2006, 1497 (1497).

Verhältnis der Gruppenmitglieder zum Arbeitgeber gelten keine Besonderheiten.

2. Eigengruppe

Die Eigengruppe ist dagegen eine Gruppe von Arbeitnehmern, die sich selbst zusammengefunden hat und als solche ihre Arbeitsleistung anbietet (z. B. Hausmeisterehepaar, Musikkapelle). Das Verhältnis der Gruppenmitglieder untereinander bestimmt sich nach dem zugrunde liegenden Rechtsverhältnis, dies kann (beim Hausmeisterehepaar) familienrechtlicher oder (bei der Musikkapelle) gesellschaftsrechtlicher (§ 705 ff. BGB) Natur sein. Da die Kündigung des Arbeitsverhältnisses mit der Gruppe schon dann den besonderen Schutz des MuSchG, SGB IX usw. genießt, wenn nur ein Gruppenmitglied schwanger, schwerbehindert usw. ist, partizipieren die übrigen Gruppenmitglieder mittelbar an diesem Schutz („Mutterschutz für Männer").

VII. Mittelbares Arbeitsverhältnis

Ein mittelbares Arbeitsverhältnis liegt vor, wenn ein Arbeitnehmer von einer Person beschäftigt wird, die ihrerseits selbst Arbeitnehmer eines Dritten ist und die Arbeit mit Wissen des Dritten unmittelbar für diesen geleistet wird.[340] Es stellt eine Abweichung von der Regel des § 613 BGB dar, wonach der Arbeitnehmer seine Dienste im Zweifel in Person zu erbringen hat. Das mittelbare Arbeitsverhältnis wirft eine Reihe von Detailproblemen auf.

Details Die Konstruktion des mittelbaren Arbeitsverhältnisses kann rechtsmissbräuchlich sein, wenn der Arbeitgeber durch die Einschaltung eines Mittelsmannes die Anwendung von Tarifverträgen verhindern will, an die er selbst – im Gegensatz zur Mittelsperson – gebunden wäre. Für die Erfüllung der vertraglichen Verpflichtungen gegenüber den zweitstufigen Arbeitnehmern ist in erster Linie deren Vertragsarbeitgeber, also die Mittelsperson, verantwortlich. Der mittelbare Arbeitgeber haftet aus dem mittelbaren Arbeitsverhältnis für Ansprüche gegen den Mittelsmann aber

---

[340] BAG vom 21. Februar 1990, AP Nr. 57 zu § 611 BGB Abhängigkeit.

subsidiär, wenn sich Ansprüche gegen diesen unmittelbaren Arbeitgeber nicht durchsetzen lassen oder wenn sich die Begründung eines mittelbaren Arbeitsverhältnisses als Rechtsmissbrauch darstellt. Die Kündigung des Arbeitsverhältnisses durch den mittelbaren Arbeitgeber führt nicht automatisch zur Beendigung der Arbeitsverhältnisse der Arbeitnehmer mit der Mittelsperson, eine entsprechende auflösende Bedingung (§ 158 Abs. 2 BGB) wäre wegen Verstoßes gegen § 21 i.V. mit § 14 Abs. 1 TzBfG unwirksam. Sie kann aber die Kündigung aus betriebsbedingten Gründen sozial rechtfertigen.

VIII. Arbeitsverhältnis mit Auslandsberührung

1. Allgemeines

Arbeitsverhältnisse mit Auslandsberührung gehören schon lange zum festen Bestandteil des Arbeitsmarktes, sodass arbeitsrechtliche Sachverhalte oftmals nicht nur nach nationalen Rechtsvorschriften zu behandeln sind. Die rechtliche Behandlung derartiger Arbeitsverhältnisse wirft eine Reihe von Fragen auf, die daraus resultieren, dass in derartigen Fällen ein Bezug zu mehreren Staaten und damit zu mehreren Rechtsordnungen bestehen kann, sodass die Rechtsvorschriften mehrerer verschiedener Rechtsordnungen beachtet werden müssen. Es stellt sich also insbesondere die Frage, welches Recht auf ein derartiges Arbeitsverhältnis anzuwenden ist.

In einem solchen Fall ist das *Internationale Privatrecht* nach der Verordnung (EG) Nr. 593/2008 des Europäischen Parlaments und des Rates über das auf vertragliche Schuldverhältnisse anzuwendende Recht (Rom I-Verordnung) anzuwenden. Nach deren Regeln ist zu bestimmen, welchen Staates Recht anzuwenden ist. Die so ermittelten Vorschriften sind dann für das Arbeitsverhältnis verbindlich.

Die Anknüpfungsregeln sind in den Art. 3 ff. VO (EG) 593/2008 enthalten. Während sonstige schuldrechtliche Verträge nach den allgemeinen Regeln des Art. 3 VO (EG) 593/2008 anzuknüpfen sind, stellt Art. 8 VO (EG) 593/2008 für Arbeitsverträge und Arbeitsverhältnisse von Einzelpersonen die zentrale Norm dar, die gegenüber den genannten Regelungen vorrangig anzuwenden ist. Soweit Art. 8 VO (EG) 593/2008 aber keine Abweichung von diesen Vorschriften trifft, bleiben sie auch für arbeitsrechtliche Sachverhalte anwendbar.

2. Rechtswahl

Daher können die Parteien des Arbeitsvertrages zunächst gemäß Art. 3 VO (EG) 593/2008 eine Rechtswahl treffen, also *frei vereinbaren, welches Recht auf den Arbeitsvertrag Anwendung finden soll.* Dabei kann jede beliebige Rechtsordnung gewählt werden, auch eine solche, die in keinerlei Beziehung zum Arbeitsverhältnis steht. Außerdem kann die Rechtswahl für den ganzen Vertrag oder nur für einen Teil des Vertrages getroffen werden. Dies gilt, wie sich aus Art. 3 Abs. 3 VO (EG) 593/2008 ergibt, sogar für einen reinen Inlandssachverhalt; allerdings kann in einem solchen Fall nicht von den zwingenden Bestimmungen des nationalen Rechts abgewichen werden. Die Möglichkeit der Rechtswahl ist auch unter dem Aspekt des Arbeitnehmerschutzes unbedenklich. Die Rechtswahl wird regelmäßig schriftlich abgefasst, was aber nicht zwingend ist, da es *keine spezielle Formvorschrift* gibt, und erfolgt regelmäßig durch Individualabrede oder durch Verweisung auf einen anderen Vertrag, Tarifvertrag oder auf Allgemeine Arbeitsbedingungen. Möglich ist auch eine stillschweigende Rechtswahl. Diese muss sich aber mit hinreichender Sicherheit aus den Bestimmungen des Vertrages oder aus den Umständen des Falles ergeben, z. B. durch das Vorliegen einer Gerichtsstandsvereinbarung oder die Bezugnahme auf Rechtsvorschriften einer bestimmten Rechtsordnung.

Treffen die Parteien keine Rechtswahl, so bestimmt sich das auf den Arbeitsvertrag anzuwendende Recht, das sog. Arbeitsvertragsstatut, aufgrund objektiver Anknüpfung nach den in Art. 8 Abs. 2 bis 4 VO (EG) 593/2008 für maßgeblich erklärten speziellen Kriterien. Maßgeblich ist danach primär die Rechtsordnung desjenigen Staates, in dem oder – falls dies nicht feststellbar ist – von dem aus der Arbeitnehmer in Erfüllung des Vertrags gewöhnlich seine Arbeit verrichtet. Dabei wechselt der Staat, in dem die Arbeit gewöhnlich verrichtet wird, nicht schon dann, wenn der Arbeitnehmer seine Arbeit vorübergehend in einem anderen Staat verrichtet. Kann das anzuwendende Recht hiernach nicht bestimmt werden, so unterliegt der Vertrag dem Recht des Staates, in dem sich die Niederlassung befindet, die den Arbeitnehmer eingestellt hat. Nur wenn sich aus der Gesamtheit der Umstände ergibt, dass der Vertrag eine engere Verbindung zu einem anderen als dem sich aus den vorgenannten Regeln ergebenden Staat aufweist, ist das Recht dieses anderen Staates anzuwenden (Art. 8 Abs. 4 VO [EG] 593/2008).

3. Grenzen der Rechtswahl

Das Arbeitsvertragsstatut, sei es durch Rechtswahl der Vertragsparteien bestimmt worden oder aber durch objektive Anknüpfung nach Art. 8 Abs. 2 bis 4 VO (EG) 593/2008, unterliegt erheblichen *Beschränkungen durch zwingende Bestimmungen.* Diese sieht die VO (EG) 593/2008 in unterschiedlichem Ausmaß in verschiedenen Regelungen vor.

Nach *Art. 8 Abs. 1 Satz 2 VO (EG) 593/2008* darf die Rechtswahl der Parteien nicht dazu führen, dass dem Arbeitnehmer der Schutz entzogen wird, der ihm durch die zwingenden Bestimmungen des Rechts gewährt wird, das mangels Rechtswahl nach Art. 8 Abs. 2 bis 4 VO (EG) 593/2008 anzuwenden wäre. Dafür ist ggf. ein sachgruppenbezogener Günstigkeitsvergleich durchzuführen: Nur wenn das gewählte Recht dem Arbeitnehmer in Bezug auf die in Rede stehende Sachgruppe (Entgeltfortzahlung, Urlaub, Kündigung etc.) mindestens den gleichen Schutz vermittelt wie das objektiv anwendbare Recht, setzt es sich durch. Die Rechtswahl kann mithin das zwingende und für den Arbeitnehmer günstigere Recht der gemäß Art. 8 Abs. 2 VO (EG) 593/2008 maßgeblichen Rechtsordnung, welche das Minimum an zu gewährendem Arbeitnehmerschutz darstellt, nicht verdrängen. Im Ergebnis kann es dann dazu kommen, dass das Arbeitsverhältnis einem Mischrecht aus in- und ausländischen Vorschriften unterliegt.

Unabhängig davon, ob die Arbeitsvertragsparteien ein fremdes Recht gewählt haben oder ob eine ausländische Rechtsordnung objektiv nach Art. 8 Abs. 2 bis 4 VO (EG) 593/2008 berufen ist, setzen sich die sog. international zwingenden Bestimmungen des deutschen Rechts stets durch. International zwingend i. S. von *Art. 9 VO (EG) 593/2008* sind jedoch nicht schon alle diejenigen Bestimmungen, von denen im nationalen Recht nicht durch Vertrag abgewichen werden kann. Vielmehr muss es sich um Normen handeln, die nicht nur im Interesse des Einzelnen, sondern zumindest auch des Gemeinwohls erlassen worden sind.[341] Dazu gehören beispielsweise der Anspruch auf Entgeltfortzahlung im Krankheitsfall und der Anspruch auf Zuschuss zum Mutterschaftsgeld gemäß § 20 MuSchG, nicht aber die Vorschriften über den allgemeinen Kündigungsschutz oder die Vorschrift des § 613a BGB über Rechte und Pflichten bei Betriebsübergang.

4. Der praktische Fall

Anwendbarkeit deutschen Sachrechts; Kündigungsentschädigung nach belgischem Recht: BAG vom 11. Dezember 2003, NZA 2004, 680 *("Handlungsreisenden-Fall")*

Zum Sachverhalt Der Kläger war als Handlungsreisender für die Beklagte, einem belgischen Unternehmen, tätig. Seine Aufgabe war es, die Produkte der Beklagten in Deutschland, Österreich und der Schweiz, später auch in Skandinavien, zu vertreiben. Der Arbeitsvertrag wurde in Brüssel in deutscher Sprache abgeschlossen. Vereinbart ist die Geltung deutschen Rechts, als Gerichtsstand allerdings Brüssel. Der Kläger wohnt in Deutschland. Den größten Teil seiner Arbeitszeit verbrachte er bei Kunden, einen kleinen Teil aber auch in seinem Brüsseler Büro. Die Beklagte hat das Arbeitsverhältnis gekündigt. Der Kläger verlangt Zahlung einer Entlassungsentschädigung nach belgischem Recht. Das Arbeitsgericht Brüssel hat die Klage rechtskräftig abgewiesen, weil deutsches Recht anwendbar sei. Daraufhin hat der Kläger in Deutschland Klage erhoben.

Die Entscheidung Das BAG hat die Klage abgewiesen. Die Parteien haben die Anwendung deutschen Rechts gewählt. Dies ist zulässig (damals Art. 27 EGBGB, heute Art. 8 Abs. 1 Satz 1 VO [EG] 593/2008). Die Wahl darf nur nicht dazu führen, dass dem Arbeitnehmer der Schutz entzogen wird, der ihm durch das Recht gewährt würde, das in Ermangelung einer Rechtswahl objektiv anzuwenden wäre. Nach Art. 8 Abs. 2 VO (EG) 593/2008 unterliegt das auf den Arbeitsvertrag anzuwendende Recht in Ermangelung einer Rechtswahl dem Recht des Staates, in dem oder andernfalls von dem aus der Arbeitnehmer in Erfüllung des Vertrags gewöhnlich seine Arbeit verrichtet. Nur wenn sich aus der Gesamtheit der

---

[341] BAG vom 12. Dezember 2001, NZA 2002, 734 (737).

Umstände ergibt, dass der Vertrag eine engere Verbindung zu einem anderen Staat aufweist, ist das Recht dieses anderen Staates anzuwenden (Art. 8 Abs. 4 VO [EG] 593/2008). Solche Umstände ergaben sich hier nicht. Zwar war der Sitz der Beklagten Brüssel. Die Parteien hatten aber den Vertrag in deutscher Sprache abgeschlossen, der Kläger wohnte in Deutschland und übte den überwiegenden Teil seiner Tätigkeit in Deutschland aus. Danach ist die Ausnahme des Absatzes 4 nicht einschlägig, objektiv berufen wäre nach Absatz 2 deutsches Recht. Dementsprechend entzieht die im Arbeitsvertrag getroffene Wahl des deutschen Rechts dem Kläger nicht den Schutz des objektiv berufenen Rechts, denn auch dies wäre das deutsche gewesen. Dementsprechend steht dem Kläger keine Entlassungsentschädigung nach belgischem Recht zu.

C. Betriebsübergang

§ 613a BGB dient der Umsetzung der sog. *Betriebsübergangs-Richtlinie* 77/187/EWG, die im Jahre 2001 durch die Richtlinie 2001/23/EG komplett neu gefasst worden ist. Die Vorschrift bewirkt, ähnlich wie § 566 BGB („Kauf bricht nicht Miete"), dass beim Übergang eines Betriebes oder Betriebsteils auf einen Erwerber das gesamte Arbeitsverhältnis mit allen Rechten und Pflichten auf diesen übergeht.

I. Ursachen für Betriebsübergänge

§ 613a wurde zwar schon 1972 in das BGB eingefügt. Die Vorschrift fand jedoch zunächst nur wenig Beachtung. Erst seit den 1990er-Jahren ist die Zahl der Betriebsübergänge sprunghaft angestiegen. Hierfür gibt es mehrere Ursachen. Vielfach dienen Betriebsübergänge der Verschlechterung von Rechtspositionen der Arbeitnehmer. Typische Gründe für Betriebsübergänge sind:

– die Ausgliederung weniger rentabler oder unrentabler Betriebe oder Betriebsteils auf selbstständige Gesellschaften oder deren Verkauf an andere Unternehmen;

- die Beschränkung auf „Kernkompetenzen" und Ausgliederung bloßer Hilfsbetriebe (Kantine, Fuhrpark, Reinigung);
- die Verringerung des Lohnniveaus durch Ausnutzung verschiedener Tarifverträge;

Beispiel In der Chemieindustrie herrscht ein relativ hohes Lohnniveau, sodass selbst Mitarbeiter in der untersten Tarifgruppe noch gut bezahlt werden (annähernd 2.000 Euro monatlich für Arbeitnehmer, die Tätigkeiten verrichten, die nur eine kurze Einweisung erfordern und jederzeit durch andere Arbeitnehmer verrichtet werden können). Gliedert man z. B. den Reinigungsbetrieb auf eine eigenständige Gesellschaft aus und wird dieses Mitglied im Arbeitgeberverband Gebäudereinigung, können den Mitarbeitern deutlich geringere Löhne gezahlt werden.

- höhere Flexibilität durch Vermeidung arbeitsrechtlichen Kündigungsschutzes. Einer rechtlich selbstständigen „Servicegesellschaft" (z. B. für die Gebäudereinigung) kann von dem Stammunternehmen ohne Beachtung des arbeitsrechtlichen Kündigungsschutzes der Auftrag entzogen oder beschränkt werden. Die ausgegliederte Servicegesellschaft wiederum kann dann ihren Arbeitnehmern relativ problemlos aus dringenden betrieblichen Erfordernissen (§ 1 Abs. 2 KSchG) kündigen, ohne darlegen zu müssen, aus welchen Gründen der Auftrag verringert oder entzogen worden ist.

II. Voraussetzungen des Betriebsübergangs

1. Prüfungsschema „Betriebsübergang"

1. Betrieb oder Betriebsteil
   a) Wahrung der wirtschaftlichen Identität der Einheit
      i. Übergang der sächlichen und immateriellen Betriebsmittel
      ii. Wert dieser Betriebsmittel
      iii. Übernahme der den Betrieb prägenden Mitarbeiter
      iv. Übernahme des Kundenstamms
      v. Vergleichbarkeit der Tätigkeiten vor und nach der Übernahme
      vi. Dauer der Unterbrechung der Geschäftstätigkeit

vii.   Gesamtabwägung
b)   Zuordnung des Arbeitnehmers zu dem Betrieb oder Betriebsteil
2.   Übergang auf einen anderen Inhaber
a)   Übertragung der Leitungsmacht auf eine andere natürliche oder juristische Person, Personenhandelsgesellschaft oder Gesamthandsgemeinschaft
b)   Keine Betriebsstilllegung
3.   Übergang durch Rechtsgeschäft

2. Betrieb oder Betriebsteil

a) Wahrung der wirtschaftlichen Identität der Einheit

Voraussetzung des § 613a Abs. 1 BGB ist, dass ein Betrieb oder Betriebsteil durch Rechtsgeschäft auf einen anderen Inhaber übergeht. In Bezug auf den Begriff des Betriebs kommt es nach der *Rechtsprechung des EuGH* allein auf die Identität der wirtschaftlichen Einheit an: Die Übertragung sächlicher oder immaterieller Betriebsmittel ist dabei nur ein, für sich allein keineswegs ausschlaggebendes Kriterium. Vielmehr kommt es auf eine Gesamtbewertung an, für die vorrangig entscheidend ist, dass dieselbe oder eine gleichartige Geschäftstätigkeit vom neuen Inhaber tatsächlich weitergeführt oder wieder aufgenommen wird. Dementsprechend kann auch ohne den Übergang von Aktiva ein Betriebsübergang möglich sein.[342]

Das BAG fasst den *Tatbestand des Betriebsübergangs* wie folgt zusammen:

„Ein Betriebs- oder Betriebsteilübergang nach § 613a Abs. 1 Satz 1 BGB setzt die Wahrung der Identität der betreffenden wirtschaftlichen Einheit voraus. Eine solche besteht aus einer *organisatorischen Gesamtheit* von Personen und/oder Sachen zur auf Dauer angelegten Ausübung einer wirtschaftlichen Tätigkeit mit eigener Zielsetzung. Ob ein im Wesentlichen unveränderter Fortbestand der organisierten Gesamtheit ‚Betrieb' bei einem neuen Inhaber anzunehmen ist, richtet sich nach den Umständen des konkreten Falls. Als Teilaspekte der *Gesamtwürdigung* zählen insbesondere die Art des betreffenden Betriebs, der Übergang materieller Betriebsmittel wie beweglicher Güter und Gebäude, der Wert immaterieller

---

[342] EuGH vom 14. April 1994 „*Christel Schmidt*", NZA 1994, 545 (546).

Aktiva im Zeitpunkt des Übergangs, die Übernahme der Hauptbelegschaft durch den neuen Inhaber, der Übergang von Kundschaft und Lieferantenbeziehungen, der Grad der Ähnlichkeit zwischen den vor und nach dem Übergang verrichteten Tätigkeiten und die Dauer einer Unterbrechung dieser Tätigkeit. Die Identität der Einheit kann sich auch aus anderen Merkmalen ergeben, wie ihrem Personal, ihren Führungskräften, ihrer Arbeitsorganisation, ihren Betriebsmethoden und gegebenenfalls den ihr zur Verfügung stehenden Betriebsmitteln. Den für das Vorliegen eines Übergangs maßgeblichen Kriterien kommt je nach der ausgeübten Tätigkeit und je nach den Produktions- oder Betriebsmethoden unterschiedliches Gewicht zu.

In Branchen, in denen es im Wesentlichen auf die menschliche Arbeitskraft ankommt, kann auch eine Gesamtheit von Arbeitnehmern, die durch eine gemeinsame Tätigkeit dauerhaft verbunden ist, eine wirtschaftliche Einheit darstellen. Die Wahrung der Identität der wirtschaftlichen Einheit ist in diesem Fall anzunehmen, wenn der neue Betriebsinhaber nicht nur die betreffende Tätigkeit weiterführt, sondern auch einen nach Zahl und Sachkunde wesentlichen Teil des Personals übernimmt, das sein Vorgänger gezielt bei dieser Tätigkeit eingesetzt hatte. Hingegen stellt die bloße Fortführung der Tätigkeit durch einen anderen (Funktionsnachfolge) ebenso wenig einen Betriebsübergang dar wie die reine Auftragsnachfolge. Eine Einheit darf nicht als bloße Tätigkeit verstanden werden.

In betriebsmittelgeprägten Betrieben kann ein Betriebsübergang auch ohne Übernahme von Personal vorliegen. Sächliche Betriebsmittel sind im Rahmen einer Auftragsneuvergabe wesentlich, wenn bei wertender Betrachtungsweise ihr Einsatz den eigentlichen Kern des zur Wertschöpfung erforderlichen Funktionszusammenhangs ausmacht. Kriterien hierfür können sein, dass die Betriebsmittel unverzichtbar zur auftragsgemäßen Verrichtung der Tätigkeiten sind, auf dem freien Markt nicht erhältlich sind oder ihr Gebrauch vom Auftraggeber zwingend vorgeschrieben ist.

Wesentliche Änderungen in der Organisation, der Struktur oder im Konzept der betrieblichen Tätigkeit können einer Identitätswahrung entgegenstehen. So spricht eine Änderung des Betriebszwecks gegen eine im Wesentlichen unveränderte Fortführung des Betriebs und damit gegen die für einen Betriebsübergang erforderliche Wahrung der Identität der wirtschaftlichen Einheit. Ein Betriebsübergang scheidet auch aus, wenn die funktionelle Verknüpfung der Wechselbeziehung und gegenseitigen Ergänzung zwischen den Produktionsfaktoren beim anderen Unternehmer verloren geht. Bei einer Eingliederung der übertragenen Einheit in die Struktur des Erwerbers fällt der Zusammenhang dieser funktionellen Verknüpfung der Wechselbeziehung und gegenseitigen Ergänzung zwischen den für einen Betriebsübergang maßgeblichen Faktoren nicht zwangsläufig weg. Die Beibehaltung der ‚organisatorischen Selbstständigkeit' ist nicht erforderlich, wohl aber die Beibehaltung des Funktions- und Zweckzusammenhangs zwischen den verschiedenen übertragenen Faktoren, der es dem Erwerber erlaubt, diese Faktoren, auch wenn sie in eine andere Organisationsstruktur eingegliedert werden, zur Verfolgung einer bestimmten wirtschaftlichen Tätigkeit zu nutzen".[343]

Beispiele *für* einen *Betriebsübergang* Hat ein Krankenhaus bestimmte Serviceleistungen (Abholen von Müll, Reinigen der Wäsche etc.) an ein Dienstleistungsunternehmen fremdvergeben und beendet es den Vertrag mit diesem Unternehmen, um den Auftrag künftig von einem anderen Dienstleister erledigen zu lassen, so liegt ein Betriebsübergang in Ermangelung des Übergangs einer wirtschaftlichen Einheit zunächst nicht vor.[344] Übernimmt aber der neue Auftragnehmer freiwillig den nach Zahl und Sachkunde wesentlichen Teil des Personals des bisherigen Auftragnehmers, ist der Tatbestand des § 613a Abs. 1 BGB mit der Folge erfüllt, dass auch die zunächst nicht übernommenen Arbeitsverhältnisse auf den neuen Dienstleister übergehen.[345]

Wird die Verpflegung eines Krankenhauses durch ein selbstständiges Unternehmen betrieben, das zu diesem Zweck die Küche des Krankenhauses benutzt, liegt ein Betriebsübergang vor, wenn das Krankenhaus den Vertrag mit dem bisherigen Dienstleistungsunternehmen beendet und ein anderes Unternehmen mit der Betreuung der Küche beauftragt, wenn dieses zweite Unternehmen die Kücheneinrichtung übernimmt. Angesichts des Übergangs der sächlichen Betriebsmittel

---

[343] BAG vom 21. Juni 2012, NZA-RR 2013, 6 (8 f.).
[344] BAG vom 22. Januar 2009, NZA 2009, 905 (906 ff.).
[345] BAG vom 10. Dezember 1998, NZA 1999, 420 (421).

kommt es im Tatbestand dann nicht mehr darauf an, ob auch die Funktionsträger (Köche) mit übernommen werden sollen; der Übergang ihrer Arbeitsverhältnisse ist dann Rechtsfolge des Betriebsübergangs.[346]

Beispiele, in denen *kein Betriebsübergang* angenommen wurde Hat ein Spediteur mehrere LKW geleast und vermietet er einen Teil der Fahrzeuge mit Zustimmung seines Leasinggebers an ein anderes Unternehmen weiter, so liegt kein Betriebs(teil)übergang vor, weil die Fahrzeuge keine eigenständige wirtschaftliche Einheit bilden.[347]

Ändert der Betriebserwerber eines Möbelhauses das Einkaufs- und Verkaufskonzept dahingehend, dass an die Stelle des Verkaufs und der Lieferung von Markenmöbeln über einen Möbeleinkaufsverband der Verkauf von Möbeln aus Geschäftsauflösungen zum Selbstabholen und Selbstaufbau zu Discountpreisen tritt, ändert sich die Identität der wirtschaftlichen Einheit so grundlegend, dass der Tatbestand des § 613a BGB nicht erfüllt ist.[348]

Dem Übergang eines gesamten Betriebs steht der *Übergang eines Betriebsteils* gleich. Auch beim Erwerb eines Betriebsteils ist es nach der Rechtsprechung des BAG erforderlich, dass die wirtschaftliche Einheit ihre Identität wahrt: „Daher muss eine Teileinheit des Betriebs bereits beim früheren Betriebsinhaber die Qualität eines Betriebsteils gehabt haben. Beim bisherigen Betriebsinhaber musste also eine selbstständig abtrennbare organisatorische Einheit vorhanden sein, mit der innerhalb des betrieblichen Gesamtzwecks ein Teilzweck verfolgt wurde. Das Merkmal des Teilzwecks dient zur Abgrenzung der organisatorischen Einheit. Im Teilbetrieb müssen keine andersartigen Zwecke als im übrigen Betrieb verfolgt werden. Ergibt die Gesamtbetrachtung eine identifizierbare wirtschaftliche und organisatorische Teileinheit, so muss diese beim Erwerber im Wesentlichen unverändert fortbestehen, wobei der übertragene Betriebsteil seine organisatorische Selbstständigkeit beim Betriebserwerber nicht vollständig bewahren muss. Vielmehr genügt es, dass der Betriebs(teil)erwerber die funktionelle Verknüpfung zwischen den übertragenen Produktionsfaktoren beibehält und es ihm derart ermöglicht wird,

---

[346] EuGH vom 20. November 2003 *„Abler"*, NZA 2003, 1385 (1386).
[347] BAG vom 26. August 1999, NZA 2000, 144 (145).
[348] BAG vom 13. Juli 2006, NZA 2006, 1357 (1358 f.).

diese Faktoren zu nutzen, um derselben oder einer gleichartigen wirtschaftlichen Tätigkeit nachzugehen".[349]

b) Zuordnung des Arbeitnehmers zu dem Betrieb oder Betriebsteil

§ 613a BGB ordnet nur den *Übergang bestehender Arbeitsverhältnisse* an. Betriebsrentner werden von der Vorschrift ebenso wenig erfasst wie freie Dienstnehmer, etwa die Geschäftsführer einer GmbH.[350] Dagegen gehen Arbeitsverhältnisse, die (z. B. wegen Mutterschutzes oder Elternzeit) lediglich ruhen, auf den neuen Inhaber ebenso über wie befristete oder bereits gekündigte Arbeitsverhältnisse. Im Übrigen erfasst § 613a BGB alle Arten von Arbeitsverhältnissen, also auch geringfügig Beschäftigte, Arbeitnehmer, die nur eine Nebenbeschäftigung ausüben, und Auszubildende.

Vor allem beim *Betriebsteilübergang* kann jedoch zweifelhaft sein, welche Arbeitsverhältnisse dem übergehenden Betriebsteil zuzuordnen sind. Erforderlich ist dafür, dass der Arbeitnehmer in den entsprechenden Teil tatsächlich eingegliedert war und nicht lediglich für diesen gewisse Verrichtungen ausgeführt hat, ohne ihm anzugehören. War der Arbeitnehmer für mehrere Betriebe oder Betriebsteile oder in einer zentralen Organisation des Unternehmens tätig, richtet sich seine Zuordnung nach objektiven Kriterien wie der Funktion des Arbeitsplatzes, dem Schwerpunkt der Tätigkeit und der tatsächlichen Eingliederung des Arbeitnehmers in den Betriebsteil.[351] Für die Frage, welchem Betrieb oder Betriebsteil ein Arbeitnehmer zugeordnet ist, kommt es zunächst auf den Willen der Arbeitsvertragsparteien an. Liegt ein solcher weder in ausdrücklicher noch in konkludenter Form vor, so erfolgt die Zuordnung grundsätzlich – ebenfalls ausdrücklich oder konkludent – durch den Arbeitgeber auf Grund seines Direktionsrechts.

---

[349] BAG vom 21. Juni 2012, NZA-RR 2013, 6 (8 f.); ähnlich BAG vom 21. August 2014, NZA 2015, 167 (169).

[350] BAG vom 18. März 2003, NZA 2004, 848 (850) (Betriebsrentner); vom 13. Februar 2003, NZA 2003, 854 (855 f.) (Geschäftsführer).

[351] BAG vom 22. Juli 2004, NZA 2004, 1384 (1389).

3. Übergang auf einen anderen Inhaber

Anstelle des bisherigen Betriebsinhabers (des Veräußerers) muss ein neuer Inhaber (der Erwerber) den Betrieb im eigenen Namen tatsächlich fortführen. Ein *Inhaberwechsel* liegt daher nur dann vor, wenn eine andere natürliche oder juristische Person, Personenhandelsgesellschaft oder Gesamthandsgemeinschaft Inhaberin des Betriebes wird. Der Inhaber muss nicht zwingend Eigentümer des Unternehmens, er kann z. B. auch bloßer Pächter sein. Entscheidend für die Inhaberschaft ist die *Übernahme der arbeitstechnischen Organisations- und Leitungsmacht.* Ein bloßer Wechsel der Gesellschafter berührt dagegen die Identität des Betriebsinhabers nicht; auch eine analoge Anwendung der Vorschrift scheidet in diesen Fällen aus. Der neue Inhaber muss den Betrieb tatsächlich fortführen. Eine bloße konkrete betriebliche Fortführungsmöglichkeit ist nicht ausreichend.

Eine *Stilllegung des Betriebes,* sei es durch den Veräußerer noch vor der Übertragung, sei es durch den Erwerber im unmittelbaren Anschluss an sie, schließt einen Betriebsübergang tatbestandlich aus. Dies folgt aus dem Schutzzweck des § 613a BGB, der den Fortbestand der Arbeitsverhältnisse zu gesicherten, möglichst unveränderten Arbeitsbedingungen gewährleisten will. Steht dagegen die Beendigung des Arbeitsverhältnisses im Raum, übernimmt § 1 KSchG den Schutz der Arbeitnehmer vor einer sozial nicht gerechtfertigten Kündigung.

Die *Stilllegung* muss *auf Dauer* oder jedenfalls für einen längeren Zeitraum (mehrere Monate) vorgenommen werden. Bloße Umbauarbeiten etc., die die betriebliche Produktionsgemeinschaft nicht auflösen, sind keine Stilllegung des Betriebes. Entscheidend ist die Absicht des Arbeitgebers, den bisherigen Betriebszweck zumindest für eine ihrer Dauer nach unbestimmte, wirtschaftlich nicht unerhebliche Zeitspanne nicht weiter verfolgen zu wollen.[352] Die Betriebsstilllegung muss schließlich unmittelbar erfolgen. Nur ein Erwerber, der den Betrieb überhaupt nicht „führt", vermeidet den Tatbestand des Betriebsübergangs. Dagegen führt die Übernahme zum Zwecke der Liquidation zur Anwendbarkeit des § 613a BGB, wenn die bisherige Identität des Betriebes auch nur vorübergehend

---

[352] BAG vom 21. Juni 2001, NZA 2002, 212 (214) zur Schließung eines Werks, das erst nach umfangreichen Modernisierungsarbeiten wieder wettbewerbsfähig ist und seinen Betrieb wieder aufnehmen kann.

– z. B. bis zum Abverkauf der vorhandenen Lagerbestände – aufrechterhalten bleibt.

4. Übergang durch Rechtsgeschäft

Die Rechtsfolgen des § 613a BGB treten nur bei einem rechtsgeschäftlichen Übergang des Betriebes oder Betriebsteils auf einen neuen Inhaber ein. Eine Übertragung kraft Hoheitsaktes (Zwangsversteigerung), im Wege der Gesamtrechtsnachfolge (Erbfall) oder kraft Gesetzes (Ausnahme insoweit: § 324 UmwG) genügt nicht. Allerdings ist der *Begriff des Rechtsgeschäfts weit zu verstehen.* Da es ein Recht am Betrieb oder an einem Betriebsteil nicht gibt, ist der Betrieb als solcher kein Gegenstand, der durch Rechtsgeschäft übertragen werden kann. Rechtsgeschäftlicher Betriebsinhaberwechsel bedeutet, dass die zum Betrieb gehörenden materiellen oder immateriellen Rechte durch besondere Übertragungsakte – und nicht durch Gesamtrechtsnachfolge oder Hoheitsakt – auf den neuen Inhaber übertragen werden und der Erwerber damit neuer Inhaber des Betriebes wird. Unerheblich ist dabei die Rechtsnatur des Vertrages, es kann sich z. B. um Kauf, Pacht, Miete, Schenkung, Nießbrauch, Gesellschaftsvertrag etc. handeln. Erforderlich ist nicht einmal, dass das Rechtsgeschäft zwischen dem Veräußerer und dem Erwerber unmittelbar abgeschlossen worden ist, auch eine Zwischenschaltung Dritter hindert die Anwendung des § 613a BGB nicht.

5. Der praktische Fall

Voraussetzungen des Betriebsübergangs: BAG vom 11. September 1997, NZA 1998, 31 *("Bauchtanz-Fall")*

Zum Sachverhalt Die Parteien streiten darüber, ob das Arbeitsverhältnis der Klägerin kraft Betriebsübergangs auf den Beklagten übergegangen ist. Die Klägerin war seit 1993 als Serviererin im Hotel- und Gaststättenbetrieb A tätig. A führt seit 80 Jahren ein gutbürgerliches deutsches Speiserestaurant. In dem Gebäude wurden auch ein Hotel mit 14 Zimmern sowie eine Kegelbahn betrieben. 1993 verpachtete A den Betrieb an die R-GmbH, die jedoch schon 1994 Insolvenz anmeldete. Allen Arbeitnehmern, darunter auch der Klägerin, wurde gekündigt. Auf die Kündigungsschutzklage der Klägerin stellte das ArbG Essen rechtskräftig fest, dass die Kündigung nicht sozial gerechtfertigt war (§ 1 Abs. 2 KSchG). Im August 1994 mietete der Beklagte die Räume des Hotels und der Speisegaststätte an. Er führte diverse Umbaumaßnahmen durch. Im Oktober 1994 eröffnete der Beklagte die Gaststätte als „Restaurant mit arabischen Spezialitäten" neu. Ausweislich der Speisekarte wird „Essen wie aus Tausend und einer Nacht mit den besten Gerichten der arabischen Küche in einer exotischen Atmosphäre" serviert. Es wird arabische Musik gespielt, arabische Mitarbeiter bedienen die Gäste. Jeden Samstag werden ausgefallene Menüs bei Bauchtanz serviert. Die Gäste setzen sich weitgehend aus arabischen Landsleuten des Beklagten zusammen. Die Klägerin macht geltend, sie stehe kraft § 613a BGB in einem Arbeitsverhältnis zum Beklagten.

Die Entscheidung Das BAG hat die Klage abgewiesen. Ein Betriebsübergang i. S. von § 613 Abs. 1 Satz 1 BGB liege nicht vor. Dagegen sprächen vor allem: (1.) Die Unterbrechung der Tätigkeit. Der Beklagte hat das Restaurant mehr als fünf Monate nach der Schließung und mehr als sechs Monate nach Beginn der Betriebsruhe eröffnet. Diese Zeitspanne ist auch bei einer Gaststätte als wirtschaftlich nicht unerheblich zu bewerten. (2.) Die mangelnde Ähnlichkeit der vor und nach der Weitervermietung der Gebäude betriebenen Gaststätte. Der neue Name der Gaststätte zeigt Gästen gegenüber dem früheren Namen unmissverständlich einen Wechsel an und macht deutlich, dass keine deutsche Küche mehr, sondern eine exotische zu erwarten ist. Dementsprechend hat die Gaststätte auch von ihrem Charakter her einen gewichtigen Wandel erfahren. (3.) Der Wechsel des Kundenstamms. Das Restaurant des Beklagten zieht Gäste mit anderem Geschmack und anderen Interessen als die frühere Gaststätte an. (4.) Die fehlende Übernahme von Führungspersonal.

Demgegenüber sei der Umstand, dass der Beklagte Teile des Mobiliars, die Kücheneinrichtung und die Kegelbahn übernommen hat, von untergeordnetem Gewicht. Diese geben dem Betrieb nicht sein „Gepräge".

III. Rechtsfolgen des Betriebsübergangs

1. Übergang der Arbeitsverhältnisse

§ 613a BGB ist zwingendes Recht. Seine Rechtsfolgen können nicht durch andere Vertragsgestaltungen umgangen werden. So hindert beispielsweise der Umstand, dass die Arbeitsverhältnisse aller Arbeitnehmer formal vor dem Tag des Betriebsübergangs einvernehmlich beendet worden sind, um dann am Tag darauf mit dem Erwerber neu begründet zu werden (sog. „Lemgoer Modell"), die Anwendung der Vorschrift nicht: Die Arbeitsverhältnisse werden als nicht unterbrochen behandelt.[353]

a) Allgemeines

Der Betriebserwerber tritt im Zeitpunkt des Betriebsübergangs *ipso iure in die Arbeitgeberstellung* mit allen ihren Rechten und Pflichten *ein.* Das Arbeitsverhältnis geht so, wie es ist, auf den Erwerber über. Er muss sich die von den Arbeitnehmern beim Veräußerer zurückgelegte Betriebszugehörigkeit anrechnen lassen, ihm wird sogar die Kenntnis von Umständen (z. B. solchen, die zur Anfechtung nach § 123 BGB berechtigen oder diese gerade ausschließen), die der Veräußerer hatte, zugerechnet, selbst wenn er persönlich gar nicht über sie verfügt.

Beispiele Zu den Rechten des Arbeitgebers gehört, dass er vom Zeitpunkt des Betriebsübergangs die Arbeitsleistung beanspruchen kann und dass alle Nebenpflichten des Arbeitnehmers (Verschwiegenheitspflichten, Wettbewerbsverbot etc.) nunmehr ihm gegenüber zu erfüllen sind. Zu seinen Pflichten zählt es, alle Hauptpflichten aus dem Arbeitsverhältnis weiterhin zu erfüllen, gleichgültig, auf welcher Grundlage (Arbeitsvertrag, Betriebliche Übung etc.) sie basieren und welchen Inhalt sie haben. Auch in alle Nebenpflichten aus dem Arbeitsverhältnis tritt er ein, dies gilt sowohl hinsichtlich der gesetzlich gesondert normierten Nebenpflichten als auch derjenigen, die aus § 241 Abs. 2 BGB resultieren.

---

[353] BAG vom 27. Juni 2002, NZA 2003, 145 (146); vom 25. Oktober 2012, NZA 2013, 203 (205 f.).

b) Unterrichtungspflicht

Betriebsveräußerer oder Betriebserwerber müssen *die Arbeitnehmer in Textform* (§ 126b BGB) über den Zeitpunkt oder den geplanten Zeitpunkt des Übergangs, den Grund für den Übergang, die rechtlichen, wirtschaftlichen und sozialen Folgen des Übergangs für die Arbeitnehmer und die hinsichtlich der Arbeitnehmer in Aussicht genommenen Maßnahmen *unterrichten.* Der Arbeitgeber hat den Arbeitnehmer so zu unterrichten, dass jener sich über die Person des Übernehmers und über die in § 613a Abs. 5 BGB genannten Umstände ein Bild machen kann. Er soll durch die Unterrichtung eine ausreichende Wissensgrundlage für die Ausübung oder Nichtausübung seines Widerspruchsrechts haben[354].

Rechtsfolge der Verletzung der Unterrichtungspflicht ist, dass die Widerspruchsfrist des § 613a Abs. 6 BGB nicht beginnt. Als problematisch erweist sich, dass nicht nur die unterlassene, sondern auch die unvollständige Unterrichtung diese Konsequenz zeitigt. Da die Unterrichtungspflicht sehr weit geht („rechtliche, wirtschaftliche und soziale Folgen"), bestehen hier erhebliche Risiken. Nach Auffassung des BAG kann der nicht oder nicht ausreichend unterrichtete Arbeitnehmer darüber hinaus Ansprüche wegen Pflichtverletzung (gegen den Veräußerer aus § 280 Abs. 1 BGB, gegen den Erwerber aus § 280 Abs. 1 i.V. mit § 311 Abs. 2, § 241 Abs. 2 BGB) geltend machen.[355]

c) Widerspruchsrecht

Der Grundsatz der Vertragsfreiheit gebietet, dass ein Arbeitnehmer nicht gezwungen werden kann, gegen seinen Willen einen anderen Vertragspartner als Arbeitgeber zu akzeptieren. Dem trägt die Regelung des § 613a Abs. 6 BGB Rechnung. Der Arbeitnehmer kann dem Übergang seines Arbeitsverhältnisses widersprechen; der Widerspruch ist gegenüber dem bisherigen Arbeitgeber oder dem neuen Inhaber zu erklären.[356] Das *Widerspruchsrecht ist ein Gestaltungsrecht* und daher bedingungs-

---

[354] Vgl. BT-Drucks. 14/7760, S. 19.

[355] BAG vom 13. Juli 2006, NZA 2006, 1406 (1411); vom 31. Januar 2008, NZA 2008, 642 (644).

[356] BAG vom 24. April 2014, NZA 2014, 1074 (1075); vom 21. August 2014, NZA 2014, 1405 (1406); vom 11. Dezember 2014, NZA 2015, 481 (482).

feindlich. Ein erklärter Widerspruch kann nicht zurückgenommen werden,[357] was natürlich den Abschluss eines neuen Arbeitsvertrages zwischen dem Arbeitnehmer und dem Erwerber nicht hindert. Der Widerspruch bedarf der Schriftform des § 126 BGB und daher der eigenhändigen Unterzeichnung durch den Arbeitnehmer.

Die *Widerspruchsfrist* beträgt einen Monat. Sie beginnt erst mit der vollständigen Unterrichtung des Arbeitnehmers gemäß § 613a Abs. 5 BGB.[358] Allerdings kann der Arbeitnehmer auch bei fehlender oder unvollständiger Unterrichtung sein Widerspruchsrecht verwirken (§ 242 BGB).[359] Ein Widerspruch kann *rechtsmissbräuchlich* und daher unbeachtlich sein, wenn mit ihm andere Zwecke als die Sicherung der arbeitsvertraglichen Rechte und die Beibehaltung des bisherigen Arbeitgebers bezweckt werden, er z. B. von allen oder fast allen vom Betriebsübergang betroffenen Arbeitnehmern kollektiv ausgeübt wird, um den Betriebsübergang selbst zu verhindern.[360]

Der Widerspruch hat zur *Folge,* dass das Arbeitsverhältnis nicht auf den Betriebserwerber übergeht, sondern mit dem Betriebsveräußerer bestehen bleibt. Kann dieser den Arbeitnehmer nicht beschäftigen, weil er keinen entsprechenden Arbeitsplatz mehr für ihn hat, gerät er in Annahmeverzug (§ 615 Satz 1 BGB). Allerdings muss der Arbeitnehmer sich nach § 615 Satz 2 BGB den böswillig unterlassenen Arbeitsverdienst beim Erwerber anrechnen lassen, wenn er dort nicht gearbeitet hat, obwohl ihm dies – zumindest vorübergehend – zumutbar war.

Besteht für den Arbeitnehmer beim Veräußerer keine Weiterbeschäftigungsmöglichkeit (weil dieser z. B. nach der Veräußerung gar kein Unternehmen mehr betreibt oder in seinen verbleibenden Betrieben über keinen geeigneten Arbeitsplatz mehr verfügt), ist der Arbeitgeber nach Maßgabe des § 1 Abs. 2 KSchG zur *Kündigung aus dringenden betrieblichen*

---

[357] BAG vom 30. Oktober 2003, NZA 2004, 481 (483).
[358] BAG vom 14. Dezember 2006, NZA 2007, 682 (683).
[359] BAG vom 15. Februar 2007, NZA 2007, 793 (797 f.); vom 17. Oktober 2013, NZA 2014, 774 (776).
[360] BAG vom 30. September 2004, NZA 2005, 43 (46 ff.).

Erfordernissen berechtigt.[361] § 613a Abs. 4 BGB steht einer solchen Kündigung nicht entgegen.[362]

Problematisch ist allerdings die in diesen Fällen nach § 1 Abs. 3 KSchG vorzunehmende soziale Auswahl, weil sie zur Folge haben kann, dass ein sozial weniger schutzbedürftiger Arbeitnehmer im Betrieb des Veräußerers seinen Arbeitsplatz nur deshalb verliert, weil ein anderer Arbeitnehmer, dessen Arbeitsverhältnis an sich nach § 613a BGB auf den Erwerber übergegangen wäre, dem Betriebsübergang widersprochen hat. Die Gründe für den Widerspruch nach § 613a Abs. 6 BGB sind bei der Bewertung der sozialen Schutzbedürftigkeit des Arbeitnehmers nicht zu berücksichtigen.[363]

2. Fortgeltung kollektiv-rechtlicher Regelungen

a) Überführung in individualrechtliche Vereinbarungen

Die Rechtsnormen eines *Tarifvertrages,* der kraft beiderseitiger Tarifbindung Anwendung findet, wirken an sich normativ auf das Arbeitsverhältnis ein (§ 4 Abs. 1 TVG). Dasselbe gilt für eine *Betriebsvereinbarung* (§ 77 Abs. 4 Satz 1 BetrVG). Durch einen Betriebsübergang kann jedoch die Situation eintreten, dass der Erwerber – im Gegensatz zum Veräußerer – nicht Mitglied des tarifschließenden Arbeitgeberverbandes und daher nicht an den Tarifvertrag gebunden ist. Außerdem kann beim Übergang eines bloßen Betriebsteils der für den bisherigen Betrieb gebildete Betriebsrat im Restbetrieb des Veräußerers verbleiben und der übergegangene Betriebsteil damit ohne Betriebsrat, also ohne Vertragspartner der Betriebsvereinbarung sein. Damit in diesen Fällen die Arbeitnehmer ihre Rechte aus dem Tarifvertrag oder der Betriebsvereinbarung nicht verlieren, ordnet § 613a Abs. 1 Satz 2 BGB die individualrechtliche Fortgeltung der bisher normativ geltenden Regelungen an. *Die Rechtsnormen des Tarifvertrages bzw. der Betriebsvereinbarung* mutieren also im Moment des Betriebsübergangs und *nehmen eine andere Rechtsqualität an:* Sie sind

---

[361] BAG vom 25. April 2002, NZA 2003, 605 (606); vom 15. August 2002, NZA 2003, 430 (431).

[362] BAG vom 24. Februar 2000, NZA 2000, 764 (765).

[363] BAG vom 31. Mai 2007, NZA 2008, 33 (38 f.) unter Aufgabe der gegenteiligen älteren Rechtsprechung.

nicht mehr Tarif- oder Betriebsnormen, sondern Bestandteil jedes einzelnen Arbeitsvertrages der vom Betriebsübergang betroffenen Arbeitnehmer.

Aus diesem *Schutzzweck* folgt jedoch zugleich, dass § 613a Abs. 1 Satz 2 BGB nur eine Auffangregelung für den Fall ist, dass die Rechtsnormen nicht ohnehin kollektiv-rechtlich fortgelten. Dies ist bei Tarifverträgen der Fall, wenn der alte und der neue Betriebsinhaber Mitglied desselben tarifschließenden Arbeitgeberverbandes sind; bei Betriebsvereinbarungen dann, wenn der Betrieb als Ganzes auf den Erwerber übergeht und damit auch der bisherige Betriebsrat als Vertragspartner der Betriebsvereinbarungen fortbesteht. Da bei einer Spaltung des Betriebes (die Voraussetzung eines Betriebsteilübergangs ist) der bisherige Betriebsrat nach § 21a Abs. 1 BetrVG im Amt bleibt, falls der übergehende Betriebsteil selbstständig erhalten bleibt und nicht in einen beim Erwerber bereits bestehenden Betrieb eingegliedert wird, gelten die Betriebsvereinbarungen auch in diesem Fall kollektiv-rechtlich fort.

Kommt danach eine kollektiv-rechtliche Fortgeltung nicht in Betracht, werden die beim Betriebsübergang geltenden Rechtsnormen Inhalt der Arbeitsverhältnisse. Worauf die „Geltung" beruht, ist unerheblich. Auch nur noch kraft Nachbindung (§ 3 Abs. 3 TVG) oder Nachwirkung (§ 4 Abs. 5 TVG, § 77 Abs. 6 BetrVG) geltende Tarif- oder Betriebsnormen fallen unter § 613a Abs. 1 Satz 2 BGB. Die Fortgeltung ist aber statisch. An späteren Veränderungen (etwa einer nach dem Betriebsübergang vereinbarten Tariflohnerhöhung) nehmen die Regelungen nicht mehr teil. Trotz ihres neuen „Status" können diese Regelungen aber durch eine spätere Betriebsvereinbarung oder einen späteren Tarifvertrag ohne Beachtung des Günstigkeitsprinzips abgelöst werden. Sie werden dann so behandelt, als seien sie noch immer Tarif- oder Betriebsnormen (es gilt also nur die Zeitkollisionsregel, nicht aber das Günstigkeitsprinzip).

Die individualrechtlich überführten Normen unterliegen einer *einjährigen Veränderungssperre* und können in dieser Zeit nicht zum Nachteil der Arbeitnehmer (wohl aber zu ihrem Vorteil) verändert werden. Erst nach Ablauf der Jahresfrist ist eine Veränderung möglich, kann dann aber nur unter den gewöhnlichen Voraussetzungen der Vertragsänderung – einvernehmlicher Änderungsvertrag, sozial gerechtfertigte Änderungskündigung – erfolgen. Vor Ablauf der Jahresfrist ist eine Änderung nur unter den Voraussetzungen des § 613a Abs. 1 Satz 4 BGB möglich.

b) Ausschluss der Fortgeltung

Die individualrechtliche Fortgeltung ist nach § 613a Abs. 1 Satz 3 BGB ausgeschlossen, wenn die Rechte und Pflichten bei dem neuen Inhaber durch Rechtsnormen eines anderen Tarifvertrags oder durch eine andere Betriebsvereinbarung geregelt werden. Diese Situation kann bei einer Betriebsvereinbarung z. B. eintreten, wenn der übernommene Betrieb oder Betriebsteil beim Erwerber in einen bereits bestehenden Betrieb eingegliedert wird, in dem eine Betriebsvereinbarung denselben Gegenstand (z. B. Weihnachtsgeld) regelt. Bei einem Tarifvertrag findet § 613a Abs. 1 Satz 3 BGB nur im Falle kongruenter Tarifbindung, also nur dann Anwendung, wenn sowohl der Arbeitgeber als auch der Arbeitnehmer Mitglied der tarifschließenden Parteien sind. Dies setzt in der Praxis häufig voraus, dass der Arbeitnehmer die Gewerkschaft wechselt, wozu er aber infolge seiner Koalitionsfreiheit (Art. 9 Abs. 3 GG) nicht gezwungen werden kann.

Liegen die Voraussetzungen des § 613a Abs. 1 Satz 3 BGB vor, gilt ausschließlich die „neue" kollektiv-rechtliche Regelung. *Ein Günstigkeitsvergleich findet nicht statt.*[364]

Fanden die Tarifnormen im Veräußererbetrieb auf den Arbeitnehmer nicht kraft dessen Gewerkschaftsmitgliedschaft, sondern lediglich infolge einer *einzelvertraglichen Inbezugnahme* des dortigen Tarifvertrages Anwendung, kommt eine Anwendung von § 613a Abs. 1 Satz 3 BGB nicht in Betracht. Vielmehr ist der Inhalt der Bezugnahmeklausel durch Auslegung zu ermitteln. Nach der früheren Rechtsprechung des Bundesarbeitsgerichts galt eine Bezugnahmeklausel im Zweifel als bloße Gleichstellungsabrede, sodass für den Arbeitnehmer im Ergebnis doch wieder der „neue" Tarifvertrag Anwendung fand[365]. Dies resultierte dann allerdings nicht aus der Anwendung von § 613a Abs. 1 Satz 3 BGB, sondern aus der Interpretation der arbeitsvertraglichen Verweisungsklausel. Das BAG wendet diese Rechtsprechung aber jetzt nur noch auf Arbeitsverträge an, die bis zum 31. Dezember 2001 abgeschlossen wurden.[366] Bei ab dem 1. Januar

---

[364] BAG vom 18. November 2003, NZA 2004, 803 (805).
[365] Z.B. BAG vom 25. September 2002, NZA 2003, 807 (809).
[366] BAG vom 14. Dezember 2005, NZA 2006, 607 (609).

2002 eingegangenen „Neuverträgen" ist der Inhalt der Bezugnahmeklausel demgegenüber im Einzelfall nach allgemeinen Grundsätzen gemäß §§ 133, 157 BGB auszulegen.[367]

Beispiel Das in Kiel ansässige Unternehmen U hat in den Arbeitsverträgen seiner Mitarbeiter auf „die jeweils geltenden Metall-Tarifverträge für das Land Schleswig-Holstein" Bezug genommen. Danach wird für eine bestimmte Tätigkeit ein Stundenlohn von 15 Euro gezahlt. U verlegt seinen Sitz nach Leipzig und wechselt zugleich vom schleswig-holsteinischen in den sächsischen Metall-Arbeitgeberverband, wo nur 13 Euro Stundenlohn zu zahlen sind. Arbeitnehmer A, der Mitglied der IG Metall und mit U nach Leipzig umgezogen ist, kann aufgrund der arbeitsvertraglichen Verweisung auf den schleswig-holsteinischen Tarifvertrag i.V. mit dem Günstigkeitsprinzip (§ 4 Abs. 3 TVG) weiterhin 15 Euro Stundenlohn beanspruchen.

3. Haftungskontinuität

Der Betriebserwerber haftet für die vor dem Übergang entstandenen Ansprüche der Arbeitnehmer gemäß § 613a Abs. 1 Satz 1 BGB, weil er in alle Rechte und Pflichten des Veräußerers eintritt. Für die nach dem Übergang entstandenen Forderungen ist er unmittelbar aus § 611a Abs. 2 BGB verpflichtet, da er ja nunmehr der Arbeitgeber ist.

Der Betriebsveräußerer haftet für vor dem Übergang entstandene Ansprüche der vom Betriebsübergang betroffenen Arbeitnehmer auch nach dem Betriebsübergang weiter, wenn die Ansprüche bereits entstanden waren und innerhalb eines Jahres fällig werden (§ 613a Abs. 2 Satz 1 BGB). Entstehen die Ansprüche zum Teil vor, zum Teil nach dem Betriebsübergang, haftet der Veräußerer nach § 613a Abs. 2 Satz 2 BGB nur anteilig. Dies gilt nicht, wenn eine juristische Person oder eine Personenhandelsgesellschaft durch Umwandlung erlischt (§ 613a Abs. 3 BGB).

Beispiel Erhalten die Arbeitnehmer im Dezember ein Weihnachtsgeld, mit dem ihre Betriebstreue im abgelaufenen Jahr honoriert werden soll, haftet der Veräußerer, der seinen Betrieb am 31. März an den Erwerber verkauft hat, für ein Viertel des Weihnachtsgeldanspruchs als

---

[367] BAG vom 29. August 2007, NZA 2008, 364 (365 f.).

Gesamtschuldner neben dem Erwerber. Für drei Viertel haftet der Erwerber allein.

Der Betriebsveräußerer haftet nicht für Ansprüche, die in vollem Umfang erst nach dem Betriebsübergang entstanden und fällig geworden sind; er haftet auch nicht mehr für Ansprüche, die erst nach Ablauf von mehr als einem Jahr nach dem Betriebsübergang fällig werden (insbesondere Betriebsrenten). Er haftet aber allein für Ansprüche von Arbeitnehmern, die vom Betriebsübergang gar nicht betroffen sind, z. B. solchen, die noch vorher aus dem Arbeitsverhältnis ausgeschieden sind.

§ 613a Abs. 2 BGB betrifft nur die Haftung gegenüber den Arbeitnehmern (im Außenverhältnis). Veräußerer und Erwerber können im Innenverhältnis eine abweichende Regelung treffen und z. B. den Erwerber von seiner Haftung für Altverbindlichkeiten freistellen.

4. Kündigungsverbot

Untersagt sind gemäß § 613a Abs. 4 Satz 1 BGB Kündigungen wegen des Betriebsübergangs. „Wegen" eines Betriebsübergangs wird eine Kündigung aber nur dann ausgesprochen, wenn der Betriebsübergang die überwiegende Ursache der Kündigung bildet. Der *Betriebsübergang muss Beweggrund für die Kündigung* sein. Dabei ist ausschließlich auf die Verhältnisse im Zeitpunkt des Zugangs der Kündigung abzustellen.[368] Unberührt bleibt, wie § 613a Abs. 4 Satz 2 BGB ausdrücklich klarstellt, das Recht zur Kündigung aus anderen Gründen. Damit reduziert sich die Bedeutung des Kündigungsverbots aus § 613a Abs. 4 Satz 1 BGB erheblich: Kündigungen, insbesondere aus betriebsbedingten Gründen, bleiben weiterhin möglich.

Anerkannt ist z. B., dass der Veräußerer bei einer sog. sanierenden Betriebsübernahme schon vor dem Betriebsübergang das Arbeitsverhältnis kündigen darf, um durch eine Reduzierung der Personalkosten seinen Betrieb überhaupt erst „verkaufsfähig" zu gestalten.[369] Ebenso ist der Erwerber berechtigt, auf Grund seines Restrukturierungskonzepts Arbeit-

---

[368] BAG vom 16. Mai 2002, NZA 2003, 93 (99).
[369] BAG vom 18. Juli 1996, NZA 1997, 148 (150).

nehmer zu entlassen, wenn infolge seiner unternehmerischen Entscheidung Arbeitsplätze wegfallen. Schließlich hat das BAG sogar eine *„Veräußererkündigung auf Grund eines Erwerberkonzeptes"* gebilligt, also die vom Erwerber geforderte Umsetzung der unternehmerischen Entscheidung zur Reduzierung von Arbeitsplätzen schon durch den Veräußerer.[370] Damit wird es dem Veräußerer häufig ermöglicht, einen höheren Kaufpreis für seinen Betrieb zu erzielen, weil der Erwerber nicht bereit ist, das gesamte Personal zu übernehmen, und das Risiko etwaiger Kündigungsschutzprozesse auf den Veräußerer verlagern will. Wie bei jeder betriebsbedingten Kündigung ist aber eine nicht offenbar unsachliche oder willkürliche unternehmerische Entscheidung (hier: des Erwerbers) erforderlich, die bloße Forderung des Erwerbers, die Belegschaft zu verkleinern, reicht nicht aus.

Schwierigkeiten bereitet auch die Abgrenzung des Betriebsübergangs zur Betriebsstilllegung, die unzweifelhaft die Kündigung aus betriebsbedingten Gründen rechtfertigt: Beabsichtigt der Arbeitgeber ernsthaft, den Betrieb stillzulegen, weil er keinen Erwerber für ihn findet, ist er zur Kündigung gemäß § 1 Abs. 2 KSchG berechtigt. Maßgebend ist der Zeitpunkt des Zugangs der Kündigung, hier müssen sich die dringenden betrieblichen Gründe für die Betriebsstilllegung konkret und greifbar abgezeichnet haben. Wird die Kündigung auf die künftige Entwicklung der betrieblichen Verhältnisse (also nicht die bereits vollzogene, sondern nur die beabsichtigte Stilllegung) gestützt, so kann sie ausgesprochen werden, wenn die betrieblichen Umstände greifbare Formen angenommen haben und eine vernünftige, betriebswirtschaftliche Betrachtung die Prognose rechtfertigt, dass bis zum Auslaufen der einzuhaltenden Kündigungsfrist eine geplante Maßnahme durchgeführt ist und der Arbeitnehmer somit entbehrt werden kann. Die Kündigung wird auch nicht nachträglich unwirksam, wenn sich nach ihrem Zugang überraschend doch noch ein Erwerber für das Unternehmen findet. Allerdings kann dem Arbeitnehmer in diesen Fällen ein Wiedereinstellungsanspruch zustehen.

Besondere Probleme wirft die Rechtsprechung des EuGH zur sog. *Funktionsnachfolge* auf: Da der Betriebsübergang tatbestandlich auch dadurch verwirklicht werden kann, dass der Erwerber freiwillig den nach Zahl und

---

[370] BAG vom 20. März 2003, NZA 2003, 1027 (1028).

Funktion wesentlichen Teil der Belegschaft übernimmt, kann es vorkommen, dass sich erst im Nachhinein vom Veräußerer ausgesprochene Kündigungen als unwirksam erweisen.

Beispiel Arbeitgeber A beabsichtigt, seinen Betrieb stillzulegen. Zu diesem Zweck entlässt er alle Arbeitnehmer, darunter den B, zum 31. Dezember. Zum Jahreswechsel veräußert er seine Maschinen usw. an E. Damit liegt zunächst kein Betriebsübergang vor, weil die Betriebsgemeinschaft aufgelöst und der Betrieb stillgelegt worden ist. Im Laufe des Januars stellt E dann aber die Hälfte der bisherigen Belegschaft des A, darunter alle leitenden Angestellten, nicht aber den B, bei sich ein. Dadurch entwickelt sich die Betriebsstilllegung zum Betriebsübergang.

Das BAG erkennt den entlassenen Arbeitnehmern in diesen Fällen des „ungeplanten Betriebsübergangs" einen *Einstellungsanspruch gegen den Erwerber* zu. Bei einer durch die willentliche Übernahme der Hauptbelegschaft und nicht durch die Übernahme materieller und/oder immaterieller Betriebsmittel begründeten Übernahme des Betriebes oder Betriebsteiles löst eine willentliche Übernahme der Hauptbelegschaft den Fortsetzungsanspruch der Arbeitnehmer aus. Während die vom bisherigen Auftragnehmer nicht gekündigten Arbeitsverhältnisse kraft Gesetzes auf den Auftragsnachfolger übergehen, wenn dieser die Hauptbelegschaft willentlich übernimmt, haben die gekündigten Arbeitnehmer einen Anspruch auf Abschluss eines Arbeitsvertrags zu unveränderten Arbeitsbedingungen und unter Wahrung ihres Besitzstands.[371]

5. Der praktische Fall

Widerspruch gegen einen Betriebsübergang; nicht ordnungsgemäße Unterrichtung; Verwirkung des Widerspruchsrechts: BAG vom 23. Juli 2009, NZA 2010, 89 *("Siemens-Fall")*

Zum Sachverhalt Der Kläger ist bei der Beklagten (Siemens AG) als Wartungselektroniker beschäftigt. Im Jahre 2005 verkaufte die Beklagte ihre Mobilfunksparte an die BenQ Mobile GmbH & Co. OHG, eine Tochterfirma des taiwanesischen Unternehmen BenQ. Von dem Verkauf war

---

[371] BAG vom 13. November 1997, NZA 1998, 251 (252); vom 12. November 1998, NZA 1999, 311 (313).

auch der Betrieb des Klägers betroffen. Die Beklagte unterrichtete die Arbeitnehmer gemäß § 613a Abs. 5 BGB am 29. August 2005 mit auszugsweise folgendem Text: „Wie Ihnen bereits durch verschiedene Mitarbeiterinformationen bekannt ist, werden unsere Aktivitäten des Geschäftsgebiets Com MD (Mobile Devices) zum 1. Oktober 2005 in die BenQ Mobile-GmbH & Co. OHG (im Folgenden: BenQ Mobile) übertragen. BenQ ist ein weltweit führender Anbieter von Consumer-Electronic-Produkten, wie beispielsweise LCD-Bildschirmen, Notebook-Computern, Kameras und Scannern. Und im Handygeschäft wird BenQ Mobile in den nächsten Jahren zu einem führenden globalen Anbieter. In seinem asiatischen Heimatmarkt zählt BenQ schon heute zu den am schnellsten wachsenden Anbietern im Handysegment". Nicht einmal ein Jahr später stellte die BenQ Mobile-GmbH & Co. OHG Antrag auf Eröffnung des Insolvenzverfahrens. Wenige Tage später, am 5. Oktober 2006, widersprach der Kläger dem Übergang seines Arbeitsverhältnisses. Er begehrt die Feststellung, noch immer bei der beklagten Siemens AG tätig zu sein.

Die Entscheidung Das BAG hat der Klage stattgegeben. Er ist weiterhin Arbeitnehmer der Siemens AG. Der Kläger hatte dem Betriebsübergang wirksam widersprochen (§ 613a Abs. 6 BGB). Die Unterrichtung vom 29. August 2005 war fehlerhaft. Aus diesem Grunde begann die einmonatige Widerspruchsfrist nicht zu laufen. Der Widerspruch ist auch nicht treuwidrig (§ 242 BGB) verspätet ausgeübt worden.

Das Unterrichtungsschreiben ist insbesondere insoweit fehlerhaft, als es den Arbeitnehmern keine ausreichende Klarheit über die Identität der Betriebserwerberin verschafft. Zwar hatte die Beklagte die Firma (§ 17 Abs. 1 HGB) der Betriebserwerberin, „BenQ Mobile-GmbH & Co. OHG" genannt und – unter Verwendung der Abkürzung „BenQ Mobile", die sie zuvor eingeführt hatte –, diese klar als neue Arbeitgeberin bezeichnet. Indes genügt zur Überzeugung des BAG die Nennung einer sich im Lauf der weiteren Entwicklung als korrekt herausstellenden Firma des Betriebserwerbers nicht, um über die Identität der Betriebsübernehmerin zu informieren. Dazu hätte die Angabe eines Firmensitzes, die Angabe einer Geschäftsadresse und eine Nennung der gesetzlichen Vertreter oder jedenfalls einer identifizierbaren natürlichen Person mit Personalkompetenz gehört. Daran fehlte es. Vielmehr hatte die Beklagte die Unterrichtung über die Betriebserwerberin mit Informationen zu der taiwanesischen Konzernobergesellschaft vermengt.

Eine Verwirkung (§ 242 BGB) des erst ein Jahr nach dem Betriebs-über-
gang und der fehlerhaften Unterrichtung ausgeübten Widerspruchsrechts
war nicht anzunehmen. Für eine Verwirkung bedarf es neben dem bloßen
Zeitablauf (Zeitmoment) auch eines Vertrauenstatbestandes (Umstands-
moment). Ein solcher fehlte hier.

Literaturverzeichnis

Ascheid/Preis/Schmidt (Hrsg.), Kündigungsrecht, Großkommentar.

Bauer/Krieger, Kommentar zum Allgemeinen Gleichbehandlungsgesetz.

Becker/Etzel u. a., Gemeinschaftskommentar zum Kündigungsschutzgesetz und zu sonstigen kündigungsschutzrechtlichen Vorschriften.

Däubler/Bertzbach (Hrsg.), Allgemeines Gleichbehandlungsgesetz, Handkommentar.

Däubler/Bonin/Deinert, AGB-Kontrolle im Arbeitsrecht.

Dornbusch/Fischermeier/Löwisch (Hrsg.), Fachanwaltskommentar Arbeitsrecht.

Henssler/Willemsen/Kalb (Hrsg.), Arbeitsrecht Kommentar.

Hümmerich/Boecken/Düwell, AnwaltKommentar Arbeitsrecht.

Laux/Schlachter, Teilzeit- und Befristungsgesetz, Kommentar.

Meinel/Heyn/Herms, Allgemeines Gleichbehandlungsgesetz, Kommentar.

Meinel/Heyn/Herms, Teilzeit- und Befristungsgesetz, Kommentar.

Müller-Glöge/Preis/Schmidt (Hrsg.), Erfurter Kommentar zum Arbeitsrecht.

Palandt (Begr.), Kommentar zum Bürgerlichen Gesetzbuch.

Preis (Hrsg.), Der Arbeitsvertrag, Handbuch.

Richardi/Wlotzke/Wißmann/Oetker (Hrsg.), Münchener Handbuch zum Arbeitsrecht.

Rolfs/Giesen/Kreikebohm/Udsching (Hrsg.), BeckOK: Beck'scher Online-Kommentar zum Arbeits- und Sozialrecht.

Schaub, Arbeitsrechts-Handbuch.

Tschöpe, Arbeitsrecht Handbuch.

Verzeichnis der vertieft dargestellten Rechtsprechung

Europäischer Gerichtshof

3. 10. 2006	NZA 2006, 1205	Cadman	Rechtfertigung einer Benachteiligung durch Anknüpfung an die Dauer der Betriebszugehörigkeit
8. 9. 2011	NZA 2011, 1100	Hennings und Mai	Keine Rechtfertigung einer unmittelbaren Benachteiligung wegen des Alters durch Anknüpfung der Entgeltstaffel an das Lebensalter

Bundesgerichtshof

19. 9. 1989	BGHZ 108, 305	Leasing-Fall	Haftung des Arbeitnehmers gegenüber Dritten; gescheiterter innerbetrieblicher Schadensausgleich
8. 6. 2010	NJW 2011, 449	Testfahrer-Fall	Haftung des Arbeitgebers bei Unterhaltung einer „gemeinsamen Betriebsstätte"

11. 5. 1993	NZA 1993, 805	Pfingstmon-tags-Fall	Feiertagsvergütung während eines Arbeitskampfes
11. 9. 1997	NZA 1998, 31	Bauchtanz-Fall	Voraussetzungen des Betriebsübergangs
15. 4. 1999	NZA 2000, 102	Kanutrainer-Fall	Befristung von Arbeitsverhältnissen mit Sporttrainern
17. 2. 2000	NZA 2000, 822	Sandra-Fall	Zur Wechselwirkung zwischen der Reichweite des Direktionsrechts und der sozialen Auswahl bei betriebsbedingten Kündigungen
22. 10. 2003	NZA 2004, 1275	Kraftfahr-zeugmeister-Fall	Schriftform des befristeten Arbeitsvertrages; formlose Weiterbeschäftigung des Arbeitnehmers während eines Kündigungsrechtsstreits
5. 11. 2003	NZA 2004, 102	Handfläm-mer-Fall	Verletzung der Nachweispflicht bei erstmaligem Abschluss eines Tarifvertrages; fehlende Kausalität
11. 12. 2003	NZA 2004, 680	Handlungs-reisenden-Fall	Anwendbarkeit deutschen Sachrechts; Kündigungsentschädigung nach belgischem Recht
22. 4. 2004	NZA 2005, 163	Stahlschie-nen-Fall	Haftungsprivilegierung wegen „betrieblicher Tätigkeit" bei handgreiflichen Auseinandersetzungen unter Arbeitskollegen
7. 2. 2005	NZA 2006, 435	Erziehungs-beraterinnen-Fall	Voraussetzungen des Annahmeverzuges bei nicht wirksam zustande gekommenem Aufhebungsvertrag

10. 5. 2005	NZA 2005, 1237	Elternzeit-Fall	Spannungsverhältnis von Zeugniswahrheit und Förderung des beruflichen Fortkommens
20. 2. 2008	NZA 2008, 883	Kündigungsklausel-Fall	Verlängerung eines befristeten Arbeitsvertrages; Änderung des Vertragsinhalts
18. 6. 2008	NZA 2009, 35	Lehrerinnen-Fall	Streitgegenstand der Befristungskontrollklage bei Kettenbefristungen
24. 6. 2008	NZA 2008, 1309	Piloten-Fall	Anspruch auf Reduzierung der Arbeitszeit zur Erzielung einer blockweisen Freistellung von der Arbeit
18. 3. 2009	NZA 2009, 601	Weihnachtsgeld-Fall	Ablösung einer betrieblichen Übung durch eine neue Übung
23. 7. 2009	NZA 2010, 89	Siemens-Fall	Widerspruch gegen einen Betriebsübergang; nicht ordnungsgemäße Unterrichtung; Verwirkung des Widerspruchsrechts
15. 9. 2009	NZA 2009, 1333	Sonntagsarbeits-Fall	Reichweite des Direktionsrechts bei Einführung von Sonn- und Feiertagsarbeit
24. 3. 2010	NZA 2010, 693	Zeitungszustellerinnen-Fall	Reichweite des vertraglichen Wettbewerbsverbots
13. 4. 2010	NZA 2001, 64	Steuerberaterin-Fall	Reichweite des Direktionsrechts
19. 8. 2010	NZA 2011, 203	Sozialpädagoginnen-Fall	Keine Diskriminierung bei objektiv fehlender Eignung der Bewerberin
28. 10. 2010	NZA 2011, 345	MRT-Fall	Verursachung eines hohen Schadens durch eine Geringverdienerin; „gröbste Fahrlässigkeit"

24. 3. 2011	NZA 2011, 992	Lagerarbei-ter-Fall	Bedeutung des betriebli-chen Eingliederungsmana-gements für die soziale Rechtfertigung einer krank-heitsbedingten Kündigung
22. 6. 2011	NZA 2012, 91	Oberarzt-Fall	Ersatz von Schäden am ei-genen Kraftfahrzeug, die bei Rufbereitschaft auf dem Weg zur Arbeit entstehen
7. 7. 2011	NZA 2012, 34	Eigentor-Fall	Frage nach der Schwerbe-hinderung
15. 2. 2012	NZA 2012, 731	Knastlehrer-Fall	Abgrenzung vom abhängig Beschäftigten zum selbst-ständig tätigen Dienstleister
21. 3. 2012	NZA 2012, 616	Dienstwagen-Fall	Inhalts- und Ausübungskon-trolle eines vorbehaltenen Widerrufs
15. 11. 2012	NZA 2013, 429	Quereinstei-ger-Fall	Verbot der Verwertung per-sonenbezogener Daten, die vom Arbeitgeber unter Ver-stoß gegen das Daten-schutzrecht gewonnen wor-den sind
22. 9. 2015	NZA 2016, 37	Nachlassur-laub-Fall	Berechnung der Frist für die Übertragbarkeit des Urlaubsanspruchs; Ver-erbbarkeit des Anspruchs auf Urlaubsabgeltung
17. 10. 2015	NZA 2016, 359	Fachassis-tenten-Fall	Schriftform der Befris-tungsabrede, Fortsetzung eines befristeten Arbeits-verhältnisses über dessen Ende hinaus; stillschwei-gende Verlängerung

25. 5. 2016	NZA 2016, 1327	Cafeteria-Fall	Mindestlohn; Erfüllung des Mindestlohn-Anspruchs durch monatlich anteilig gezahltes Urlaubs- und Weihnachtsgeld
26. 1. 2017	BeckRS 2017, 112923	Nils Kratzer	Mittelbare Diskriminierung von Stellenbewerbern wegen des Alters, Rechtsmissbrauch

Arbeitsgericht Hamburg

26. 1. 2010	BeckRS 2010, 66839	Paketzusteller-Fall	Mittelbare Diskriminierung wegen der ethnischen Herkunft durch Gestaltung des Auswahlverfahrens
28. 3. 2013	7 Ca 514/12	Toilettenreinigungs-Fall	Voraussetzungen der Sittenwidrigkeit bei „Dumping-Löhnen"